KB165136

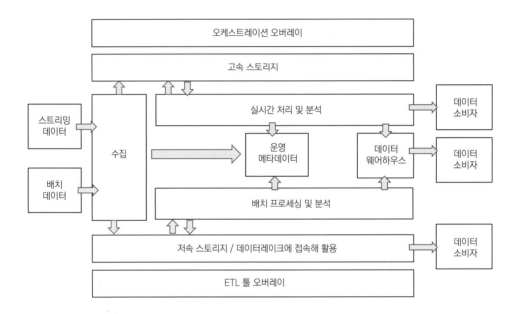

오케스트레이션 오버레이

고속 스토리지

스트리밍
데이터

배치
데이터

수집

실시간 처리 및 분석

운영
메타데이터

데이터
웨어하우스

데이터
소비자

데이터
소비자

배치 프로세싱 및 분석

저속 스토리지 / 데이터레이크에 접속해 활용

데이터
소비자

ETL 툴 오버레이

데이터 플랫폼 설계와 구축

데이터 플랫폼 설계와 구축

클라우드 데이터 플랫폼 구축 시 고려사항

다닐 즈부리브스키·린다 파트너 지음
박종하·최철원·구본아 옮김

i!i
에이콘

에이콘출판의 기틀을 마련하신 故 정완재 선생님 (1935-2004)

| 지은이 소개 |

다닐 즈부리브스키 ^{Danil Zburivsky}

전 세계 기업을 위한 대규모 데이터 인프라를 설계하고 지원하는 데 평생을 바쳤다. 10년 전에 IT 서비스 회사인 파티안^{Pythian}에서 다양한 대규모 인터넷 회사의 오픈 소스 데이터베이스 시스템을 관리하면서 경력을 쌓기 시작했다. 하둡의 초기 챔피언이었으며, 대규모 하둡 분석 인프라 구조를 설계하고 구현하는 팀을 관리하면서 하둡 클러스터 배포에 대한 책을 저술했다. 퍼블릭 클라우드가 데이터 인프라에 미칠 영향을 예상해 클라우드 데이터 서비스의 얼리 어답터였으며 전 세계 수십 개 기업을 위한 퍼블릭 클라우드 플랫폼 3사 모두에서 최신 클라우드 기반 데이터 플랫폼을 설계하고 구현했다. 서핑을 열렬히 즐겨서 노바스코샤 주 핼리팩스에 거주하며 일 년에 12개월 동안 파도를 타며 자유시간을 보낸다.

린다 파트너 ^{Lynda Partner}

20년 이상 데이터 비즈니스 분야에서 일해왔다. SaaS 회사의 창립자로서 고객이 제품을 사용하는 방식을 최적화하기 위해 데이터를 광범위하게 사용하면서 데이터에 빠져들었다. Intouch Insights의 사장으로 취임한 후, 전통적인 시장 조사 회사를 최초의 모바일 데이터 캡처 회사 중 하나로 전환해 주요 자동차 공급 업체를 위한 귀중한 소비자 데이터를 수집했다. 현재 IT 서비스 회사인 파티안의 분석 담당 부사장으로서 광범위한 산업과 각국 회사와 협력해 데이터를 통찰하고 예측하며, 제품으로 전환하도록 돕는다. 일하지 않을 때는 섬 안 별장에서 머문다. 또한 카약을 타며 시간을 보내거나 데이터의 새로운 용도를 찾기 위한 계획을 세운다.

이 책은 데이터, 신기술, 고객의 문제 해결을 좋아하는 서로 다른 두 사람의 협업과 팀워크를 통해서 나오게 됐다. 우리는 클라우드 IT 서비스 회사에서 5년 동안 데이터와 분석 관련 일을 하면서 클라우드 분석 사례를 함께 개발했다. 다닐은 수년간의 하둡Hadoop 경험을 바탕으로 기술적인 부분을, 린다는 비즈니스 관점의 전문성을 기반으로 협업했으며, 비즈니스와 기술이 합쳐져야 실제 데이터 문제를 해결할 수 있음을 깨달은 후 협업을 시작했다. 시간이 지나면서 다닐은 비즈니스지향적으로 바뀌었고 린다는 클라우드와 데이터를 기술적으로 알게 됐다. 우리는 서로 맞대응하기도 하면서 기술지향적인 상황들도 경험했다.

빅데이터 플랫폼인 하둡 기반에서 데이터와 분석을 위한 클라우드 네이티브 플랫폼 기반으로 전환하는 것은 쉬운 일이었다. 클라우드와 빅데이터의 가능성이 무궁무진하다고 생각하는 사람 중 하나였던 우리는 회사의 지원을 받아 내부 팀을 구성해서 기술 솔루션을 설계하고 구축하는 프로젝트와, 실제 비즈니스 문제를 해결하기 위한 데이터와 클라우드 기반 솔루션 구축 프로젝트도 진행했다. 이 기간 동안 수십여 명의 고객 대상으로 프로젝트를 수행해왔는데, 이 과정들로 관련 지식을 축적하고 모범 사례도 확보할 수 있게 됐다. 이러한 경험을 토대로 기술, 비즈니스 기반의 협업을 통해 더 복잡한 주제도 해결할 수 있을 것이라는 자신감도 생겼고, 이 분야에 관심 있는 분들에게도 관련 사례를 전파하면 좋겠다는 생각을 하게 됐다. 블로그 포스트와 백서를 꾸준히 작성하던 중에 매닝출판사에서 책을 집필할 의향이 있는지 연락 왔고, 이 기회에 책을 쓰기로 했다.

둘 다 업계 행사 같은 곳에서 강연자로 활발히 활동하고 있어 이 기회를 활용해 책 방향성에 대한 아이디어를 정리했고, 참석한 청중들의 피드백을 통해 흐름과 내용을 구체화할 수 있었다. 또한 이해를 돕기 위한 실제 고객 사례를 모아서 정리했다. 이렇게 집필 방향을 논의하면서 구체화된 방법을 정리하다 보니, 이제 타이핑 작업만 마무리하면 될 것 같았다. 2년에 가까운 시간이 걸렸지만 우리 모두 결과에 정말 만족하기에, 여러분도 만족하기를 기대한다.

| 감사의 글 |

한 권의 책을 쓰려면 많은 일이 수반된다는 것을 알고 있었다. 오래 걸렸지만 우리 둘 다 완벽주의자였기에 더 잘할 수 있도록 서로 도우며 즐겁게 작업했다. 자랑스러워하는 작품이라 생각은 하지만, 지지해주는 분들이 없었다면 이 일은 불가능했을 것이다. 이 페이지를 빌어 몇몇 분들에게 감사드리려 한다.

무엇보다도 주말과 휴일에 책을 쓰는 동안 기다려준 배우자들에게 감사한다. 우리 곁에서 불평 없이 함께 있어줘서 감사의 마음을 전한다.

두 번째로 파이시언Pythian의 구성원들, 특히 설립자이신 폴 발리에Paul Vallée를 비롯해서 모두 지원을 아끼지 않았다. 대부분의 사람들이 클라우드 네이티브라는 말에 익숙하지 않았을 시기에, 우리가 클라우드 네이티브 플랫폼을 개발해서 비즈니스를 하면 좋겠다고 제안했을 때 이분이 지지해줬다. 또한 10장에 나오는 도표들은 파이시언Pythian에게 사용 허가를 받았다. 과거와 현재를 막론하고 우리가 속한 회사 측에서 계속해서 글을 쓰고 지식을 공유하도록 격려해줬다. 지원에 감사드린다.

다음으로 케빈 페더슨Kevin Pedersen, 크리스토스 솔리오스Christos Soulios, 발렌틴 니코틴Valentin Nikotin, 로리 브램웰Rory Bramwell가 있는 Kick AssA 팀에게 큰 감사를 드린다. 이들 모두 새로운 방향을 믿고 미지의 세계로 우리와 여정을 함께해왔다. 사실 이 책의 보이지 않는 저자들이다. 그리고 특히 우리가 문제 해결을 위해 더 좋은 설계를 할 수 있도록 인내하며 기다려준 고객들께 특별히 감사드린다.

다음으로 매닝출판사분들, 특히 편집자 수잔 에트리지Susan Ethridge 여사에게 감사를 표한다. 작가가 최고의 작품을 쓰도록 하려면 작가를 압박하는 일도 필요하지만 가끔씩 위로도 필요하다는 것을 잘 이해하고 있었다. 실제 책을 쓰는 과정에서 수잔과 친해지면서 더 좋은 결과를 얻을 수 있었다. 프로젝트 편집자인 데어드리 히암Deirdre Hiam, 카피 에디터인 캐티 피

티토^{Katie Petito}, 교정자인 캐티 테난트^{Katie Tennant}, 그리고 리뷰 에디터인 미핼라 바티틱^{Mihaela Batinic}에게 감사한다.

마지막으로, 이 책을 검토하며 건설적인 피드백을 주신 분들께 감사드린다. 우리가 쓴 원고를 낯선 분들에게 보내고 피드백을 요청하는 것은 쉽지 않은 일이었다. 그럼에도 우리는 그렇게 했고 다양한 피드백들을 받았다. 시간을 내주신 모두에게 감사드리고, 건설적인 피드백, 좋은 피드백과 의견 모두 감사드린다. 칭찬이 담긴 피드백들로 힘든 시간을 견딜 수 있었다. 더 나은 책으로 만드는 데 도움을 준 모든 검토자 여러분께 다시 감사드린다.

먼저 로버트 웨너^{Robert Wenner}에게 감사한다. "오늘은 로버트^{Robert}가 뭐라고 말할까?"라는 주제가 미팅에서 늘 나왔던 말이었다. 알랭 코니오^{Alain Couniot}, 알렉스 사에즈^{Alex Saez}, 보르코 주르코비치^{Borko Djurkovic}, 크리스 비너^{Chris Viner}, 크리스토퍼 E. 필립스^{Christopher E. Phillips}, 대니엘 베레츠^{Daniel Berecz}, 데이브 코런^{Dave Corun}, 데이빗 앨런 블루바^{David Allen Blubaugh}, 데이비드 크리프^{David Krief}, 엠마뉴엘 피시넬리^{Emanuele Piccinelli}, 에로스 페드리니^{Eros Pedrini}, 가보 골른호퍼^{Gabor Gollnhofer}, 조지 토마스^{George Thomas}, 휴고 크루즈^{Hugo Cruz}, 제이슨 렌델^{Jason Rendel}, 켄 프리클라스^{Ken Fricklas}, 마이크 젠슨^{Mike Jensen}, 피터 비숍^{Peter Bishop}, 피터 햄튼^{Peter Hampton}, 리처드 보한^{Richard Vaughan}, 삼바시바 안달루리^{Sambasiva Andaluri}, 사테지 사후^{Satej Sahu}, 션 토마스 부커^{Sean Thomas Booker}, 시몬 스구아자^{Simone Sguazza}, 우발도 페스카토레^{Ubaldo Pescatore}, 비쉬웨시 라비 슈르말리^{Vishwesh Ravi Shrimali} 이외 참여해주신 모든 분들께 감사드린다.

| 옮긴이 소개 |

박종하

한국 오라클에서 비즈니스 프로세스 혁신을 위한 ERP 도입 구축 컨설턴트 역할을 담당했다. SK주식회사 C&C에서 아키텍처/QA 그룹 리더, 통신 사업 마케팅/영업 역량 향상을 위한 통신사 BSS 차세대 프로젝트를 수행했고, KT에서 유무선 FMC 프로젝트 시 아키텍트 역할로 변화를 리딩했다. 메가존㈜에서는 Enterprise PMO 리더로서 클라우드 기반에서 디지털 전환을 추진하는 기업을 돕는 역할을 하고 있다.

최철원

삼성SDS에 신입으로 입사해 10년, SK주식회사 C&C에서 테크니컬 아키텍트로서 15년째 기업용 어플리케이션 개발과 관련된 업무를 하고 있다. 과거에는 자바 프레임워크, 물리보안관제솔루션을 직접 개발했으며, 컨테이너 기반 하이브리드 클라우드 플랫폼 구축의 Outer Architecture 영역을 담당하고 있다. 최근에는 카프카 기반의 AI 서비스 플랫폼을 구축했고, 오픈소스 기술과 마이크로소프트 애저^{Azure} 서비스를 활용해 전 영역에 걸쳐 최적화된 클라우드 네이티브 아키텍처 구현을 담당하고 있다.

구본아

SK주식회사 C&C에 입사해 클라우드 아키텍트, 특히 애저 서비스를 활용한 LandingZone 구축, Cloud Migration 등 전통 온프레미스 환경에서 클라우드 환경으로 전환하고자 힘쓰고 있다. 클라우드를 접목한 마이크로서비스, AI 플랫폼 구축 등 새로운 서비스에 관심이 많고, 빅데이터 분야에도 관심이 많아 공모전에 참여해 수상한 이력이 있다. 데이터에서 유의미한 정보를 찾고 알맞게 데이터를 가공하거나 높은 예측력을 위해 모델링하는 등의 역할을 했다.

이 책의 저자들은 업계 실무 경험과 사업 경험을 겸비하고 있어 이론적 내용보다는 실무적인
경험을 기반으로 한 지식 위주로 알려준다.

이 책은 우리 사회와 기업들의 화두인 디지털 전환이라는 말을 한번도 사용하지 않는다.
그런데 이 책을 디지털 전환의 실행력 확보 관점에서 읽으면, 클라우드, 애자일, 데이터 영역
에서의 기술과 구축 역량과 사례들을 보여주고 있다는 것을 알게 된다. 즉 클라우드의 적극
적인 활용, 다양한 데이터 분석 기술 활용, 새로운 필요 역할 식별과 수행, 이를 통한 혁신 프
로젝트 추진 내용 사례 등을 담고 있다.

제목을 통해 짐작할 수 있듯이, 클라우드 기반의 데이터 플랫폼 구축 현안을 조금 구체적
으로 다루고 있기 때문에, 클라우드, 데이터, 분석, 기술, 아키텍처, 구축/운영 프로젝트에
조금이라도 관심이 있는 분들에게 일독을 권합니다.

박종하

우리는 IT 기술을 익히기 위해 인터넷에서 많은 정보를 다양한 형태로 얻을 수 있습니다. 그
런데도 왜 책이라는 매개체로 IT 기술을 이해하려 할까요? 아마도 대부분의 IT 서적에는 현
대의 특정 기술을 중심으로 저자의 경험과 생각이 체계적으로 정리돼 있으며, 이를 통해 단
편적 기술이나 지식이 아닌, 저자의 통찰력과 경험적 내용을 참고하고 싶기 때문일 것입
니다.

이 책은 현대의 데이터 플랫폼의 구조를 저자의 경험 관점에서 다루고 있습니다. 데이터
에 대한 기본적 지식을 필요로 하거나 기초를 다지기 위한 용도라면 적합하지 않습니다. 또
한 실습 과정도 담고 있지 않습니다. 대신 논리적인 사고를 통해, 책을 읽으며 의식의 흐름대
로 플랫폼을 상상하면서 이해하는 과정을 요구합니다. 실무에서 데이터를 다루고 있거나 과

거에 데이터를 충분히 다뤄본 사람이라면 현대의 데이터 플랫폼이 어떤 기능과 구조를 갖는지, 그리고 자신의 경험과 현재 다루고 있는 데이터 플랫폼이 책에서 제시하는 아키텍처와 비교해 어떤 수준을 가지며 어떤 차이점이 있는지 참고하며 바람직한 방향으로 발전하기를 고민할 때 본 책이 의미가 있겠습니다. 또한 데이터 플랫폼을 설계할 계획이 있는 아키텍트라면 한 번은 꼭 읽기를 권합니다. 선진 사례를 참고해 반드시 고민해야 할 문제를 놓치지 않고 설계에 반영할 수 있기 때문입니다.

클라우드 환경이 보편화되고 기술이 발전하면서 데이터의 수집과 처리, 분석, 리포트 등 대량의 데이터를 처리하는 방식이 비약적으로 발전해오고 있습니다. 클라우드 서비스의 여러 사례는 현재도 계속 업데이트되기 때문에 출간 시의 시점과는 다를 수 있겠지만 기본적인 방향과 특성은 지속적으로 참조할 만합니다.

다시 말씀드리면 이 책은 중급 이상의 내용을 다루고 있으며 충분한 기술적 경험이 없다면 이해하기 어려운 부분도 있을 것입니다. 이런 부분은 실질적으로 데이터를 다루면서 경험해봐야 이해할 수 있을 것입니다. 이 책이 독자들이 식견, 견해를 넓히고 새로운 아이디어를 창출하는 기반이 되기를 바랍니다.

최철원, 구본아

차례

이 책을 출판하고자 한 이유는 기술 변화가 불가피하게 일어나고 있는 상황에서 확장 가능하고 유연한 클라우드 데이터 플랫폼을 설계하고자 하는 분들에게 도움을 주고자 함이었다. 클라우드 데이터 플랫폼의 정의부터 왜 중요한지, 또 클라우드 데이터 웨어하우스와 비교했을 때 무엇이 다른지 설명한다. 그다음 데이터 플랫폼 주제로 넘어가서 데이터 흐름에 따른 데이터의 수집, 구조, 처리, 관리에 이르기까지 더욱 상세한 내용을 다룬다. 다양한 데이터 소비자들이 데이터 플랫폼의 데이터를 어디에서 사용하는지를 살펴보고, 끝으로 클라우드 데이터 플랫폼 프로젝트의 성공에 영향을 미칠 수 있는 공통 비즈니스 이슈들을 짚어본다.

이 책의 대상 독자

데이터 플랫폼이 무엇인지, 클라우드의 장점을 활용한 데이터 플랫폼 설계란 무엇인지 궁금한 독자들을 위한 책이다. 데이터 플랫폼 솔루션을 설계할 때 참고할 수 있는 내용을 상세히 다루고 있으며 기술과 비즈니스 간의 연관성을 기반으로 설명했기에 데이터 분석가, 비즈니스 분석가, 프로덕트 오너와 같이 아키텍처, 솔루션 설계를 직접 수행하지 않더라도 솔루션 개념과 원리를 이해할 수 있다. 스트리밍 방식과 배치 방식, 스키마 관리, 기타 주요 디자인 요소 등과 같은 주제를 설계 관점에서 주로 서술한다.

책의 내용 구성: 로드맵

1장, '데이터 플랫폼 소개'에서는 클라우드 데이터 플랫폼의 개념부터 시작해 데이터 플랫폼이 필요하게 된 배경과 동향을 간단히 설명한다. 클라우드 데이터 플랫폼 설계 시 필요한 핵심 구성 요소를 설명한다.

2장, '데이터 웨어하우스만이 아닌 데이터 플랫폼인 이유'에서는 클라우드 데이터 플랫폼과 클라우드 데이터 웨어하우스의 차이점을 비교한다.

3장, '빅 3의 활용과 확대: 아마존, 마이크로소프트 애저, 구글'에서는 1장에 소개된 개념적 플랫폼 아키텍처를 좀 더 설명한 후, AWS^{Amazon Web Service}, 애저^{Azure}, 구글 클라우드 플랫폼 ^{Google Cloud Platform}에서 제공하는 서비스와 툴이 이 아키텍처의 각 레이어와 어떻게 매핑되는 지 설명한다.

4장, '플랫폼으로 데이터 가져오기'에서는 데이터 플랫폼으로 데이터를 수집하는 방식을 집중해서 다룬다. 관계형 데이터베이스, 파일, 스트리밍, SaaS 시스템의 API 활용 등을 설명한다.

5장, '데이터의 구성과 처리'에서는 데이터 플랫폼에서 데이터를 가장 잘 구조화해서 처리하는 방법을 설명하고, 설정 방식 파이프라인과 데이터 처리 단계의 일반적인 개념을 소개한다.

6장, '실시간 데이터 처리 및 분석'에서는 실시간 데이터 처리와 분석, 실시간 수집과 실시간 처리의 차이, 실시간 데이터의 구성 방법과 변환 방법을 설명한다.

7장, '메타데이터 계층 아키텍처'에서는 메타데이터 계층의 기술적 개념과 이것이 필요한 이유를 설명하고, 기술 메타데이터 모델의 옵션, 구축 옵션, 현재 시장에 출시된 몇 가지 상용 솔루션과 오픈 소스 솔루션을 간단히 소개하다

8장, '스키마 관리'에서는 스키마 관리 관련 개선 필요 사항들을 알아보고, 접근해볼 수 있는 개선 방식을 몇 가지 알려준다. 그리고 스키마 진화를 모던 데이터 플랫폼에서는 어떻게 대응해야 하는지를 설명한다.

9장, '데이터 액세스 방법과 보안'에서는 데이터 소비자의 다양한 유형과 데이터 액세스 포인트를 설명한다. 데이터 웨어하우스, 애플리케이션 액세스, 머신러닝 사용자, BI와 리포팅 툴 등이다.

10장, '비즈니스 가치 제고를 위한 데이터 플랫폼 활용'에서는 비즈니스 가치를 창출하기 위한 데이터 플랫폼 활용 방법을 설명하고 데이터 플랫폼 프로젝트의 성공을 위해 다뤄야 할 문제점들을 논의한다.

이 책의 소스 코드

이 책에는 몇 가지 소스 코드 사례를 포함하고 있는데, 번호 목록 형태와 일반 텍스트 형태로 분류된다. 두 경우 모두 소스 코드를 일반 텍스트와 구분하기 위해 `'like this'`처럼 넓은 글꼴로 나타냈다. 대부분의 경우 책 사이즈에 맞게 원본 소스 코드를 재구성했으며, 줄 바꿈을 추가하고 들여쓰기를 조정했다. 일부 공간이 충분하지 않은 경우에는 줄−연속 마크(➡)를 붙여서 표현했고, 코드 주석에는 중요한 개념을 적어뒀다.

기타 온라인 자료

이 책을 구매한 독자들은 출판사에서 운영하는 웹 포럼web forum에 무료로 가입할 수 있다. 이 포럼에 참여해서 책에 관한 의견을 제시하거나 다양한 기술적인 질문을 하거나, 저자와 다른 사용자들의 도움을 받을 수도 있다. 포럼 주소는 https://livebook.manning.com/book/designing−cloud−data−platforms/welcome/v−8/이다. 매닝출판사의 포럼들에 관한 정보와 이용 수칙을 찾아보려면 https://livebook.manning.com/#!/discussion에 접속하면 된다.

　매닝출판사는 독자들과 저자들 사이에 의미 있는 대화가 이루어질 수 있는 장소를 제공하고자 하지만, 저자들이 특정 기간 동안 반드시 참여한다는 의미는 아니다. 저자들의 참여는 자발적인 의지에 맡기는 영역이다. 그래서 저자들의 참여를 독려하고자 독자 입장에서 도전적인 질의들을 해볼 것을 권유드린다. 책이 시중에 출판돼 있는 기간 동안에는 포럼과 이전 토론 기록들을 출판사 웹 사이트에서 조회해볼 수 있다.

오탈자

한국어판의 정오표는 에이콘출판사의 도서정보 페이지 http://www.acornpub.co.kr/book/cloud−data−platforms에서 볼 수 있다.

문의

한국어판에 관한 질문은 에이콘출판사 편집 팀(editor@acornpub.co.kr)이나 옮긴이의 이메일로 문의하길 바란다.

표지 삽화에 대해

표지 그림에는 "Femme du Japon", 즉 일본 여성이라는 표제가 있다. 삽화는 자크 그라세 생 소베르Jacques Grasset de Saint-Sauveur(1757−1810)가 1797년 프랑스에서 출판한 『Costumes de Différents Pays』라는 제목의 여러 나라의 드레스 의상 컬렉션에서 가져온 것이다. 각 삽화는 손으로 섬세하게 그려지고 채색됐다. 다양한 컬렉션은 불과 200년 전만 해도 세계의 도시와 지역이 문화적으로 얼마나 떨어져 있었는지를 생생하게 상기시켜준다. 당시 사람들은 서로 고립돼 다른 방언과 언어를 사용했다. 옷차림으로 그들이 어디에 살았는지, 그들의 직업이나 삶의 위치를 쉽게 식별할 수 있었다.

그 이후로 우리가 옷을 입는 방식이 바뀌었고, 그 당시 풍부했던 지역별 다양성은 사라졌다. 이제 다른 도시, 지역 또는 국가는 고사하고 다른 대륙의 주민들을 구별하기도 어렵다. 아마도 우리는 문화적 다양성을 더 다양한 개인의 삶, 즉 더 다양하고 빠르게 변화하는 기술적인 삶과 바꿨을 것이다.

컴퓨터 책 한 권을 다른 책과 구별하기 어려운 시기에, 매닝은 2세기 전의 지역 생활의 풍부한 다양성을 바탕으로 한 책 표지로 컴퓨터 비즈니스의 독창성과 주도성을 기념한다.

1

데이터 플랫폼 소개

1장에서 다루는 내용

- 데이터 분석 세상에서 변화를 주도한다는 것
- 데이터의 속도, 규모, 다양성의 증가를 기존 데이터 웨어하우스가 따라갈 수 있는가?
- 데이터 레이크 단독으로는 데이터 플랫폼이 될 수 없는 이유
- 클라우드 데이터 플랫폼 출현 배경
- 클라우드 데이터 플랫폼의 주요 빌딩 블록
- 클라우드 데이터 플랫폼을 활용한 샘플 유스케이스 살펴보기

모든 비즈니스에는 분석이 필요하다. 비즈니스를 하는 곳에서는 항상 비즈니스 지표를 측정해야 했으며, 이 지표들을 기반으로 의사결정을 해왔다. "지난 달 우리가 제품들을 몇 개나 팔았을까?", "이 주문을 배송할 수 있는 가장 빠른 노선은 어떻게 될까?" 등과 같은 질의에서부터 "우리 웹사이트에 등록한 신규 고객 중에 프리미엄 서비스를 가입한 고객 수는 얼마나 되나?", "IoT 장비를 통해 고객의 구매 패턴을 알 수 있는 방법은?"과 같은 형태로 전개돼왔다.

　컴퓨터가 보편화되기 전까지 각 기업에서는 회계 장부, 재고 장부, 사업적인 직감에 의존

했고, 주요 지표들을 분석하고 추적하기 위해 제한적인 방법과 수작업에 많이 의존했다. 1980년대 말쯤 여러 소스 시스템들의 데이터를 한 군데로 구조화해 모으는 저장소로 데이터 웨어하우스 개념이 등장했으며, 주로 통계 보고서를 만드는 데 활용됐다. 이때부터 기업의 의사결정 체계가 직관 기반에서 데이터 기반으로 변화하기 시작했다. 최근에는 기술 발달과 필요성의 진화에 맞춰 새로운 데이터 관리 구조의 적용이 확대되고 있는데, 클라우드 기반의 데이터 플랫폼이 그것이다.

클라우드 데이터 플랫폼을 간단히 정의해보면 "모든 유형의 데이터를, 거의 무제한의 장소에서 비용 효과적인 클라우드 네이티브 방식으로 수집, 통합, 변환, 분석, 관리되는 데이터 플랫폼"이라 할 수 있다. 클라우드 데이터 플랫폼을 통해서 기존 데이터 웨어하우스와 데이터 레이크 시스템이 가진 다양한 형태의 문제들을 개선하거나 근본적으로 해결할 수도 있다. 이 문제들은 주로 3V로 통하는 데이터의 규모^{Volume}, 데이터의 다양성^{Variety}, 데이터 속도 ^{Velocity}의 문제로 귀착된다.

이 책에서는 먼저 데이터 웨어하우스의 핵심 구성 요소들을 살펴보고, 3V 관점에서 볼 때 각 구성 요소의 단점을 간략하게 살펴보고자 한다. 데이터 웨어하우스와 데이터 레이크를 함께 구성하면 데이터 플랫폼 역할을 할 수 있는지 검토해본다. 또한 데이터 플랫폼을 효율성, 유연성, 안정성 관점에서 설계하기 위해 필요한 주요 컴포넌트들을 살펴보고, 각 설계 계층에서 사용할 수 있는 다양한 종류의 클라우드 툴과 서비스들을 소개한다. 이어서 데이터 플랫폼에서 데이터를 수집, 구성, 처리하는 각 단계가 배치 방식일 때와 실시간/스트리밍 방식일 때에 각각 어떻게 동작되는지 비교 및 검토해본다. 데이터를 수집하고 처리한 후에는 데이터 관리 관점의 논의가 필요한데 기술 메타데이터 관리, 스키마 관리를 집중해서 설명하도록 한다. 끝으로 데이터 플랫폼의 소비자^{consumer} 계층, 즉 데이터 플랫폼의 데이터를 활용할 수 있는 영역과 방법들을 살펴보고, 데이터 플랫폼을 활용한 비즈니스 지원 방법과 데이터 플랫폼 사용의 극대화를 위해 고려해야 할 사항, 특히 비기술적 요소에 대해서도 알아본다.

이 책을 통해 배울 수 있는 내용을 요약하면 다음과 같다.

- 모듈 설계 방식을 적용한 데이터 플랫폼 설계 방법
- 장기적으로 관리 용이성, 확장성, 다양성을 충족하는 설계 방법
- 설계 내용과 설계 결정 사항의 타당성 설명 방법

- 각 설계 영역별 적합한 클라우드 툴 선정
- 일반적으로 겪는 함정이나 실수가 무엇인지 이해하고 방지하는 것
- 클라우드 생태계 변화에 맞는 플랫폼 설계 방법

1.1 데이터 웨어하우스에서 데이터 플랫폼으로의 이동과 관련된 동향들

데이터 웨어하우스는 오랜 기간 동안 여러 영역에서 구축 및 사용됐으며, 거의 모든 기업에서 아직까지도 널리 사용되고 있지만 최근에 들어와서는 데이터 웨어하우스의 부족한 점들이 몇 가지 관련 동향을 통해 드러나고 있다.

첫 번째 동향으로, SaaS^{Software as a Service}의 활용이 폭발적으로 증가하면서 수집 데이터의 다양성과 종류가 크게 증가했다. 실제로 SaaS 등 다양한 시스템에서는 비정형^{unstructured}, 반정형^{semistructured} 유형의 다양한 데이터를 생성하고 있다. 기존 데이터 웨어하우스에서는 정형 데이터만을 다루고 있기 때문에, 비정형, 반정형 데이터는 기존의 데이터 웨어하우스에서 처리하기에는 부적합한 상황이다. 또한 실시간 스트리밍 같은 경우 데이터 규모와 데이터의 증가 속도(시간당 밀려 들어오는 데이터의 양) 관점에서 볼 때 일일 배치 업데이트 같은 방식을 사용할 수 있는 수준을 훨씬 넘어버렸다.

두 번째 동향으로는, 애플리케이션 아키텍처가 모놀리식^{monolithic}에서 마이크로서비스 형태로 변경되고 있다. 마이크로서비스 세상에서는 중앙에 위치한 하나의 데이터베이스에서 데이터를 가져오는 개념이 아니므로, 각 마이크로서비스로부터 메시지를 수집해야 하는 일이 마이크로서비스 기반에서 분석 프로젝트 수행 시 핵심 과업 중 하나가 됐다. 기존 데이터 웨어하우스 구조에서 이러한 변화된 요구사항을 수용하려면, 증가 속도에 맞춰 값비싼 하드웨어를 추가 구매하고 소프트웨어를 업그레이드하는 데 투자를 계속해야 한다. 오늘날의 시장 상황 기준에서 볼 때 대체로 그 비용을 감당하기 힘든 상황이다.

세 번째 동향은 여러 기업 및 기관의 사업부서 구성원과 데이터 과학자들이 최신 분석 툴을 사용해서 기존 데이터 웨어하우스에서 정형 데이터 분석만으로는 얻을 수 없는 데이터, 즉 원시 데이터를 직접 액세스하는 경향이 크게 늘고 있다는 점이다. 이러한 경향은 기존 데이터 웨어하우스의 데이터 모델 관리 관점에서도 상당한 도전 과제를 던져주고 있다.

1.2 데이터의 속도, 규모, 다양성이 증가하는 상황에서 데이터 웨어하우스의 한계

이 절에서는 기존 데이터 웨어하우스만으로는 규모, 다양성, 속도 측면 모두에서 늘어나고 있는 데이터를 감당하기 힘든 이유와 이 문제를 해결하기 위해 데이터 레이크와 데이터 웨어하우스를 결합한 형태로 데이터 플랫폼을 구축해야 하는 필요성과 구축 방법을 설명한다.

그림 1.1은 관계형데이터베이스RDBMS 기반의 데이터 웨어하우스에서 ETL 도구와 프로세스를 활용해 데이터 웨어하우스의 테이블로 데이터를 수집하는 방식을 보여준다. 단일 시스템상에 스토리지, 컴퓨팅(예: 처리), SQL 서비스가 함께 구성돼 있음을 알 수 있다.

이 같은 단일 시스템 아키텍처는 유연성이 크게 떨어진다. 예를 들어 해당 데이터 웨어하우스의 처리 성능만을 높이고자 할 때에도 스토리지 영역에 영향을 주지 않고는 불가능하다.

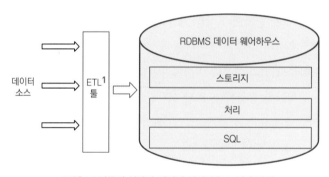

▲ **그림 1.1** 기존의 일반적 데이터 웨어하우스 설계 방식

1.2.1 데이터의 다양성

분석가 입장에서 볼 때 다양성Variety은 생활의 활력소로 작용한다. 그런데 기존의 데이터 웨어하우스를 놓고 보면, 정형 데이터만 처리하도록 설계돼 있다는 것을 알 수 있다(그림 1.2 참조). 그럼에도 대부분의 데이터를 다른 관계형 데이터 시스템에서 가져왔기 때문에 처리상 큰 문제가 없었다. 근래에 들어서 SaaS, 소셜 미디어, 사물 인터넷Internet of Things이 폭발적으로 증가함에 따라 분석해야 할 데이터의 유형들이 이전에 비해 훨씬 다양해졌으며, 텍스트, 오디오, 비디오와 같은 비정형 데이터들을 포함하기도 한다.

---

1   ETL은 Extract, Transform, Load의 줄임말이다 – 옮긴이

SaaS 공급 업체들은 고객이 데이터를 이용할 수 있도록 JSON 파일 형식을 사용한 API를 제공하기 시작했으며, 이는 시스템 간 데이터 교환을 위해 가장 널리 사용하고 있는 방식이기도 하다. API로 제공하므로 유연성이 상당히 높다고 할 수는 있지만, 반대로 반정형 형태이기 때문에 특별한 예고 없이 스키마의 변경이 동반된다. 업스트림 애플리케이션 개발자가 정형과 비정형을 함께 다뤄야 할 경우, JSON 외에도 아브로Avro 또는 프로토콜 버퍼Protocol Buffers와 같은 형식도 사용한다. 데이터 사이언스팀의 경우 바이너리, 이미지, 비디오, 오디오 데이터와 같이 비정형 데이터를 많이 활용한다. 데이터 웨어하우스는 정형화된 데이터만 다루도록 설계돼 있고, SaaS 공급 업체들의 예고 없는 스키마 변경에 유연하게 대응할 수 있는 구조를 갖고 있지 않다.

또한 기존의 데이터 웨어하우스를 활용해 데이터를 처리하려 할 경우, 반드시 웨어하우스에서 제공하는 SQL 엔진과 저장 프로시저stored procedure 언어만을 사용해야 하는 제약이 있는 경우가 많다. 이러한 구조적인 특성은 새로운 데이터 형식이나 새로운 처리 방식이 필요한 경우 한계점으로 작용한다. SQL은 쿼리 언어로는 상당히 우수하지만 프로그래밍 언어 관점에서 보면 부족한 점이 많다. 예를 들면 테스팅, 추상화, 패키징, 공통 로직을 위한 라이브러리 등과 같은 툴들은 소프트웨어 개발자들은 당연히 개발 툴에서 제공하는 것으로 인식하고 있는 상황인데, 이러한 기능 제공이 부족하다. 또한 대부분의 ETL(추출, 변환, 적재) 툴은 처리한 데이터를 데이터 웨어하우스로 밀어 넣을 때 SQL을 주로 사용하고 있다. 이는 곧 ETL 툴이 효율적으로 처리할 수 있는 데이터 형식의 유형에 한계가 있다는 의미가 된다.

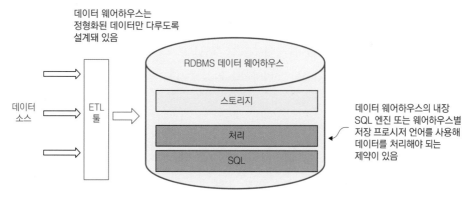

▲ **그림 1.2** 전통적 데이터 웨어하우스의 데이터 처리 구조는 다양한 데이터를 처리하는 데 한계가 있다.

1.2.2 데이터 규모

데이터 규모Volume의 증가는 우리 모두가 경험하고 있는 사안이다. 오늘날 인터넷 세상에서
는 소규모 기업이나 기관이라 할지라도 테라 바이트 단위의 데이터를 처리 분석하기도 하고,
IT 부서 역시도 점점 더 많은 데이터를 관리해야 하는 요구가 늘어나고 있는 상황이다. 예를
들면 웹 사이트 사용자의 클릭 스트림 데이터, 소셜 미디어 데이터, 서드파티third-party 2 데이
터들, IoT 센서 생성 데이터 등 아주 많은 양의 데이터들을 기업에서 액세스하고 있다.

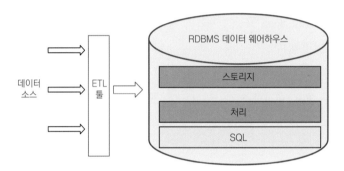

▲ **그림 1.3** 전통적 데이터 웨어하우스는 처리 영역과 스토리지 영역이 결합된 구조다.

기존 데이터 웨어하우스(그림 1.3)에서는 스토리지와 처리 영역이 결합돼 있어 확장성과
유연성에 큰 제약이 있다. 급증하는 데이터 규모를 기존 관계형 데이터 웨어하우스에서 수용
하려면 더 큰 용량의 디스크, RAM, CPU를 가진 서버가 필요할 것이다. 실제 증설하려면 상
당한 비용이 들기도 하고 진행도 느릴 수 있다. 스토리지와 서버가 결합돼 있기에 스토리지
를 증설하기 위해서는 필요하지 않은 컴퓨팅 자원도 구입해야 하고, 서버를 증설하려면 스토
리지도 함께 구매해야 하기 때문이다. 이에 대한 대안으로 스토리지 어플라이언스appliance 제
품들이 나와 있기는 하지만, 컴퓨팅 서버와 스토리지 증설을 쉽게 결정하기에는 여전히 비용

---

2 서드파티(third party)는 하드웨어나 소프트웨어 등의 제품을 제조하는 주요 기업이나 그 계열 회사 또는 기술 제휴 중인 기업이
아닌 제3자 기업을 부르는 말이다. 간략히 제3자 또는 3차 협력사라고도 한다. 위키백과에 따르면, 하드웨어 생산자는 퍼스트 파
티(first party)로, 소프트웨어 개발자는 서드파티(third party)로 불리기도 한다. 하드웨어 생산자가 직접 소프트웨어를 개발하는
경우는 퍼스트 파티, 하드웨어 생산자인 모 기업과 자사 간의 관계에서의 소프트웨어 개발자라면 보통 세컨드 파티라 부르며, 하
드웨어 생산자와 직접적인 관계없이 소프트웨어를 개발하는 회사를 서드파티라 부른다. 또는 하드웨어 생산자인 모 기업과 자
사 간의 관계 또는 하청 관계 등 전혀 관련 없는 소프트웨어 개발자를 서드파티라 부르고, 제품의 사용자를 세컨드 파티(2nd
party), 그리고 하드웨어 생산자인 모 기업과 자사 간의 관계 또는 하청 관계 등 여타의 관계하에 소프트웨어를 개발하는 업체를
퍼스트파티라 표현하는 등 업체별, 분야별로 약간씩 서로 다른 사례나 관례가 존재한다. – 옮긴이

문제가 존재한다. 그렇다 보니 IT 예산이 충분한 기업이나 기관에서만 데이터 웨어하우스 환경에서 대량의 데이터 처리가 가능한 상황이다.

1.2.3 데이터 속도

데이터가 시스템에 도착해서 처리되는 데까지 걸리는 시간, 즉 데이터 속도^{Velocity}는 지금 큰 문제가 아닐 수 있다. 그럼에도 실시간 분석 요구들이 늘어나고 있는 상황이기에 반드시 문제로 다가오게 될 것이며, 언제 이 문제가 대두될지 궁금할 것이다. 센서의 확산이 증가함에 따라 이미 스트리밍 데이터는 일반화됐다. 수집한 스트리밍 데이터를 처리해야 하는 필요성이 증가하고 있을 뿐만 아니라, 거의 준 실시간으로 분석해야 하는 수요도 증가하고 있는 실정이다.

기존의 데이터 웨어하우스는 배치 중심 처리 방식이다. 주로 야간에 데이터를 스테이징 영역에 적재한 후, 비즈니스 로직을 적용하고 그 결과를 팩트^{fact} 테이블과 디멘션 테이블로 적재한다. 이는 배치로 새로운 데이터 처리를 마칠 때까지 기다려야 분석이 가능하다는 의미고 분석 지연이 그만큼 발생하는 것을 뜻한다. 스트리밍 데이터는 파일 형식의 데이터보다 빠르게 처리 가능하지만, 데이터가 도달할 때마다 각각의 데이터를 처리해야만 한다. 이 같은 메카니즘은 기존의 데이터 웨어하우스로는 만들어내기가 불가능하다. 이를 수용하기 위해서는 완전히 새로운 인프라 구축이 필요한데 네트워크를 통해 데이터를 실시간으로 전달하고, 메모리에 데이터를 바로 올리고, 이를 처리하는 데 높은 신뢰성을 제공할 수 있어야 한다.

1.2.4 세 가지 V

인공지능과 머신러닝이 부상하면서 데이터의 세 가지 V, 즉 속도^{Velocity}, 규모^{Volume}, 다양성^{Variety}이 화두로 떠올랐다. 그리고 데이터 과학자가 데이터 시스템의 사용자가 되면서 데이터의 규모 측면, 다양성 측면의 문제가 동시에 부각되기 시작했다. 머신러닝 모델을 진행하려면 데이터가 반드시 필요한데, 가능한 많은 양의 데이터(규모)를 확보해야 한다. 데이터 과학자가 모델을 개발할 때 데이터 웨어하우스처럼 정형화되고 큐레이션[3]된 데이터를 필요로 하기도 하지만, 데이터 웨어하우스에서는 다루지 못하는 다양한 유형의 원시 소스 파일 데이터(다양성)도 필요하다. 이 모델들은 컴퓨팅 집약적이기 때문에 데이터 웨어하우스 환경에서 실행하려면 데이터 웨어하우스 시스템에 엄청난 성능 부담을 안기게 된다. 특히 거의 실시간으로 수집되는 데이터(속도)를 처리해야 한다면 더 큰 성능 부담을 준다. 기존 데이터 웨어하우스 아키텍처에서는 이러한 모델을 실행하기까지 몇 시간 또는 며칠이 걸리기도 한다. 또한 이 모델을 실행하는 기간 동안 데이터 웨어하우스의 자원을 사용 중인 다른 사용자들의 작업에 영향을 주게 된다. 데이터 과학자들에게 다양한 유형의 대용량 데이터들을 언제든지 액세스할 수 있게 하면서도 다른 사용자들의 작업에 영향을 덜 주는 방법을 찾을 수 있다면, 이들이 훨씬 고도화된 분석을 할 수 있는 환경을 제공할 뿐만 아니라, 잘 활용하면 비용 절감까지도 기대할 수 있을 것이다.

1.3 데이터 레이크가 대안이 될 수 있을까?

테크타깃TechTarget의 WhatIs.com의 정의에 따르면, 데이터 레이크란 "나중에 사용하기 위해 가공하지 않은 방대한 양의 데이터를 한곳에 모아둔 스토리지 저장소"를 의미한다. 가트너 리서치Gartner Research의 데이터 레이크 정의에는 더 구체적인 주변 상황을 포함한다. "원천 데이터 소스로부터 나온 다양한 데이터 자산을 보관해 놓은 저장소들의 집합이다. 이 자산은 원천 데이터 소스와 동일한 복사본이거나 거의 동일한 복사본의 형태로 저장돼 있다. 그렇기에 데이터 레이크는 특정 주제나 목적 중심이 아니며, 통합하지 않은 데이터의 집합이다."

데이터 레이크 개념은 기존 데이터 웨어하우스가 처리할 수 없는 데이터 형식의 증가, 데이터 규모, 데이터 속도의 증가를 처리할 수 있는 방법이 절실히 필요한 상황에서 출현했다. 데이터 레이크는 정형, 비정형, 반정형, 바이너리 등 모든 유형의 데이터를 다양한 소스로부터 가져와 보관할 수 있는 장소였는데, 확장성 있게 데이터를 저장, 처리할 수 있었다.

2006년 아파치 하둡이 소개된 이후, 데이터 레이크는 "하둡"이라는 오픈 소스 소프트웨

---

3 데이터의 큐레이션이란 데이터 수집과 정제에서 목적에 따라 분류, 구조화하거나 학습용 데이터 생성 등 데이터의 활용 가치를 높이기 위한 모든 활동을 의미한다. – 옮긴이

어 유틸리티 생태계와 동의어처럼 사용됐다. 하둡은 분산 스토리지 기술과 수많은 컴퓨팅 자원들의 네트워킹을 묶는 기술 기반으로 빅데이터 처리 소프트웨어 프레임워크를 제공했고, 이를 통해 대량 데이터 처리와 컴퓨팅 자원을 필요로 하는 문제를 해결하는 데 널리 활용됐다. 하둡이 데이터 레이크 이상이라는 주장도 있는데, 실제로 하둡을 활용해 1장 앞부분에서 설명한 데이터의 다양성, 속도, 규모의 문제들을 해결해왔다.

- **데이터의 다양성** – 데이터 웨어하우스는 스키마 온 라이트schema on write 방식임에 반해 하둡은 스키마 온 리드schema-on-read 4 방식을 사용한다. 이는 어떤 형식의 파일도 시스템에 즉시 저장할 수 있으며, 나중에 처리된다는 것을 의미한다. 정형 데이터만 처리할 수 있었던 데이터 웨어하우스와는 달리 하둡을 활용하면 거의 모든 유형의 데이터를 처리할 수 있다.

- **데이터의 규모** – 데이터 웨어하우스는 데이터 웨어하우스 구조에 특화된 하드웨어를 필요로 하는 경우가 많다. 하둡 시스템은 저렴한 범용 하드웨어를 활용한 분산 서버, 분산 스토리지 구조다. 필요 시 언제든지 적은 비용으로 스토리지와 서버를 증설할 수 있다. 스토리지 비용도 절감할 수 있고, 많은 서버 간에 워크로드를 분산시킬 수 있어서 쉽고 빠르게 대용량의 데이터를 처리할 수 있다.

- **데이터의 속도** – 스트리밍이나 실시간 처리를 해야 할 경우, 하둡을 활용하면 스트리밍 데이터를 수집, 저장, 처리하기 용이하며 비용도 저렴하다. 여기에 하이브Hive, 맵리듀스MapReduce, 스파크Spark 같은 제품을 함께 활용해 약간의 코딩을 포함시키면 실시간 처리도 추가할 수 있다.

하둡을 통해 저렴한 방식으로 방대하고 다양한 유형의 데이터를 저장하고 처리할 수 있게 됐으며, 오늘날 데이터 자산의 다양성, 규모 및 속도의 증가를 다룰 수 있는 솔루션을 만들어가는 데 중요한 발판이 됐다. 거의 과거 10년 동안 데이터 센터의 데이터 레이크에 대한 실질적인 표준이었다고 할 수 있다.

---

4 쉽게 말해 스키마 온 리드는 데이터의 스키마 확인을 데이터를 읽는 시점에 한다는 뜻이다. 이와는 달리 스키마 온 라이트는 데이터를 처음 저장할 때 스키마를 먼저 정의한다. 예를 들어, 오라클이나 MySQL에 데이터를 저장할 경우 스키마부터 정의해야 데이터를 저장할 수 있다. 스키마 온 리드는 저장할 때는 스키마와 상관없이 저장할 수 있으며, 읽을 때 스키마를 정의해 데이터를 읽을 수 있다. – 옮긴이

그럼에도 하둡에는 다음과 같은 단점들이 있다.

- 첫째, 하둡은 데이터 센터에 여러 가지 컴포넌트들이 통합된 매우 복잡한 시스템이다. 유지보수하기가 쉽지 않기 때문에 시스템 운영을 안정적으로 하기 위해서는 고도의 기술역량을 가진 지원 엔지니어 팀이 필요하다.
- 둘째, 데이터를 활용하는 사용자들에게는 쉬운 시스템이 아니다. 정형화 및 큐레이션이 잘 된 데이터 웨어하우스와 비교하면 유연성이 높긴 하지만, 비즈니스 사용자가 비정형 형태를 이해하고 활용하기에 쉬운 시스템은 아니다.
- 셋째, 개발자 입장에서 보면 오픈형 툴 세트 사용이 매우 유연해 보이기는 하지만, 반대로 각 컴포넌트 간 결합력이 약하다는 의미도 되기 때문에 잘 사용하려면 많은 노력이 필요하다. 예를 들어, 데이터 처리를 위해 필요한 언어, 라이브러리, 유틸리티들을 선택해 하둡 프레임워크에 설치할 수 있지만, 제대로 활용해 데이터를 처리하려면 SQL 외에도 추가 설치한 언어와 라이브러리, 유틸리티를 잘 알고 사용해야 한다.
- 넷째, 스토리지와 컴퓨팅이 분리돼 있지 않다. 스토리지와 컴퓨팅을 동일한 하드웨어 상에 구성할 수 있지만 고정된 비율로 구성해야만 효과적이다. 이러한 구조가 유연성과 비용 관점에서 제약 사항으로 작용한다.
- 다섯째, 시스템을 확장하기 위해 하드웨어를 추가 및 변경하려면 몇 개월씩 걸리기도 한다. 그렇다 보니 하둡 클러스터 이용률이 높은 상태 혹은 낮은 상태가 지속되는 경우가 발생한다.

하둡의 장점은 살리고, 단점들을 보완해서 데이터 시스템 설계자들에게 유연성을 훨씬 더 가져다주는 솔루션이 클라우드와 함께 등장했다.

1.4 퍼블릭 클라우드 활용

퍼블릭 클라우드는 온디맨드on-demand 스토리지, 온디맨드 컴퓨팅 리소스 프로비저닝provisioning, 사용량 기반 요금 지불 모델을 갖추고 있다. 이 퍼블릭 클라우드로 하둡의 한계를 뛰어넘는 데이터 레이크 설계가 가능하게 됐다. 퍼블릭 클라우드를 통해 데이터 레이크의 유연성과 확장성을 높일 수 있는 설계가 가능하고, 필요한 지원도 크게 줄일 수 있기 때문에 비용 관점에서도 효과적이었다.

클라우드 환경에 데이터 웨어하우스와 데이터 레이크를 구축하기 시작하면서 서비스로서의 플랫폼^{PaaS, Platform as a Service}을 제공하려는 시도가 상당히 증가했다. 위키피디아에서는 PaaS를 다음과 같이 정의하고 있다. "전통적으로 애플리케이션을 개발, 운영하기 위해서는 인프라 환경도 함께 구축 및 운영 관리를 해야 하는데, PaaS란 이러한 복잡한 인프라 환경 구축과 운영을 쉽게 사용할 수 있도록 하는 클라우드 컴퓨팅 서비스의 한 범주다. 이를 통해 고객은 애플리케이션 개발, 운영에 더욱 집중할 수 있다." 최근에 클라우드 환경에 최적화된 차세대 데이터 처리 프레임워크들도 등장했는데, 클라우드 패러다임에 최적화된 프로그래밍 언어와 클라우드의 확장성 개념을 잘 통합한 것들이다.

퍼블릭 클라우드의 등장으로 분석 데이터 시스템의 모든 것을 바꿔 놓았다. 클라우드를 통해 하둡의 데이터 레이크 설계 한계를 뛰어넘을 수 있었으며, 데이터 레이크와 데이터 웨어하우스가 결합된 형태의 솔루션들이 클라우드에 등장하면서 기존의 온프레미스 환경 구축 기반보다 훨씬 뛰어난 성능을 갖게 됐다.

클라우드를 통해 변화된 것이 많지만, 그중 중요한 것들은 다음과 같다.

- **탄력적 리소스**: 스토리지든 컴퓨팅이든, 선호하는 클라우드 제공업체로부터 필요한 만큼의 리소스를 할당받아 사용할 수 있고, 수요의 변화에 맞춰 자동 방식 혹은 요청 방식으로 언제든지 리소스를 추가하거나 축소할 수 있다.
- **모듈화**: 클라우드 환경에서는 스토리지와 컴퓨팅이 분리된 형태로 제공된다. 둘 중 하나만 증설해야 되는 경우, 클라우드에서는 두 가지를 동시에 구입하지 않아도 되므로 효율적인 투자가 가능하다.
- **사용량에 따른 지불**: 사용하지 않아도 비용을 계속 지불해야 하는 상황이면 이를 계속 감내하는 것은 쉽지 않은 일이다. 클라우드 환경은 사용한 양만큼만 비용을 지불하는 방식이므로, 미래 성장 수요를 예측해 현 수요보다 초과되는 크기의 시스템을 구축하는 방식을 택할 필요가 없다.
- **자본 투자, 자본 예산, 자본 상각 방식에서 운영 비용 방식으로의 전환**: 사용한 만큼 지불하는 방식과 관련성이 있다. 컴퓨팅, 스토리지는 소유 인프라 개념이 아닌 유틸리티

형태로 제공되고 있다.

- **관리형 서비스의 보편화**: 온프레미스 환경에서는 데이터 시스템의 운영, 지원 및 업데이트를 위한 인적 자원을 필요로 한다. 반면 클라우드 환경에서는 이러한 기능을 대부분 클라우드 공급 업체가 수행하거나, 셀프 서비스 기능으로 제공된다.

- **즉시 사용 가능**: 온프레미스 환경에서는 신규 서버를 구매해서 설치하는 데까지 대략 몇 달이 걸리기도 한다. 클라우드 서비스는 구매 후 설치까지 소요되는 시간이 수 분 단위 수준이다.

- **차세대 클라우드 전용 처리**processing **프레임워크**: 클라우드 환경에서만 사용할 수 있는 차세대 데이터 처리 프레임워크가 있다. 이 프레임워크는 클라우드의 확장성과 최신 프로그래밍 언어를 활용하며, 클라우드 패러다임에 맞게 잘 통합된 형태라 할 수 있다.

- **신규 기능 출시 속도**: 데이터 웨어하우스 제품들이 클라우드로 출시되면서 점차 PaaS 형태로 제공되고 있다. 이를 통해 신규 기능들이 나오면 즉시 활용할 수 있다.

한 가지 예로 AWS의 EMR을 살펴보자.

AWS EMR은 오픈 소스 툴을 사용해 데이터를 처리하는 클라우드 데이터 플랫폼이다. AWS의 관리형 서비스 중 하나며, AWS상에서 하둡Hadoop과 스파크Spark를 활용할 수 있다. 필요한 시스템 유형을 지정하고 가상 시스템 수를 필요한 양만큼 설정하면 신규 클러스터가 생성된다. 그리고 해당 클러스터에 설치할 소프트웨어 목록을 등록하면 AWS 서비스가 나머지 관련 작업들을 진행하게 되는데, 몇 분 정도 지나면 지정한 스펙의 클러스터가 가동되는 것을 볼 수 있다. 이전 온프레미스상에서 하둡 클러스터 구성 계획을 수립하고, 구매, 설치, 설정하는 작업에 몇 개월 정도 소요됐을 때와 비교할 수 없을 만큼 단순하고 빨라졌다. 또한 AWS EMR을 사용하면 데이터 저장 공간을 AWS EMR 시스템 내부에 두지 않고 AWS S3를 활용하는 방식으로 구성하는데, AWS EMR 클러스터가 S3에 저장된 데이터를 처리하게 된다. 이렇게 하면 실행 가능한 클러스터 수를 지정하거나 클러스터를 구성할 때 유연성을 상당히 높일 수 있다. 또한 작업이 완료된 후 폐기할 수 있는 일회성 클러스터도 구성이 가능하다.

1.5 클라우드, 데이터 레이크, 데이터 웨어하우스: 클라우드 데이터 플랫폼의 등장

데이터 레이크 관련 논의의 주안점은 오늘날 분석 데이터의 다양성, 데이터의 규모, 데이터의 속도가 급격히 증가하면서, 기존 데이터 웨어하우스가 이러한 증가에 따른 수용 시의 한계점과 관련돼 있다. 사실 다양성이 높아진 데이터들을 기존의 데이터 웨어하우스 안에서 비용 효과적으로 처리하는 방법을 찾기란 쉽지 않다. 데이터의 규모와 속도도 계속적으로 증가하는 추세인데 이를 비용 대비 효과가 높은 방식으로 수용하려면 데이터 웨어하우스만을 고려해 솔루션을 구성하기보다는 데이터 레이크와 데이터 웨어하우스를 조합하는 방식으로 구성하는 것이 비용 효과적이면서, 더욱 정돈된 형태의 솔루션을 만들어낼 수 있다.

증가하는 데이터의 다양성, 규모, 속도를 수용하는 데 데이터 레이크를 어렵지 않게 활용 가능하며, 비용 대비 효과도 높게 구축할 수 있다. 그럼에도 데이터 레이크를 고려할 때 주의할 점은 대부분의 사용자, 특히 비즈니스 사용자가 사용하기 편리한 형태로 구성되는 사례가 거의 없다는 것이다. 특히 데이터의 관리가 잘 통제되지 않아 다른 문제점들을 야기시키는 경우들도 있다. 데이터 레이크가 계속 발전해 나가면서 데이터 웨어하우스를 완전히 대체하게 될 때가 올 수도 있겠지만, 현재 대부분의 고객 환경은 데이터 레이크와 데이터 웨어하우스 솔루션이 거의 결합돼 있는 형태다. 이러한 결합된 구조에서 데이터 웨어하우스의 역할은 비즈니스 사용자에게 잘 정제된 데이터를 제공하는 지점 역할을 하는 반면, 데이터 레이크는 데이터 과학자와 기타 분석 시스템에서 데이터 레이크에 거의 정제되지 않은 채로 저장된 데이터를 직접 액세스해서 탐색하고 분석할 수 있는 환경 제공 역할을 한다.

얼마 전까지만 해도 대부분의 데이터 처리는 데이터 웨어하우스와 ETL 툴을 활용해 이뤄졌다. 그러나 최근 들어 수행 성능을 높여야 하는 분석 과업들이 데이터 레이크 형태로 구성되는 경우를 보는데, 이는 비용 측면에서 데이터 레이크가 데이터 웨어하우스보다 우수하고, 기존 데이터 웨어하우스 방식이 배치 처리 방식이었다면 데이터 레이크를 활용할 경우 스트리밍과 같은 새로운 방식의 데이터 처리가 가능하기 때문이다.

데이터 레이크와 데이터 웨어하우스의 경계 구분이 지속적으로 흐려져가고는 있지만, 데이터 웨어하우스와 데이터 레이크는 차세대 분석 플랫폼 설계 시 각기 다른 역할을 하는 것으로 정의된다. 클라우드 데이터 웨어하우스와 데이터 레이크를 둘 중 하나만 선택해서 구성하기보단 함께 구성해야 하는 몇 가지 이유가 있다. 모든 데이터에 즉시 액세스하려는 사용자들의 요구사항을 충족시키고자 할 경우에는 데이터 레이크를 활용하고, 적절하게 관리되며 정제된 데이터를 필요로 하는 요구사항에는 데이터 웨어하우스를 활용하는 방식으로 둘 간 역할 관점의 균형을 유지할 수 있다.

핵심은 클라우드 데이터 웨어하우스, 클라우드 데이터 레이크와 같이 클라우드 방식으로 제공하는 데이터 처리 기술들을 잘 활용하면 모듈성, 유연성, 탄력성이 우수한 클라우드 플랫폼 구축이 가능하기에, 훨씬 다양한 형태의 요구사항을 충족할 수 있다는 점이다. 즉 모든 V 관점에서 증대된 데이터들을 수집, 통합, 변환, 관리하는 데 비용 효과적이면서도 유연성도 함께 제공하는 현대의 데이터 플랫폼으로 구축할 수 있다.

이러한 분석 데이터 플랫폼은 과거 데이터 센터가 제공할 수 있었던 능력과는 비교할 수 없다. 오늘날과 같은 폭발적인 데이터 처리 요구사항들을 충족하기 위해 새로운 기술과 클라우드 서비스를 활용해서 클라우드 데이터 플랫폼을 설계하는 것이 이 책의 주제다.

1.6 클라우드 데이터 플랫폼의 빌딩 블록(building block)

데이터 플랫폼의 목적은 분석에 활용될 수 있도록 어떤 유형의 데이터든 최대한 비용 효과적인 방식으로 데이터를 수집, 저장, 처리해서 활용할 수 있도록 제공하는 것이다. 이를 위해 데이터 플랫폼은 계층간 느슨하게 결합돼 있는 형태의 아키텍처를 지향하며, 각 계층은 각각의 특정 역할을 담당하고, 잘 정의된 API를 통해 각 계층 간 상호교류한다. 데이터 플랫폼 아키텍처에는 그림 1.4와 같이 수집ingestion, 저장storage, 처리processing, 서비스Serving 계층의 기본 구성 요소가 있다.

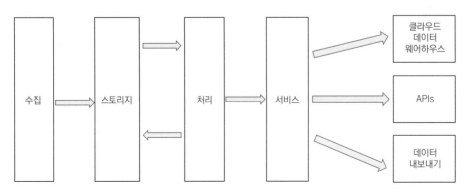

▲ **그림 1.4** 데이터 플랫폼은 여러 계층이 느슨하게 결합된 형태의 아키텍처를 가지며, 각 계층은 저마다 특정 역할을 담당한다.

1.6.1 수집 계층

수집 계층Ingestion layer은 데이터를 데이터 플랫폼으로 가져온다. 다양한 데이터 소스, 예를 들어 관계형 데이터베이스, NoSQL 데이터베이스, 파일 스토리지, 사내 API, 타사 API 등에 접속해 데이터를 추출하는 역할을 담당한다. 기업에서 활용하고자 하는 데이터 소스가 다양해지고 있기에 이 계층은 유연성이 높아야 한다. 따라서 수집 계층을 구성할 때는 특정 데이터 유형을 처리할 수 있는 오픈 소스 툴이나 상용 툴을 사용해 구현하는 경우가 많다.

데이터 플랫폼의 수집 계층의 가장 중요한 특징 중 하나는 이 계층에서는 어떤 경우에도 수집되는 데이터를 수정하거나 변환해서는 안 된다는 점이다. 이는 데이터 레이크에 처리되지 않은 원시 데이터를 보관함으로써, 데이터 계통 추적lineage tracking 및 재처리reprocessing할 수 있도록 하기 위함이다.

1.6.2 스토리지 계층

데이터 소스로부터 데이터를 수집해오면 저장을 해야 한다. 이 역할을 하는 곳이 데이터 레이크 스토리지 계층storage layer이다. 데이터 레이크 스토리지 시스템은 데이터의 수집 속도와 양을 언제든지 수용할 수 있도록 확장성이 뛰어나야 하며 비용도 저렴해야 한다. 모든 원시 형태의 데이터를 저장할 수 있어야 하며, 데이터 레이크 사용자가 다양한 방법으로 데이터를 변환하거나 분석을 시도할 때 시스템적으로 언제든지 확장 가능해야 한다.

데이터 센터 환경에서 스토리지를 확장하려면 주로 대용량 디스크 어레이나 네트워크 연결 스토리지NAS를 활용한다. 이러한 엔터프라이즈급 솔루션은 대용량 스토리지를 제공하기는 하지만 두 가지 큰 단점이 있다. 대개 비용이 비싸고, 또 정해진 용량 단위의 박스로 거래된다는 점이다. 따라서 더 많은 스토리지를 얻으려면 더 많은 기기를 함께 구입해야 한다.

이러한 요소들을 고려할 때, 클라우드 공급 업체의 최초 서비스 중 하나가 스토리지 서비스였다는 것은 그리 놀랍지는 않다. 클라우드 스토리지는 업로드할 수 있는 파일 형식에 제한이 없다. CSV, JSON과 같은 텍스트 파일과 아브로Avro, 파케이Parquet, 이미지, 비디오와 같은 바이너리 파일을 자유롭게 저장할 수 있기 때문에 거의 모든 파일 형식을 데이터 플랫폼에 저장할 수 있다. 모든 파일 형식을 저장할 수 있다는 특성은 데이터 레이크의 중요한 기반이다. 수집되는 원시 데이터를 먼저 저장한 후, 처리 과정을 나중에 진행하도록 구성할 수 있기 때문이다.

NAS^{Network-Attached Storage} 또는 하둡 HDFS^{Distributed File System}를 사용해본 적 있다면 클라우드 스토리지가 이러한 시스템 중 하나와 매우 비슷하게 보일 수도 있다. 하지만 클라우드 스토리지와 이들 파일 시스템 간에는 다음과 같은 몇 가지 차이점이 있다.

- 클라우드 스토리지는 클라우드 공급 업체의 완전 관리형 서비스다. 이 말은 사용자 입장에서 유지보수, 소프트웨어나 하드웨어 업그레이드 등에 대해 고민할 필요가 없다는 뜻이다.
- 클라우드 스토리지는 탄력성이 높다. 사용자의 요청 스토리지 크기에 맞추어 언제든지 스토리지 볼륨을 늘리거나 줄일 수 있다. 미래 수요 예측이나, 스토리지 시스템 용량을 나중에 사용하기 위한 목적으로 과도하게 확보해 놓을 필요가 없다.
- 사용량에 따라 비용을 지불하는 방식이다.
- 클라우드 스토리지와 직접적으로 연결된 컴퓨팅 리소스가 없다. 사용자 관점에서 볼 때 클라우드 스토리지와 직접 연결된 가상 컴퓨팅 시스템이 없다는 의미다. 즉, 대량 데이터 저장 공간 확보를 위해 불필요한 컴퓨팅 자원 구매를 하지 않아도 된다. 데이터 처리를 해야 할 때 필요한 컴퓨팅 리소스를 온디맨드 방식으로 즉시 간편하게 프로비저닝할 수 있다.

오늘날 대부분의 클라우드 공급 업체들이 클라우드 스토리지 서비스를 제공하고 있다. 데이터가 데이터 레이크^{Data Lake}로 흘러 들어오면서, 클라우드 스토리지가 중심 컴포넌트 역할을 하게 된다. 원시 데이터를 클라우드 스토리지에 저장하면 처리 계층에서 필요할 때마다 클라우드 스토리지로부터 가져와 처리하고, 처리한 결과 데이터도 클라우드 스토리지에 저장된다. 이러한 방식으로 사용자는 필요에 따라 원시 데이터나 처리 결과 데이터를 액세스할 수 있다.

1.6.3 처리 계층

수집되는 원시 데이터는 클라우드 스토리지에 먼저 저장된 후, 활용 목적에 맞게 저장된 데이터를 처리한다. 데이터 레이크 구축에서 가장 관심이 집중되는 영역이 데이터 처리 영역이다. 원시 데이터를 직접 분석하는 방식으로 데이터 레이크를 설계할 수도 있겠지만, 생산성이나 효율성 측면에서 볼 때 최상의 선택은 아니다. 그렇기에 데이터 레이크 구축 시, 데이터 과학자 같은 전문 분석가들이 좀 더 사용하기 쉽게 원시 데이터를 어느 정도 미리 변환해 두는 것이 일반적이다.

클라우드 데이터 레이크에서는 처리 계층processing layer 구현을 위해 선택할 수 있는 몇 가지 기술과 프레임워크가 있다. 반면 기존 데이터 웨어하우스를 구축할 때에는 대체적으로 데이터베이스 공급 업체에서 제공하는 SQL 엔진에 국한된다. 사실 SQL은 훌륭한 쿼리 언어기는 하지만 프로그래밍 언어 측면에서 보면 강력하지는 않다. 예를 들어, SQL은 자바, 스칼라Scala 또는 파이썬Python과 같은 프로그래밍 언어들이 가진 추상화와 모듈화가 가능한 기능을 제공하지 않기 때문에 SQL만 활용해서는 데이터 클린징 절차처럼 반복 기능들을 공통화시키거나 재사용 가능하도록 별도로 라이브러리화하기 쉽지 않다. 또한 SQL은 단위 테스트나 통합 테스트 수행에 필요한 지원 기능들을 제공하지 않는다. 예를 들어 테스트 커버리지 툴 없이 반복적인 데이터 변환이나 데이터 클린징 작업을 하는 것은 아주 번거롭고 어려운 일이다. SQL이 가진 이러한 제약 사항에도 불구하고, SQL은 데이터 레이크에서 데이터 분석용으로 널리 사용돼왔으며, 실제로 많은 데이터 서비스 구성 컴포넌트들이 SQL 인터페이스를 제공한다.

SQL의 또 다른 제약 사항은 모든 데이터 처리가 RDBMS의 데이터베이스 엔진 내부에서 이루어져야 한다는 점이다. 이 경우, 데이터 처리 작업에 사용할 수 있는 컴퓨팅 리소스의 한계는 해당 데이터베이스 서버가 제공하는 CPU, RAM, 디스크의 크기에 달려 있다. 대용량 데이터를 처리하는 경우가 아니더라도, 다양한 데이터 변환 처리가 필요한 경우나 데이터 거버넌스 요구 사항을 처리하기 위해서는 데이터 변환을 수 차례 진행해야 할 수도 있다. 이 경우, 클라우드 컴퓨팅 리소스를 활용해 데이터 처리 프레임워크를 확장성 있게 구축한다면 좋은 대안이 될 수 있을 것이다.

이 같은 데이터 처리 프레임워크들이 다수 개발됐으며, 최신 프로그래밍 언어 지원과 확장성을 제공하며, 클라우드 패러다임과 잘 통합된 형태라 할 수 있다. 많이 알려진 프레임워크는 다음과 같다.

- 아파치 스파크^{Apache Spark}
- 아파치 빔^{Apache Beam}
- 아파치 플링크^{Apache Flink}

이보다 전문화된 프레임워크도 있지만 이 책에서는 위에 기재한 세 가지에 초점을 맞추기로 한다. 상위 수준에서 이 솔루션들은 현대 프로그래밍 언어(주로 자바, 스칼라, 파이썬)를 사용해 데이터 변환, 유효성 검사, 정제^{cleansing} 작업을 흐름 수준으로 쉽게 프로그래밍할 수 있도록 지원한다. 이 프레임워크를 통해 클라우드 스토리지로부터 데이터를 읽고, 더 작은 청크^{chunks}로 분할한 후(데이터 규모에 따라 필요한 경우), 마지막으로 유연한 클라우드 컴퓨팅 리소스들을 사용해 이 데이터 청크를 처리한다.

데이터 레이크에서 데이터 처리 방식은 크게 배치 처리 방식과 스트림 처리 방식이 있는데, 둘 간의 차이점을 이해하는 것이 중요하다. 그림 1.5에서는 수집 계층에서 수집된 데이터를 클라우드 스토리지로 저장하고, 처리 계층에서는 이 스토리지에서 데이터를 읽어 처리한 후, 결과를 클라우드 스토리지로 되돌려 저장하는 구조를 보여주고 있다.

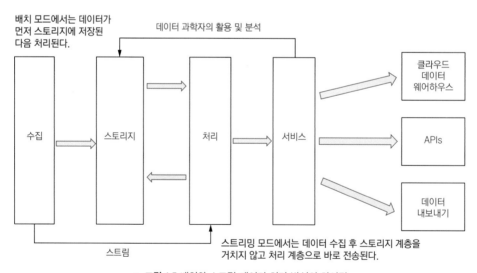

▲ **그림 1.5** 배치와 스트림 데이터 처리 방식의 차이점

그림 1.5에 나타낸 계층 흐름을 보면 배치 처리 방식에 적합하다는 것을 알 수 있는데, 클라우드 스토리지는 저렴하며 확장성이 뛰어나지만 처리 속도 측면에서는 그렇게 빠르지

않기 때문이다. 규모가 어느 정도 되는 데이터라면 읽고 쓰는 데에만 몇 분이 걸릴 수 있다. 근래에 들어서 처리 시간 요구사항이 초 단위 이하가 되는 사례가 점점 더 많아졌다. 이 경우 주로 스트림 기반 데이터 처리로 해결한다. 그림 1.5에서 스트림 기반 처리 개념도 설명하는데, 수집 계층으로 들어오는 수집 데이터는 클라우드 스토리지 계층을 거치지 않고 바로 처리 계층으로 전송된다. 물론 클라우드 스토리지 계층을 주기적 데이터 저장 용도로 사용하지만 스트리밍 데이터를 처리할 때는 사용하지 않고 보관(아카이빙) 용도로 사용하게 된다.

데이터 플랫폼에서 데이터를 처리하는 절차는 스키마 관리, 데이터 검증, 데이터 클린징, 데이터를 활용한 제품이나 서비스 개발 등 몇 가지 단계로 나눌 수 있다. 5장에서 이 단계를 자세히 다룬다.

1.6.4 서비스 계층

서비스 계층Serving layer의 목표는 사용자나 다른 시스템에서 데이터를 활용할 수 있도록 준비하는 것이다. 기업과 기관에 속한 다양한 사용자로부터 더 많은 양의 데이터를 더 빠르게 처리하고자 하는 요구사항들이 늘어나고 있다. 문제는 이 사용자들은 다른 기술 배경을 갖고 있거나 기술 기반이 없는 경우도 있다. 그리고 데이터를 액세스하고 분석하는 데 사용하는 툴의 선호도가 다양하다는 점도 고려 사항이다.

대체적으로 비즈니스 부서의 사용자는 셀프 서비스 방식으로 그들이 원하는 다양한 보고서와 대시보드를 활용하기 원한다. 이러한 강한 요구사항들이 데이터 플랫폼 구축 설계를 논의할 때 데이터 웨어하우스 영역도 항상 포함하는 방향으로 진행되는 이유다.

파워 유저와 데이터 분석가는 애드 혹은 SQL 쿼리를 바로 만들어 직접 실행해서 몇 초 안에 즉각 응답받기를 원한다. 또한 데이터 과학자와 개발자는 익숙한 프로그래밍 언어를 사용해서 새로운 데이터 변환 프로토타이핑이나 머신러닝 모델 구축, 또는 다른 팀 구성원들과 결과 공유를 기대한다. 즉, 다양한 작업 유형에 맞는 전문화된 기술을 활용해야 한다. 클라우드 환경에서는 이러한 다양한 요구사항들을 단일 아키텍처 내에 구성할 수 있으며, 큰 장점으로 작용한다. 예를 들어 SQL 액세스 속도를 높이기 위해 데이터 레이크의 데이터를 클라우드 데이터 웨어하우스로 적재할 수 있다.

애플리케이션에서 데이터 레이크의 데이터를 액세스하게 하려면, 먼저 데이터 레이크의 데이터를 키/밸류key/value 저장소나 문서 저장소에 적재하고, 애플리케이션이 그쪽을 바라보게 한다. 데이터 사이언스 팀이나 데이터 엔지니어링 팀의 경우, 클라우드 스토리지에 있는 데이터에 직접 접속해서 작업할 수 있는 환경이 필요한데 이때 스파크Spark, 빔Beam, 플링크Flink와 같은 프레임워크를 활용하기도 한다. 일부 클라우드 공급 업체는 주피터 노트북Jupyter notebook이나 아파치 제펠린Apache Zeppelin과 같은 관리형 노트북 환경을 제공하기도 한다. 이 노트북들을 사용해 데이터 분석 작업에 필요한 협업 환경을 구축한 후 코드 리뷰나 실험 결과 공유 등과 같은 협업을 해 나갈 수 있다.

클라우드를 사용 시 장점 중 하나는 클라우드 공급자CSP가 위와 같은 기술들을 서비스로서의 플랫폼PaaS으로 제공한다는 것과, 또 이 기술들을 운영하고 지원하는 일을 클라우드 공급 업체가 담당한다는 점이다. 게다가 이 서비스들은 대부분 종량제 가격 모델로 제공되고 있으므로 조직 규모에 관계없이 쉽게 활용할 수 있다.

1.7 클라우드 데이터 플랫폼이 세 가지 V를 다루는 방법

이번 절에서는 세 가지 V, 즉 데이터의 다양성Variety, 규모Volume, 속도Velocity 요구사항들이 클라우드 플랫폼에서 어떤 방법으로 처리되는지 설명한다.

1.7.1 데이터의 다양성

클라우드 데이터 플랫폼은 계층 구조이므로 다양한 데이터를 잘 수용할 수 있다. 데이터 플랫폼의 수집 계층Ingestion layer은 다양한 소스 시스템과 다양한 데이터 유형들을 수집할 수 있는 툴들의 집합체다. 소스 시스템 지원이 필요하다면 플러그 앤 플레이 방식으로 적합한 수집 애플리케이션을 추가하거나 제거하는 방식으로 구성할 수도 있다. 예를 들어 카프카 커넥트Kafka Connect와 아파치 나이파이Apache NiFi 등과 같은 플러그 앤 플레이들이 있는데, 이를 활용해서 다양한 데이터 유형을 수용할 수 있다. 스토리지 계층storage layer으로 넘어와서 보면, 클라우드 스토리지가 포괄적generic 파일 시스템이기 때문에 JSON, CSV, 비디오, 오디오 데이터 등 어떤 데이터 형식이든 저장할 수 있다. 클라우드 스토리지가 지원하는 데이터 유형에는 제약이 없으므로 어떠한 유형의 데이터든 쉽게 추가할 수 있다.

다양성 수용 측면에서 볼 때 아파치 스파크나 빔과 같은 데이터 처리 프레임워크를 사용하면 SQL 프로그래밍 언어를 사용할 때의 제약점들을 극복할 수 있다. SQL과 달리 스파크에서는 기존 라이브러리를 활용해서 이미 알려진 파일 형식을 쉽게 파싱해 처리할 수 있다. 만약 기존 라이브러리에서 지원하지 않는 형식으로 된 파일을 처리해야 될 경우, 파싱 기능을 자체적으로 개발해서 적용하면 된다.

1.7.2 데이터 규모

기존의 온 프레미스 환경에서 시스템을 구축하는 경우, 하드웨어, 소프트웨어, 지원 서비스 구매를 위한 대규모 투자가 필요하다. 클라우드 서비스를 활용할 경우에는 이러한 초기 대규모 투자 없이도 대량 데이터를 저장, 처리하고 분석할 수 있는 툴을 확보할 수 있다. 클라우드 데이터 플랫폼의 경우 스토리지와 컴퓨팅이 분리된 구조며, 사용량 기반 요금 지불 방식이므로 대용량 데이터를 처리하고자 할 때 신속하게 진행 가능한 환경을 제공하고 있으며, 비용 측면에서도 장점이 있다. 클라우드 스토리지를 사용하면 필요에 따라 언제든지 스토리지 크기를 키웠다 줄였다 할 수 있기에 유연성이 뛰어나다. 클라우드 스토리지는 자주 사용할 용도, 장기 보관 용도 등 사용 빈도와 제공 용량별로 다양한 스토리지 옵션을 제공하고 있으므로, 사용자 측면에서 보면 사용자가 필요한 용량과 용도에 맞게 스토리지 옵션을 선택하고 해당 스토리지의 사용 비용만 지불하면 즉시 사용할 수 있다.

컴퓨팅 측면에서도 데이터 웨어하우스보다 클라우드 환경이 대량 데이터를 처리하기에 최선의 선택이라 할 수 있다. 대량 데이터를 클렌징하거나 검증할 때 컴퓨팅 용량이 많이 필요할 수 있으나 이 작업을 지속적으로 반복해서 실행할 가능성은 낮기 때문에 이 경우 클라우드의 탄력성을 활용하면 좋다. 필요한 컴퓨팅 클러스터를 온디맨드 방식으로 프로비저닝하고, 처리 완료 후에는 이 컴퓨팅 리소스들을 바로 폐기하면 된다. 데이터 웨어하우스가 아닌 클라우드 데이터 플랫폼에서 이러한 작업을 실행하면 데이터 웨어하우스 사용자들에게 주는 성능 관점의 영향을 최소화할 수 있으며, 또한 처리 과정에서 저가 스토리지를 사용하면 비용을 효율적으로 절감할 수 있다.

클라우드 스토리지는 원시 데이터를 저장하기 위한 가장 적은 비용이 드는 방법인 반면에, 비즈니스 사용자를 위한 처리된 데이터 관리 측면에서 실질적 표준은 데이터 웨어하우스다. 구글, AWS, 마이크로소프트가 제공하는 클라우드 데이터 웨어하우스 모두 클라우드 스토리지의 탄력성을 내포하고 있다. 구글 빅쿼리^{Google BigQuery}, AWS 레드시프트^{AWS} ^{Redshift}, 애저 시냅스^{Azure Synapse}와 같은 클라우드 데이터 웨어하우스 서비스 모두 온디맨드 방식으로 스토리지 용량을 쉽게 늘리거나 줄일 수 있는 방법을 제공한다. 구글 빅쿼리 서비스는 특정 유형의 쿼리 실행과 연관된 리소스 사용량에 대해서만 요금을 지불하는 정책을 택하고 있다. 대용량 데이터 처리를 필요로 할 경우, 플랫폼 구성 측면에서 데이터 웨어하우스와 클라우드 데이터 레이크를 함께 구성하면 예산을 계획하기에도 용이하다. 즉 온디맨드 방식으로 리소스를 할당할 수 있고, 또한 가격정책도 유연하므로, 예산에 맞춰 클라우드 데이터 웨어하우스를 구성할 수 있다.

1.7.3 데이터 속도

웹 사이트 방문자에게 다음 추천 상품^{NBO, Next Best Offer}을 제공하는 예측 모델을 만든다고 해보자. 실시간 스트리밍 데이터 수집과 분석 영역에 클라우드 데이터 레이크를 활용하되, 대시보드, 리포트 등과 같은 기존의 비즈니스 인텔리전스 요구사항들도 함께 포함해 전체 플랫폼 구성을 생각해볼 수 있다. 최신 데이터 처리 프레임워크는 실시간 처리 기능을 안정적으로 지원하기에 실시간으로 수집 계층에 빠르게 들어오는 데이터를 클라우드 스토리지 계층에 저장하지 않고, 처리 계층으로 바로 전송하는 방식으로 구성이 가능하다.

클라우드 환경에서는 실시간 워크로드와 배치 워크로드를 군이 공유할 필요가 없는데, 컴퓨팅 리소스를 탄력적으로 운영할 수 있기 때문이다. 유스 케이스에 따라 전용 처리 클러스터를 구성할 수 있고, 필요할 경우 개별 작업별로 클러스터 구성도 가능하다. 처리 계층에서 처리를 완료한 결과 데이터는 목적과 용도에 맞는 방식으로 다르게 보관할 수 있다. 예를 들면 애플리케이션에서 사용하기 위한 목적이면 키/밸류^{key/value} 저장소로, 아카이브^{archive}가 목적이면 클라우드 스토리지로, 리포팅이나 애드혹^{ad hoc}[5] 분석 목적이면 클라우드 웨어하우스로 보낼 수 있다.

---

5 "ad hoc"이라는 단어는 "즉시, 또는 임의로 특별히 마련된"이라는 의미로서, 애드혹 SQL/애드혹 분석이란 "특정 용도"를 위해 임시로 특별하게 만든 SQL이나 분석 작업을 의미한다. 미리 준비해서 항상 동일한 출력값을 갖도록 만들어 놓은 SQL 쿼리/BI 분석과는 대조적이다. – 옮긴이

데이터 과학자가 데이터 시스템의 사용자 입장이 된다면, 데이터의 규모와 다양성 처리 관련 이슈가 동시에 불거져 나오는 경우가 있다. 머신러닝 모델은 대량의 데이터를 필요로 한다. 데이터 과학자가 머신러닝 모델을 개발할 때, 이 모델은 정형화되고 큐레이션된 데이터 웨어하우스의 데이터도 사용하지만, 대부분의 경우 데이터 웨어하우스에 존재하지 않는 원시 소스 파일 데이터, 즉 다양한 유형의 데이터들이 필요하기도 하다. 이 머신러닝 모델들은 상당한 컴퓨팅 리소스를 필요로 하기 때문에 데이터 웨어하우스에서 실행할 경우 엄청난 성능 부담을 주게 된다. 전통적인 아키텍처를 가진 데이터 웨어하우스에서 이러한 모델을 실행하게 되면 몇 시간에서 며칠씩 걸리는 경우도 많고, 또 데이터 웨어하우스에서 이 모델을 실행할 경우, 실행 중인 동안 다른 사용자들의 업무 처리 성능에도 크게 영향을 주게 된다. 이렇게 데이터 과학자가 규모와 다양성이 높은 데이터 처리를 원할 경우 데이터 레이크를 활용할 수 있도록 제공이 가능하다면 사용자 간 업무 처리 간섭을 최소화할 수 있으며 IT 비용도 절감할 수 있을 것이다.

1.7.4 추가 V 두 가지

데이터 웨어하우스에 국한되지 않고 데이터 플랫폼으로 확대해서 구현해야 될 경우, 추가로 고려해야 할 요소는 정확성^{Veracity}과 가치^{Value}다. 데이터의 가치^{Value}는 데이터 사용자가 필요할 때 언제든지 필요 데이터를 액세스해서 기대 결과를 효과적으로 얻을 때 나타난다. 이때 데이터 사용자는 사람 혹은 모델 혹은 다른 시스템일 수도 있다.

데이터 레이크의 장점 중 하나는 더 많은 양의 데이터를 사용자에게 제공한다는 점이다. 그럼에도 데이터 레이크의 단점으로는 클렌징 상태, 구조화 수준 등 관리 관점에서 볼 때, 데이터 웨어하우스 제공 수준에 비해 관리 수준이 상대적으로 상당히 낮다는 점이다. 데이터의 정확성^{Veracity}은 빅 데이터 프로젝트를 추진할 때 주요 관심 사항 중 하나다. 데이터 거버넌스 주제는 따로 다뤄야 할 만큼 범위가 넓다. 빅데이터 프로젝트를 추진하다 보면 데이터 정확성을 높이기 위해 데이터 거버넌스를 강화해야 할 필요성과, 데이터 활용 가치^{Value}를 높이기 위해 더 많은 데이터를 수급해야 할 필요성이 함께 대두된다. 이때 둘 간의 적절한 균형점을 찾아야 하는데, 좋은 대안으로 데이터 플랫폼이 될 수 있다. 즉 전체 기업 데이터를 원시 상태로, 혹은 일부 가공된 상태를 보관하는 저장소로 데이터 레이크를 활용하지만, 데이터 웨어하우스용 데이터 세트를 만들어 내기 위한 소스 데이터로도 데이터 레이크를 구성한다. 데이터 플랫폼 환경을 통해 사용자들은 기존 리포트에서 다루지 않았던 데이터에도 접근해 분석할 수 있다. 데이터 레이크를 활용할 때의 데이터 거버넌스는 반복적이면서도 애자일 방식으로 진행되고 있으며, 사례도 늘어나고 있는 추세다. 예를 들면 먼저 분석을 통해 모델을 개발하고, 해당 모델의 실행 결과가 적합한지 검증한다. 검증을 마치면 그 결과는 데이터 웨어하우스로 보내지고, 데이터 웨어하우스에서는 주제 영역에 맞게 정형화된 데이터 세트의 부분으로 관리된다.

1.8 공통 유스 케이스

데이터 플랫폼을 설계하거나 기획할 때 다양한 유스케이스를 수집하고 이해하는 것이 상당히 중요하다. 사용 환경의 입체적 이해 없이 진행하게 되면 데이터 늪에 빠질 위험, 즉 실질적인 비즈니스 가치를 제공하지 못하는 상황에 봉착할 수 있다.

기업에서 가장 널리 사용하는 데이터 플랫폼 유스케이스 중 하나는 360도 고객 뷰를 확보하고자 하는 것이다. 소셜 미디어에서부터 전자 상거래, 온라인 채팅, 콜 센터 대화 등 다양한 채널과 시스템을 통해 고객이 해당 기업과 소통하거나 기업을 평가한다. 이러한 소통 과정에서 생성되는 데이터는 정형 데이터뿐만 아니라 비정형 데이터도 있고, 데이터의 품질도 다양하며, 데이터의 규모와 수집 속도 측면에서도 상당히 넓은 스펙트럼을 갖고 있다. 고객 접점에서 발생하는 데이터들을 모두 수집해 고객 단일 뷰로 통합해서 관리할 수 있으면 다양한 측면에서 비즈니스를 개선하는 데 활용할 수 있을 것이다. 예를 들면 다양한 비즈니스 부문과 교류하면서 고객 경험 개선, 마케팅 부서의 개인화 서비스 개선, 가격 정책 유연화, 고객 이탈 방지 감소, 교차 판매 개선 등과 같은 것들이 있다.

데이터 레이크의 두 번째 유스케이스는 IoT 영역으로 장비와 센서로부터 발생한 데이터를 결합해 다양한 인사이트와 효율성을 창출하는 데 활용할 수 있다. 예를 들면 생산 현장에서 장비의 이상 증상을 미리 예측한다거나, 스키 경기와 같은 곳에 RFID 태그를 활용해서 선수의 위치와 성적을 모니터링하는 등 다양한 사례들이 있다. IoT 센서에서 발생되는 데이터는 대체적으로 양이 상당히 많으며 불확실성도 높기 때문에 데이터 레이크에 적용하기에 적합하다. 기존 데이터 웨어하우스를 활용해 이러한 유형의 데이터를 수용하려 할 경우, IoT 센서가 만들어내는 방대한 양의 데이터를 수집, 저장, 처리하도록 구축하는 과정에서 겪는 어려움뿐만 아니라, 프로젝트에 드는 비용이 상당할 테니 극히 일부를 제외하고는 투자 수익률을 기대하기 힘들다.

머신러닝과 AI를 활용한 분석이 활성화되면서 데이터 레이크 도입 사례도 증가했다. 이러한 기법들이 대량 데이터 처리를 필요로 하는 데다 데이터 웨어하우스를 활용해 처리할 때보다 데이터 레이크를 활용하는 것이 훨씬 경제적이기 때문이다. 이 관점에서 볼 때, 거의 무제한의 원시 데이터를 비용 효과적으로 저장할 수 있다 보니 데이터 레이크를 데이터 과학자의 꿈을 실현하는 곳이라 할 수 있다. 다른 사용자들에게 영향을 거의 미치지 않으면서도 데이터를 분석하고 처리할 수 있는 점도 큰 장점이다.

요약

- 비즈니스에서는 비즈니스 추진에 필요한 정확한 인사이트를 더 빠르고 확실하게, 그러면서도 비용 효과적으로 얻고자 한다. 오늘날 인사이트 기대 수준이 상당히 높아지면서 처리해야 할 데이터의 규모, 데이터의 다양성, 데이터 수집 속도도 함께 증가하고 있다. 이러한 변화 사항들은 기존 데이터 웨어하우스 시스템으로 감당하기에는 엄청난 부담이기에 더욱 적합한 솔루션을 찾는 방향으로 진행되고 있다.

- 기존 데이터 웨어하우스나 데이터 레이크만으로는 오늘날 급변하는 데이터 요구사항을 다 충족할 수 없지만, 클라우드 서비스와 클라우드 기반의 데이터 처리용 프레임워크를 함께 활용할 경우 강력하고 유연한 분석 데이터 플랫폼을 구축할 수 있다. 이를 통해 다양한 범주에 속한 데이터 사용자들의 유스케이스와 필요 사항을 충족할 수 있다.

- 데이터 플랫폼을 설계할 때 그 중심 개념에는 유연성과 비용 효과성이 자리잡고 있다. 이러한 관점에서 볼 때 퍼블릭 클라우드는 온디맨드 스토리지, 온디맨드 컴퓨팅 리소스 프로비저닝, 사용량 기반 요금 지불 모델을 갖추고 있기에 데이터 플랫폼 설계에 적합하다.

- 잘 설계된 데이터 플랫폼은 계층 구조를 가지며 각 계층은 저마다 특정 기능을 담당하고, 각 계층 간에는 느슨하게 결합된 아키텍처 형태로 이루어져 있다. 데이터 플랫폼의 기본 구성 요소로는 수집 계층, 스토리지 계층, 처리 계층, 서비스 계층이 있다.
- 데이터 플랫폼의 주요 유스케이스로는 360도 고객 뷰, IoT와 머신러닝이 있다.

2

데이터 웨어하우스만이 아닌 데이터 플랫폼인 이유

2장에서 다루는 내용

- "왜 데이터 플랫폼인가?" 그리고 "왜 클라우드에 구축해야 하는가?"
- 데이터 플랫폼과 데이터 웨어하우스 비교
- 정형 데이터와 반정형 데이터의 처리 방식 차이점
- 데이터 웨어하우스와 데이터 플랫폼의 클라우드 비용 비교

데이터 플랫폼에 대한 1장의 내용을 요약하면, 데이터 플랫폼이란 다양한 유형의 데이터, 무제한의 대용량 데이터를 수집, 통합, 변환, 관리할 때 분석 결과를 용이하게 얻을 수 있게 해주는 비용 효율적인 클라우드 네이티브 플랫폼이다. 또한 어떤 점에서 데이터 플랫폼이 필요한지, 데이터에서 어떤 변화가 데이터 플랫폼의 형태를 만드는지를 알아봤다. 2장에서는 클라우드 데이터 플랫폼이 단일 데이터 웨어하우스 아키텍처data warehouse only architecture와는 달리, 더 많은 기능을 제공하는 이유를 상세하게 살펴본다. 또한 데이터 플랫폼에 대한 명확한 지식을 갖추고, 두 가지 접근 방식, 즉 단일 데이터 웨어하우스와 데이터 플랫폼의 차이점을 몇 가지 예를 통해 함께 살펴보겠다.

독자가 이 책을 다 읽을 때쯤이면 최고의 데이터 플랫폼을 설계할 수 있게 될 것이다. 경

험으로 미루어볼 때 데이터 플랫폼 프로젝트를 착수할 때 프로젝트 배경인 "왜"를 알고 시작하면, 프로젝트 진행 과정에서 필요한 결정을 훨씬 적절하게 내릴 수 있을 뿐만 아니라, 클라우드 데이터 플랫폼 프로젝트를 착수해야 하는 이유인 당위성도 비즈니스 관점에서 설명할 수 있을 것이다. 그렇기에 2장에서는 데이터 플랫폼을 선택할 때 고려해야 할 비즈니스 관점과 기술 관점의 근거들과, 이러한 작업을 해야 하는 이유들을 면밀하게 알아보고자 한다.

그리고 간단하면서도 일반적인 분석 유스케이스를 활용해서 데이터 웨어하우스 솔루션과 데이터 플랫폼을 비교하여, 두 가지 솔루션의 주요 차이점을 소개한다.

먼저 두 가지 아키텍처, 즉 단일 클라우드 데이터 웨어하우스 기반의 아키텍처와 확대된 설계 원칙을 적용한 데이터 플랫폼 아키텍처 정의를 설명하고자 한다. 그다음 두 솔루션에서 데이터를 불러오고 사용하는 방법을 보여주는 예제를 살펴보겠다. 특히 소스 데이터 구조가 변경될 때 데이터 플랫폼 파이프라인에는 어떤 일이 벌어지는지를 집중적으로 알아보고, 데이터 플랫폼 아키텍처에서는 대규모 반정형 데이터가 어떤 과정을 통해서 분석이 진행되는지 살펴본다. 클라우드 데이터 웨어하우스만으로도 데이터 플랫폼을 사용했을 때와 유사한 결과를 얻을 수 있기 때문에 데이터 웨어하우스 자체에서 동일한 데이터를 적재하고 작업하는 방법도 살펴보겠다.

또한 데이터를 제공하고 분석하는 방법 관점에서 기존 데이터 웨어하우스 환경과 데이터 플랫폼 환경의 주요 차이점을 살펴본다. 즉 소스 스키마가 변경될 때 대응 방법의 차이점, JSON과 같은 대량의 반정형데이터 처리 방법의 차이점을 설명하고, 또한 각각의 비용 및 성능 특성을 비교해본다.

2장의 마지막에는 동일한 비즈니스 목표를 달성한다는 측면에서 데이터 플랫폼이 데이터 웨어하우스와 어떤 차이가 있는지를 설명한다.

2.1 클라우드 데이터 플랫폼과 클라우드 데이터 웨어하우스: 실용적 측면

이 절에서는 데이터 플랫폼과 데이터 웨어하우스 아키텍처 간의 차이점을 설명하기 위해 클라우드 분석의 한 예를 사용한다. 또한 이 예의 클라우드 플랫폼으로 애저^{Azure}를 소개하고 애저 클라우드 데이터 웨어하우스 및 애저 데이터 플랫폼 아키텍처를 설명한다.

기업에서 조그마한 리포팅 솔루션을 구축해야 한다고 해보자. 기업의 마케팅 부서에는 관계형 데이터베이스에 저장된 이메일 마케팅 캠페인 데이터가 있는데, 이 시나리오에서는 MySQL RDBMS라 가정해보자. 또한 웹 사이트의 모든 사용자 활동을 캡처 후 저장한 CSV 파일을 내부 SFTP 서버를 통해 사용할 수 있는 클릭 스트림clickstream 1 데이터가 있다.

여기서 주요한 분석 목표는 캠페인 데이터와 클릭 스트림 데이터를 조합combine해, 사이트에 방문한 경로가 특정 이메일 마케팅 캠페인의 링크를 통해 들어온 사용자들이 누구인지, 또 사용자들이 어떤 사이트들을 방문했는지 식별하는 것이다. 마케팅 부서에서는 이 분석 작업이 반복적으로 수행되기를 원하고 있다. 따라서 데이터 파이프라인에서는 데이터를 정기적으로 클라우드 환경으로 가져와야 하며 업스트림 소스의 변화에 대해서도 자체 회복력 resilient이 있어야 한다. 또한 이 솔루션은 비용 효율적이어야 하고, 성능 기준에도 맞아야 한다. 언제나 그렇듯 프로젝트 종료일은 "어제"로 한다.

데이터의 세 가지 V (규모, 다양성, 속도)를 다루는 데이터 플랫폼 접근 방식과 기존 웨어하우스 접근 방식 간의 차이점을 설명하기 위해 두 가지 단순화된 구현을 생각해보자. (1) 데이터 플랫폼 안에 데이터 웨어하우스가 포함돼 있는 경우와 (2) 전통적 데이터 웨어하우스다. 이 예에서는 클라우드 플랫폼으로 애저를 사용한다. AWS 나 구글 클라우드 플랫폼Google Cloud Platform에서도 동일하게 사용할 수 있지만, 애저를 사용하면 애저 시냅스Azure Synapse로 전통 웨어하우스를 쉽게 모방할 수 있다. 애저 시냅스는 널리 사용되는 MS SQL Server 데이터베이스 엔진을 기반으로 하는 마이크로소프트의 확장 가능한 완전 관리형fully managed 웨어하우징 솔루션이다. 이렇게 하면 예제 아키텍처 중 하나가 온프레미스 데이터 웨어하우스 설정에서 볼 수 있는 것과 매우 유사하다.

2.1.1 데이터 소스 자세히 살펴보기

단순화된 이메일 마케팅 캠페인 데이터는 그림 2.1과 같이 단일 테이블로 구성된다. 이 테이블에는 캠페인의 고유 식별자(campaign_id), 캠페인이 전송된 대상 이메일 주소 목록(email), 각 특정 사용자에 대한 회사 웹 사이트 링크에 포함된 고유 코드(unique_code), 그리고 캠페

---

1 클릭 스트림이란, '사용자가 웹 브라우저상에서 마우스를 클릭해 이뤄지는 행동에 대한 기록'을 의미한다. 웹 데이터 분석의 기초다. - 옮긴이

인이 전송된 날짜(send_date)가 포함된다. 물론 실제 마케팅 자동화 시스템은 더 복잡하며 다양한 테이블을 포함하지만 이 테이블로도 여기서의 목적을 달성하기에 충분하다.

campaign_id	email	unique_code	send_date
campaign_1	user1@example.com	12342	2019-08-02
campaign_2	user2@example.com	34563	2019-03-05

▲ **그림 2.1** 마케팅 캠페인 테이블 예제

고정 스키마^{fixed schema}가 없는 클릭 스트림 데이터는 웹 애플리케이션 로그에서 파생된 반정형 데이터이며 방문한 페이지에 대한 세부 정보, 방문자의 브라우저와 운영 체제에 대한 정보, 세션 식별자 등을 포함한다.

| **참고** | 대부분의 경우, 관계형 데이터 모델로 반정형 데이터를 관리하기 적합하지 않다. 관계형 데이터 모델은 컬럼과 행 형태의 플랫(flat) 테이블로 구성하고, 각 셀에 정수, 날짜, 문자열 등 특정 유형의 값을 미리 지정하는 데, 반정형 데이터를 그렇게 표현하기가 쉽지 않기 때문이다. JSON 문서는 반정형 데이터의 일반적인 예다.

timestamp	content_json	other_details

1565395200	{
	  url:
	"https://example.com/campaigns/landing?code=12342",
	  user_id: 254,
	  browser_info: {…}
	}
		...

1565396381	{
	  url: "https://example.com/products",
	  user_id: 254,
	  browser_info: {…}
	}
		...

▲ **그림 2.2** 클릭 스트림 데이터 예시

이러한 로그의 형식과 패턴은 애플리케이션에서 어떻게 생성했느냐에 따라 다를 것이다. 이 예에서는 그림 2.2에 표시된 것과 같이 유스케이스에 필요한 세부 정보만 포함하도록 클릭 스트림 로그를 단순화했다.

이 시나리오에서는 클릭 스트림 로그가 세 개의 컬럼이 포함된 CSV 형식의 대용량(수백 GB) 텍스트 파일이라 가정한다. 세 개의 컬럼은 timestamp—이벤트가 발생한 시점의 UNIX 타임스탬프, content_json—페이지 URL, 고유 방문자 식별자, 브라우저 정보에 대한 세부 사항을 포함하는 컨텐트 컬럼, other_details—기타 세부 정보다. 예에서 눈에 띄는 한 가지 는 가상 CSV 파일의 content_json 컬럼이 중첩된[nested] 필드를 많이 가진 JSON 문서라는 점 이다. 이러한 유형의 데이터가 일반적인 레이아웃이며 처리하려면 추가 단계가 필요하다.

그림 2.3에 하려는 작업을 설명했다. 첫 번째는 두 데이터 소스를 성능과 비용 효율적인 방식으로 통합한 클라우드 데이터 플랫폼을 설계하는 것이고, 두 번째는 마케팅 팀에서 통합 데이터 분석을 위해 사용할 수 있도록 하는 것이다.

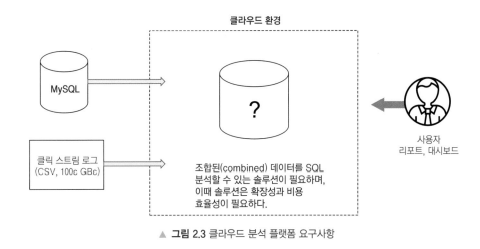

▲ **그림 2.3** 클라우드 분석 플랫폼 요구사항

여기서 두 개의 다른 클라우드 아키텍처를 설명하면서 두 아키텍처의 주요 차이점이 무 엇인지 보여준다. 예를 들면 소스 데이터 구조가 변경될 경우 데이터 플랫폼 파이프 라인 관 점에서 발생하는 일의 차이점, 또 두 아키텍처의 분석 방식이 반정형 데이터 규모에 따라 어 떻게 달라지는지 차이점을 설명한다. 다음 절에서는 분석 요구사항(이 두 데이터 소스를 성능과 비용 효율적인 방식으로 통합할 수 있는 클라우드 데이터 플랫폼을 설계하고 이 통합 데이터를 마케팅 팀 에서 분석을 위해 사용할 수 있도록 함)에 대한 솔루션을 상세하게 설명하도록 한다. 첫 번째는 클라우드 데이터 웨어하우스 아키텍처를 활용했을 경우고, 두 번째는 클라우드 데이터 플랫 폼 아키텍처를 활용할 경우다.

2.1.2 클라우드 데이터 웨어하우스만 활용한 사례

클라우드 데이터 웨어하우스 아키텍처는 전통 기업용 데이터 웨어하우스 솔루션과 매우 유사하다. 그림 2.4는 이 아키텍처의 중심이 최종 사용자에게 데이터를 저장, 처리, 제공하는 역할을 하는 관계형 데이터 웨어하우스임을 보여준다. 여기에는 소스(CSV 파일을 통한 클릭 스트림 데이터와 MySQL 데이터베이스의 이메일 캠페인 데이터)에서 웨어하우스로 데이터를 적재하는 ETL(추출, 변환, 적재) 프로세스도 있다.

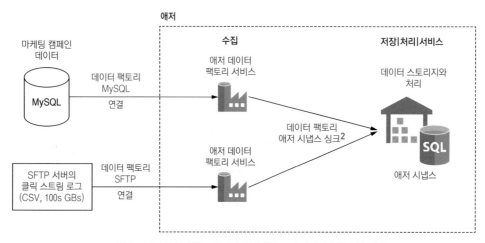

▲ **그림 2.4** 애저의 클라우드 데이터 웨어하우스 아키텍처만 활용한 사례

예제에서 클라우드 데이터 웨어하우스 아키텍처는 애저에서 제공하는 두 개의 PaaS 서비스, 즉 애저 데이터 팩토리^{Azure Data Factory}와 애저 SQL 데이터 웨어하우스(애저 시냅스^{Azure Synapse})로 구성할 수 있다.

> |**참고**| 모든 사례에는 되도록 PaaS(Platform-as-a-Service) 제품을 사용하려고 했다. PaaS를 사용하면 플랫폼을 구축하고 실행하는 데 수 분 정도만 기다리면 되며, 이는 클라우드의 최대 장점 중 하나다. 그렇지 않으면 환경 구축에만 며칠 이상 소요될 것이다.

---

2 데이터 전송 장치에서 보낸 데이터를 수신하는 장치를 말한다. 지정된 통신 방식에 따라 수신하며, 오류가 발생할 경우에는 데이터 전송 장치로 오류 제어 신호를 보낸다. - 옮긴이

애저 데이터 팩토리는 완전 관리형 PaaS ETL 서비스로 다양한 데이터 소스에 연결하거나 데이터를 수집하고, 파일 압축 해제 또는 파일 형식 변경과 같은 기본 변환을 수행하며, 처리 및 서비스를 위해 데스티네이션 시스템에 데이터를 적재해 파이프라인을 만들 수 있게 해준다. 클라우드 데이터 웨어하우스 아키텍처만 활용한 사례에서는 MySQL 테이블에서 이메일 캠페인 데이터를 읽고 SFTP 서버에서 클릭 스트림 데이터가 포함된 파일을 가져오는 데 데이터 팩토리를 사용한다. 또한 애저 시냅스로 데이터를 적재하기 위해 데이터 팩토리를 사용하기도 한다.

애저 시냅스는 MS SQL Server 기술을 기반으로 하는 완전 관리형 웨어하우스 서비스다. 여기서 말하는 완전 관리란 데이터베이스 서버를 직접 설치, 구성 및 관리할 필요가 없음을 의미한다. 대신 필요한 컴퓨팅 크기와 스토리지 용량만 선택하면 나머지는 애저에서 알아서 처리해준다. 애저 시냅스 및 애저 데이터 팩토리와 같은 완전 관리형 PaaS 제품에는 특정한 제약 사항들이 있지만 MS SQL Server 전문가가 아닌 사람들도 클라우드 데이터 웨어하우스 아키텍처를 매우 쉽게 구현할 수 있으며 비교적 복잡한 파이프라인을 빠르게 프로그래밍할 수 있는 환경을 제공한다.

다음 절에서는 데이터 웨어하우스보다 유연성이 높은 클라우드 데이터 플랫폼 아키텍처에 대해 설명한다.

2.1.3 클라우드 데이터 플랫폼 아키텍처 사례

데이터 레이크 개념에서 시작된 클라우드 데이터 플랫폼 아키텍처는. 실제로 클라우드 시대를 위해 만들어진, 데이터 레이크와 데이터 웨어하우스가 조합된 형태다. 클라우드 데이터 플랫폼은 데이터 파이프라인의 특정 측면(수집, 저장, 처리 및 서비스)을 담당하는 여러 계층으로 구성된다. 그림 2.5에서 클라우드 데이터 플랫폼 아키텍처의 예를 살펴보자.

클라우드 데이터 플랫폼 아키텍처는 다음과 같은 애저 PaaS 서비스로 구성된다.

- 애저 데이터 팩토리Azure Data Factory
- 애저 블롭 스토리지Azure Blob Storage
- 애저 시냅스Azure Synapse
- 애저 데이터브릭스Azure DataBricks

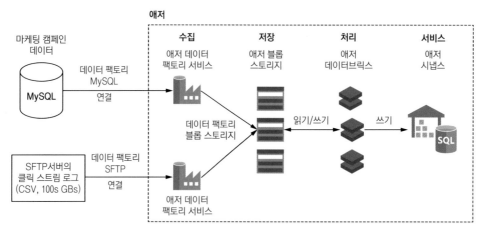

▲ **그림 2.5** 클라우드 데이터 플랫폼 아키텍처 사례

비슷해 보일 수 있지만(둘 다 수집은 애저 데이터 팩토리를, 서비스는 애저 시냅스를 사용하는 구조다) 클라우드 데이터 웨어하우스 아키텍처와 클라우드 데이터 플랫폼 아키텍처 간에 몇 가지 주요 차이점이 있다. 데이터웨어하우스 아키텍처에서는 애저 데이터 팩토리를 사용해 데이터를 웨어하우스에 직접 적재하는 반면, 클라우드 데이터 플랫폼에서는 애저 데이터 팩토리를 사용해 소스 시스템에 연결해 추출한 후 애저 블롭 스토리지의 랜딩 영역에 소스 데이터를 저장한다("레이크lake"라 알려진 경우도 있음). 이를 통해 원천 데이터 형식을 보존할 수 있으며 데이터 다양성에 관한 문제점 해결 등 여러 이점을 얻을 수 있다.

데이터가 애저 블롭 스토리지에 도착하면 애저 데이터브릭스 관리형 서비스PaaS는 아파치 스파크Apache Spark를 사용해 데이터를 처리한다. 모든 PaaS 서비스와 마찬가지로 애저 데이터브릭스 관리형 서비스도 간단한 설정 방법과 지속적인 관리를 제공하기에 소프트웨어를 수동으로 설치하거나 구성할 필요 없이 새로운 스파크 클러스터를 만들 수 있다. 또한 애저 데이터브릭스 관리형 서비스는 노트북 환경도 제공하는데, 이를 활용하면 스파크 프로그램을 컴파일하고 클러스터에 전송하는 과정 없이도 레이크의 데이터로 스파크 명령을 바로 실행해 결과를 즉시 확인할 수 있다.

스파크와 같은 분산 데이터 처리 프레임워크는 다양한 데이터 형식과 거의 무한한 데이터 볼륨을 처리하는 데 도움이 될 수 있지만 이러한 툴tool은 대화형 쿼리 용도로는 적합하지 않다. 여기서 대화형interactive이란, 일반적으로 쿼리 응답 예상 시간이 몇 분이 아닌 몇 초 이

내임을 의미한다. 이런 유스케이스의 경우, 잘 설계된 관계형 웨어하우스는 일반적으로 스파크보다 빠른 쿼리 성능을 제공할 수 있다. 또한 상용 리포팅 툴이나 BI 툴도 스파크와 같은 분산 시스템보다는 RDBMS 데이터베이스와 훨씬 더 잘 통합돼 있으며 일반 사용자가 사용하기 용이하다.

연습문제 2.1

이 절의 사례에서, 다음 중 클라우드 데이터 웨어하우스 아키텍처와 데이터 플랫폼 아키텍처의 주요 차이점은 무엇인가?

1 데이터 플랫폼은 서버리스 기술만 사용한다.
2 데이터 플랫폼은 데이터 수집을 위해 애저 펑션(Azure Function)을 사용한다.
3 데이터 웨어하우스는 데이터 소스에 직접 연결해 수집을 수행할 수 있다.
4 데이터 플랫폼은 "데이터 레이크" 계층을 포함하므로 데이터 웨어하우스에서의 데이터 처리 부담을 덜어준다.

2.2 데이터 수집

이 절에서는 애저 데이터 팩토리를 사용해 애저 시냅스와 애저 데이터 플랫폼에 데이터를 적재하는 방법을 설명한다. 또한 소스 스키마가 변경되는 경우 수집 파이프라인이 어떻게 되는지 살펴보겠다.

애저 데이터 팩토리와 같은 관리형 서비스를 사용하면 데이터 플랫폼이나 데이터 웨어하우스로 데이터를 수집하는 파이프라인을 비교적 쉽게 만들 수 있다. 데이터 팩토리는 다양한 데이스 소스용 커넥터 세트를 기본으로 제공하며, 기초 수준의 데이터 변환 기능과, 많이 사용되는 데스티네이션 시스템 데이터 저장 기능을 제공한다.

그러나 데이터 수집 파이프라인이 작동하는 방식에서 클라우드 데이터 플랫폼과 클라우드 데이터 웨어하우스 구현 간에 근본적인 차이점이 있다. 이 절에서는 이러한 차이점을 알아본다.

2.2.1 애저 시냅스로 직접 데이터 수집

애저 데이터 팩토리^{Azure Data Factory} 파이프라인은 (1) 연결 서비스^{linked service}, (2) 입력 및 출력 데이터 세트, (3) 처리 작업 등 몇 가지 주요 컴포넌트로 구성된다. 그림 2.6은 이러한 컴포넌트들이 함께 작동해 MySQL 테이블에서 애저 시냅스^{Azure Synapse}로 데이터가 적재되는 방식을 보여주고 있다.

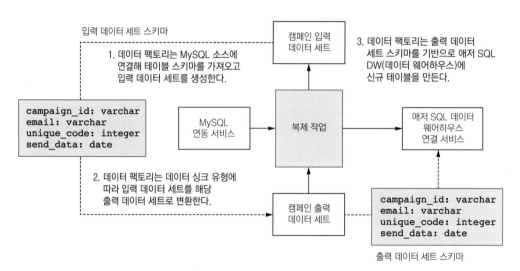

▲ **그림 2.6** 애저 시냅스용 애저 데이터 팩토리 수집 파이프라인

연결 서비스는 특정 데이터 소스(이 경우, MySQL) 또는 데이터 싱크(이 경우, 애저 시냅스)에 대한 연결을 의미한다. 이러한 서비스에는 데이터 소스의 위치, 소스 연결에 사용할 자격 증명 등을 포함한다. 데이터 세트는 연결된 서비스에 위치한 특정 객체다. 예를 들면 읽고자 하는 MySQL 데이터베이스 테이블이거나, 애저 시냅스의 데스티네이션 테이블일 수 있다. 데이터 세트의 중요한 속성은 스키마다. 데이터 팩토리가 MySQL에서 애저 시냅스로 데이터를 적재할 수 있도록 하려면 소스와 데스티네이션 테이블의 스키마를 알아야 하며, 이 정보들은 미리 필요하다. 즉, 파이프라인이 실행되기 전에 파이프라인에서 스키마를 사용할 수 있어야 한다. 구체적으로는, 입력 데이터 소스에 대한 스키마는 데이터 팩토리에서 자동으로 유추할 수 있지만, 출력 스키마, 특히 입출력 스키마 간 매핑 정보는 사전에 제공돼야 한다. 데이터 팩토리 UI를 사용하면 쉽고 빠르게 데이터 소스에서 스키마를 가져올 수 있다. 반면 파이프

라인 자동화를 구축하기 위해 데이터 팩토리 API를 사용하고자 할 경우에는 스키마를 직접 제공해야 한다. 그림 2.6의 사례는 MySQL 소스 스키마와 애저 시냅스 스키마가 유사하지만 실 사례에서는 데이터 형식이 불일치하는 경우도 발생한다.

2.2.2 애저 데이터 플랫폼으로 데이터 수집

데이터 플랫폼 아키텍처는 데이터 수집 방식이 애저 시냅스와는 다르다(그림 2.7). 데이터 플랫폼 아키텍처에서 수집 데이터의 기본 데스티네이션은 애저 블롭 스토리지며, 이 유스케이스에서는 무한 확장 가능한 파일 시스템으로 생각할 수 있다.

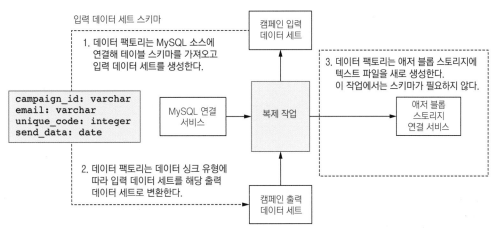

▲ **그림 2.7** 클라우드 데이터 플랫폼을 위한 애저 데이터 팩토리 수집 파이프라인

이 수집 파이프라인과 이전 파이프라인의 주요 차이점은, 애저 블롭 스토리지 데이터 팩토리Azure Blob Storage Data Factory 서비스에서 스키마를 미리 지정할 필요가 없다는 점이다. 이 유스케이스에서는 MySQL에서 소스 컬럼 및 데이터 형식에 관계없이 수집한 데이터가 애저 블롭 스토리지에 텍스트 파일로 저장된다. 클라우드 데이터 플랫폼 설계에는 데이터 처리를 위한 추가 계층이 있다. 이 계층은 애저 데이터브릭스 플랫폼의 아파치 스파크Apache Spark를 사용해 구현했으며, 소스 텍스트 파일을 효율성이 높은 바이너리 형식으로 변환하는 일을 한다. 이렇게 하면 애저 블롭 스토리지에서 텍스트 파일의 유연성과 바이너리 형식의 효율성을 함께 얻을 수 있다.

데이터 플랫폼 설계에서는, 출력 스키마와 소스 스키마에 대한 매핑 정보를 수작업으로 정의할 필요성이 없어진다. 이것이 중요한 이유는 (1) 관계형 데이터베이스에는 수백 개의 테이블이 포함될 수 있는데, 이는 수작업으로 인한 오류가 증가할 수 있다는 점과, (2) 변경이 발생했을 때 회복성resilient 측면이다. 이 부분은 다음 절에서 다룬다.

2.2.3 업스트림 데이터 소스의 변경 관리

소스 데이터 세트는 전혀 정적static이지 않다. 마케팅 캠페인 관리 소프트웨어를 담당하는 개발자는 꾸준히 새로운 기능을 추가할 것이다. 이로 인해 소스 테이블에 신규 컬럼이 추가되거나 컬럼명이 변경 또는 삭제될 수 있다. 이러한 유형의 변경 사항을 처리하는 데이터 수집 파이프라인 및 처리 파이프라인 구축은 데이터 아키텍트나 데이터 엔지니어에게 가장 중요한 작업 중 하나다.

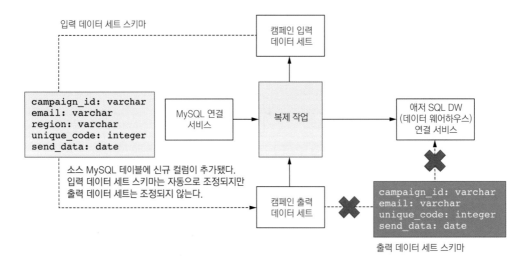

▲ **그림 2.8** 업스트림 스키마가 변경되면 데이터 웨어하우스 수집 파이프라인에 문제가 발생할 수 있다.

이메일 마케팅 소프트웨어의 신규 버전에서 소스 데이터 세트에 "region"이라는 신규 컬럼을 추가했다고 해보자. 단일 데이터 웨어하우스 아키텍처의 수집 파이프라인은 어떻게 될까? 그림 2.8을 보자.

단일 데이터 웨어하우스 데이터 팩토리 파이프라인에는 입력 스키마와 출력 스키마가 모두 필요하기에, 양방 간 협의 없이 소스 스키마를 변경할 경우 두 스키마는 동기화되지 않게 된다. 데이터 팩토리는 컬럼 위치에 따른 입출력 컬럼 매핑 방식이며, 출력 컬럼의 이름 변경을 지원한다. 즉, 다음번에 수집 파이프라인이 실행되면 integer unique_code 컬럼의 데이터가 예상되는 위치에 varchar region 컬럼의 데이터가 도착하면서 애저 시냅스로 삽입하는 작업이 실패하게 된다. 운영자는 출력 데이터 세트 스키마를 수작업으로 변경한 후 파이프라인을 다시 시작해야 한다. 8장에서 스키마 관리에 대해 자세히 다루도록 한다.

| 참고 | ETL 오버레이 툴과 마찬가지로, 데이터 팩토리를 사용하면 다양한 소스의 데이터를 다양한 데스티네이션으로 복제할 수 있다. 애저 블롭 스토리지와 같은 데스티네이션은 입력 스키마 정보에 대해 상관하지 않지만, 데이터베이스와 애저 시냅스 같은 데스티네이션들은 스키마가 사전에 엄격하게 정의돼 있어야 한다. 데스티네이션의 스키마 변경이나 신규 컬럼 추가 작업은 가능하지만, 작업 방법은 데스티네이션 유형에 따른 차이가 있다. 예를 들면 일부 데이터베이스의 경우, 스키마 변경 시 테이블 락(Table Lock) 메커니즘이 존재하므로 최종 사용자가 사용할 수 없는 상황이 되기도 한다. 또 다른 예로 해당 테이블의 데이터 크기에 따라 스페이스 크기 조정이나, 스키마 변경 작업에 몇 시간 이상 걸리는 경우도 있다. 다수의 데이터 데스티네이션에서 스키마 변경을 일원화된 방식으로 처리할 수 없다 보니, 데이터 팩토리나 ETL 툴에서는 플랫폼 운영자가 이 작업을 맡는다.

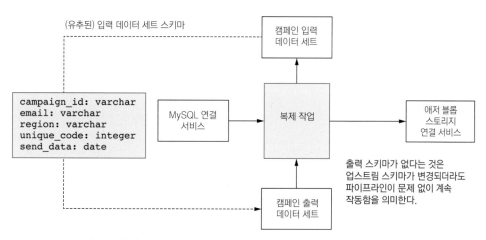

▲ **그림 2.9** 데이터 플랫폼 수집 파이프라인은 업스트림 스키마 변경에 대한 회복력이 있다.

업스트림 스키마 변경에 대한 회복력은 데이터 웨어하우스 접근 방식에 비해 데이터 플랫폼 아키텍처가 가진 이점 중 하나다. 그림 2.9에서 보는 바와 같이, 데이터 플랫폼 구현에서 출력 데스티네이션은 애저 블롭 스토리지의 파일이다. 출력 스키마가 필요하지 않으므로 소스 스키마가 변경되더라도 수집 파이프라인이 신규 스키마를 가진 파일을 생성하면서 계속 작업을 이어 나간다.

데이터 플랫폼 수집 파이프라인은 업스트림 스키마가 변경돼도 계속 작동되지만, 소스 스키마 변경과 관련된 다른 문제점이 있다. 어떠한 시점에서 데이터 소비자(분석 사용자 또는 예약된 작업)는 변경된 데이터로 작업해야 하기 때문에, 해당 작업을 수행하기 위해서는 신규 컬럼이 추가됐다는 사실을 알아야 한다. 데이터 플랫폼에서의 스키마 변경 처리 방법을 8장에서 살펴보겠다.

연습문제 2.2

본 사례를 통해 데이터 플랫폼 아키텍처가 업스트림 데이터 소스 변화에 회복성이 더 강하다. 그 이유는 무엇인가? (한 가지 선택)

1. 데이터 처리에 회복 분산 데이터세트(RDD, Resilient Distributed Datasets)를 활용하는 아파치 스파크를 사용하기 때문이다.
2. 엄격한 스키마 정의가 필요하지 않은 애저 블롭 스토리지에 먼저 데이터를 저장하기 때문이다.
3. 가용성이 높은 애저 블롭 스토리지를 주 데이터 저장소로 사용하기 때문이다.
4. 데이터 수집을 위해 유연성이 높은 애저 펑션(Azure Function)을 사용하기 때문이다.

2.3 데이터 처리

지금까지 수집에 관한 몇 가지 핵심 아이디어를 다뤘으므로, 이제 데이터 처리processing를 생각해보자. 특히 분석 문제를 해결하기 위한 데이터 처리 방식이, 데이터 웨어하우스에서 SQL을 사용할 때와 클라우드 데이터 플랫폼에서 아파치 스파크를 사용할 때가 어떻게 다른지 살펴보고, 두 가지 접근 방식의 장단점에 대해서도 알아본다.

이전 절에서 데이터 웨어하우스와 데이터 플랫폼으로 데이터를 수집하려면 서로 다른 접근 방식이 필요함을 살펴봤다. 이 절에서는 분석 질문에 답하기 위한 데이터 처리 방식이 두 시스템에서 어떻게 다른지 살펴보겠다.

유스케이스로 사용 중인 두 데이터 소스를 생각해보자. 먼저 그림 2.10에 마케팅 캠페인 테이블의 컬럼들을 살펴보자.

campaign_id	email	unique_code	send_date
campaign_1	user1@example.com	12342	2019-08-02
campaign_2	user2@example.com	34563	2019-03-05

▲ **그림 2.10** 마케팅 캠페인 테이블 예

또한 회사 웹사이트의 클릭 스트림 데이터는 다음과 같은 반정형 형식으로 제공된다(그림 2.11).

timestamp	content_json	other_details

1565395200	`{`
	`    url:`
	`"https://example.com/campaigns/landing?co`
	`de=12342",`
	`    user_id: 254,`
	`    browser_info: {…}`
	`}`
		...

1565396381	`{`
	`    url:    "https://example.com/products",`
	`    user_id: 254,`
	`    browser_info: {…}`
	`}`
		...

▲ **그림 2.11** 클릭 스트림 데이터 예

개별 컬럼으로 분할된 데이터도 있지만 content_json 컬럼과 같이 여러 속성과 중첩된 값을 가진 복잡한 JSON 문서 형태도 있다.

데이터 웨어하우스와 데이터 플랫폼 환경에서 이러한 데이터로 작업하는 방식이 어떻게 다른지 살펴보기 위해 마케팅 팀에서 들어온 다음 정보 요청을 고려해보자. 캠페인 X를 통해서 사용자들이 당사 웹사이트에 방문했을 때 방문하는 페이지들은? 예제로 사용한 데이터세트는 인위적일 수는 있지만 이러한 유형의 요청은 일반적인 질문에 속한다.

2.3.1 웨어하우스에서 데이터 처리

웨어하우스 설계에서 데이터 소스의 데스티네이션으로 애저 시냅스를 사용하고 있다. 수집 프로세스를 통해 두 개의 관계형 테이블로(하나는 클릭 스트림 데이터용, 다른 하나는 이메일 마케팅 캠페인 데이터용) 데이터가 적재됐기 때문에, 이 테이블 기반으로 처리 작업을 진행해야 한다. 애저 시냅스에 campaigns 테이블에는 캠페인 정보를, clicks 테이블에는 클릭 스트림 데이터를 저장하고 있다고 가정해보자. campaigns 테이블의 경우 소스와 데스티네이션 데이터 소스가 본질적으로 관계형이기에 소스 테이블과 데스티네이션 테이블 간 매핑이 간단하다. 그러므로 애저 시냅스에는 동일한 컬럼을 가지게 될 것이다. 그렇다면 클릭 스트림 데이터와 중첩된 JSON 문서는 어떨까? 현재 애저 시냅스에는 JSON을 표현하는 전용 데이터 형식이 없지만(구글 빅쿼리와 같은 일부 클라우드 데이터 웨어하우스는 JSON 데이터 구조를 기본적으로 지원), 표준 텍스트 컬럼에 JSON 문서를 저장하고 기본 제공 **JSON_VALUE** 함수를 사용해 문서 내의 특정 속성에 엑세스할 수 있다.

다음 목록은 예시의 마케팅 팀에서 요청하는 질문에 응답할 수 있는 애저 시냅스 쿼리의 예다.

목록 2.1 애저 시냅스 쿼리

```
SELECT
  DISTINCT SUBSTRING(
    JSON_VALUE(CL.content_json, '$.url'),
    1,
    CHARINDEX('?', JSON_VALUE(CL.content_json, '$.url'))
  ) as landing_url,
  SUBSTRING(
    JSON_VALUE(CL1.content_json, '$.url'),
    1,
    CHARINDEX('?', JSON_VALUE(CL1.content_json, '$.url'))
  ) as follow_url
FROM
  clicks CL
  JOIN campaigns CM ON CM.unique_code = SUBSTRING(
    JSON_VALUE(CL.content_json, '$.url'),
    CHARINDEX(
```

URL 안의 "?"를 찾아 모든 선행 문자를 추출함으로써 content_json.url 속성에서 URL 부분만 추출

```
    'code =',
    JSON_VALUE(CL.content_json, '$.url') + 5),
    LEN(JSON_VALUE(CL.content_json, '$.url')
  )
)                           ◄──── content_json.url 속성에서 캠페인 코드를
LEFT JOIN (                        추출하고 이를 JOIN에서 사용
  SELECT
    JSON_VALUE(CL_INNER.content_json, '$.user_id') as user_id  ◄──── content_json JSON
FROM                                                                  문서에서 user_id
    clicks CL_INNER                                                   속성을 추출
) AS CL1 ON JSON_VALUE(CL.content_json, '$.user_id') = CL1.user_id
WHERE
  CM.campaign_id = 'campaign_1'
```

이 쿼리는 campaigns 테이블의 unique_code 컬럼과 랜딩 페이지$^{Landing\ page\ 3}$에 대한 고유 코드를 포함하는 clicks 테이블의 URL 일부를 사용해 데이터 웨어하우스의 두 테이블을 조인한다. JSON 문서의 url 속성에서 캠페인 코드를 추출하려면 첫 번째 조인에서 문자열 파싱 구조를 사용해야 한다. 그런 다음 해당 URL로 접근한 user_id를 사용해 동일한 사용자가 방문한 모든 페이지를 찾을 수 있도록 하위 쿼리를 조인^{join}한다. 다시 말해, 원하는 값을 추출하려면 복잡한 문자열 파싱이 필요하다.

관계형 데이터베이스 기술을 오랫동안 사용한 사람들에게는, 예제의 SQL이 그렇게 복잡하지 않을 것이다. 여기서 쿼리를 복잡하고 이해하기 힘들게 만드는 요인은 JSON 문서에서 값을 파싱하고 추출하는 데 필요한 추가 로직들이다. 이러한 쿼리를 쉽게 만드는 방법으로는 데이터가 수집될 때 ETL 파이프라인에서 미리 파싱하거나, 쿼리의 가독성을 높이기 위해 사용자 정의 함수$^{UDF,\ user\ defined\ functions}$를 개발해 활용하는 방법이지만 두 방법 모두 한계가 있다. 미리 파싱하는 과정에서 상당한 ETL 처리 시간이 발생할 수 있으며, 데이터 양이 많은 경우 비용이 발생할 수 있는데, 실제로 클릭 스트림 데이터는 시간이 지남에 따라 매우 커지는 경향이 있다. 사용자 정의 함수를 구현하려면 애저 시냅스의 각 인스턴스에 UDF를 배포하고 유지보수해야 할 별도의 개발 프로세스가 필요하다.

---

3   랜딩 페이지는 검색 엔진, 광고 등을 경유해 접속하는 이용자가 최초로 보게 되는 웹페이지이다. 링크를 클릭하고 해당 웹페이지에
    접속하면 마케터가 의도한 행위를 하도록 하는 페이지를 의미한다. [위키백과 인용] – 옮긴이

이 SQL은 가독성이 낮을 뿐만 아니라 테스트 과정도 쉽지 않다. 테스트가 어렵다는 점은 SQL 기반 파이프라인에서 흔히 겪는 문제점 중 하나다. 문자열 파싱 로직은 복잡하면서, URL의 특정 문자가 특정 위치에 있다는 것을 가정하고 unique_code나 user_id와 같은 파라미터를 추출한다. 이러한 표현들은 실수하기 쉬우며, 로직을 깨뜨릴 수 있는 상황에 부딪히기가 쉽다. 테스트가 부족하다는 의미는 결국 사용자에게 이러한 문제가 노출되기 쉽다는 것이다. 이런 방법으로는 사용자 커뮤니티와 좋은 신뢰 관계를 구축하지 못한다.

애저 시냅스에서 이러한 유형의 SQL을 실행할 때 또 다른 문제점은 애저 시냅스의 다양한 성능 최적화 기법을 사용할 수가 없다는 점이다. 애저 시냅스Azure Synapse는 컬럼 기반 columnar 스토리지를 사용하는데, 이는 일반적으로 숫자나 짧은 문자가 포함된 컬럼을 압축하고, 쿼리가 실행되는 동안 디스크를 읽는 횟수를 줄여준다. JSON 값을 사용하면 이러한 최적화를 못하게 되는데, JSON 문서 전체를 하나의 컬럼 값으로 처리하기보다는 JSON 문서를 개별 속성별로 파싱해 액세스해야 하기 때문이며, 특히 데이터 크기가 증가할수록 쿼리 성능에 부정적인 영향을 미친다. 9장에서 다양한 클라우드 데이터 웨어하우스 특성에 대해 자세히 알아보도록 한다.

2.3.2 데이터 플랫폼에서 데이터 처리

클라우드는 데이터 웨어하우스 외부의 데이터들을 여러 종류의 분산 데이터 처리 엔진을 사용해 규모에 상관없이 처리할 수 있는 다양한 방법을 제공한다. 이 중 아파치 스파크는 가장 널리 채택 및 사용되는 분산 데이터 처리 엔진 중 하나다. 클라우드 공급 업체에서는 스파크 작업을 실행할 수 있는 일종의 관리 서비스를 제공하는데, 서비스를 사용할 경우 사용자들은 클러스터 배포와 설정에 대해 걱정할 필요 없다. 애저가 제공하는 스파크용 관리 환경은 아파치 스파크를 개발한 팀이 제공하는 상업용 제품인 데이터브릭스Databricks(https://databricks.com/) 기반이다.

앞에서 다룬 데이터 플랫폼 구현 사례에서, 애저 데이터브릭스 플랫폼 위에서 실행되는 스파크는 모든 데이터 처리를 담당한다. 아파치 스파크를 사용하면 두 가지 방식으로 데이터를 처리할 수 있다. SQL을 사용해 데이터를 처리하는 방식을 선택하거나, 아니면 파이썬 Python이나 스칼라Scala와 같은 범용 프로그래밍 언어를 사용하는 방식, 즉 유연성, 가독성,

테스트 용이성이 더 높은 방식을 선택할 수 있기에 필요 요구사항에 맞는 최상의 API를 선택해 활용할 수 있다. SQL은 작성과 확인이 빠르기 때문에 간단한 리포트나 애드혹[ad hoc] 분석에 사용할 수 있다. 장기적으로 유지보수할 계획이거나, 코드의 테스트 용이성이 높아야 하며 모듈화해 관리해야 할 경우, 파이썬(목록 2.2 참조)이나 스칼라 API를 사용할 수 있다.

위 예제의 분석 요청은 다음과 같이 스파크로 작성할 수 있다.

```
from pyspark.sql.functions import from_json, substring_index
```

목록 2.2 파이썬 API를 사용한 아파치 스파크 구현 예

```
def get_full_url(json_column):
    # extract full URL value from a JSON Column
    url_full = from_json(json_column, "url STRING")
    return url_full
```
URL 파싱 로직을 테스트하기 쉬운 작은 함수 단위로 분할한다.

```
def extract_url(json_column):
    url_full = get_full_url(json_column)
    url = substring_index(url_full, "?", 1)
    return url
```
URL에서, 첫 번째 문자부터 "?" 문자까지의 부분 문자열인 부분 URL(파라미터 없는)을 추출한다.

```
def extract_campaign_code(json_column):
    url_full = get_full_url(json_column)
    code = substring_index(url_full, "?", -1)
    return substring_index(code, "=", -1)
```
문자열의 마지막 문자부터 "?" 문자까지 하위 문자열을 가져와 URL의 캠페인 코드 부분을 추출한다.

"code=XYZ" 문자열의 고유 코드 부분을 리턴한다.

```
campaigns_df = … # Use either Spark SQL or Spark Python API to get the
➡ Dataframe
clicks_df = … # Use either Spark SQL or Spark Python API to get the Dataframe
result_df = campaigns_df.join(...)
```

여기서는 실제 조인을 수행하는 코드 일부를 생략했다. 왜냐하면 SQL 예제에서 본 것과 매우 유사한 데다 실제로 SQL로도 작성할 수 있기 때문이다. 여기서는 캠페인 코드 추출을 별도의 파이썬 함수로 분리했다. 이 함수에는 코드를 이해하기 쉽도록 주석을 포함했다. 또한 표준 파이썬 테스트 기능을 사용해 모든 엣지 케이스[edge case][4]를 검증하기 위한 포괄적인

---

4 4장의 4.1.2 절 주석에 상세 설명이 있으니 이를 참조하자. – 옮긴이

테스트 세트를 작성할 수 있다. 파이프 라인의 다른 영역에 이 URL 파싱 로직을 사용해야 하는 경우 다른 공통 함수와 함께 자체 라이브러리에 포함시킬 수 있다.

데이터 웨어하우스와 비교했을 때 데이터 플랫폼의 장점은 코드의 모듈화와 테스트 용이성인데, 큰 장점으로 느껴지지 않을 수도 있겠지만 실제로 매우 중요한 부분이다. 여러 데이터 엔지니어가 작업하면서 플랫폼이 수십 가지 유스케이스로 확장된다면, 코드 기반을 잘 구조화해 범용적으로 이해 가능하도록 유지 관리하는 것이 상당히 중요한 성공 요소가 된다.

연습문제 2.3

복잡한 데이터 처리에 SQL 대신 스파크를 사용하면 어떤 이점이 있는가?

1 스파크를 사용하면 재사용 가능한 모듈화된 코드를 작성할 수 있다.
2 스파크는 항상 SQL보다 훨씬 빠르다.
3 스파크는 머신러닝을 사용해 복잡한 코드를 더 간단하게 만든다.

2.4 데이터 액세스

이 절에서는 최종 사용자가 데이터 웨어하우스와 데이터 플랫폼의 데이터에 액세스하는 데 사용할 수 있는 툴들을 검토한다.

데이터 웨어하우스와 데이터 플랫폼 아키텍처는 최종 사용자가 데이터에 액세스할 수 있는 다양한 방법을 제공한다. 이전 절에서는 분석 유스케이스의 예를 들며 애저 시냅스에서 순수 SQL 파이프라인을 구축하는 방식과, 데이터 플랫폼에 스파크 작업으로 구축하는 방식을 설명했다. 두 접근 방식 모두 특정 사용자가 특정 마케팅 캠페인 페이지를 통해 접속한 후 방문한 페이지 정보를 포함하는 신규 데이터 세트를 생성한다.

이 신규 데이터 세트는 회사 내 다양한 사용자들이 다양한 방식으로 관심을 가질 법한 정보들이다.

예를 들면,

- **마케팅 팀** – 비즈니스 사용자 계층으로, 각 캠페인 진행 과정에서 방문한 상위 10개 페이지 정보들이 무엇인지 관심이 있다.

- **데이터 분석가** – 다양한 방법으로 데이터를 분할하거나 가공하고자 하는 고급 사용자층
- **데이터 과학자** – 방문한 페이지 기반에 따라 사용자를 프로필별로 분류하고자 하는 고급 사용자층

각 사용자마다 다른 방식으로 데이터를 사용하고자 할 것이다. Power BI와 같은 리포팅 툴이나 대시보드 툴은 주로 비즈니스 사용자가 선호하며 SQL 인터페이스를 사용하는 관계형 데이터베이스 기술에서 가장 잘 작동한다. 이 유스케이스의 경우 애저 시냅스가 가장 통합하기 간단하며 최고의 성능을 제공하는 툴이다.

고급 사용자나 데이터 분석가들 중에는 기본 분석 도구로 SQL을 사용하는 경우가 많다. 이 사용자들은 애저 시냅스의 결과 데이터 세트를 사용할 수도 있다. 반면 애저 데이터브릭스와 같은 서비스를 사용하면 스파크에 익숙하지 않더라도 스파크 SQL을 쉽게 실행할 수 있고 대규모 처리 성능을 얻을 수 있다.

데이터 사이언스 유스케이스에는 이전 절에서 설명했던 결과 데이터 세트뿐만 아니라 원시 클릭 스트림 데이터에도 액세스해야 할 경우가 있다. 예를 들어 데이터 사이언스 팀이 사용자 행동 기반으로 사용자를 몇 가지 원형archetype[5]으로 분류하는 모델을 작업하는 중일 수 있기 때문이다. 이 모델이 제대로 작동하려면 사용자들이 웹 사이트를 방문해서 탐색하는 방법에 대한 상세 정보를 가능한 많이 포함시켜야 한다. 분류 결과는 인간이 명백하게 선택 가능한 데이터 외의 정보들을 사용할 때 더 정확한 경우가 많기 때문에, 데이터 과학자가 사용하는 모델에 데이터를 최대한 많이 확보하는 것이 중요하다. 일반적으로 웨어하우스에 적재되는 데이터는 집계 및 정리된 형태이므로, 이러한 세부 사항을 충분히 고려하고 있지 않다. 그렇기에 데이터 과학자가 가장 효율적으로 작업을 수행하려면 스파크와 같은 툴과 애저 블롭 스토리지의 파일에 대한 액세스가 필요하다.

데이터 웨어하우스만으로는 이러한 다양한 사용자 그룹의 필요사항을 만족시키지 못하지만 데이터 웨어하우스를 포함하는 클라우드 데이터 플랫폼은 가능하다. 클라우드 데이터 플랫폼에서는 데이터 웨어하우스를 결과 데이터 세트의 데스티네이션으로 사용할 수 있고, 스토리지의 원시 데이터도 사용 가능하다.

---

5 archetype은 원형(原型), 전형, 모범, 같은 갈래에 속하는 것들의 특징을 가장 잘 나타내는 본보기, 일정한 형식이나 모습 – 옮긴이

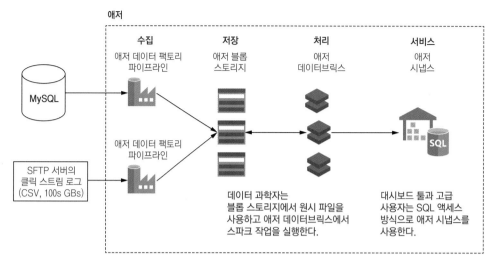

애저

수집	저장	처리	서비스
애저 데이터 팩토리 파이프라인	애저 블롭 스토리지	애저 데이터브릭스	애저 시냅스

MySQL

애저 데이터 팩토리 파이프라인

SFTP 서버의 클릭 스트림 로그 (CSV, 100s GBs)

데이터 과학자는 블롭 스토리지에서 원시 파일을 사용하고 애저 데이터브릭스에서 스파크 작업을 실행한다.

대시보드 툴과 고급 사용자는 SQL 액세스 방식으로 애저 시냅스를 사용한다.

SQL

▲ **그림 2.12** 데이터 웨어하우스는 데이터 플랫폼 아키텍처의 또 다른 구성 요소가 된다.

그림 2.12는 2.1.3절에서 설명한 아키텍처의 유연성을 다시 설명하고 있다. 이 개념은 3장에서 자세히 살펴보도록 한다.

2.5 클라우드 비용 고려사항

이 절에서는 데이터 웨어하우스와 데이터 플랫폼에 대한 클라우드 비용 통제 옵션을 다룬다.

데이터 웨어하우스와 데이터 플랫폼 아키텍처를 비교할 때는, 클라우드 비용 관련 내용이 빠질 수 없다. 결국, 클라우드 플랫폼을 구축 완료하면 곧 클라우드 비용에 대한 질문을 받을 가능성이 높다. 일반적으로 첫 번째 청구서가 들어오는 달 이후일 것이다. :)

단일 클라우드 공급 업체 내에서도 서로 다른 서비스의 사용료와 구축 비용을 비교하기란 쉽지 않기 때문에 공급 업체 간 비교는 더더군다나 어려운 일이다. 클라우드 스토리지와 같은 지원 서비스는 상대적으로 저렴하며, 처리 연산이 많이 필요한 서비스들은 대체로 비용이 높다. 아키텍처를 고려 중인 서비스에서 비용이 많이 들 만한 요소를 먼저 알아야 한다.

어떤 서비스가 가장 비용이 많이 드는지 알고 나면 이 서비스가 진정한 탄력적 확장을 지원하는지 확인해야 한다. 탄력적 서비스의 개념은 필요한 만큼만 사용하고, 필요하지 않을 때 축소해 전체 비용을 최적화할 수 있다는 것이다. 많은 클라우드 서비스가 탄력적 서비스가 가능하다고 주장하지만 플랫폼 아키텍트는 이러한 주장을 검증하고 모든 장단점을 이해할 수 있어야 한다.

클라우드 데이터 웨어하우스의 예에서 비용 중 대다수를 차지하는 서비스는 애저 시냅스다. 이렇게 설계할 경우 모든 처리를 애저 시냅스에서 수행하므로 그다지 놀랍지는 않다. 애저 시냅스는 애저 API를 사용해 처리 용량 측면에서 확장 및 축소가 가능하지만 확장에는 시간이 걸리며(때로는 수십 분) 그동안 전체 웨어하우스를 사용할 수 없는 상태가 된다. 그렇다면 애저 시냅스는 진정한 탄력적 확장을 지원할까? 그렇지 않다. 사용자가 데이터에 연중무휴 24시간 액세스할 필요가 없는 경우, 애저 시냅스를 확장하는 작업을 매일 밤 수행하도록 예약할 수도 있다. 확장 작업 시간 동안에는 사용할 수 없기 때문에, 하루 여러 번 수행할 수 있는 작업이 아니다. 또 다른 문제는 애저 시냅스의 여러 인스턴스를 생성해 동일한 데이터 기반에서 동작하게 하려면, 인스턴스 간 데이터 복제가 가능해야 하는데 이 역시 시간이 소요된다.

클라우드 데이터 플랫폼 설계에서는 애저 블롭 스토리지를 기본 스토리지로 사용하고, 애저 데이터브릭스에서 스파크를 사용해 처리 작업을 수행한다. 데이터브릭스는 스파크가 실행되고 있는 가상 머신의 메모리로 데이터를 복사한다. 복사 과정은 신규 작업을 시작할 때 약간의 오버 헤드를 발생시키기는 하지만 동일한 데이터로 작동하는 여러 스파크 클러스터를 만들 수 있다는 이점이 있다. 이러한 클러스터는 처리 요구 사항에 따라 크기를 다르게 지정 가능하며, 비용 절약을 위해 미사용 시 종료할 수 있다. 이러한 탄력성 관점에서 볼 때, 애저 데이터브릭스는 애저 시냅스보다 비용 통제 옵션이 우수하다고 할 수 있다. 대량의 SparkSQL 쿼리를 실행하기 위해 전용 클러스터를 프로비저닝하고, 실행을 완료하면 대부분 클러스터를 제거한다.

물론 클라우드 비용에 관한 훨씬 다양한 미세한 차이점들이 있으며 11장에서 이 중요한 주제에 대해 자세히 알아보도록 한다.

데이터 웨어하우스와 데이터 플랫폼 설계에 대한 내용을 요약하고자 표 2.1과 같이 선택할 수 있는 형태로 유스케이스를 정리했다.

▼ **표 2.1** 데이터 웨어하우스 vs 데이터 플랫폼 유스케이스

데이터 웨어하우스 설계	데이터 플랫폼 설계
관계형 데이터 소스만 있다.	정형 데이터, 반정형 데이터가 있는 여러 데이터 소스들이 있다.
소스 데이터 통제권과 스키마 변경 관리를 위한 프로세스를 갖추고 있다.	다양한 데이터 소스로부터 데이터를 수집해서 사용하려 한다. 즉 전체 통제 권한을 갖고 있지 않다. (예: 스프레드 시트나 SaaS 제품 등)
유스케이스는 BI 리포트 툴과 대화형 SQL 쿼리로 제한된다.	기존의 BI 및 데이터 분석 외에도 머신러닝, 데이터 과학 유스케이스에도 데이터를 사용하길 원한다.
데이터 사용자 커뮤니티가 한정된다.	업무를 수행하기 위해 데이터에 액세스해야 하는 사용자들이 점점 증가하고 있다.
데이터 볼륨이 크지 않아 클라우드 데이터 웨어하우스 내부에 모든 데이터를 저장하고 처리하더라도 비용이 합리적이다.	데이터 저장 및 처리를 위해 다양한 클라우드 서비스를 사용해 클라우드 비용을 최적화하길 원한다.

요약

- RDBMS 데이터 소스와 JSON 문서로 된 데이터 파일을 사용해 실습해보면, 최신 분석 플랫폼에서 자주 볼 수 있는 데이터 다양성과 관련된 문제를 잘 이해할 수 있다.

- 데이터 플랫폼과 데이터 웨어하우스 구현 간의 가장 분명한 차이점 중 하나는 스키마 변경을 처리하는 방법이다. 데이터 웨어하우스 설계와 달리 데이터 플랫폼은 들어오는 데이터에 대한 스키마를 제공할 필요가 없으므로 데이터 웨어하우스보다 데이터 플랫폼에서 스키마 변경을 훨씬 쉽게 처리할 수 있다.

- 데이터 플랫폼과 데이터 웨어하우스 설계의 두 번째 주요 차이점은 처리가 이루어 지는 곳이다. 데이터 웨어하우스의 SQL 처리는 간단해 보일 수 있지만, 사용 가능한 테스트 프레임워크의 부족, 확장성, 복잡성, 성능 최적화 제약 사항들은 데이터 종류가 다양해지거나, 데이터 볼륨이 증가함에 따라 문제가 될 수 있다.

- 데이터 플랫폼에서 스파크와 같은 분산 데이터 처리 엔진은 대규모 반정형 데이터 세트를 처리할 때 상당한 유연성을 제공한다. 스파크가 파일을 작은 청크chunk로 분할해 여러 병렬 작업을 사용해 각 청크들을 처리할 수 있기 때문이며, 이는 빅데이터 시스

텀에서 확장성을 높이는 방식이기도 하다.

- 데이터 웨어하우스가 포함된 데이터 플랫폼은 사용자에게 최대의 유용성을 제공한다. 고급 사용자들은 스파크 작업을 통해 데이터 레이크에 액세스할 수 있을 뿐만 아니라 SQL 기반 액세스를 통해 데이터 웨어하우스의 데이터에도 접근할 수 있다. 일반 사용자는 SQL 방식의 다양한 상용 툴tool를 사용해 데이터 웨어하우스에 접근할 수 있다.

- 분석 플랫폼 설계에서 PaaS 서비스를 사용하면 지속적인 지원 비용과 시간을 최소화할 수 있으며, 시스템 설정 시간도 훨씬 빨라진다.

- 데이터 플랫폼 설계에서 스토리지와 컴퓨팅을 명확하게 분리하면 비용 유연성을 확보할 수 있다. 이는 클라우드 데이터 플랫폼 아키텍처에서 스토리지 비용과 컴퓨팅 비용을 별도로 청구하며, 각각의 비용을 독립적으로 최적화해 나갈 수 있기 때문이다.

- 동일한 아키텍처에서 데이터 웨어하우스와 데이터 플랫폼을 결합하면 데이터 웨어하우스만 사용할 때보다 더 나은 성능, 더 많은 사용자 액세스 옵션을 제공하며, 비용을 절감할 수 있다.

2.6 연습문제 정답

연습문제 2.1:

4 – 데이터 플랫폼은 "데이터 레이크" 계층을 포함하므로 데이터 웨어하우스에서의 데이터 처리 부담을 덜어준다.

연습문제 2.2:

2 – 엄격한 스키마 정의가 필요하지 않은 애저 블롭 스토리지에 먼저 데이터를 저장하기 때문이다.

연습문제 2.3:

1 – 스파크를 사용하면 재사용 가능한 모듈화된 코드를 작성할 수 있다.

3

빅 3의 활용과 확대: 아마존, 마이크로소프트 애저, 구글

2장에서는 데이터 레이크와 데이터 웨어하우스를 활용해 클라우드 환경에서 간단한 데이터 플랫폼을 구성하는 방법과, 데이터 플랫폼 내 데이터 수집을 위한 단순한 배치 파이프라인 구축을 설명했다. 또한 최상의 분석 결과를 도출한다는 관점에서 데이터 레이크, 데이터 웨어하우스, 이 둘을 조합한 솔루션의 장단점을 각각 비교 분석했다.

3장에서는 1장과 2장에서 설명한 데이터 플랫폼 아키텍처 개념 기반 위에 대부분의 데이터 플랫폼에서 필요로 하는 핵심 기능과 고급 기능 계층들을 살펴본다. 이러한 고도화된 계층이 없다면 데이터 플랫폼은 작동하겠지만 확장성 측면에 이슈가 있거나, 지속적으로 커지는 데이터 증가 속도^{data velocity} 요구에 대응하기 힘들 수 있다. 또한 데이터 소비자 유형(플랫폼으로부터 데이터를 소비하는 사람이나 시스템) 측면에서도 소비자 수와 다양성도 증가하고 있기 때문에 이 부분에서도 제약이 발생할 소지가 높다.

그리고 좀 더 복잡한 클라우드 데이터 플랫폼 아키텍처를 자세히 살펴보면서, 현대 플랫폼 아키텍처가 가진 기능 계층들과 각각의 역할을 설명한다. 이와 더불어 고속/저속 스토리지, 스트리밍과 배치batch 방식 비교, 메타데이터 관리, ETL 오버레이, 데이터 소비자의 개념도 소개한다.

거의 매일 새로운 툴과 서비스가 세상에 발표된다. 데이터 플랫폼 구축 계획 수립을 위해 활용할 수 있는 툴과 서비스의 종류를 살펴본다. 먼저 아마존, 구글, 마이크로소프트의 3대 퍼블릭 클라우드 공급 업체에서 제공하는 툴과 서비스를 기능 계층에 매핑해보고, 나아가서 클라우드 공급 업체의 독립적인 오픈소스 상용 툴의 종류를 알아본다.

클라우드 공급 업체 선택은 제공 중인 서비스를 선택하는 것보다 훨씬 더 중요한 결정이다. 그러나 여기서 설명하는 어떤 클라우드 공급 업체를 선택하더라도 데이터 플랫폼을 잘 설계, 구축하고 운영하는 데는 큰 문제가 없을 것이다. 따라서 툴을 찾는 데는 범위를 좁혀 시간을 아끼고, 오히려 설계 작업에 더 많은 시간을 확보하기를 권장한다.

> | **참고** | 클라우드 업체에 종속적인 서비스를 사용하는 것과 클라우드 업체에 독립적인 플랫폼을 구축하려는 것 사이의 절충점에 대한 논쟁이 계속되고 있다. 클라우드 업체 종속적인 PaaS를 사용하면 지원 비용은 절감되지만 플랫폼을 다른 클라우드 업체로 마이그레이션하기 어려워진다. 오픈소스 소프트웨어와 같은 업체 비종속 서비스를 사용하면 이식성은 향상되지만 관리 부담은 증가한다. 쉬운 답은 없지만, 지금까지 경험한 바로는 클라우드 업체에서 독립하려는 것보다, 클라우드 업체 PaaS를 사용함으로써 얻는 이점이 더 크다.

이 점에서 데이터 플랫폼 설계는 매우 흥미로운 내용이다.

3.1 클라우드 데이터 플랫폼 계층 아키텍처

먼저 1장에서 다루었던 간단한 수준의 데이터 플랫폼 아키텍처를 되짚어본다. 그 아키텍처 설계 기반 위에 데이터 플랫폼의 6개 계층, 즉, 데이터 수집 계층, 데이터 처리 계층, 메타데이터 계층, 서비스 계층, 2개의 오버레이 계층(오케스트레이션 및 ETL 계층)을 소개하면서 좀 더 복잡한 데이터 플랫폼 설계 단계로 넘어간다.

각 계층별로 수행하는 목적과 내용을 다루고, 실제 프로젝트에서 수행한 계층 구현 사례를 통해 배운 점들을 알아본다. 또한 아키텍처 관점에서 볼 때, 계층들 간 "느슨하게 결합" 방식, 즉, 각 계층별로 정의된 인터페이스를 통해 통신하는 방식으로 구현해야 더 좋은 이유도 설명한다.

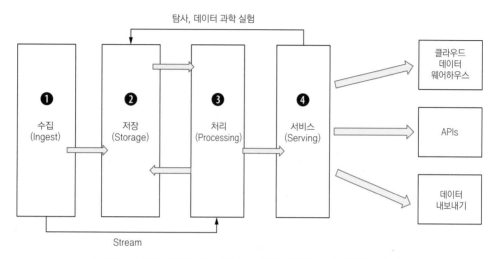

▲ **그림 3.1** 4개의 계층을 가진 상위 수준 데이터 플랫폼 아키텍처(1장에서 다름)

1장에서 데이터 플랫폼의 상위 수준 아키텍처를 소개했다. 네 개의 계층(수집, 저장, 처리, 서비스)이 있었으며 그림 3.1과 비슷했다. 또한 1장에서는 이러한 아키텍처의 각 구성 요소와 핵심 기능이 무엇인지도 알아봤다. 1장을 건너뛰었다면 다시 돌아가서 정독하기를 권고한다. 왜냐하면 지금부터는 그림 3.1의 데이터 플랫폼 아키텍처 기반으로 특정 기능 구성 요소들의 상세 내용을 살펴보고자 하기 때문이다. 그림 3.2는 1장에서 다룬 아키텍처를 확대해서 더욱 정교하게 구성한 데이터 플랫폼 아키텍처를 보여준다. 이 아키텍처는 다음과 같은 여섯 개의 계층으로 구성된다.

- 수집 계층(1)에서는 배치batch와 스트리밍 수집의 차이를 보여주고 있다.
- 저장 계층(2)에서는 저속 스토리지, 고속 스토리지 개념을 도입한다.
- 처리 계층(3)에서는 고속 스토리지, 저속 스토리지의 활용과 배치 방식 처리, 스트리

밍 데이터 처리 방식을 논의한다.

- 메타데이터 계층(4)은 처리 계층 개선을 위해 새롭게 추가한 계층이다.
- 서비스 계층은 데이터 웨어하우스뿐만 아니라 다른 데이터 소비자들도 포함하도록 확장됐다.
- 오버레이^{overlay} 계층(6)은 ETL이나 오케스트레이션 작업을 위해 추가됐다.

각 계층은 데이터 플랫폼 시스템에서 특정 작업을 수행하는 기능 구성 요소다. 실제로 계층은 클라우드 서비스를 활용할 수도 있고 오픈 소스, 상용 툴, 사용자가 직접 구현한 애플리케이션으로 구성할 수도 있으며, 이러한 것들을 조합해서 구성하는 경우가 많다. 각 계층에 대해 자세히 살펴보자.

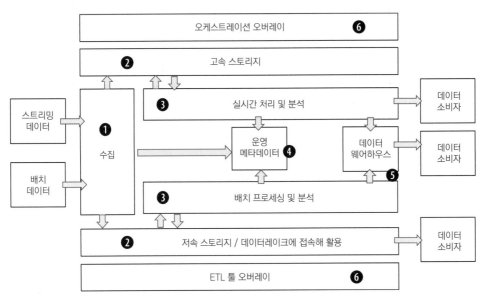

▲ **그림 3.2** 클라우드 데이터 플랫폼 6계층 아키텍처

3.1.1 데이터 수집 계층

이름에서 의미하는 바와 같이, 이 계층은 소스 시스템에 연결해 데이터를 데이터 플랫폼에 가져오는 역할을 하는 영역이다. 그림 3.3에서 데이터 수집^{Ingestion}과 관련한 상세 동작 과정을 설명한다.

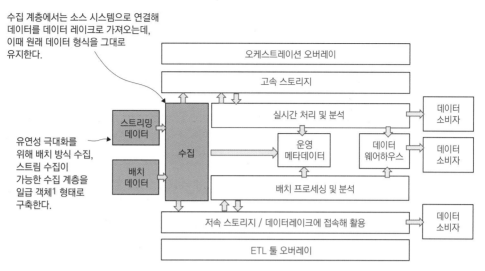

수집 계층에서는 소스 시스템으로 연결해 데이터를 데이터 레이크로 가져오는데, 이때 원래 데이터 형식을 그대로 유지한다.

유연성 극대화를 위해 배치 방식 수집, 스트림 수집이 가능한 수집 계층을 일급 객체1 형태로 구축한다.

▲ **그림 3.3** 데이터 수집 계층은 소스 시스템에 연결해서 데이터 플랫폼으로 데이터를 가져온다.

데이터 수집 계층은 다음 작업을 수행할 수 있어야 한다.

■ 스트리밍 모드, 배치 모드에서 다양한 데이터 소스로 보안 연결할 수 있어야 한다.

■ 데이터 변환이나 데이터 포맷 변환 과정을 크게 거치지 않고도 소스 시스템에서 데이터 플랫폼으로 데이터를 전송할 수 있어야 하며, 데이터 레이크에서 원시 데이터를 보존할 수 있어야 한다. 그럼으로써 나중에 데이터를 재처리해야 할 경우, 소스 시스템에 다시 연결하지 않아도 재처리가 가능할 수 있도록 구축해야 한다.

■ 메타데이터 저장소에 수집 통계와 수집 상태를 등록할 수 있어야 한다. 예를 들어, 스트리밍 데이터 소스인 경우에는 특정 시간 간격 동안 데이터 수집량을, 배치 방식의 경우에는 배치당 데이터 수집량을 추적하는 것이 중요하다.

그림 3.4는 배치 방식 수집 데이터와 스트리밍 데이터 모두 수집 계층으로 들어오는 아키텍처 다이어그램을 보여준다.

---

1 본문 주석 참조 – 옮긴이

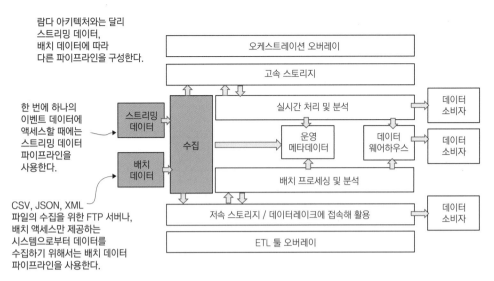

람다 아키텍처와는 달리
스트리밍 데이터,
배치 데이터에 따라
다른 파이프라인을 구성한다.

한 번에 하나의
이벤트 데이터에
액세스할 때에는
스트리밍 데이터
파이프라인을
사용한다.

CSV, JSON, XML
파일의 수집을 위한 FTP 서버나,
배치 액세스만 제공하는
시스템으로부터 데이터를
수집하기 위해서는 배치 데이터
파이프라인을 사용한다.

오케스트레이션 오버레이

고속 스토리지

스트리밍 데이터

배치 데이터

수집

실시간 처리 및 분석

운영 메타데이터

데이터 웨어하우스

배치 프로세싱 및 분석

저속 스토리지 / 데이터레이크에 접속해 활용

ETL 툴 오버레이

데이터 소비자

데이터 소비자

데이터 소비자

▲ **그림 3.4** 수집 계층은 스트리밍 수집과 배치 수집을 지원해야 한다.

데이터 처리 환경이 데이터 스트리밍 방식이나 실시간 솔루션으로 이동하고 있는 곳도 있고, 이미 이동을 마친 곳도 있다. 이것이 산업이 나아가고 있는 방향임에는 동의하지만 현재의 상황 또한 무시할 수는 없다. 현재 기존 데이터 저장소는 배치 데이터 액세스만 지원하는 경우가 많다. 서드파티third-party 데이터 소스, 특히 CSV, JSON, XML 파일 등의 수집을 위한 FTP 서버나, 배치 액세스 패턴만 제공하는 서비스들이 여기에 해당된다.

자체 운영 관리 중인 RDBMS와 같은 데이터 소스로부터 데이터를 수집할 때는 스트리밍 솔루션을 적용할 수 있다. 서드파티 소스로부터 데이터 수집을 할 경우 동일한 결과를 기대하기는 거의 어려우며 불가능할 수도 있다. 데이터 플랫폼으로 수집하는 데이터의 상당 부분이 서드파티 소스로부터 오는 경우가 많기 때문에 배치 수집, 스트리밍 수집 모두 데이터 플랫폼 설계에 포함돼야 한다.

배치 수집과 스트리밍 수집 둘 다 지원하도록 데이터 수집 계층을 일급 객체[2]로 구축하는 것이 견고한 아키텍처 사고다. 이는 곧 데이터 소스 유형에 적합한 툴을 사용한다는 의미다.

---

2 컴퓨터 프로그래밍 언어 디자인에서 일반적으로 다른 객체들에 적용 가능한 연산을 모두 지원하는 객체를 가리킨다. 보통 함수에 매개변수로 넘기기, 수정하기, 변수에 대입하기와 같은 연산을 지원할 때 일급 객체라고 한다. 클라우드에서 이 정의를 적용해보면 한 영역에서 사용되는 제약 없는 리소스로 분류할 수 있다. – 옮긴이

예를 들어, 진정한 스트리밍 기능을 구현하지 않고도 일련의 작은 배치 형태로도 스트리밍 데이터 수집이 가능하다. 하지만 이렇게 구축했을 경우 향후 실시간 분석 기능은 포기해야 하는데 이는 곧 기술 부채가 된다. 이 같은 기술 부채를 방지하기 위한 데이터 플랫폼을 설계해야 한다. 데이터 소스의 종류에 상관없이 데이터 수집이 가능해야 하며 데이터 플랫폼이 가져야 할 가장 중요한 특성 중 하나다.

> **참고** 데이터 플랫폼이 "실시간"이어야 한다는 말들을 많이 한다. 여기서 "실시간"의 의미를 짚고 넘어가는 것이 중요하다. 경험상으로 볼 때 두 가지 다른 해석이 있는데, 첫 번째는 데이터가 소스에서 생성되는 즉시 수집 후 분석이 가능한 상태로 만드는 것(즉, 실시간 수집)을 의미하고, 두 번째는 실시간 수집 데이터를 바로 분석해서 조치를 취하는 것(즉, 실시간 분석)을 의미한다. 부정 행위 탐지나 실시간 추천 시스템이 실시간 분석의 좋은 예다. 실제로 대부분의 시스템에서는 아직 실시간 분석 기능이 필요하지 않다. "실시간"은 데이터 분석을 하기 위해서 사용하는 데이터가 최신 상태의 것이어야 함을 의미할 때가 많다. 즉 보고서나 대시보드에서 주기적으로 보이는 데이터의 시점이 몇 분에서 몇 시간 전 수준의 것 등이 실시간이라 할 수 있다. 실시간 분석이 실시간 수집보다 훨씬 복잡하기 때문에, 필요 사항에 적합한 데이터 플랫폼을 설계하기 위해서는 사용자의 요구 사항을 자세히 분석해야 한다.

이 장의 클라우드 데이터 플랫폼 아키텍처 다이어그램에서 두 개의 수집 경로(배치용과 스트림용 경로)가 람다Lambda 아키텍처와 관련이 있는지 확인해봐야 한다.

> **참고** 람다 아키텍처에 익숙하지 않은 분들은 http://lambda-architecture.net/ 링크에 있는 자료를 참고하길 바란다.

간단히 말해서, 람다 아키텍처는 짧은 지연low-latency[3] 분석 결과와 정확한 분석 결과를 함께 제공하기 위해서는 데이터 플랫폼이 배치 데이터 처리 경로와 스트리밍 데이터 처리 경로를 모두 지원해야 한다고 제안한다. 람다 아키텍처와 여기에서 설명하는 클라우드 데이터 플랫폼 아키텍처의 차이점은, 람다에서는 동일한 데이터가 서로 다른 두 개의 파이프라인에

---

3 '짧은 지연'이라 함은 보통 빠른 응답 시간으로 이해해도 되겠지만, 본 장에서는 응답 시간(response time) 또는 지연 응답 (latency response)과 같이 구분해 사용하므로 차이를 두고자 원문대로 해석했다. – 옮긴이

서 처리되지만, 데이터 플랫폼 아키텍처에서는 배치 데이터는 배치 파이프라인에서, 스트리밍은 다른 파이프라인에서 처리한다는 점이다.

람다 아키텍처는 하둡Hadoop 구현 초기에 구상됐는데, 회복성resilient과 정확성을 보장할 수 있는 실시간 파이프라인 구축이 불가능했던 시기였다. 람다 아키텍처에서 고속 경로로 처리되는 경우 짧은 지연시간이 가능했지만, 하둡 기반 플랫폼에서 사용할 수 있는 스트리밍 프레임워크의 한계 때문에 정확성을 100% 보장하지 못했다. 즉, 고속 경로에서 처리된 결과 값이 불일치할 가능성이 있었기에 배치 경로에서도 동일한 데이터를 처리한 후에 대사 reconcile 단계를 거쳐 정확성이 100%인 결과값을 만드는 구조다.

오늘날 구글의 클라우드 데이터플로우Cloud Dataflow와 같은 클라우드 서비스나 카프카 스트림즈Kafka Streams와 같은 오픈 소스 솔루션에서는 이러한 한계점들을 거의 극복한 상태다.

스파크 스트리밍Spark Streaming과 같은 프레임워크도 정확성과 에러 처리 측면에서 크게 개선 됐다. 이 책에서 다루고 있는 클라우드 데이터 플랫폼 아키텍처의 배치 수집 경로와 스트림 수집 경로에서 다루는 데이터 소스는 완전히 다르다. 데이터 소스가 실시간 데이터 액세스를 지원하지 않거나 데이터가 주기적으로만 제공되는 경우, 배치 경로에서 다루는 편이 더 쉽고 훨씬 효율적이다. 스트리밍과 같이 데이터가 한 번에 하나의 이벤트 데이터를 발생시키는 데이터 소스의 경우, 실시간 계층에서 다뤄야 한다.

데이터를 효율적이고 안정적으로 데이터 레이크로 전달하고자 데이터 수집 계층은 다음과 같은 특성을 가져야 한다.

- **플러그형 아키텍처**Pluggable architecture – 새로운 유형의 데이터 소스가 항상 추가된다. 모든 데이터 소스에 대한 커넥터를 수집 툴이나 수집 서비스에서 제공할 것이라 기대하는 것은 비현실적이다. 데이터 수집 계층은 큰 노력 없이 새 커넥터 유형을 추가할 수 있는 구조여야 한다.
- **확장성**Scalability – 데이터 수집 계층은 대량의 데이터를 처리할 수 있어야 하므로, 컴퓨터 용량을 복수 개의 서버로 스케일 아웃시킬 수 있어야 한다. 이런 규모가 당장 필요하지 않을 수 있지만, 데이터 수집 계층의 확장이 필요할 때 데이터 수집 계층을 재구축하지 않아야 한다. 항상 이러한 부분들을 미리 계획해서 솔루션들을 선정해야 한다.

- **고가용성**High Availability – 데이터 수집 계층은 개별 컴포넌트의 장애 유형들, 즉 디스크 장애, 네트워크 장애, 가상 시스템 전체 다운 등을 고려한 장애 대응 체계를 갖고 있어야 하며 장애 대응 상황에서도 데이터를 데이터 플랫폼으로 전달할 수 있어야 한다.

- **관측 가능성**Observability – 데이터 수집 계층은 데이터 처리량, 지연 시간과 같은 중요한 메트릭metric을 외부 모니터링 툴에 노출시켜야 한다. 이러한 메트릭의 대부분은 이 장 뒷부분에서 논의할 중앙 메타데이터 저장소에 저장돼야 한다. 메모리, CPU 또는 디스크 사용률과 같은 기술적 메트릭들은 모니터링 툴에 직접 노출되기도 한다. 데이터 플랫폼으로의 데이터 이동에 대한 가시성을 확보하고자 할 경우, 데이터 수집 계층이 블랙박스가 돼서는 안 된다. 데이터 이동에 대한 가시성 확보는 수집 계층의 모니터링과 문제 해결 목적을 위해 중요하다.

세 가지 퍼블릭 클라우드상에서 데이터 수집 계층을 구축할 때 사용 가능한 툴들과 서비스를 오픈소스 측면과 상용 서비스 측면 모두 알아보기로 한다. 하나의 툴이 모든 요구사항을 만족하는 경우가 거의 없기 때문에, 특정 솔루션을 선택할 때에는 데이터 플랫폼 아키텍처 관점에서 어떤 특성들을 절충trade-off해야 하는지 판단해야 한다.

연습문제 3.1

배치 수집과 실시간 수집을 모두 계획해야 하는 이유는? (하나 선택)

1 실시간 툴은 복잡하고 관리하기 어렵기 때문이다.
2 배치 수집만이 정확한 데이터를 얻을 수 있는 유일한 방법이기 때문이다.
3 일부 데이터 소스는 실시간 수집 기능을 지원하지 않기 때문이다.
4 중복(redundancy)을 위해 두 가지 수집 메커니즘이 필요하기 때문이다.

3.1.2 고속 스토리지와 저속 스토리지

데이터 수집 계층에는 임시 캐시를 사용할 수는 있지만 일반적으로 데이터 자체를 저장하고 있지 않기 때문에, 일단 데이터가 수집 계층을 통과한 후 안정적으로 저장될 수 있어야 한다.

데이터 플랫폼 아키텍처의 스토리지 계층은 데이터의 장기 사용 목적으로 저장 유지하는 역할을 한다. 그림 3.5와 같이 고속 스토리지와 저속 스토리지, 두 가지 유형이 있다.

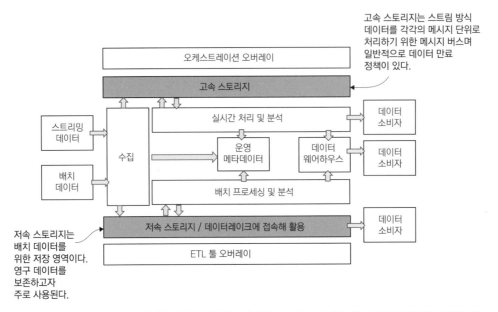

▲ **그림 3.5** 데이터 스토리지 계층에는 데이터 활용 용도에 맞게 고속 스토리지와 저속 스토리지상에서 데이터를 유지한다.

책 전반에 걸쳐 클라우드 스토리지 서비스를 저속 스토리지와 고속 스토리지라는 용어로 구분해 사용하겠다. 저속 스토리지는 대용량 파일(수십 MB 이상)에 최적화된 클라우드 스토리지 서비스를, 고속 스토리지는 작은 단위의 데이터(일반적으로 KB)를 보관하면서 매우 높은 성능 특성을 가진 클라우드 스토리지 서비스를 의미한다. 경우에 따라서는 후자를 메시지 버스라 부르기도 하는데, 영속성persistence 특성을 가진 큐queue 형태의 분산 로그 시스템이라 볼 수 있다. 여기에서 "저속", "고속"이란, HDD와 SSD 드라이브의 차이와 같은 특정 하드웨어 특성을 말하는 것이 아닌, 유스케이스에 따른 스토리지 소프트웨어 설계 특성을 말한다. 데이터를 실시간으로 처리할 수 있는 프레임워크(클라우드 데이터 플로우Cloud Dataflow, 카프카 스트림즈Kafka Streams 등) 중에는 특정 스토리지 시스템에 종속돼 있는 경우도 있다. 따라서 실시간 처리를 가능하게 하려면 고속 스토리지 계층을 활용해 작업해야 한다.

데이터 플랫폼의 스토리지 계층은 다음 작업을 수행해야 한다.

- 단기 데이터 보관과 장기 데이터 보관 둘 다 가능해야 한다.
- 배치 방식과 스트리밍 방식에서 데이터를 사용할 수 있어야 한다.

클라우드의 이점 중 하나는 스토리지 사용료가 매우 저렴하므로 몇 년, 혹은 심지어 수십 년 동안 데이터를 저장하는 데 큰 부담이 없다는 점이다. 필요한 데이터를 모두 저장할 수 있다면 최우선적으로 머신러닝과 같은 새로운 분석 유스케이스에 맞게 데이터 용도를 변경할 수 있는 선택지가 다양해진다.

클라우드 데이터 플랫폼 아키텍처에서 데이터 스토리지 계층은 저속 스토리지와 고속 스토리지 두 가지 요소로 구분된다. 저속 스토리지는 보관 및 영구 데이터를 위한 주요 스토리지다. 이 영역에는 며칠, 몇 달, 종종 몇 년, 심지어 수십 년 동안 데이터가 보관되기도 한다. 클라우드 환경에서 이러한 유형의 스토리지는 클라우드 공급 업체의 객체 저장소 서비스로 제공되고 있는데, 모든 종류의 데이터를 비용 효율적으로 저장 가능하며 대량의 데이터를 빠르게 읽을 수 있도록 지원한다.

장기적인 목적으로 객체 저장소를 사용할 때 얻을 수 있는 이점은 클라우드에서 스토리지와 직접 연결된 컴퓨팅 서버가 없다는 점이다. 예를 들어 객체 저장소의 용량을 늘려야 할 경우, 가상 시스템을 프로비저닝할 필요가 없기 때문에 추가 비용이 들지 않는다는 의미다. 사용자가 업로드하거나 삭제하는 일을 진행하면, 클라우드 공급 업체가 실제 데이터 규모에 대응해서 스토리지 용량을 확장하거나 축소하는 일을 담당하기 때문에 매우 비용 효율적이다.

객체 저장소의 단점으로는 짧은 지연low-latency 액세스를 지원하지 않는다는 점이다. 한 번에 하나의 메시지, 한 번에 단일 데이터 포인트를 처리하는 스트리밍 데이터의 경우, 객체 저장소를 활용할 때 응답 속도 개선에 한계가 존재한다. 예를 들어 JSON 데이터로 된 하나의 1TB 파일을 객체 저장소(배치 방식)에 업로드하는 방식과, 10억 개의 JSON 문서를 하나하나씩 업로드(스트리밍)하는 방식과의 차이점이라 보면 된다.

스트리밍 유스케이스를 위해서는 클라우드 데이터 플랫폼에 다른 유형의 스토리지가 필요하다. 이를 "고속" 스토리지라고 하며 단일 메시지의 읽기/쓰기 작업 시 짧은 지연lowlatency을 확보할 수 있다. 대부분 아파치 카프카^{Apache Kafka}를 이러한 유형의 스토리지로 연관 짓지만, 클라우드 공급 업체들이 제공하는 유사 서비스들도 있다. 이 장 뒷부분에서 이 서비스들을 더 자세히 살펴보도록 한다.

고속 스토리지를 활용하면 스트리밍 데이터 수집 시 짧은 지연 액세스가 가능하지만, 이를 위해서는 관련 컴퓨팅 서버가 필요하다는 의미를 내포한다. 예를 들어 카프카 클러스터의 경우, 고속 스토리지 용량을 늘리려면 RAM, CPU, 디스크가 포함된 서버를 함께 추가해야 한다. 즉, 고속 스토리지 비용이 저속 스토리지 비용보다 훨씬 더 높다는 의미다. 실제로 고속 스토리지의 데이터 보관 주기 정책을 볼륨에 따라 하루, 일주일, 한 달 등의 기간으로 설정할 수 있다. 또한 정책에 따라 고속 스토리지의 데이터 보관 주기를 넘어서는 데이터는 저속 스토리지의 영구 보관 장소로 이동되며, 고속 스토리지에서는 삭제 처리된다.

스토리지 계층이 가져야 할 특성은 다음과 같다.

- **안정성**^{Reliable} – 저속 스토리지와 고속 스토리지 둘 다 다양한 형태의 장애 발생 상황에도 데이터를 지속적으로 유지할 수 있어야 한다.
- **확장 가능성**^{Scalable} – 최소한의 노력으로 스토리지 용량을 추가할 수 있어야 한다.
- **성능**^{Performant} – 저속 스토리지는 대용량 데이터를 읽을 때의 읽기 성능, 고속 스토리지는 단일 메시지를 읽고 쓸 때의 짧은 지연시간을 확보할 수 있어야 한다.
- **비용 효율성**^{Cost efficient} – 데이터 보관 주기 정책에 비용 측면도 적용해 스토리지 사용을 최적화할 수 있어야 한다.

연습문제 3.2

데이터 플랫폼에 두 가지 유형의 스토리지가 필요한 이유는 무엇인가?

1. 하나의 스토리지 유형에 장애가 발생할 경우 이중화를 제공하기 위해
2. 배치 처리 방식과 실시간 처리 방식 지원을 위해
3. 클라우드 비용 최적화를 위해
4. 데이터 과학 유스케이스와 비즈니스 인텔리전스 유스케이스 둘 다 지원하기 위해

3.1.3 처리 계층

그림 3.6에서 데이터 플랫폼 구현의 핵심은 처리^{processing} 계층임을 강조해서 표현했다. 필요 비즈니스 로직 적용, 데이터 검증, 데이터 변환이 수행되는 곳이 처리 계층이다. 또한 처리 계층의 중요 역할 중 하나로 데이터 플랫폼 데이터로의 애드혹$^{ad\ hoc}$ 액세스를 제공한다.

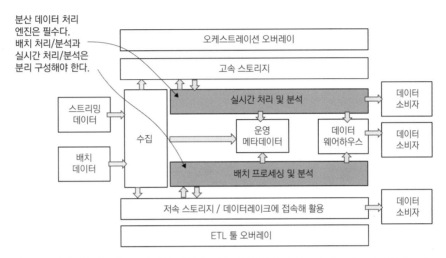

▲ **그림 3.6** 처리 계층은 비즈니스 로직 적용, 데이터 검증, 데이터 변환이 수행되는 곳이면서, 데이터 플랫폼 데이터로의 애드혹 액세스를 제공하는 곳이다.

처리 계층은 다음 작업을 수행할 수 있어야 한다.

■ 스토리지에서 배치 방식이나 스트리밍 처리 방식으로 데이터를 읽고 비즈니스 로직을 적용할 수 있어야 한다.

■ 데이터 분석가나 데이터 과학자가 데이터에 액세스하기 위해 데이터를 스토리지에 다시 저장할 수 있어야 한다.

■ 스트리밍 데이터 결과물을 소비자, 즉 다른 시스템으로 제공할 수 있어야 한다.

처리 계층은 스토리지에서 데이터를 읽고 처리 로직을 적용한 다음, 재활용을 위해 스토리지에 다시 저장하는 역할을 한다. 처리 계층은 저속 데이터 스토리지와 고속 데이터 스토리지 양쪽 모두를 활용할 수 있어야 한다. 즉, 계층 구현을 위해 사용할 프레임워크는 저속 스토리지 기반인 파일 배치 처리 방식과, 고속 스토리지 기반인 한 번에 하나의 메시지 처리 방식 모두를 지원해야 한다.

최근에는 고속 스토리지와 저속 스토리지의 데이터를 동시에 처리할 수 있는 오픈 소스 프레임워크와 클라우드 서비스를 제공한다. 좋은 예로 오픈 소스 아파치 빔 프로젝트Apache Beam project와 구글의 클라우드 데이터플로우Cloud Dataflow가 있는데, 구글의 클라우드 데이터 플로우 서비스는 아파치 빔 작업을 위한 서비스로서의 플랫폼platform-as-a-service 실행 환경을 제공한다. 아파치 빔은 동일한 프레임워크 내에서 배치 처리 모델과 실시간 처리 모델 둘 다 지원한다. 일반적으로 데이터 플랫폼 계층을 구현할 때 클라우드 서비스 하나만 사용하거나, 단일 소프트웨어 제품만 사용할 필요가 없다. 배치 처리에 전문화된 솔루션과 스트림 처리에 전문화된 솔루션을 사용하는 것이 다목적 툴 하나를 사용해 구축하는 것보다 더 나은 결과를 제공하는 경우가 자주 있다.

처리 계층이 가져야 할 특성은 다음과 같다.

- 단일 컴퓨터 이상으로 스케일 아웃시킬 수 있는 구조여야 한다. 데이터 처리 프레임 워크나 클라우드 서비스는 메가바이트에서 테라바이트, 페타바이트에 이르는 데이터 규모를 효율적으로 처리할 수 있어야 한다.
- 배치 처리 모델과 실시간 스트리밍 모델 모두 지원해야 한다. 때로는 이를 위해 두 개의 다른 툴을 사용할 수도 있다.
- 파이썬Python, 자바Java, 스칼라Scala와 같이 널리 사용되는 프로그래밍 언어를 지원해 야 한다.
- SQL 인터페이스를 제공해야 하며, 이는 "있으면 좋은nice to have" 요구 조건이다. 애 드혹ad hoc 분석 시나리오에서 특히 분석 대부분을 SQL을 사용해 수행하기 때문이다. 프레임워크가 SQL을 지원하면 데이터 분석가, 데이터 과학자, 데이터 엔지니어의 생 산성이 크게 향상된다.

3.1.4 기술 메타데이터 계층(Technical metadata layer)

비즈니스 메타데이터가 아닌 기술 메타데이터에는 일반적으로 데이터 소스의 스키마 정보, 수집 상태 정보, 성공, 실패, 오류율 등과 같은 변환 파이프라인의 상태 정보, 행 개수와 같은 수집 데이터와 처리된 데이터에 관한 통계 정보, 데이터 변환 파이프에 대한 계보 정보가 있다. 그림 3.7과 같이, 메타데이터 계층은 데이터 플랫폼의 중심이며 메타데이터 저장소에 보관된다.

데이터 플랫폼 메타데이터 저장소는 다음 작업을 수행할 수 있어야 한다.

- 데이터 플랫폼 계층들의 처리 상태에 대한 정보를 저장한다.
- 각 계층에서 저장소의 메타데이터를 읽고, 추가, 변경할 수 있도록 인터페이스를 제공한다.

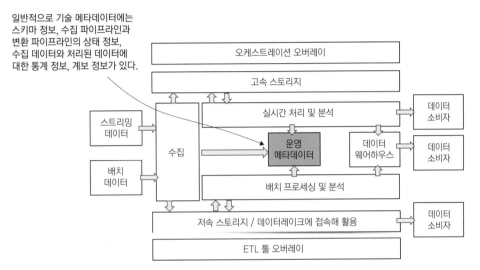

▲ **그림 3.7** 메타데이터 계층은 자동화, 모니터링, 경보(alert), 개발자 생산성에 필요한 데이터 플랫폼 계층들의 상태 정보를 저장한다.

이러한 기술 메타데이터는 자동화, 모니터링, 경보, 개발자 생산성 효율 면에서 매우 중요하다. 데이터 플랫폼은 여러 계층으로 구성된 형태로 설계돼 있다. 각 계층 간 직접 통신하지 않는 경우도 있기에 각 계층의 상태 정보를 저장할 수 있는 저장소가 있어야 한다. 이 개념을 활용하면 데이터 처리 계층이 수집 계층과 직접 통신하는 대신, 메타 데이터 계층을 통해 현재 어떤 데이터를 처리 가능한지 알 수 있게 된다. 이를 통해 계층 간 상호 의존성과 관련된 복잡성을 줄이면서 계층의 독립성을 높일 수 있다.

비즈니스 메타데이터도 기술 메타데이터와 함께 많은 사람에게 익숙한 주제다. 일반적으로 비즈니스 메타데이터는 데이터 카탈로그로도 표현되는데, 비즈니스 관점에서 데이터의 실제 의미에 대한 정보를 가진다. 예를 들면 특정 데이터 소스의 특정 컬럼이 의미하는 정보와 같은 것들이다. 비즈니스 메타데이터가 있으면 데이터 검색과 소통이 더욱 용이하기 때문에 전체 데이터 전략 수립과 실행에 중요한 구성 요소로 자리 잡고 있다. 여러 서드파티 솔루션에서 비즈니스 메타데이터 저장소와 데이터 카탈로그 기능을 제공하고 있기에, 데이터 플랫폼 설계 시 메타데이터 계층 플러그인 형태로 이들을 활용할 수 있다. 비즈니스 메타데이터 솔루션에 대한 상세한 내용은 이 책에서는 다루지 않는다.

데이터 플랫폼 메타데이터 저장소가 가져야 할 특성은 다음과 같다.

- **확장성**Scalable – 데이터 플랫폼 환경에서 수백 개(때로는 수천 개)의 개별 작업이 실행될 수 있다. 개별 작업에서 오는 요청에 빠르게 응답할 수 있도록 메타데이터 계층은 확장 가능해야 한다.

- **고가용성**High Available – 메타데이터 계층은 데이터 플랫폼 파이프라인에서 단일 장애 지점SPOF, Single point of failure이 될 가능성이 있다. 처리 계층은 메타데이터 계층으로 부터 처리할 데이터 정보를 가져와야 한다. 메타데이터 서비스가 응답하지 않으면 처리 파이프라인에 장애가 발생하거나 처리가 멈출 수 있다. 장애가 발생한 파이프라인과 관련된 다른 파이프라인들에도 장애가 연속적으로 발생할 수 있다.

- **확장 가능**Extendable – 메타데이터 계층에서 관리해야 할 메타데이터의 종류에 대한 정확한 규칙은 아직 없다. 뒷장에서 스키마와 파이프라인 통계 정보와 같은 가장 일반적인 메타데이터 항목을 다룰 것이다. 또한 메타데이터 계층에 비즈니스 관련 정보를 저장하려는 경우도 자주 있는데, 예를 들면 특정 컬럼의 데이터 값을 갖는 행의 수와 같은 정보들이다. 이러한 정보들을 저장하고자 메타데이터 계층을 사용하면 쉽다.

데이터 플랫폼에서 기술 메타데이터 관리 영역은 비교적 새로운 주제다. 여기에서 제시하는 메타데이터 작업 요구사항을 만족시킬 수 있는 솔루션은 거의 없다. 예를 들어, 컨플루언트 스키마 레지스트리Confluent Schema Registry4는 스키마 정보를 저장, 가져오기, 업데이트

---

4 Confluent (Confluent: Apache Kafka & Streaming Platform for the Enterprise)는 LinkedIn에서 Apache Kafka를 개발한 팀이 세운 회사다. Apache Kafka와 더불어 다양한 플랫폼들을 연결시켜 오픈소스로 공개했는데, 그중 Schema Registry도 포함하며, 이를 Confluent Schema Registry라고 부르고 있다. Confluent Schema Registry는 RESTful 인터페이스를 사용해 스키마(Schema)를 관리하거나 조회하는 기능을 제공하며, 데이터 생산자와 소비자는 Apache Avro(Welcome to Apache Avro!) 포맷의 메시지를 Kafka를 통해서 전달하고 받을 수 있도록 도와준다. – 옮긴이

를 할 수 있지만, 이외 다른 유형의 메타데이터는 저장할 수 없다. 아마존 글루$^{Amazon Glue}$와 같은 ETL 오버레이 서비스들도 메타데이터 계층 역할로 일부 활용할 수 있다. 이 장 뒷부분에서 이 툴들의 장단점에 대해 자세히 알아보겠다. 현재 상태에서 완벽한 기능을 갖춘 기술 메타데이터 계층을 구현하기 위해서는 다양한 툴과 서비스를 복합적으로 사용해야 할 가능성이 높다.

3.1.5 서비스 계층과 데이터 소비자

서비스 계층은 다양한 데이터 소비자에게 분석 결과물^{output}을 제공한다. 서비스 계층에서 수행하는 역할은 다음과 같다. 그림 3.8을 참고한다.

- 관계형 데이터 구조와 SQL 지원을 원하는 소비자에게는 데이터 웨어하우스를 통해 데이터 제공
- 스토리지로부터 데이터를 바로 액세스하려는 소비자에게는 데이터 웨어하우스를 거치지 않고 데이터 제공

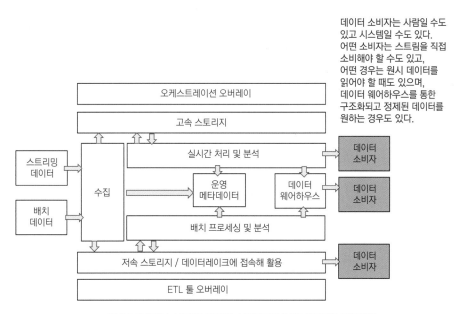

▲ **그림 3.8** 서비스 계층은 데이터 소비자에게 분석 결과물을 제공한다.

데이터 소비자 관점에서 볼 때, 클라우드 데이터 플랫폼이 데이터 웨어하우스의 대안으로 활용하기 어려운 이유를 1장과 2장에서 논의했다. 관계형 데이터 구조와 SQL 지원을 원하는 데이터 소비자들은 계속 데이터 웨어하우스를 활용하고자 한다. 기존의 다양한 대시보드와 비즈니스 인텔리전스 애플리케이션이 이러한 유형의 데이터 소비자고, SQL에 익숙한 데이터 분석가나 파워 비즈니스 사용자도 포함된다. 그림 3.9에서 데이터 웨어하우스가 이러한 데이터 소비자들의 액세스 지점인 이유를 설명한다.

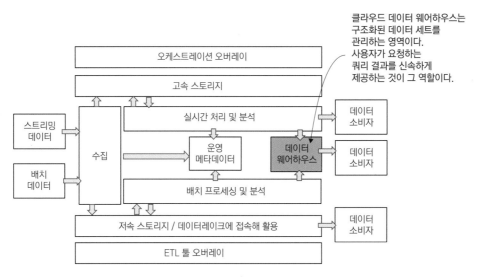

▲ **그림 3.9** 데이터 웨어하우스도 서비스 계층의 한 영역이다.

서비스 계층에는 거의 항상 데이터 웨어하우스를 포함하며, 서비스 계층이 가져야 할 특성은 다음과 같다.

- **확장성과 신뢰성**Scalable and reliable – 데이터 세트가 크든, 작든 클라우드 데이터 웨어하우스는 효율적으로 동작해야 하며, 단일 컴퓨터 이상으로 스케일 아웃시킬 수 있는 구조여야 한다. 또한 불가피한 장애 상황에서도 데이터를 계속 제공할 수 있어야 한다.

- NoOps – 클라우드 웨어하우스는 튜닝tuning 작업과 운영 유지보수 작업이 최대한 적어야 한다.

- **탄력적 비용 모델**Elastic cost model – 클라우드 웨어하우스는 부하의 크기에 따라 자동으로 스케일 업과 스케일 다운돼야 하며, 아주 강하게 요구되는 부분이다. 기존 BI 워크로드 부하 관점에서 보면, 데이터 웨어하우스는 주로 주중business day에만 사용되므로 업무 외 시간에는 워크로드 부하가 상대적으로 적다. 클라우드 비용 모델은 이러한 워크로드 부하 패턴을 반영할 수 있어야 한다.

최근 데이터 아키텍처 상황에서는, 관계형 데이터 구조와 SQL을 사용하기 원하는 데이터 소비자들이 항상 있다고 봐야 한다. 그럼에도 데이터 액세스를 위한 다른 언어들의 사용 빈도도 늘어나고 있다.

일부 데이터 소비자는 그림 3.10과 같이 데이터 레이크의 데이터에 직접 액세스해야 한다.

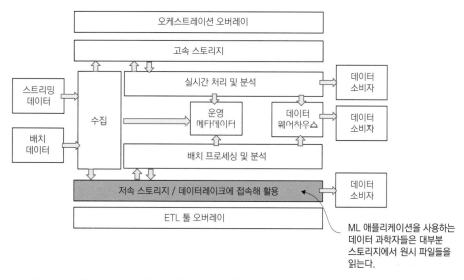

▲ **그림 3.10** 데이터 소비자는 데이터 레이크를 직접 액세스해서 처리되지 않은 원시 데이터를 활용할 수 있다.

일반적으로 데이터 과학, 데이터 탐색, 실험용 유스케이스experimentation use case가 이 범주에 속한다. 데이터 레이크의 데이터에 직접 액세스하면 처리되지 않은 원시 데이터를 활용할 수 있다. 또한 데이터 웨어하우스에 줄 수 있는 성능 영향도를 최소화하고자 실험용 워크로드를 데이터 웨어하우스 밖으로 이동시키기도 한다. 예를 들면 데이터 웨어하우스를 통해 중요한 비즈니스 보고서와 대시보드를 제공 중인 상황인데, 데이터 과학자가 과거 10년간의 데이터를 한꺼번에 읽는다면 데이터 웨어하우스가 갑자기 느려질 수 있다. 데이터 레이크의 데이터를 직접 액세스하는 방법은 다양하다. 일부 클라우드 공급 업체는 클라우드 스토리지의 파일에서 직접 쿼리를 실행할 수 있는 SQL 엔진을 제공한다. 스파크Spark SQL을 사용해도 동일한 목적을 달성할 수 있다. 데이터 과학 워크로드의 경우, 필요한 파일을 데이터 플랫폼에서 노트북notebook이나 데이터 과학 전용 VM과 같은 실험 환경으로 복사하는 경우도 많다.

> | **참고** | 데이터 웨어하우스 없이 데이터 플랫폼을 구축할 수는 있지만, 대부분의 기업에는 데이터 웨어하우스에 직접 액세스하려는 비즈니스 사용자가 있을 수 있다. 이러한 비즈니스 사용자에게는 직접 데이터 레이크에 액세스하도록 하기보단 데이터 웨어하우스를 통해 최상의 서비스를 제공할 수 있다. 따라서 데이터 소비자 관점에서 볼 때, 데이터 플랫폼은 적어도 데이터 웨어하우스로 데이터를 보낸다고 기본적으로 가정하고 있다.

데이터 소비자가 항상 사람은 아니다(그림 3.11 참조). 실시간 분석 결과는 한 번에 하나의 메시지 형태로 수신되는 데이터를 바로 처리해서 얻는 결과를 말한다. 이 실시간 분석 결과의 소비자가 사람인 경우는 거의 없다. 매초마다 변경되는 대시보드의 메트릭 정보metrics를 보면서 하루를 보내는 사람도 없다. 실시간 분석 파이프라인의 소비자의 예를 들면, 웹 쇼핑몰 사용자가 쇼핑하는 동안 해당 사용자에게 추천할 항목을 결정하는 전자 상거래 추천 시스템이나, 광고 관련성과 광고 비용의 균형이 밀리초 단위로 변하는 광고 입찰 시스템과 같은 애플리케이션이나 마케팅 활성화 시스템과 같은 것들이다.

이러한 애플리케이션 데이터 소비자는 실시간으로 데이터레이크의 데이터를 사용하기 위해 전용 API를 필요로 하며, 실시간 데이터 처리 엔진에서 제공하는 내장 API를 주로 사용한다. 또 다른 방법으로 여러 다양한 애플리케이션 소비자들을 위해 별도의 API 계층을 구축하기도 하는데, 이렇게 하면 동일한 API 인터페이스로 실시간 데이터에 액세스할 수 있다. API 계층 방식은 여러 애플리케이션 데이터 소비자가 있는 경우 확장성이 향상되지만 구현 및 유지 관리에 훨씬 더 많은 엔지니어링 노력이 필요하다.

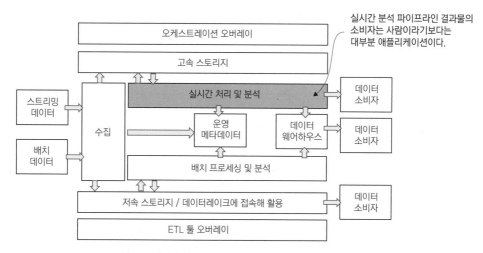

실시간 분석 파이프라인 결과물의
소비자는 사람이라기보다는
대부분 애플리케이션이다.

▲ **그림 3.11** 실시간 데이터의 소비자는 사람이 아니라, 애플리케이션이다.

연습문제 3.3

데이터 플랫폼에서 다양한 데이터에 액세스 방법을 제공해야 하는 이유는 무엇인가?

1 다양한 수요와 요구사항을 가진 소비자를 지원하기 위해
2 데이터 처리량을 극대화하기 위해
3 운영 중단 시 대체 작동(fail-over)할 수 있는 방법을 제공하기 위해
4 데이터 품질 개선을 위해

3.1.6 오케스트레이션 오버레이와 ETL 오버레이 계층

클라우드 데이터 플랫폼 아키텍처에서 특별하게 고려해야 하는 두 가지 구성 요소가 있다. 각 구성 요소는 약간 다른 접근법을 필요로 한다. 오케스트레이션 오버레이Orchestration overlay 계층과 ETL 오버레이 계층이며, 그림 3.12에 강조해서 표현했다. 이 계층들이 특히 중요한 이유는 많은 클라우드 데이터 플랫폼 사례에서 볼 때, 이 계층에서 담당해야 하는 역할들을 여러 다양한 툴들로 나누고 있기 때문이다.

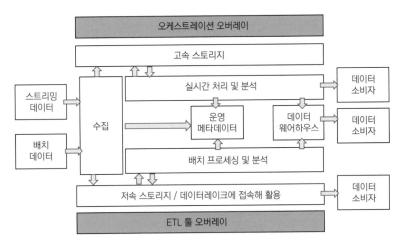

▲ **그림 3.12** 오케스트레이션 오버레이 계층과 ETL 오버레이 계층의 책무가 다양한 툴에 따라 분산돼 있다.

오케스트레이션 계층

클라우드 데이터 플랫폼 아키텍처에서 오케스트레이션 계층ORCHESTRATION LAYER(그림 3.13 참조)은 다음 작업을 수행할 수 있어야 한다.

- 상호 의존성dependency 그래프를 기반으로 여러 데이터 처리 작업을 조정할 수 있어야 한다. 예를 들면 각 작업에서 필요한 데이터 소스들, 각 작업 간 선후 관계 여부 등 데이터 처리 작업들의 의존 관계를 목록화한다.
- 작업 실패와 재시도 관리를 할 수 있어야 한다.

지금까지 살펴본 바와 같이, 클라우드 데이터 플랫폼 아키텍처의 계층 구조는 메타데이터 계층을 통해 서로 통신하는 방식을 취하기 때문에 느슨한 결합loosely coupled 형태다. 이 설계에서 누락된 부분은 작업이 여러 계층에 걸쳐 진행해야 할 때, 이를 조율할 수 있는 컴포넌트다. 메타데이터 계층은 데이터 파이프라인에 대한 다양한 상태 정보와 통계 정보를 관리하기 위한 저장소로 볼 수 있는 반면, 오케스트레이션 계층은 작업 목적에 맞춰진 컴포넌트다. 다양한 상호의존성 패턴을 고려해 데이터 흐름을 정교하게 구성할 수 있게 해 주는 것이 오케스트레이션 계층의 주요 기능이다.

다음과 같은 시나리오를 예로 들어보자. 온, 오프라인 몰에서 상품을 판매하는 소매업체가 있다. 온라인 몰에서 가장 많이 팔리는 제품과 오프라인 몰에서 가장 많이 팔리는 제품을 비교하고자 한다. 이를 위해서는 먼저 ERP^Enterprise Resource Planning 시스템에서 제품 정보 데이터를 가져와야 한다. 오프라인 몰 판매 실적은 POS^Point-Of-Sales 공급자에서 정기적으로 제공받고 있고, 온라인 몰 판매는 클릭 스트림^clickstream 5 데이터로부터 실시간 계산된다.

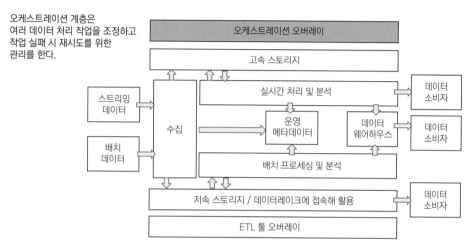

오케스트레이션 계층은 여러 데이터 처리 작업을 조정하고 작업 실패 시 재시도를 위한 관리를 한다.

▲ **그림 3.13** 다양한 상호의존성 패턴을 고려해서 데이터 흐름을 정교하게 구성할 수 있게 해주는 것이 오케스트레이션 계층의 주요 기능이다.

최상위 판매자 비교 보고서를 생성하려면 두 가지 데이터 변환 작업을 해야 한다. 첫 번째 작업(작업 1)에서 제품 정보와 POS 판매 데이터를 결합하고, 두 번째 작업(작업 2) 시 클릭 스트림 데이터와 첫 번째 작업 결과를 결합한 후, 비교 데이터 세트를 생성해야 한다(그림 3.14).

---

5 클릭 스트림이란, '사용자가 웹 브라우저상에서 마우스를 클릭해 이뤄지는 행동에 대한 기록'을 의미한다. 웹 데이터 분석의 기초다. – 옮긴이

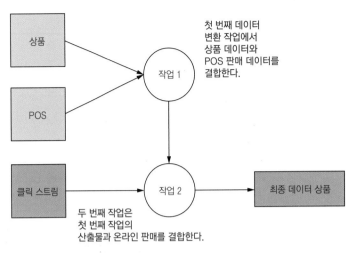

첫 번째 데이터 변환 작업에서 상품 데이터와 POS 판매 데이터를 결합한다.

두 번째 작업은 첫 번째 작업의 산출물과 온라인 판매를 결합한다.

▲ **그림 3.14** 작업과 데이터 의존성 그래프 예시

이 사례에서 볼 수 있듯이 작업 1과 작업 2는 서로 독립적으로 실행될 수 없다. ERP, POS, 클릭 스트림 등 각 데이터 소스에서 데이터를 받는 시간 주기는 모두 다르다. 예를 들어 POS에서 데이터와 상품 데이터는 하루에 한 번만 수신받을 수 있으나, 클릭 스트림은 실시간 데이터 소스다. 두 개의 데이터 변환 작업(작업 1과 작업 2)을 할 때 각 데이터 소스의 수신 주기로 인한 데이터의 특성을 간과하면, 최종 결과가 잘못되거나 불완전하게 될 수 있다.

이 문제를 해결하기 위한 몇 가지 방법이 있다. 하나는 작업 1과 작업 2를 하나의 작업으로 결합하고, 세 가지 데이터 소스 모두에서 최신 데이터를 수집할 수 있는 상태일 때만 실행되도록 스케줄하는 것이다(이 작업에 메타데이터 계층을 사용할 수 있다!). 이 방법은 간단해 보이기는 하지만, 만약 이 작업에 몇 가지 단계를 더 추가해야 하는 경우에는 어떻게 해야 할까? 만약 작업 2가 여러 다른 작업 간에 공유돼야 하는 공통 작업이라면? 데이터 파이프라인이 복잡해질수록, 모노리틱 방식으로 데이터 처리 작업을 개발하고 유지관리하는 것은 점차 더 어려워질 것이다. 작업들을 결합시킬수록 모노리틱 설계가 갖는 단점은 늘어난다. 특정 구성 요소를 변경하기도 어려워지고, 테스트하기도 쉽지 않을 수 있고, 여러 팀이 협업하기 난해해질 수 있다.

이에 대한 대안alternative approach으로는 외부 오케스트레이션 메커니즘을 사용해 작업들을 코디네이션하는 것이다(그림 3.15).

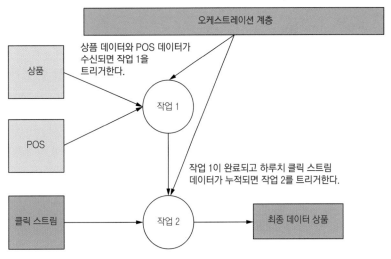

▲ **그림 3.15** 오케스트레이션 계층은 각 작업들의 독립성을 유지하는 상태에서 작업들을 코디네이션한다.

그림 3.15에 표시된 오케스트레이션 계층은 여러 작업을 조율하는 역할을 한다. 예를 들어 외부 데이터 소스로부터 필요한 입력 데이터가 들어오면 작업 1을 시작하거나, 작업 1을 마치면 작업 2를 시작할 수 있다는 조건과 같이 업스트림 의존성에 맞춰서 작업의 흐름을 관리한다. 여기서 모든 작업은 서로 독립적으로 실행된다. 각각의 작업이 독립적이면 다른 작업에 영향을 주지 않으면서 개발, 테스트, 변경할 수 있다. 이때 오케스트레이션 계층은 상호 의존성 그래프^{dependency graph}를 유지관리하는 역할을 하는데, 예를 들면 각 작업에 필요한 소스가 무엇인지, 어떤 작업들과 의존성이 있는지와 같은 내용들이다. 의존성 그래프는 데이터의 논리적 흐름이 변경될 때에만 변경해야 한다. 예를 들면 새로운 처리 단계가 추가되거나 하는 경우에는 의존성 그래프를 변경해야 하지만, 특정 단계 구축의 상세 내용이 바뀔 경우에는 변경할 필요는 없다.

대규모 데이터 플랫폼을 구축하는 경우 의존성 그래프에는 수백에서 수천 개의 의존성이 포함돼 있을 수 있다. 이 같은 시스템을 구축할 때는 대체적으로 여러 팀이 참여해서 데이터 처리 파이프라인을 개발하고 유지 관리하게 된다. 작업들을 논리적으로 분리하고 의존성 그래프를 활용하면 전체 데이터 플랫폼에 주는 영향을 최소화할 수 있으므로 각 팀들이 맡은 영역의 변경 작업이 더 용이해진다.

오케스트레이션 계층이 가져야 할 특성은 다음과 같다.

- **확장성**Scalability – 작업의 수가 한 자리 수에서 수천 개 이상으로 늘어날 때 수용할 수 있어야 하고, 이에 따른 복잡한 의존성 그래프를 효율적으로 처리할 수 있어야 한다.
- **고가용성**High Availability – 오케스트레이션 계층이 중단되거나 응답이 없을 경우, 데이터 처리 작업도 멈출 수 있기 때문에 고가용성 설계가 필요하다.
- **유지보수성**Maintainability – 설명하기 쉽고 유지 관리가 용이한 의존성 그래프가 있어야 한다.
- **투명성**Transparency – 작업 상태, 실행 이력, 기타 모니터링 메트릭에 대한 가시성이 제공돼야 한다. 이는 모니터링과 디버깅 측면에서 중요하다.

현재 오케스트레이션 계층으로 사용할 수 있는 솔루션들이 몇 가지 있다. 가장 인기 있는 것 중 하나는 아파치 에어플로우Apache Airflow로, 오픈 소스 형태의 작업 스케줄러와 오케스트레이션 메커니즘을 갖고 있다. 에어플로우는 여기서 설명한 특성을 대부분 충족하며, 구글 클라우드 플랫폼에서는 클라우드 컴포저Cloud Composer라는 서비스 형태로 제공하고 있다. 아즈카반Azkaban과 우지Oozie와 같은 툴들도 같은 용도로 사용할 수 있지만, 두 가지 툴 모두 하둡Hadoop용 작업 오케스트레이션 툴로 특별히 개발된 것이기에 유연성을 요구하는 클라우드 환경에는 적합하지 않다.

네이티브 클라우드 서비스에 대해서는 클라우드 공급 업체마다 오케스트레이션 문제에 대한 접근 방식이 다르다. 구글은 에어플로우 기반의 관리형 서비스Managed Service를 제공함으로써 오케스트레이션 계층 운영 관리를 간소화할 수 있게 해준다. 아마존과 마이크로소프트는 오케스트레이션 기능이 포함된 ETL 툴 오버레이 제품을 제공한다.

ETL 툴 오버레이

그림 3.16에 강조 표시된 ETL 툴 오버레이는 클라우드 데이터 파이프라인을 더욱 쉽게 구현하고 유지 관리하도록 하는 제품, 혹은 제품들의 모음suite of products이다. 이 제품을 활용해 다양한 데이터 플랫폼 아키텍처 계층들의 역할 기능 중 일부를 구현할 수 있으며, 특정 솔루션을 개발하고 관리할 수 있는 메커니즘도 제공한다. 일반적으로 이러한 툴은 사용자 인터페

이스를 갖추고 있으며, 데이터 파이프라인을 최소한의 코딩, 혹은 노코드^{no code} 방식 개발이 가능하다.

ETL 오버레이 툴이 수행하는 역할은 일반적으로 다음과 같다.

- 다양한 소스에서 들어오는 데이터 수집을 추가하고 구성(수집 계층)
- 데이터 처리 파이프라인 생성(처리 계층)
- 파이프라인에 대한 메타데이터 저장(메타데이터 계층)
- 다양한 작업 조율(오케스트레이션 계층)

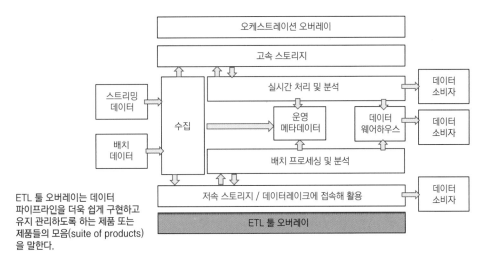

ETL 툴 오버레이는 데이터 파이프라인을 더욱 쉽게 구현하고 유지 관리하도록 하는 제품 또는 제품들의 모음(suite of products)을 말한다.

▲ **그림 3.16** ETL 툴 오버레이를 사용해 클라우드 데이터 플랫폼 아키텍처의 여러 계층에서 필요로 하는 기능들을 구현할 수 있다.

그림 3.16에서 알 수 있듯, ETL 오버레이 툴은 클라우드 데이터 플랫폼 아키텍처의 거의 모든 계층에 활용할 수 있다.

그렇다면 데이터 플랫폼을 구축할 때 단일 툴을 사용할 수 있다는 말인가? 각 계층별 구축 및 운영 관리를 고민하지 않아도 된다는 의미인가? 이때 답은 "경우에 따라 그럴 수 있다"다. 중요한 것은 클라우드 공급 업체나 서드파티 솔루션업체의 ETL 오버레이 서비스를 전적으로 의존해서 구축하고자 할 때 체크해야 할 질문이다. "이 서비스를 얼마나 쉽게 확장할 수 있는가?", "데이터 수집을 위한 신규 컴포넌트를 추가할 수 있는가? 데이터 처리를 수행하기 위해 ETL 서비스 기능만 사용해야 하는가? 아니면 외부 데이터 처리 컴포넌트도 호출할 수 있는가?", "이 ETL 서비스에 서드파티 서비스나 오픈 소스 툴을 통합할 수 있는가?"와 같은 질문을 통해 툴의 확장성을 확인해야 한다.

이 질문들이 중요한 이유는 어떤 시스템도 정적이지 않기 때문이다. ETL 서비스를 사용하는 것이 시작을 위한 좋은 방법이며 시간/비용 절감 효과도 크다. 데이터 플랫폼의 활용이 늘어남에 따라 ETL 서비스나 툴만 활용해서는 필요한 기능을 쉽게 구현할 수 없는 상황에 놓이게 될 수도 있다. 만약 ETL 서비스에 기능 추가와 같은 확장이 불가능하고, 다른 솔루션과도 통합할 수 있는 방법이 제공되지 않을 경우, 선택할 수 있는 방법은 ETL 계층을 배제한 별도 방식을 추가 구축하는 것이다.

필자들의 경험에서 비춰볼 때, 이렇게 별도의 방식들을 추가하게 되면 언젠가는 초기 솔루션 자체만큼 복잡해질 것이고, 결국 흔히 말하는 "스파게티 아키텍처"로 귀결될 것이다. 우리가 자주 먹는 음식을 이러한 상황을 설명하는 데 비유하기 좀 그렇지만, 스파게티 아키텍처는 시스템의 여러 컴포넌트가 점점 더 서로 엉켜져 유지관리하기가 더 어려워지게 되는 결과다. 스파게티 아키텍처에서 별도 방식을 추가하는 이유는 전반적인 설계와 잘 맞아떨어지기보다는, ETL 서비스의 한계를 보완해야 하기 때문이다.

ETL 툴 오버레이가 가져야 할 특성은 다음과 같다.

- **확장성**Extensibility – 시스템에 사용자 컴포넌트를 추가할 수 있어야 한다.
- **통합**Integrations – 작업 중 일부는 외부 시스템으로 위임할 수 있어야 한다. 예를 들어, ETL 서비스 내에서 하나의 블랙박스 엔진만을 사용해 모든 데이터 처리를 수행하는 경우, 이 엔진의 한계점이나 특성을 판단할 수 없다.
- **자동화 성숙도**Automation maturity – ETL 솔루션 중에는 코딩이 전혀 필요 없고, 좋은 UI 기반 환경만을 제공하는 것들이 있다. 프로토타이핑 신속성 측면에는 이러한 솔루션이 매우 유용하지만, 프로덕션 구축을 고려할 때는 이 툴이 지속적인 통합Continuous Integration/지속적인 제공Continuous Delivery 방식에 어떻게 부합할지를 고려해야 한다. 예를 들어 운영 환경에 실제 적용하고자 할 때, 파이프라인 변경 사항을 테스트하고 검증하는 절차를 자동화하는 방법은? 만약 ETL 툴에서 API나 설정 변경을 위한 언어language가 제공되지 않을 경우, 자동화 방법을 찾기 매우 어려워진다.

- **클라우드 아키텍처 적합성**Cloud architecture fit – ETL 툴 시장은 성숙도가 높다. 하지만 이들 툴 중에는(오픈 소스, 상용 툴을 포함해서) 온 프레미스on-premise용 솔루션 형태로, 모노리틱 데이터 웨어하우스 시대 형태로 제공되는 것들도 많다. 이들 모두 어떤 형태로든 클라우드 통합 방안을 제공한다. 그럼에도 어떤 특정 솔루션을 활용했을 때 클라우드 기능을 최대한 활용할 수 있는지 신중하게 평가해야 한다. 예를 들어 기존 ETL 툴 중 일부는 데이터를 처리하는 데 웨어하우스용 SQL만 사용해야 하는 경우도 있고, 어떤 툴들은 자체 프로세싱 엔진을 제공하기는 하지만 스파크Spark나 빔Beam보다 확장성이나 내구성이 떨어지는 경우도 있다.

ETL 오버레이 솔루션의 종류는 다양하다. 이 장 후반부에서 클라우드 서비스 AWS 글루AWS Glue, 애저 데이터 팩토리Azure Data Factory, 구글 클라우드 데이터 퓨전Google Cloud Data Fusion에 대해 살펴본다.

클라우드 공급 업체 서비스 외의 서드파티 ETL 솔루션들도 많다. 탈렌드Talend는 오늘날 가장 널리 사용되고 있는 솔루션 중 하나다. 탈렌드의 라이선스는 "오픈 코어open core" 모델인데, 이는 탈렌드의 핵심 기능이 오픈 소스며, 개발과 프로토타이핑을 할 경우에는 무료로 사용할 수 있다는 의미다. 프로덕션 워크로드에 탈렌드를 사용하려면 상업용 라이선스가 필요하다. 인포매티카Informatica는 대기업에서 널리 사용되는 ETL 툴 중 하니다. 이 책에시는 클라우드 네이티브 ETL 오버레이 솔루션과 무료 오픈 소스 구성 요소를 중점적으로 다룬다. 상용 제품이나 오픈 코어 ETL 제품은 본 문서에서 다루지 않는다. 관련 주제에 대해서는 활용할 수 있는 많은 문서들이 나와 있다.

연습문제 3.4

데이터 플랫폼 아키텍처에서 오케스트레이션 계층의 역할은 무엇인가?

1. 사용자가 데이터를 쉽게 찾을 수 있도록 하기 위해
2. 다양한 데이터 플랫폼 컴포넌트의 성능 최적화를 위해
3. 서로 다른 데이터를 처리하는 작업 간의 의존성 관리를 위해
4. 신규 데이터 처리 작업이 가능한 UI를 제공하기 위해

3.2 데이터 플랫폼 아키텍처에서 계층의 중요성

클라우드 데이터 플랫폼 아키텍처에서 사용되는 주요 개념 모델 중 하나는 "계층"이라는 아이디어다. 아키텍처 관점에서 볼 때 각 계층마다 계층이 갖는 특정한 역할을 정의하고, 계층 간에는 최대한 서로 분리시키는 것이 좋다.

그림 3.17에서 데이터 아키텍처와 그 계층을 다시 살펴보겠다.

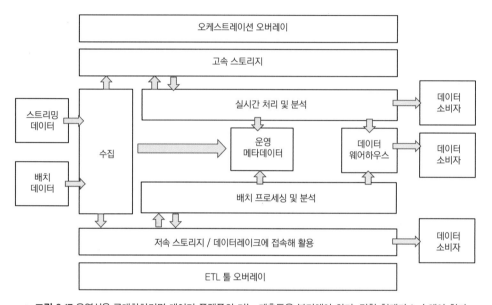

▲ **그림 3.17** 유연성을 극대화하려면 데이터 플랫폼의 기능 계층들을 분리해야 하며, 결합 형태가 느슨해야 한다.

그림 3.17에서 볼 수 있듯 계층 간에 명확한 구분이 있다. 수집 계층과 처리 계층의 경우, 수집과 처리 절차를 통합하는 방식으로 단일 서비스나 단일 툴 혹은 하나의 애플리케이션으로 구현할 수는 있지만, 향후 발생할 문제점들을 고려했을 때 이는 최선의 결정은 아니다.

예를 들어, 아파치 스파크^{Apache Spark}는 데이터 처리와 데이터 수집에 모두 사용할 수 있다. 왜냐하면 스파크는 처리 능력이 뛰어나지만 관계형 데이터베이스 등의 외부 시스템에 대한 커넥터 세트도 함께 제공되기 때문이다. 스파크를 사용해 수집 및 처리 작업을 모두 수행함으로써 기능적으로 서로 다른 두 계층이 하나로 결합된다. 만약 이 방식을 선택하려고 할 때, 고려해야 할 몇 가지 사항은 다음과 같다.

- 스파크를 활용할 경우, 최상의 데이터 수집과 데이터 처리 기능을 구현할 수 있는가? 그렇다, 스파크를 데이터 수집에 활용 가능하지만 기능적으로 볼 때 최상의 솔루션일까? 특정 데이터 소스로부터 데이터를 가져와야 하는데, 스파크에서 커넥터가 제공되지 않는 경우 확장하기가 쉬운가?
- 대규모 조직에서는 데이터 수집과 데이터 처리 역할이 팀별로, 혹은 담당자별로 나눠지기도 한다. 실제로 데이터 수집 프로세스는 대체로 중앙 집중화된 형태로 관리되며, 데이터 변환 영역은 셀프 서비스 형태로 관리되는 경우가 많다. 이 경우 데이터 소비자들은 필요한 데이터를 원하는 형태로 구성할 수 있다. 수집과 처리를 통합 구축하면 이러한 유연성은 놓치게 된다.
- 사용자의 요구에 더 부합하기 위해, 아파치 스파크를 다른 데이터 처리 솔루션으로 대체하려는 경우는 어떠한가? 수집과 처리가 통합돼 있으면, 이 두 영역을 동시에 다시 구현해야 한다. 서로 분리돼 있는 경우에는 수집은 기존 방식대로 진행하면서 처리 기능은 다른 툴로 점진적으로 대체할 수 있다.

이러한 개별 기능의 계층 개념을 소프트웨어 개발 용어로 바꿔 설명한다면, 데이터 플랫폼의 기능 계층이 느슨하게 결합돼야loosely coupled 한다고 말할 수 있다. 즉, 개별 계층은 잘 정의된 인터페이스를 통해 통신해야 하지만 다른 계층의 내부 영역과 의존성이 있어서는 안 된다. 이 원칙을 준수해서 구축을 진행할 경우, 구축에 필요한 클라우드 서비스나 툴의 선택 폭이 대폭 늘어나므로 유연성이 향상된다.

클라우드 구축이 어려운 이유는 지속적인 변화 때문이다. 클라우드 공급 업체에서는 계속 새로운 서비스를 출시하고 있으며, 오픈 소스 커뮤니티에서도 신규 프로젝트들이 여기저기서 나오고 있다. 데이터 플랫폼 아키텍처를 느슨하게 결합된 계층 기반으로 구축하면 전체 데이터 플랫폼 구조에 미치는 영향을 최소화하면서 이러한 변화에 대응할 수 있다.

3.3 클라우드 데이터 플랫폼 계층에 활용할 수 있는 툴 매핑

데이터 플랫폼 설계 단계에서 활용할 서비스와 툴을 선정할 때, PaaSPlatform as a Service에서 서버리스serverless, 오픈 소스, SaaSSoftware as a Service에 이르기까지 다양한 옵션을 찾아볼 수 있다.

다음 몇 절에서는 데이터 플랫폼의 각 계층을 AWS, 구글 클라우드^{Google Cloud}, 애저^{Azure}의 주요 클라우드 환경에서 제공 중인 서비스와 툴과 매핑할 것이다. 각 계층별로 활용할 수 있는 여러 가지 옵션들이 있다. 모든 것을 해결할 수 있는 단일 솔루션은 없으며, 구축을 위한 구체적인 내용은 조직의 기술력, 예산, 일정, 분석 요구사항과 같은 요인에 따라 달라진다.

구체적인 구축 세부 사항에 대한 논의는 다음과 같은 순서로 진행한다.

1. AWS, 구글, 마이크로소프트가 갖고 있는 클라우드 네이티브 플랫폼 서비스^{Platform as a Service}

2. 서버리스^{serverless} 솔루션

3. 오픈 소스 솔루션

4. 상업용 서드파티 SaaS 서비스

각 선택 옵션 간에는 트레이드 오프^{trade-off}가 있다. 예를 들면 통제, 유연성, 지원 공수, 클라우드와 온프레미스^{on-premise} 플랫폼 간 이식성^{portability}과 같은 영역에서의 트레이드 오프다. 그림 3.18에 각 옵션별 트레이드 오프를 연속 관점에서 표현했다. 먼저 클라우드 공급 업체가 제공하는 각 데이터 플랫폼 계층에 대한 완전 관리^{fully managed} 솔루션부터 살펴보겠다. 솔루션 유형별로 장단점이 있지만, PaaS 솔루션은 일상적인 운영 관리 작업에 시간을 할애하지 않아도 되는 환경을 제공한다. 예를 들면 서버 관리, 서로 다른 라이브러리 버전들이 실제로 함께 잘 작동하도록 유지보수하지 않아도 된다. 또한 이러한 솔루션들은 외부 시스템과의 연결 관리, 수집 데이터 추적 관리 등 시간이 많이 걸리는 작업들이 자동화돼 있기에 팀이나 데이터 플랫폼 프로젝트 담당자의 생산성을 크게 향상시킬 수 있다. 또한 PaaS 솔루션은 클라우드 공급 업체에서 투자를 많이 하는 영역이기 때문에 신규 기능과 개선 내용들이 계속 출시된다. 반면 확장성 관점에서 보면 PaaS 솔루션의 제약이 제일 많다. 자체 개발한 모듈이나 라이브러리 반영, 신규 커넥터 추가 등의 작업이 상당히 어렵거나 완전히 불가능한 경우도 많다.

다음으로 검토할 것은 서버리스 솔루션이 있다. 간단히 말해, 클라우드 서버리스 솔루션을 사용하면 자체 서버를 관리하거나 확장성과 내결함성^{fault-tolerance}을 걱정할 필요 없이 맞춤형 애플리케이션 코드를 실행할 수 있다. 이러한 솔루션은 관리형 클라우드 환경의 모든

이점을 제공하면서도 코드를 직접 작성할 수 있기에 유연성이 더 높다. 오늘날 클라우드 공급 업체에서 다양한 서버리스 서비스를 제공하고 있으며 일반적으로 데이터 처리 서비스, 경량 클라우드 기능을 짧게 간단히 구현하는 방식으로 활용되고 있다.

▲ **그림 3.18** 데이터 플랫폼 구현 컴포넌트 옵션 간 트레이드 오프(trade-offs)

데이터 플랫폼 계층 구축에 사용할 수 있는 오픈 소스 솔루션도 살펴보자. 이러한 솔루션들은 대체적으로 클라우드 공급 업체 간의 이동성과 같이 유연성이 매우 뛰어나기는 하지만, 대개 자체 클라우드 인프라를 프로비저닝하고 관리하는 데 활용되고 있다. 이 옵션은 오픈 소스 솔루션을 활용했을 때의 이점이 VM의 프로비저닝, 모니터링, 유지 보수하는 데 들어가는 지원 작업(공수)보다 클 경우라면 선택할 수 있는 좋은 후보다. 클라우드에서는 여러 작업들을 자동화해서 일급 객체the first-class citizen로 만들어가고 있기에, 소규모 엔지니어 팀이 오픈 소스 솔루션을 사용하면 상당한 수준의 인프라 안정성을 확보할 수 있다.

상용 SaaS나 서드파티 SaaS 제품과 관련해서는 시장 점유율이 높은 제품만 간략하게 언급하겠다. 데이터 관리와 ETL 툴은 수십 개의 제품들이 시장에 나와 있으며, 이 업계 환경은 매우 빠르게 변화하고 있다. PaaS 서비스에서 필요 기능이 없고 오픈 소스에도 필요 기능이 다양하지 않은 상황이라면 상용 SaaS 솔루션을 사용하는 것이 좋다. 만약 기업 내에서 이미 특정 제품에 많은 투자를 했다면, 기존 제품을 사용하는 팀들이 있으며, 또한 기존의 투자를 보호해야 할 경우에도 좋은 옵션이다.

현실적으로 클라우드 데이터 플랫폼을 구축할 때에는 여러 솔루션들을 혼합해서 맞추는 과정을 거쳐야 하는 경우가 많다. 그렇기에 느슨하게 결합된 계층형 아키텍처layered architecture가 매우 중요하다. 다음 절에서는 AWS, 구글 클라우드, 애저에서 제공하는 툴들을 설명하고 각 절에서 설명했던 각 계층별 요구 특성들을 기반으로 솔루션들을 평가한다.

> | **참고** | 오늘날 기업에서는 다양한 클라우드 공급 업체의 컴포넌트를 활용할 수 있는 멀티 클라우드
> 솔루션에 대한 관심이 높아지고 있다. 공급 업체 종속 위험을 줄이기 위해 이러한 조치를 취하는 경우
> 도 있지만, 동급 최고의 제품을 각 공급 업체중에서 선택하려는 시도이기도 하다. 예를 들어, 대부분의
> 분석은 AWS에서 수행하지만 머신러닝 유스케이스는 구글 클라우드에서 구축하기로 결정한 사례들도
> 있다. 클라우드 데이터 플랫폼을 계층 방식으로 설계하면 동일한 클라우드 공급 업체 내의 제품과 서
> 비스도 혼합해서 맞출 수 있을 뿐 아니라 멀티 클라우드 솔루션으로도 구축이 가능하다.

3.3.1 AWS

AWS는 새로운 퍼블릭 클라우드 시장에서 가장 오래된 업체이며 완전 관리형fully managed 서
비스 플랫폼Platform as a Service, IaaSInfrastructure as a Service 영역 모두에서 다양한 제품을 제공
하고 있다. 이 절에서는 그림 3.19와 같이 다양한 데이터 플랫폼 계층을 구현하는 데 사용할
수 있는 특정 AWS 구성 컴포넌트에 대해 살펴본다.

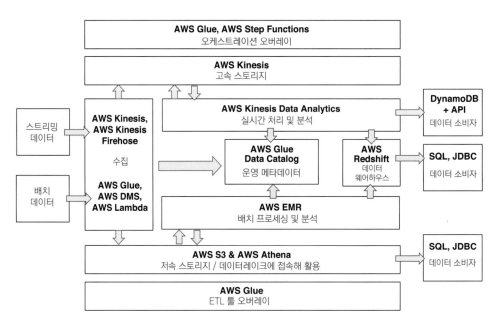

▲ **그림 3.19** 클라우드 데이터 플랫폼을 위한 AWS 서비스들

배치 데이터 수집

AWS에는 두 가지 종류의 완전 관리형 서비스를 배치 데이터 수집용 툴로 활용할 수 있다. 데이터 수집 메커니즘 구축을 위해서 사용할 수 있는 첫 번째 서비스는 AWS 글루Glue다. 현재 글루Glue는 AWS S3 스토리지에 있는 파일을 수집하는 방식과, 데이터베이스로부터 JDBC를 활용해서 가져오는 방식을 제공한다. 외부 API나 NoSQL 데이터베이스는 지원되지 않는다.

배치 데이터 수집Batch Data Ingestion을 위한 두 번째 툴은 AWS 데이터베이스 마이그레이션 서비스DMS다. 이 서비스를 이용하면 이력 데이터 마이그레이션과 무중단 데이터 마이그레이션을 온프레미스 관계형 데이터베이스에서 AWS 데스티네이션 영역으로 수행할 수 있다. 이 서비스는 운영 데이터베이스를 AWS 관리형Managed 데이터베이스 서비스로 마이그레이션하는 것을 주 목적으로 하지만, 데스티네이션 지정을 S3로 하면 데이터 플랫폼으로 데이터를 수집하는 데에도 활용할 수 있다. 또한 AWS DMS는 MS SQL Server, MySQL, Oracle 데이터베이스로부터 지속적인 데이터를 수집하기 위한 변경 데이터 캡처(변경 데이터 캡처change data capture, CDC는 변경된 데이터를 사용해 동작을 취할 수 있도록 데이터를 결정하고 추적하기 위해 사용되는 여러 소프트웨어 디자인 패턴들의 모임이다.[6])기능도 지원한다. CDC 요구사항이 없다면 수집 작업 시 글루Glue 사용을 통일하도록 한다 장점으로는 수집 상태 모니터링, 오류 처리, 알림 등을 구성할 때 단일 서비스로 진행할 수 있으며, 작업 예약, 작업 조정을 간소화할 수 있다는 점이다.

현재 AWS 글루나 AWS DMS에서 지원되지 않는 데이터 소스로부터 데이터를 수집하려면 서버리스 AWS 람다Lambda 환경을 사용해 수집 코드를 구현하는 방법이 있다. 이는 물론 사용자가 직접 수집용 코드를 개발, 테스트, 유지 관리가 필요함을 의미한다.

스트리밍 데이터 수집

데이터 소스로부터 한 번에 하나의 메시지 데이터를 스트리밍 방식으로 수집해야 한다면 AWS에서 제공하는 AWS 키네시스Kinesis 서비스를 이용한다. 키네시스는 메시지 버스 역할을 한다. 예를 들면 CDC 툴과 같은 소스 시스템, 스노우플로우Snowplow와 같은 클릭 스트림

---

6   https://ko.wikipedia.org/wiki/변경_데이터_캡처

clickstream 수집 시스템, 애플리케이션으로부터 수집된 메시지를 저장하고, 다양한 데이터 소비자들은 키네시스에 저장된 메시지를 읽을 수 있다. 키네시스 자체는 빠른 데이터 전송 서비스일 뿐이다. 즉, 데이터 소스의 메시지를 직접 키네시스에 게시하는publish 코드를 직접 작성해야 한다. 키네시스 커넥터들을 제공하지만 DynamoDB나 레드시프트Redshift와 같은 AWS 관련 데이터 소스에만 해당된다. AWS는 키네시스에서 데이터를 읽고 변환하는 기능을 내장한 파이어호스Kinesis Firehose 서비스가 있다. 예를 들면 키네시스에서 메시지를 읽고, 데이터 형식을 변경하고(예: JSON 메시지를 파케이Parquet로 변환), S3나 레드시프트와 같은 다양한 데스티네이션에 데이터를 저장하는 기능 등이다. 그렇기에 파이어호스를 사용하면 데이터 수집 파이프라인을 신속하게 구성할 수 있다. 키네시스의 JSON 메시지를 읽어 파케이로 변환한 다음 S3에 저장해두면, 처리 계층에서는 그 파일을 읽어 처리하면 된다.

스트리밍 데이터를 처리하기 위해 고급 기능이 필요한 경우 AWS 글루 스트리밍 기능도 사용할 수 있다. 글루 스트리밍은 스파크 스트럭처 스트리밍Spark Structure Streaming 상에서 실행되며 키네시스나 카프카Kafka로부터 데이터를 수집해서 처리할 수 있다.

키네시스의 대안으로 AWS MSKManaged Streaming for Apache Kafka를 사용할 수 있다. MSK는 AWS 완전 관리형 카프카 클러스터로 일반적으로 독립형 카프카 클러스터를 사용하는 것처럼 사용할 수 있다. MSK는 카프카가 제공하는 생산자 라이브러리와 소비자 라이브러리와의 완벽한 호환성을 제공한다. 이 옵션은 카프카를 기반으로 하는 기존 실시간 파이프라인을 AWS로 마이그레이션하는 경우에 특히 유용하다.

데이터 플랫폼 스토리지

AWS S3는 데이터 플랫폼 스토리지를 구축할 때 확장성과 비용 효율성 측면에서 상당히 좋은 선택이다. S3는 무한 확장성과 높은 데이터 내구성을 보장한다. AWS S3는 몇 가지 서비스 단계tier가 있는데, 단계에 따라 데이터 액세스 성능과 사용 비용이 다르다. 예를 들어 자주 액세스하지 않는 데이터나 아카이브archive 데이터는 다소 느리지만 비용이 저렴한 S3 단계tier를 사용하면 되며, 응답 시간이 중요한 경우라면 액세스 속도가 빠르면서 상대적으로 사용 비용 정책이 비싼 S3 단계를 사용하면 된다.[7]

---

7   고속 스토리지, 저속 스토리지와 같은 개념으로 생각하면 쉽다. - 옮긴이

배치 데이터 처리

앞서 아파치 스파크는 가장 인기 있는 분산 데이터 처리 프레임워크 중 하나라 설명했다. AWS는 사용자가 기존 맵리듀스MapReduce 작업뿐만 아니라 아파치 스파크 작업도 실행할 수 있도록 해주는 EMRElastic MapReduce이라는 서비스를 제공한다.

EMR은 원래 AWS 고객이 온프레미스 하둡Hadoop 워크로드를 클라우드로 마이그레이션 할 수 있도록 지원하기 위해 개발됐다. 사용자가 클러스터에 포함할 시스템 수와 유형을 지정하면 AWS에서 프로비저닝과 설정 관리를 한다. EMR은 클러스터 자체 스토리지에 저장된 데이터, S3에 저장된 데이터 모두 처리할 수 있다.

데이터 플랫폼 아키텍처에서는 S3에 저장된 데이터만 사용할 것이다. 이렇게 하면 특정 작업 기간 동안만 EMR 클러스터를 유지하고 작업이 완료되면 클러스터를 자동으로 폐기할 수 있다. 이러한 방식으로 탄력적으로 리소스를 사용하는 것이, 클라우드 비용을 관리하기 위한 주요 방법 중 하나다.

실시간 데이터 처리 및 분석

아파치 스파크는 배치 방식 데이터 처리와 마이크로 배치 데이터 처리에 적합하다. 최근 분석 유스케이스와 애플리케이션 개발의 경우, 이전보다 더 실시간 접근 방식을 필요로 하고 있다. 메시지들을 큰 그룹으로 모아 한 번에 처리하는 것이 배치 방식이라면, 실시간 데이터 분석이란 메시지를 한 번에 하나씩 처리하는 것을 의미한다. AWS 키네시스 데이터 애널리 틱스Kinesis Data Analytics를 사용하면 AWS 키네시스에서 데이터를 읽는 실시간 데이터 처리 애플리케이션을 구축할 수 있다. 또한 키네시스 데이터 애널리틱스는 실시간 데이터 스트림의 애드혹ad hoc 쿼리가 SQL로 가능하기 때문에 프로그래밍 경험이 없는 사용자도 실시간 분석을 사용할 수 있다. AWS MSK를 사용하는 경우, 실시간 처리 애플리케이션을 구현할 때 카프카 스트림 라이브러리를 사용할 수도 있다.

클라우드 웨어하우스

AWS 데이터 분석 분야의 대표 제품 중 하나는 클라우드 전용 웨어하우징 솔루션인 AWS 레드시프트Redshift다. 레드시프트는 MPPMassively Parallel Processing 아키텍처를 사용하므로 레드시프트 클러스터의 여러 노드에 데이터가 분산된 구조이며, 만약 클러스터 용량을 키우려면 노드를 추가하면 된다. 또한 레드시프트는 S3, 키네시스와 밀접하게 통합돼 있기 때문에 배치 방식이나 스트리밍 방식으로도 처리된 데이터를 레드시프트로 쉽게 적재할 수 있다.

레드시프트 스펙트럼Redshift Spectrum을 사용하면 웨어하우스에 적재하지 않고도 S3에 위치한 외부 테이블을 쿼리할 수 있다. 이를 위해서는 레드시프트 내부에 외부 테이블 생성 및 스키마를 정의해야 한다. 스키마를 정의하면 스펙트럼 엔진을 사용해 이 테이블들을 쿼리할 수 있게 되는데, 대부분의 프로세싱은 데이터 웨어하우스 외부에서 수행된다. 하지만 스펙트럼을 사용했을 때의 성능은 기본 레드시프트 테이블native Redshift table을 사용할 때보다는 떨어진다. 왜냐하면 매번 쿼리를 수행할 때마다 프로세싱을 위해 데이터를 S3에서 스펙트럼 엔진으로 옮겨와야 하기 때문이다.

데이터 플랫폼 직접 액세스

데이터 플랫폼의 데이터를 직접 액세스하기 위한 툴로 AWS에는 아데나Athena라는 서비스가 있다. 아데나를 사용하면 S3에 있는 파일 데이터 기반의 SQL을 작성하고 복수 가상시스템 Virtual Machine들상에서 SQL 병렬 실행을 할 수 있으며, 그 실행 결과값을 클라이언트로 보낼 수 있다. 아데나의 주요 장점은 AWS가 특정 쿼리를 수행하기 위해 필요한 가상시스템들을 즉시 프로비저닝한다는 것인데, 이는 가상시스템을 미리 만들어 유지 관리할 필요가 없다는 의미다. 아데나는 각 쿼리에서 처리되는 데이터의 분량만큼 비용을 청구하므로, 예측하기 힘든 일정으로 수행되는 애드혹ad-hoc 분석을 수행하는 경우 비용 효율적인 방안으로 활용할 수 있다.

ETL 오버레이 및 메타데이터 저장소

AWS 글루Glue는 여러 데이터 소스로부터 데이터를 데이터 플랫폼으로 수집하는 역할뿐만 아니라 데이터 변환 파이프라인을 생성하고 실행하는 영역에도 사용할 수 있다. 실제로 글루는 아파치 스파크 기반이며 스파크 작업 개발 프로세스 간소화 개념이 들어 있다. 예를 들어 글루를 사용하면 데이터 변환 파이프라인 구축을 위한 템플릿들을 활용할 수 있고, 유연한 스키마 지원 기능을 활용해서 증분incremental 데이터 적재를 위해 수집된 데이터의 종류를 추적할 수 있다. 또한 글루에는 복잡한 네스티드 JSON 구조를 관계형 테이블 집합으로 변환할 수 있는 템플릿을 제공하고 있기에 이를 활용하면 AWS 레드시프트로 적재하기 용이해진다. 글루는 여러 스파크 데이터 파이프라인을 만드는 과정을 단순화할 수 있다. 하지만 표준 아파치 스파크 배포판에 없는 스파크 애드-온 기능들을 사용하므로 파이프라인 코드의 이식성 portability은 낮아진다.

글루는 하나의 데이터 카탈로그를 유지 관리하는데, 이 데이터 카탈로그에는 S3 저장소에 있는 모든 데이터 세트에 대한 스키마 정보가 존재한다. 데이터 카탈로그는 자동 검색 프로세스를 사용하는데, 이 프로세스를 통해 AWS 글루는 S3에 있는 데이터를 주기적으로 검사해 카탈로그를 최신 상태로 유지한다. 또한 글루는 처리된 행의 수와 바이트 같이 파이프라인 실행에 필요한 여러 통계 지표들을 유지 관리한다. 이러한 메트릭metrics은 파이프라인 모니터링과 트러블슈팅troubleshooting에 활용할 수 있다.

오케스트레이션 계층

AWS 글루는 ETL 작업 스케줄링을 지원하고, 복잡한 작업들의 워크플로우 구성에 필요한 작업 간 의존성 설정이 가능하다. 글루 스케줄링 기능은 글루 오버레이에 구현된 작업들에만 사용할 수 있다. 만약 데이터 수집과 데이터 처리에 여러 서비스(예를 들어 DMS, 람다 펑션)를 함께 사용하는 경우, AWS 스텝 펑션Step Functions를 사용하면 이 여러 서비스들을 포괄하는 워크플로우를 구축할 수 있다.

AWS 오케스트레이션 옵션으로는 데이터 파이프라인도 있다. 데이터 파이프라인은 한 시스템에서 다른 시스템으로의 데이터 전송을 스케줄링하고 실행하는 데 초점이 맞춰져 있다. 예를 들어 데이터 파이프라인을 활용하면 S3에서 레드시프트로 파일의 주기적인 적재 작업을 스케줄링한다거나, EMR에서 데이터 변환 작업을 실행할 수 있다. 데이터 파이프라인은 데이터를 복사해오거나, 복사해주는 시스템의 수를 통제할 수 있다. 글루가 제공하는 기능들과 다소 중복되지만, 데이터 파이프라인은 기정의된 작업들을 제공하는 데 집중하기에 제공 기능 이상으로 확장되지 않는다.

데이터 소비자

AWS는 다양한 유형의 데이터 소비자^{Data Consumers}를 지원한다. JDBC/ODBC 드라이버를 통해 SQL을 지원하는 애플리케이션은 레드시프트^{Redshift}나 아데나^{Athena}에 연결해서 SQL문을 실행할 수 있다. 예를 들면 태블루^{Tableau}, 루커^{Looker}, 엑셀^{Excel}과 기타 다양한 툴들이 이에 해당한다. 또한 AWS에서 웹 인터페이스를 제공하는데, 웹 인터페이스를 사용하면 데이터 분석가가 로컬 시스템에 드라이브를 설치하지 않고도 애드혹^{ad hoc} 분석을 실행할 수 있다.

애플리케이션이 데이터나 실시간 분석 결과를 아주 빠르게 액세스해서 처리해야 하는 경우, JDBC/ODBC 커넥터를 사용해 데이터 플랫폼이나 웨어하우스에 연결하는 것은 완벽한 솔루션이 아니다. 이 시스템들은 대규모 데이터 분석을 위해 설계됐기 때문에 기본적으로 대기 시간을 포함하고 있다. 빠른 처리 성능을 요구하는 유스케이스의 경우, 다이나모DB ^{DynamoDB}라는 AWS 키/값 저장소를 활용해서 실시간 계층의 데이터를 빠르게 저장할 수 있다(특히 다이나모DB 액셀러레이터^{Accelerator}와 같은 캐싱 메커니즘과 결합할 경우). 애플리케이션이 다이나모DB에 직접 액세스할 수도 있고, 데이터 제공 방식을 통제해야 될 경우는 API 계층을 구축할 수도 있다. 빠른 데이터 액세스를 위한 다른 옵션으로는 AWS RDS, AWS 오로라^{Aurora}와 같은 아마존 관리형^{managed} 관계형 데이터베이스 서비스를 사용하는 방법이 있다.

3.3.2 구글 클라우드

구글 클라우드는 퍼블릭 클라우드 분야에서 비교적 새로운 업체다. 구글 클라우드는 AWS와 애저^{Azure}에서 제공하는 서비스형 인프라^{IaaS} 컴포넌트들과 유사 서비스들을 제공하고 있다(가상 머신^{virtual machines}, 네트워크, 스토리지 포함). 구글 클라우드는 특히 데이터 처리와 데이터 분석 서비스 분야에서 뛰어나다. 구글 클라우드 툴 대다수를 구글에서 개발했고, 구글 내부에서 수년 동안 사용해 온 것들이다. 즉, 고부하 조건에서 대규모 테스트를 거쳤음을 의미한다. 반면 이 툴들은 구글만의 문제를 해결하기 위해 고안됐다 보니 이제야 더 넓은 시장의 요구에 맞춰 수정되고 있다. 이 절에서는 그림 3.20과 같이 클라우드 데이터 플랫폼을 구현하는 데 사용할 수 있는 구글 클라우드 툴에 대해 전반적으로 설명한다.

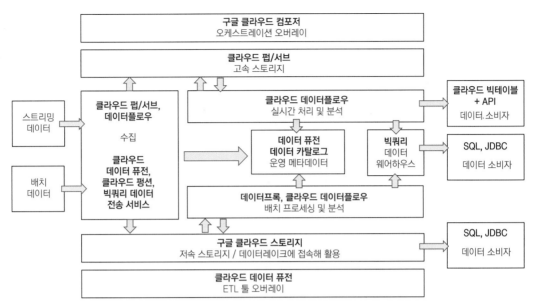

▲ **그림 3.20** 클라우드 데이터 플랫폼용 구글 클라우드 서비스

배치 데이터 수집

구글 클라우드는 클라우드 데이터 퓨전^{Cloud Data Fusion}, 클라우드 펑션^{Cloud Function}, 빅쿼리 데이터 전송 서비스^{BigQuery Data Transter Services} 등 배치 데이터 수집을 수행할 수 있는 여러 가지 서비스를 제공한다.

클라우드 데이터 퓨전은 ETL 오버레이 서비스이며, UI 편집기를 사용해 데이터 수집과 데이터 처리 파이프라인을 구성한 다음 데이터프록^{DataProc}과 클라우드 데이터플로우^{Cloud Dataflow}와 같은 다양한 데이터 처리 엔진을 사용해 파이프라인을 실행할 수 있다. 클라우드 데이터 퓨전은 JDBC 커넥터를 사용에 따른 관계형 데이터베이스로부터의 데이터 수집과 구글 클라우드 스토리지로부터의 파일 수집을 지원한다. 클라우드 데이터 퓨전에는 FTP 혹은 AWS S3에서 파일을 수집하는 커넥터도 있다. 클라우드 데이터 퓨전은 다른 관리형 ETL 서비스들과는 달리 CDAP(https://cdap.io/)라는 오픈 소스 프로젝트를 기반으로 한다. 즉, 기본 제공 기능에 제약을 받지 않고 다양한 데이터 소스용 플러그인을 직접 구축할 수 있다는 의미다.

구글 클라우드는 AWS 람다와 마찬가지로 클라우드 펑션Cloud Functions이라는 맞춤형 코드custom code 서버리스 실행 환경도 제공한다. 클라우드 펑션을 사용하면 현재 클라우드 데이터 퓨전이나 빅쿼리 데이터 전송 서비스BigQuery Data Transfer Service에서 지원되지 않는 소스로부터의 수집 기능도 구축할 수 있다. 클라우드 펑션은 구글 클라우드에서 각 함수function를 실행할 수 있는 시간 제한이 있으므로 대규모 데이터 수집 유스케이스에는 적합하지 않다. 예를 들어 저장 기능의 경우, 제한 시간은 9분이다.

빅쿼리 데이터 전송 서비스는 데이터 플랫폼의 데이터 웨어하우스 영역으로(예를 들어 구글 빅쿼리BigQuery) 데이터를 수집하기 위한 툴로 사용할 수 있다. 빅쿼리 데이터 전송 서비스를 사용하면 구글 애널리틱스Google Analytics, 구글 애드워즈AdWords, 유튜브YouTube 통계 등과 같은 구글이 소유 및 운영하는 SaaS 소스들로부터 데이터를 빅쿼리로 바로 수집할 수 있다. 또한 빅쿼리 데이터 전송 서비스는 파이프트랜Fivetran(https://fivetran.com/)이라는 데이터 통합 SaaS 회사와의 파트너십을 통해 수백 개의 다른 SaaS 공급 업체로부터 데이터를 수집 서비스를 제공한다. 여기서 구글 클라우드에서는 파이브트랜 커넥터 서비스를 프로비저닝할 수 있는 구글 클라우드 웹 콘솔, 통합 요금제billing를 제공하며, 통합 서비스 자체는 파이브트랜에서 제공한다.

빅쿼리 데이터 전송 서비스 사용 시의 단점은 데이터가 웨어하우스로 직접 전송된다는 점이다. 앞서 설명했듯 이렇게 되면 데이터 액세스와 처리 방법들에 제약이 발생할 수 있다. 만약 데이터 분석 유스케이스가 구글 애널리틱스, 세일즈포스Salesforce 등과 같은 다양한 SaaS 공급 업체로부터 데이터를 수집해야 하는 경우, 전송 서비스를 사용해 웨어하우스로 바로 데이터를 수집하도록 단순화시키는 것이 전체 아키텍처 관점에서 고려할 사항들보다 더 중요하게 여겨질 수도 있다.

빅쿼리 데이터 전송 서비스도 AWS의 데이터베이스 마이그레이션 서비스DMS와 마찬가지로 관계형 데이터베이스의 수집을 지원하기 위해 확장되고 있다. 현재는 소스 RDBMS로 테라데이터Teradata만 지원한다. 이 경우 빅쿼리 데이터 전송 서비스는 실제로 데이터를 Google 클라우드 스토리지에 먼저 저장하기 때문에 클라우드 데이터 플랫폼 아키텍처에 더 적합하다.

스트리밍 데이터 수집

클라우드 펍/서브Cloud Pub/Sub 서비스는 고속 메시지 버스를 통해 스트리밍 방식으로 데이터를 수집하는 데 활용된다. 펍/서브는 AWS 키네시스와 기능 관점에서 유사하지만, 지원 메시지 사이즈는(AWS 키네시스의 경우 1MB, 펍/서브의 경우 10MB) 키네시스보다 크다. 클라우드 펍/서브는 메시지 저장소와 전달 서비스만 제공하며, 커넥터나 데이터 변환 기능은 제공하지 않고 있다. 그렇기에 펍/서브를 활용해서 메시지를 게시publish하고 소비consume하려면 자체적으로 코드를 개발해야 한다. 펍/서브는 실시간 데이터 처리와 데이터 분석으로 구글 클라우드 데이터플로우Google Cloud Dataflow와의 통합 기능 및 클라우드 펑션Cloud Functions을 제공한다.

데이터 플랫폼 스토리지

구글 클라우드 스토리지Google Cloud Storage는 확장성, 비용 효율성이 높은 스토리지 제품이다. 구글 클라우드 스토리지는 몇 가지 서비스 단계tier가 있는데, 단계에 따라 데이터 액세스 성능과 사용 비용이 다르다. 또한 구글 클라우드 스토리지는 데이터프록Dataproc, 클라우드 데이터플로우Cloud Dataflow 및 빅쿼리BigQuery와 같은 구글 클라우드 데이터 처리 서비스와 통합된다.

배치 데이터 처리

구글 클라우드는 배치 모드에서 스케일에 따라 데이터를 처리할 수 있는 두 가지 방법, 즉 데이터프록Dataproc과 클라우드 데이터플로우Cloud Dataflow를 제공한다.

데이터프록을 사용하면 미리 설정해 놓은 스파크/하둡 클러스터를 띄우고, 그 위에서 아파치 스파크 작업들을 실행할 수 있다. 이 클러스터는 필요한 순간에만 사용하면 되며, 데이터를 자체적으로 저장하지 않는 구조를 갖고 있다. 즉, 모든 데이터를 구글 클라우드 스토리지에 저장하면, 데이터 변환 작업이 실행되는 시간에만 데이터프록 클러스터가 필요하므로 비용이 절감된다.

클라우드 스토리지Cloud Storage에서 데이터를 처리하는 데 사용할 수 있는 또 다른 구글 클라우드 서비스로는 클라우드 데이터플로우가 있다. 클라우드 데이터플로우는 아파치 빔Apache Beam 데이터 처리 프레임워크의 완전 관리형 실행 환경 서비스다. 클라우드 데이터플로우는 처리할 데이터 양에 따라 작업에 필요한 서버 리소스를 자동으로 조정한다. 아파치 빔은 스파크와 마찬가지로 분산 데이터 처리를 위한 오픈 소스 프레임워크이며, 아파치 스파크의 대안으로 활용할 수 있다.

아파치 빔[Cloud Dataflow]과 아파치 스파크[Dataproc]의 주요 차이점은 빔의 경우 배치 방식 데이터 처리, 실시간 데이터 처리 둘 다 동일한 프로그래밍 모델을 활용한다는 점이다. 반면 스파크는 여러 프로덕션 환경에서 테스트를 거쳐왔으므로 보다 기술이 성숙하다는 특징이 있다.

실시간 데이터 처리와 분석

클라우드 네이티브cloud-native 방식으로 구글 클라우드에서 실시간 데이터 처리와 실시간 분석을 수행하려면 구글 클라우드 데이터플로우Google Cloud Dataflow 서비스상에서 아파치 빔Apache Beam 작업과 클라우드 펍/서브Cloud Pub/Sub를 함께 사용한다. 빔은 실시간 파이프라인을 구축해 필요한 지원 기능들이 탄탄하다. 예를 들면 윈도우, 트리거trigger, 지연 메시지late-arriving messages 처리 등을 다룰 수 있는 기능을 기본으로 제공한다. 클라우드 데이터플로우는 현재 Java, Python 빔 작업을 지원한다. SQL은 아직 지원되지 않지만 향후 릴리즈를 통해 추가될 예정이다.

실시간 처리와 실시간 분석을 위한 클라우드 데이터플로우와 아파치 빔의 대안으로 데이터프록DataProc 클러스터와 스파크 스트리밍이 있다. 실시간 데이터 처리를 위한 스파크 스트리밍 방식을 일반적으로 마이크로 배치micro-batching라 한다. 스파크 스트리밍은 한 번에 하나의 메시지 처리 방식으로 작동하는 구조가 아닌, 들어오는 메시지를 작은 그룹(일반적으로 몇 초 분량)으로 모으고, 그 그룹을 마이크로 배치 형태로 한 번에 처리한다. 아파치 빔과 스파크 스트리밍Spark Streaming 중 어느 것을 구글 클라우드에서의 실시간 데이터 처리 엔진으로 선택하느냐는 기존에 아파치 스파크를 주로 사용하고 투자해왔는지 여부에 달려 있다. 예를 들면, 팀이 보유하고 있는 기술, 기존 코드 기반을 보면 된다. 구글은 클라우드 데이터플로우+빔 조합에 상당한 투자를 하고 있으므로, 신규 개발의 경우 이 구조를 선택하는 것이 장기적으로 더 나을 수 있다. 또한 실시간 데이터 처리와 관련해 비교적 풍부한 시맨틱semantic 8을

---

8 기계가 이해할 수 있는 의미 기반의 분석을 위한 데이터 처리를 의미한다. 데이터 간의 상관관계, 데이터가 갖는 의미를 분석해 사용자가 찾는 정보를 정확하게 골라내는 기술이다. – 옮긴이

제공한다. 따라서 대부분의 파이프라인이 실시간이거나 실시간으로 발전할 것으로 판단되는 경우 빔을 선택하는 것이 좋다.

클라우드 웨어하우스

빅쿼리^{BigQuery}는 구글이 제공하는 관리형 클라우드 데이터 웨어하우스다. 이 제품은 분산 데이터 웨어하우스로 이 제품만의 고유한 특성이 있으며, 예를 들면 자동화된 컴퓨팅 용량 관리, 복잡한 데이터 유형들을 처리할 수 있는 강력한 지원 기능 등과 같은 것들이 있다. 다른 클라우드 웨어하우스들은 필요 클러스터 노드 수, 필요한 노드 유형을 미리 지정해야 되는 방식이라면, 빅쿼리는 자동으로 컴퓨팅 용량을 관리하는 방식이다. 실행하는 각 쿼리에 대해 빅쿼리는 필요한 처리 리소스량을 산정해서 필요한 리소스량만 할당한다. 빅쿼리 사용 요금은 쿼리별 과금 모델로, 각 쿼리가 처리해야 하는 데이터의 양에 대해서만 청구를 한다. 소량 분석 워크로드나 애드혹 데이터 탐색 유스케이스에는 매우 효과적이라 할 수 있지만, 빅쿼리 비용을 사전에 예측하거나 추정하기가 어렵다. 또한 빅쿼리는 배열^{array} 및 중첩된^{nested} 데이터 구조와 같은 복잡한 데이터 유형에 대한 강력한 지원을 제공하므로 데이터 소스가 JSON 기반인 경우에 적합하다.

데이터 플랫폼에 직접 액세스

현재 구글 클라우드에는 데이터레이크의 데이터를 직접 액세스할 수 있는 전용 서비스가 없다. 빅쿼리는 외부 테이블을 지원한다. 외부 테이블 방식을 활용하면 빅쿼리로 데이터를 적재하지 않고, 구글 클라우드 스토리지에 물리적으로 저장된 테이블을 액세스한다. 또한 빅쿼리를 사용하면 임시 외부 테이블을 생성할 수 있는데 세션 기간 동안만 테이블이 존재한다. 임시 외부 테이블은 데이터레이크에서 애드혹^{ad hoc} 데이터를 탐색할 때 매우 유용하다. 빅쿼리를 사용할 때 데이터 플랫폼 액세스 메커니즘 측면에서 제약 사항은 각 외부 테이블별로 스키마를 제공해야 한다는 점이다. 이는 애드 혹^{ad hoc} 분석 시 큰 장벽이 될 수 있는데, 애드 혹 분석 단계에서는 스키마를 알 수 없는 경우가 많기 때문이다. 구글 클라우드 스토리지의 데이터를 직접 액세스해서 작업하는 방법에는 임시 데이터프록^{Dataproc} 클러스터를 프로비저닝하고 스파크 SQL을 사용해 데이터레이크의 데이터를 쿼리하는 방법도 있다.

스파크는 대부분의 파일 형식에 대한 스키마를 자동으로 추론하는 기능이 존재하므로, 비교적 쉽게 데이터를 검색할 수 있다.

ETL 오버레이와 메타데이터 저장소

클라우드 데이터 퓨전Cloud Data Fusion은 구글 클라우드의 관리형 ETL 서비스다. 클라우드 데이터 퓨전이 제공하는 UI 편집기를 사용해서 데이터 처리 및 데이터 분석 파이프라인을 구성할 수 있다. 파이프라인이 구성되면 데이터 처리 프레임워크 중 하나로 변환할 수 있는데, 구글 클라우드에서 스케일에 맞춰 실행하면 된다. 현재는 데이터프록DataProc의 아파치 스파크Apache Spark만 지원하고 있지만, 아파치 빔 지원도 향후 릴리즈에 예정돼 있다. 클라우드 데이터 퓨전과 같은 ETL 오버레이를 사용 시 이점은 사용자가 기존 데이터 세트를 검색하면 연관성이 있는 파이프라인과 데이터 변환 내용들을 즉시 확인할 수 있는 메커니즘을 제공한다는 점이다. 이를 통해 신속한 영향도 분석impact analysis이 가능하기에 특정 파이프라인이 변경될 경우 어떤 데이터들이 영향을 받을지 파악할 수 있다. 클라우드 데이터 퓨전은 파이프라인 실행에 관한 다양한 통계 지표 추적 관리 기능을 제공한다. 예를 들면 처리된 행 수, 각 스테이지stage의 타이밍 등과 같은 것들이다. 이 정보는 모니터링과 디버깅 용도로 사용할 수 있다.

오케스트레이션 계층

클라우드 컴포저Cloud Composer는 작업들의 오케스트레이션을 위한 완전 관리형 서비스다. 널리 사용되는 아파치 에어플로우Apache Airflow 프로젝트를 기반으로 하며 별도의 수정 없이 기존 에어플로우 작업들을 실행할 수 있다. 에어플로우를 활용해서 여러 단계step로 구성된 작업을 작성할 수 있다. 예를 들면 구글 클라우드 스토리지에서 파일을 읽는 단계, 클라우드 데이터플로우 작업을 시작해서 처리하는 단계, 실행 결과의 성공 또는 실패 알림notification을 보내는 단계로 구성할 수 있다. 에어플로우는 작업 간의 의존성 관리 기능도 지원하며, 필요에 따라 개별 단계만 혹은 전체 작업을 재실행할 수 있다. 클라우드 컴포저는 에어플로우 환경을 더욱 쉽게 관리하는 기능을 제공한다. 예를 들면 필요 가상 시스템을 프로비저닝하는 기능, 소프트웨어 설치 및 구성을 작업하는 기능 등이 있다.

데이터 소비자

빅쿼리는 기본적으로 JDBC/ODBC 드라이버를 지원하지 않지만 이러한 드라이버는 심바 테크놀로지Simba Technologies라는 서드파티 업체에서 무료로 제공하고 있다. 빅쿼리는 일반 데이터베이스보다는 글로벌 SaaS처럼 작동하기 때문에, 빅쿼리의 기본 데이터 액세스는 모두 REST API를 통해 수행된다. 심바의 JDBC/ODBC 드라이버는 JDBC/ODBC API와 빅쿼리 REST API 간 브리지 역할을 담당한다.

한 프로토콜에서 다른 프로토콜로 변환할 때 주로 수반되는 문제점으로 성능 이슈가 있다. 심바 드라이버도 응답 지연response latency과 총 처리량total throughput의 한계점이 있다. 그래서 빠른 응답 시간을 요하는 애플리케이션이나, 대량의 데이터(수십 GB)를 빅쿼리에서 추출해야 하는 애플리케이션에서 이 드라이버를 사용하기가 적합하지 않을 수 있다. 다행히 여러 BI 툴과 리포팅 툴에서 네이티브 빅쿼리를 지원하고 있으므로, 해당 툴을 사용한다면 JDBC/ODBC 드라이버가 필요하지 않다. 만약 구글 클라우드 데이터 플랫폼용으로 사용하기 위한 리포트 툴이나 BI 툴을 선정하고자 할 때, 빅쿼리 지원 여부를 반드시 확인해야 한다. 실시간 데이터 액세스가 필요한 데이터 소비자 관련해 구글 클라우드는 고속 키/값key/value 저장소를 제공하는데, 클라우드 빅테이블Cloud Bigtable을 캐싱 메커니즘으로 활용하는 구조로 돼 있다. AWS와 마찬가지로 클라우드 빅테이블로 실시간 파이프라인 결과를 적재하기 위해서는 애플리케이션 코드 구현 및 유지 관리가 필요하다. 그런 다음, 클라우드 빅테이블 위에 사용자 API 계층을 구축해서 사용해도 되며, 아니면 클라우드 빅테이블 API를 바로 사용하는 방법도 있다.

3.3.3 애저

애저Azure는 마이크로소프트의 퍼블릭 클라우드 서비스다. 마이크로소프트는 MS SQL 서버 RDBMS와 관련된 데이터 처리 영역 제품을 오랜 기간 성공적으로 제공 중이다. 애저는 MS SQL 서버를 기반으로 다양한 서비스를 제공하지만 데이터 팩토리Data Factory, 코스모스 DBCosmos DB 등 완전히 새로운 클라우드 네이티브 제품군도 보유하고 있다. 이 절에서는 그림 3.21과 같이 클라우드 데이터 플랫폼을 구현하는 데 활용 가능한 애저 툴에 대해 간략히 설명한다.

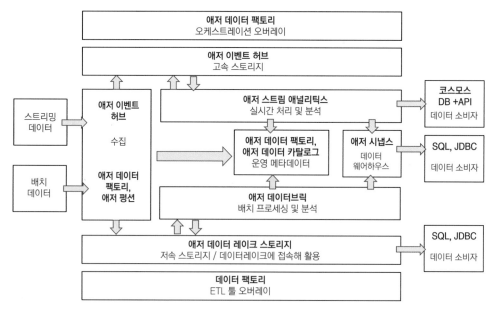

▲ **그림 3.21** 클라우드 데이터 플랫폼을 위한 애저 서비스

배치 데이터 수집

애저 데이터 팩토리Azure Data Factory는 배치 수집batch ingestion을 지원하는 ETL 오버레이 서비스다. 현재 데이터 팩토리는 다양한 RDBMS 제품과의 연계, FTP 서버 애저 블롭 스토리지Azure Blob Storage, S3, 구글 클라우드 스토리지로부터 플랫flat 파일 수집, 카산드라Cassandra나 몽고DBMongoDB와 같은 NoSQL 데이터베이스, 세일즈포스Salesforce와 마케토Marketo와 같은 외부 SaaS 플랫폼용 커넥터 등을 지원하고 있다. 또한 데이터 팩토리는 코스모스DBCosmos DB, 애저 SQLAzure SQL 데이터베이스 등의 대부분의 애저 데이터 제품과 통합돼 있다. AWS 및 구글 ETL 오버레이와 비교할 때 데이터 팩토리는 가장 많은 양의 커넥터 라이브러리를 제공하며 일반 HTTP 커넥터 형태로의 확장도 지원한다. 이 커넥터를 사용해서 자체적으로 REST API(내부 또는 외부) 방식의 수집 파이프라인을 구축할 수 있다. 다른 클라우드 공급 업체와 마찬가지로 애저에서도 애저 펑션Azure Functions이라는 서버리스serverless 실행 환경을 지원한다. 이 환경에서 두 가지 지원 언어인 Java나 Python을 활용하면 자체적인 수집 매커니즘 구현도 가능하다.

스트리밍 데이터 수집

애저 이벤트 허브^{Azure Event Hubs}는 스트리밍 데이터 소스 간에 데이터를 주고받을 수 있게 해주는 서비스다. AWS 키네시스^{Kinesis}나 구글 클라우드 펍/서브^{Google Cloud Pub/Sub}과 기능이 유사하다. 이벤트 허브의 특징 중 하나는 아파치 카프카^{Apache Kafka} API와 호환된다는 점이다. 이 장 뒷부분에서 카프카에 대해서 알아보겠지만, 만약 이미 카프카에 투자했거나 기술을 갖고 있다면, 이벤트 허브로 마이그레이션하는 것이 더 쉬워진다는 의미가 된다. 이벤트 허브 캡처^{Event Hubs Capture}는 이벤트 허브의 지원 서비스 중 하나로, 이벤트 허브의 메시지를 애저 블롭 스토리지^{Azure Blob Storage}나 애저 시냅스^{Azure Synapse}와 같은 다양한 애저 서비스에 저장할 수 있게 해준다.

데이터 플랫폼 스토리지

다른 클라우드 공급 업체와 마찬가지로 애저는 애저 블롭 스토리지^{Azure Blob storage}라는 확장성, 비용 효율성이 높은 스토리지 서비스를 제공한다. 또한 애저에서는 애저 데이터 레이크 스토리지^{Azure Data Lake Storage}라는 새로운 서비스를 출시했다. 이 서비스는 일반 애저 블롭 스토리지에 비해 몇 가지 향상된 기능을 제공하고 있는데, 특히 대규모 데이터 처리 작업 성능 개선과 관련돼 있다.

배치 데이터 처리

애저에서는 AWS EMR이나 구글 클라우드 데이터프록과 같은 서비스는 제공하지 않는 대신, 데이터브릭스^{Databricks}라는 회사와 제휴해서 아파치 스파크^{Apache Spark} 작업을 실행할 수 있는 유연한 환경을 제공하고 있다. 데이터브릭스는 아파치 스파크의 최초 개발자들이 설립한 회사로서 현재 애저와 AWS에서 관리형 스파크 환경을 제공한다. 애저 데이터브릭스는 애저 환경 내 애저 서비스들과 원활하게 통합된다. 애저 데이터 레이크 스토리지^{Azure Data Lake Storage} 용 커넥터, 애저 웨어하우스^{Azure Warehouse}용 커넥터 등이 있다.

실시간 데이터 처리 및 분석

애저 스트림 애널리틱스^{Azure Stream Analytics}는 이벤트 허브로부터 메시지를 받아 변환과 분석을 수행할 수 있게 해주는 서비스다. 이를 위해 스트림 애널리틱스^{Stream Analytics}는 SQL과 유사한 언어를 사용한다. 스트림 애널리틱스 작업 결과는 여러 다양한 데스티네이션 시스템에 저장할 수 있다. 예를 들면 신규 이벤트 허브 데스티네이션, 애저 데이터 레이크 스토리지, SQL 데이터베이스, 코스모스DB^{Cosmos DB}가 있다. 이벤트 허브는 카프카^{Kafka}와 호환되기 때문에 직접 카프카 스트림^{Kafka Streams} 실시간 파이프라인을 구축할 수 있고, 기존 파이프라인을 마이그레이션할 수도 있다.

클라우드 데이터 웨어하우스

애저 시냅스^{Azure Synapse}는 확장성이 높은 클라우드 네이티브 웨어하우징 서비스다. 검증된 MS SQL 서버 기술을 기반으로 구축됐으며 몇 가지 뛰어난 기능을 제공한다. 첫째, 애저 시냅스는 스토리지와 컴퓨팅 리소스가 분리된 구조다. 새로운 애저 시냅스 웨어하우스를 생성할 때는 필요한 컴퓨팅 용량만 지정하면 된다. 스토리지 용량은 필요에 따라 자동으로 조정된다. 즉, 스토리지의 데이터를 그대로 유지하면서 온디맨드^{on-demand} 방식으로 애저 시냅스 데이터 웨어하우스 컴퓨팅 리소스를 확장하거나 축소할 수 있다. 예를 들어, 업무 외 시간이나 주말에는 저사양의 컴퓨팅 리소스 티어로 변경해두면 비용 절감 효과를 얻을 수 있다. 애저 시냅스 모델은 AWS 레드시프트^{Redshift}와 빅쿼리 간의 하이브리드 모델이라 할 수 있다. 레드시프트의 경우 클러스터 내부에 데이터를 저장하는 구조를 가진 반면, 빅쿼리는 GCP에서 컴퓨팅 리소스와 스토리지 용량 모두를 자동으로 관리한다. 애저 시냅스의 경우, 사용자는 필요한 컴퓨팅 양을 완벽하게 통제할 수 있으며 스토리지 용량은 자동으로 관리된다. 애저 시냅스는 관계형 데이터베이스 기술을 기반으로 구축됐기 때문에 강력한 SQL 지원을 제공하며 JDBC/ODBC 드라이버를 지원하는 모든 툴과 호환된다. 최근 들어 애저 시냅스도 JSON 데이터 저장 및 처리를 지원한다.

데이터 플랫폼에 직접 액세스

애저 블롭 스토리지^{Azure Blob Strorage}에 저장된 데이터에 액세스해 처리하고자 할 때 권장하는 방법은 애저 데이터브릭^{Azure Databricks} 플랫폼을 사용하는 것이다. 데이터브릭스는 별개 서비스 기업이며 아파치 스파크^{Apache Spark} 기반의 데이터 처리 플랫폼을 제공하고 있다. 데이터브릭스는 스파크 클러스터를 생성하고 관리하는 일을 대폭 간소화시켜주며, 여러 팀이 동일한 데이터셋에서 작업할 수 있는 협업 환경 제공에 주력하고 있다. 스파크 SQL을 사용해서 SQL 쿼리 형태로 블롭 스토리지의 데이터에 직접 작업할 수도 있고, 네이티브 스파크 API를 활용할 수도 있다. 데이터브릭을 사용하면 동일한 데이터 세트에 액세스할 수 있는 클러스터 여러 개를 독립적으로 구성할 수 있다. 이를 통해 리소스 관리를 간소화할 수 있으며, 작업 부하에 맞춰 처리할 클러스터 수를 미세하게 조정할 수 있다.

애저 데이터브릭 서비스의 특징은 애저 플랫폼에 기본적으로 통합돼 있기에, 마치 또 다른 애저 서비스처럼 보이고 느껴진다는 점이다. 데이터브릭 워크스페이스를 생성하고 관리할 수 있는 애저 API를 제공하고 있으며, 데이터 팩토리Data Factory, 애저 시냅스Azure Synapse 등과 같은 다른 데이터 서비스들과도 통합돼 있다.

ETL 오버레이 및 메타데이터 저장소

애저 데이터 팩토리Azure Data Factory는 ETL 서비스이며, 소스로부터 데이터를 수집해 처리한 다음 다양한 데스티네이션으로 데이터를 저장하는 기능을 제공한다. 데이터 팩토리는 파이프라인의 구성, 실행, 모니터링할 수 있는 UI를 제공한다. 또한 파이프라인의 생성, 구축을 자동화할 수 있도록 매우 강력한 API 지원 기능도 제공하고 있다. 이는 ETL 파이프라인을 CI/CDContinuous Integration/Continuous Deployment 프로세스의 일부로 만들 수 있는 중요한 기능이다.

현재 데이터 팩토리에서 기본적으로 제공하는 데이터 변환 기능에는 한계가 있는데, 파일을 한 형식에서 다른 형식으로 변환하는 기능 수준이다. 대신 사용자가 다소 복잡한 변환 기능이 필요할 때 수행할 수 있도록 애저 데이터브릭에 대한 후크hook를 제공하고 있다. 이렇게 하면 데이터 팩토리에서 원본 데이터를 수집한 다음, 애저 데이터브릭 후크를 사용해 스파크 변환 작업을 실행시킬 수 있다. 애저 데이터 팩토리는 파이프라인 관련 메타데이터를 캡처해 파이프라인의 성공/실패, 소요 시간과 같은 메트릭을 모니터링할 수 있도록 지원한다. 아직까지는 사용 가능한 메트릭 수가 상당히 제한돼 있다. 예를 들면 스키마 변경, 데이터 볼륨 변경 등과 같은 이벤트들은 캡처할 수 없다.

구글 클라우드 데이터 카탈로그는 비즈니스 메타데이터(특정 데이터에 비즈니스 컨텍스트 정보가 추가된 데이터로, 비즈니스 담당자들이 주로 정의한다)와 데이터 검색 기능에 초점을 맞춘 별도의 서비스다. 다양한 애저 소스들과 외부 소스들과도 통합돼 있으며, 기존 데이터 자산들을 검색 가능한 카탈로그 형태로 만들어준다. 또한 SQL 액세스를 지원하는 데이터 소스일 경우 기본 데이터 프로파일링 작업을 수행할 수 있다. 예를 들면 총 행 수, 각 컬럼별 고유값distinct value의 수, 빈 값empty value 수와 같은 정보들이다.

오케스트레이션 계층

애저 데이터 팩토리Azure Data Factory는 파이프라인 스케줄링 기능과 복잡한 파이프라인 간 의존성 관리 기능을 제공한다. 예를 들면 파이프라인 체인을 생성할 수 있고, 한 파이프라인을 성공적으로 마치면 다른 파이프라인을 트리거링한다.

데이터 소비자

애저 시냅스Azure Synapse는 JDBC/ODBC 드라이버를 포함한 SQL 소비자를 완벽하게 지원한다. 즉, 자주 사용하는 리포트 클라이언트, BI 툴, SQL 툴들을 애저 시냅스로 쉽게 연결시킬 수 있다. 애저 데이터브릭Azure Databricks의 경우 리포트 툴 용 JDBC/ODBC 커넥터를 제공하지만 애저 데이터브릭 클러스터가 있어야 쿼리를 처리할 수 있다. 이 방법은 비용이 많이 들 수 있다. 애저는 데이터 플랫폼에 대한 실시간 직접 액세스가 필요한 애플리케이션 소비자를 위해 코스모스DBCosmos DB라는 빠른 문서지향document-oriented 데이터베이스를 제공한다. 여기에 실시간 분석 결과를 저장하면 애플리케이션 소비자는 클라이언트 라이브러리를 사용해 코스모스DB에 직접 연결하게 할 수도 있고, 데이터 액세스 통제를 위해 코스모스DB 액세스용 API 계층을 구축할 수도 있다.

3.4 상용 소프트웨어 및 오픈 소스 대안

특정 요구사항 중에는 퍼블릭 클라우드 공급 업체의 서비스로 충족하지 못하는 것들도 있다. 지난 수년간 봐온 사례 중에는 오히려 클라우드 네이티브 서비스가 적합하지 않은 경우도 있었는데, 그 유형들은 다음과 같다.

- **기능 관점 제한**Functionality limitations – 클라우드 네이티브 서비스는 빠르게 발전하고 있지만, 그중 일부는 정말로 새로운 서비스이며 필요한 기능을 모두 갖추고 있지 않을 수 있다.
- **비용 관점**Cost – 클라우드 공급 업체 가격 모델이 유스케이스에 적합하지 않은 경우다. 데이터 볼륨에 따라서는 비합리적인 비용이 들 수 있다.
- **이동성**Portability – 공급 업체 종속성 리스크를 줄이려는 시도, 최상의 서비스를 각 공급 업체 중에서 선택하려는 시도 등 멀티 클라우드 솔루션 형태로 진행하려는 기업들이 증가하고 있다.

이 절에서는 상용 소프트웨어 및 오픈 소스 대안들을 개략적으로 설명한다. 클라우드 데이터 플랫폼의 계층layer별로 활용할 수 있는 상용 소프트웨어나 오픈 소스 대안이 모두 있는 것은 아니다. 예를 들어 아파치 드루이드Apache Druid와 같은 오픈 소스 솔루션이 있다 할지라도 클라우드에 자체 분산 웨어하우스를 직접 구축, 운영, 관리하면 비용이 많이 들 수 있고, 성능 관점에서도 충분하지 않을 수 있다.

3.4.1 배치 데이터 수집

데이터 수집은 클라우드 데이터 플랫폼이든 기존의 온프레미스 웨어하우스이든 관계없이 모든 데이터 플랫폼의 주요 컴포넌트다. 그렇기에 다양하고 많은 데이터 수집용 툴들이 오픈 소스 형태나 상용 제품 형태로 나와 있다.

아파치 나이파이Apache NiFi는 다양한 데이터 소스들과 연결해 클라우드 데이터 플랫폼으로 데이터를 수집하는 데 널리 사용되는 오픈 소스 솔루션 중 하나다. 나이파이NiFi는 플러그형 아키텍처로 돼 있고 다양한 데이터 소스와 연결할 수 있는 커넥터 라이브러리가 존재한다. 필요 시 자바Java를 사용해 새 커넥터를 생성해서 사용할 수도 있다. 데이터 수집 계층을 구현하는 데 널리 사용되고 있는 ETL 솔루션 중에는 탈렌드Talend도 있다. 탈렌드의 라이선스는 오픈 코어 모델을 사용하므로 기본 기능은 오픈소스이고 무료이지만, 엔터프라이즈 레벨 기능을 사용하려면 상용 라이선스가 필요하다. 탈렌드는 단순 수집만을 위한 툴은 아니기 때문에, 데이터 프로파일링, 스케줄링 등을 포함하는 전체 솔루션 에코시스템으로 사용하는 편이 더 합리적이다.

또한 다양한 소스의 데이터를 클라우드 환경으로 가져오는 것을 전문으로 하는 서드파티 SaaS 솔루션들도 있다. 알루마^Alooma(2019년 구글에 인수됨)와 파이브트란^Fivetran가 대표적인 예다. 이 SaaS 서비스들은 일반적으로 매우 다양한 커넥터 세트, 모니터링, 간단한 데이터 변환과 같은 기능들을 제공한다. 데이터 수집에 SaaS 제공업체를 사용할 때의 제한 사항으로 첫째, 보안 측면에서 볼 때 타사 제품을 통한 데이터를 전송이 항상 허용되지는 않는다는 점이다. 둘째, 통합 측면에서 볼 때 이러한 툴들은 대체적으로 데이터 웨어하우스에 저장하는데 특화돼 있기 때문에, 유연한 데이터 플랫폼 아키텍처로 통합되기가 어려운 경우가 많다.

3.4.2 스트리밍 데이터 수집 및 실시간 분석

클라우드 네이티브 서비스 대신 오픈 소스 솔루션을 사용해 고속 메시지 스토어, 스트리밍 데이터 수집, 실시간 데이터 처리를 구현하는 사례가 많다. 이는 아파치 카프카^Apache Kafka가 이 분야의 선도적인 오픈 소스 솔루션이기 때문이다. 카프카는 스트리밍 데이터 소스를 위한 빠른 메시지 버스도 제공하지만 다양한 소스의 데이터를 카프카로 쉽게 수집할 수 있는 카프카 커넥트^Kafka Connect 컴포넌트도 갖추고 있다. 또한 실시간 데이터 처리 또는 분석 애플리케이션을 구현할 수 있는 카프카 스트림^Kafka Streams에 대한 지원도 제공 중이다. 클라우드 네이티브 솔루션 대신 카프카를 선택하는 요인들은 주로 성능, 풍부한 기능셋, 기존 전문성 때문이다. 기존에 카프카에 투자했거나 혹은 구체적인 성능 요구사항이 있다면, 이 기술을 직접 사용해 클라우드에 자체 스트리밍 솔루션을 구현하는 것도 고려해볼 수 있다. 다른 오픈 소스 솔루션과 마찬가지로, 카프카 클러스터 관리를 위해 투자가 필요하다는 단점이 있다.

3.4.3 오케스트레이션 계층

아파치 에어플로우^Apache Airflow는 널리 사용되고 있는 오픈 소스로, 작업 오케스트레이션 툴이다. 이를 통해 복잡한 작업 의존성을 구성 및 관리할 수 있으며, 기본 제공되는 로깅, 알림, 재시도 메커니즘을 활용할 수 있다. 구글 클라우드 컴포저^Google Cloud Composer 오케스트레이션 서비스는 아파치 에어플로우 기술 기반이다. 에어플로우를 사용할 때 장점은 클라우드 서비스에 비해 유연하다. 에어플로우를 사용하면 파이썬 프로그래밍 언어를 사용해 에어플로우 작업을 구성할 수 있어 동적 작업 정의가 가능하기 때문이다. 예를 들어 외부 구성 정보

기반으로 작업 동작을 변경할 수 있고 설정 파라미터를 외부 서비스에 연결해 가져올 수 있는 에어플로우 작업을 생성할 수 있다.

요약

- 잘 설계된 최신 데이터 플랫폼 아키텍처는 데이터 수집 계층, 데이터 처리 계층, 메타데이터 계층, 서비스 계층, 오케스트레이션 계층, ETL 계층 등 6개 계층으로 구성돼 있다. 오케스트레이션 계층과 ETL 계층은 오버레이 계층으로 각 계층 간의 작업을 코디네이트하는 역할을 한다.

- 데이터 플랫폼 아키텍처의 각 계층은 계층별 고유 역할을 수행한다. 아키텍처 관점에서 볼 때 각 계층들은 "느슨하게 결합"된 형태를 띠며, 각 계층은 다른 계층의 내부 영역과 의존성이 있어서는 안 되며, 잘 정의된 인터페이스를 통해서만 통신해야 한다. 이를 통해 클라우드 서비스와 툴들도 혼합해서 맞출 수 있을 뿐 아니라 데이터 플랫폼에 미치는 영향을 최소화하면서 진화시켜 나갈 수 있다.

- 데이터 처리 환경이 데이터 스트리밍과 실시간 솔루션으로 전환되고 있다. 데이터 수집 계층을 배치 방식과 스트리밍 방식 수집 모두를 지원하도록 임급 객체first-class citizens로 구축하려는 시도는 좋은 아키텍처 사고다. 이렇게 하면 데이터 소스의 유형과 위치에 관계없이 데이터 수집이 항상 가능하도록 데이터 수집 계층을 구축할 수 있다.

- 데이터 수집 계층은 다양한 데이터 소스와 안전하게 연결할 수 있어야 한다. 또한 스트리밍 모드, 배치 모드에서 데이터 자체나 데이터 형식의 큰 변경 없이 데이터 소스에서 데이터 플랫폼으로 데이터를 전송할 수 있어야 하며, 메타데이터 저장소에 통계 정보와 수집 상태 정보를 등록할 수 있어야 한다. 데이터 수집 계층은 플러그형 아키텍처여야 하고, 확장성, 고가용성, 관찰성observability이 확보돼야 한다.

- 데이터 플랫폼의 스토리지 계층은 장기 데이터와 단기 데이터 모두를 저장해야 한다. 배치 방식과 스트리밍 방식 모두에서 데이터를 활용할 수 있어야 한다. 스토리지 계층은 안정성, 확장성, 성능, 비용 효율성에 중점을 두고 구축해야 한다.

- 처리 계층은 데이터 플랫폼 구현의 핵심이며 스토리지에서 배치 방식이나 스트리밍 방식으로 데이터를 읽을 수 있어야 한다. 또한 다양한 유형의 비즈니스 로직을 적용할 수 있어야 하고, 데이터 플랫폼의 데이터를 대화형 방식으로 사용할 수 있는 방법을 제공해야 한다.

- 데이터 처리 계층을 통해 데이터 플랫폼에 직접 액세스할 수 있는 방법도 설계해야한다. 데이터 플랫폼의 파일들을 직접 사용할 수 있는 분산 SQL 엔진, 분산 데이터 처리 엔진 API, 데이터레이크에서 직접 파일을 읽을 수 있는 방법을 고려해볼 수 있다.

- 데이터 플랫폼 메타데이터 저장소에는 서로 다른 데이터 플랫폼 계층의 작업 상태에 대한 정보가 저장, 관리된다. 또한 메타데이터 저장소는 저장소에 있는 메타데이터를 읽고, 추가하고, 업데이트할 수 있는 인터페이스를 각 계층이 사용할 수 있도록 제공한다. 인터페이스화는 자동화, 모니터링, 알림, 개발자 생산성을 위해 매우 중요하며, 또한 계층간 결합도를 낮출 수 있기에 상호의존성과 관련된 복잡성을 줄일 수 있다.

- 데이터 플랫폼의 기술 메타데이터 관리Technical metadata management는 비교적 새로운 주제 영역이다. 구축에 필요한 기능을 제공하는 솔루션은 거의 없기 때문에, 현재 상태로는 완벽한 기능을 갖춘 기술 메타데이터 계층을 구현하기 위해 다양한 툴과 서비스를 조합하도록 한다.

- 서비스 계층은 다양한 유형의 데이터 소비자들에게 분석 처리 결과를 제공한다. 비즈니스 사용자는 데이터 웨어하우스의 데이터에 액세스하기 위해 일반적으로 SQL 기반의 툴을 사용한다. 프로그래밍 방식의 데이터 소비자는 전용 API가 필요한데, 데이터레이크에서 데이터를 주로 실시간으로 사용할 때 필요하다.

- 오케스트레이션 계층은 의존성 그래프dependency graph에 따라 여러 데이터 처리 작업을 코디네이션하고 작업 실패와 재시도를 관리한다. 확장성, 고가용성, 유지 보수성, 투명성이 확보돼야 한다.

- ETL 오버레이 툴은 클라우드 데이터 파이프라인을 보다 쉽게 구현하고 유지 관리하는 것을 목적으로 하는 제품, 혹은 제품들의 모음suite of products이다. 이 제품을 활용해 다양한 데이터 플랫폼 아키텍처 계층들의 역할 기능 중 일부를 구현할 수 있으며, 특정 솔루션을 개발하고 관리할 수 있는 메커니즘도 제공한다.

- ETL 오버레이 툴은 여러 데이터 소스(수집 계층)의 데이터 수집 추가하고 구성하는 역할, 데이터 처리 파이프라인(처리 계층)을 생성하는 역할, 파이프라인들에 관한 일부 메타 데이터 저장 역할(메타데이터 계층), 여러 작업들을 코디네이션하는 역할(오케스트레이션 계층)을 담당하므로 다양한 계층에 걸쳐 수행 작업이 진행된다.

- 아직까지는 클라우드 데이터 플랫폼을 구축할 때 여러 다양한 툴을 혼합해서 맞추는 작업이 필요하다. 계층형 아키텍처상에서 PaaS 서비스들을 적절하게 활용하면 최소한의 유지보수를 통해 민첩함agility과 유연성flexibility의 균형을 유지할 수 있다. 사용할 툴을 선택하려면 특장점, 기능, 사용 편의성, 확장성 등을 기준으로 특정 구축 요구사항들과 비교 및 평가해야 한다.

- AWS 클라우드에서는 글루Glue, DMS, 키네시스Kinesis, 키네시스 파이어호스Kinesis Firehose, 람다Lamda, 구글 클라우드 데이터 카탈로그, 스텝 펑션, S3, EMR, 키네시스 데이터 애널리틱스, 레드시프트, 아데나Athena 및 다이나모DBDynamoDB를 활용할 수 있다.

- 구글 클라우드에서는 클라우드 펍/서브Cloud Pub/Sub, 클라우드 데이터플로우Cloud Dataflow, 클라우드 데이터 펑션, 클라우드 펑션, 빅쿼리, 빅쿼리 데이터 전송 서비스, 클라우드 컴포저Cloud Composer, 데이터프록Dataproc, 클라우드 카탈로그 및 클라우드 스토리지를 활용할 수 있다.

- 애저 클라우드에서는 데이터 팩토리, 이벤트 허브Event Hub, 애저 펑션Azure Functions, 데이터브릭Databricks, 데이터 카탈로그, 스트림 애널리틱스Stream Analytics, 데이터 레이크 스토리지, 애저 시냅스 및 코스모스DBCosmos DB를 활용할 수 있다.

3.5 연습문제 답안

연습문제 3.1:

3 – 일부 데이터 소스는 실시간 수집 기능을 지원하지 않기 때문이다.

연습문제 3.2:

2 – 배치 처리 방식과 실시간 처리 방식 지원을 위해

연습문제 3.3:

1 – 다양한 수요와 요구사항을 가진 소비자를 지원하기 위해

연습문제 3.4:

3 – 서로 다른 데이터를 처리하는 작업 간의 의존성 관리를 위해

4

플랫폼으로 데이터 가져오기

4장에서 다루는 내용

- 데이터 수집 관점에서 데이터베이스, 파일, API, 데이터 스트림 소스 형식의 특징
- RDBMS 데이터 수집 시 SQL 방식과 변경 데이터 캡처(CDC) 방식 비교
- 파일 포맷의 데이터 수집과 파싱(parsing)
- 소스 스키마 변경에 대응하는 전략 수립
- 데이터 스트림을 다루기 위한 수집 파이프라인 설계
- SaaS 데이터 수집 파이프라인 구축
- 수집 파이프라인에서 품질 관리 및 모니터링 구축
- 클라우드 데이터 수집 관련 네트워크 및 보안 고려 사항

책에서 지금까지 다룬 내용만으로도 계층화된 데이터 레이크를 설계할 수 있을 것이다. 4장부터는 각 계층별 세부 내용을 다루고자 한다.

4장에서 중점적으로 다룰 내용은 수집 계층이다. 클라우드 데이터 플랫폼을 활용하기 위해 제일 먼저 해야 될 일은 플랫폼에 데이터를 채우는 일이다. 그래야 전통적 방식이든, 고도화된 분석기법이든 이를 활용해서 분석 결과나 보고서를 생성할 수 있다. 데이터 플랫폼의 주요 특징 중 하나는 모든 유형의 데이터를 네이티브 형식으로 수집하고 저장할 수 있다는

점이다. 이러한 다양한 유형의 데이터를 수집하고 처리하려면 고민을 많이 해야 한다. 그러므로 먼저 가장 많이 사용되는 데이터 타입, 즉 RDBMS, 파일, API, 데이터 스트림 유형들의 차이점을 수집 관점에서 살펴보려 한다. 또한 수집 관점에서 전체적으로 적용해야 할 네트워킹과 보안 고려 사항에 대해서도 설명하겠다.

4장의 내용을 학습하면 데이터 소스와 유스 케이스에 가장 적합한 수집 방법을 선택할 수 있으며, 각 수집 방법에 맞는 강력한 수집 프로세스를 적절하게 설계할 수 있을 것이다. 또한 데이터 수집과 관련해 개발자들이 종종 겪는 과제들, 예를 들어 데이터 타입 매핑 관련, 자동화 관련, 데이터 변동성 문제들을 식별하고 해결하는 과정을 알아보고, 데이터 수집과 관련해 발생 가능한 문제들을 예측하고 대안을 제시할 수 있게 될 것이다.

4.1 데이터베이스, 파일, API, 스트림

신뢰할 수 있는 데이터 수집 파이프라인을 확보하는 것은 중요하면서도 복잡한 일이다. 이 부분을 많이 간과한다.

복잡성의 원인은 현대 데이터 플랫폼이 다양한 유형의 데이터 소스(1장에서 다룬 세 가지 V를 상기해보자)로부터 데이터를 수집하는 것에서 출발한다. 다양한 데이터 소스들로부터 일관성, 표준 준수, 수집 속도 등을 확보하려는 노력과 관련이 있다. 4장에서는 주요 데이터 소스 유형에 대한 전반적인 내용을 다루고, 각 데이터 소스별로 필요한 수집 프로세스 수립 방법을 설명한다. 특히 데이터베이스(관계형 및 NoSQL), 파일, API, 스트림streams 유형에 초점을 맞춘다.

> | **참고** | 기존 데이터 웨어하우스를 사용해본 경험이 있다면 이미 알고 있는 내용일 수 있다. 기존 데이터 웨어하우징 세계에 대한 경험이 없는 데이터 엔지니어들이 데이터 플랫폼 설계에 참여하는 경우가 늘고 있어, 세부 내용을 다루도록 한다.

데이터 소스 유형에는 각각 고유한 특성이 있다. 예를 들어 관계형 데이터베이스는 테이블이 있으며, 이 테이블들은 테이블 컬럼으로 구성되고, 컬럼은 데이터 타입data types을 갖고 있다. 플랫^{flat} CSV 파일도 테이블 형식이지만 컬럼에 데이터 타입 정보가 없기 때문에 플랫 CSV 파일을 플랫폼에서 처리하는 방법을 찾아야 한다. 그림 4.1에서 각 데이터 소스 유형별 고려 사항을 설명하고 있다.

다음 절에서는 각 데이터 소스가 가진 데이터 속성들을 검토하면서, 데이터 플랫폼에서 데이터를 수집할 때 각 속성별로 어떤 처리 방식이 필요한지, 또한 각 데이터 소스로부터 데이터를 수집하려 할 때 유의해야 할 점들을 설명한다. 각 데이터 소스 유형별 특성을 자세히 살펴보면서, 각 유형별 데이터 플랫폼 수집 계층을 설계하고 구현하는 방법에 대한 개략적인 가이드라인을 제시한다.

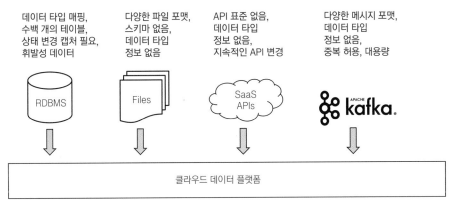

▲ **그림 4.1** 일반적 데이터 소스 유형

4.1.1 관계형 데이터베이스

관계형 데이터베이스(RDBMS라고 함)는 데이터 플랫폼에서 널리 사용하고 있는 데이터 소스 중 하나다. 오늘날 비즈니스 시스템으로 구축된 대부분의 애플리케이션이 RDBMS 기반이며, 이 RDBMS에서 결제, 주문, 예약 등과 같은 핵심 비즈니스 거래 관련 귀중한 정보를 관리 중이다. RDBMS에서 데이터는 테이블 형태로 구조화돼 있으며, 각각의 테이블은 하나 이상의 컬럼^{column}으로 구성돼 있다. 각 컬럼은 명확한 데이터 타입(예: string, integer, dates 등)을 가지며, RDBMS는 데이터 타입 기반으로 잘못된 유형의 데이터가 데이터베이스에 저장되지 않도록 관리한다. 관계형 데이터베이스의 데이터는 일반적으로 고도로 정규화돼 있다.

즉 데이터 엔티티가 여러 개의 테이블로 분할돼 있으며, 쿼리 시 공통 키를 사용해 조인할 수 있게 돼 있다. 따라서 수백 개에서 수천 개의 테이블이 한 데이터 베이스에 있는 경우가 드물지 않다. 이 같은 데이터베이스의 처리 방식 특성 때문에 데이터베이스의 데이터들에는 항상 변경이 발생하게 된다. 신규 주문을 접수하거나 주문이 변경 및 취소될 때, 아니면 주문이 완료된 후 배송 단계로 넘어갈 때에도 관련 테이블의 데이터에 변경이 발생한다.

공통 데이터 플랫폼에 데이터 수집 절차 구축 관점에서 이러한 RDBMS 속성들에 따른 의미는 어떤 것들이 있는가? 다음은 주요 고려 사항들이다.

- **데이터 타입 매핑** – 소스 데이터베이스의 컬럼 데이터 타입을 데스티네이션 클라우드 웨어하우스에 매핑해야 한다. 아쉽게도 RDBMS 벤더와 클라우드 공급 업체는 자체적으로 지원하는 데이터 타입 세트를 갖고 있다. 문자열, 정수 및 일자 등 여러 유형이 겹치긴 하지만 특정 벤더에만 있거나, 같은 데이터 타입인데도 데이터베이스마다 다르게 동작하는 경우가 있다. 예를 들어, 타임스탬프TIMESTAMP 타입은 데이터베이스 별로 다른 정밀도(마이크로초, 나노초 등)를 갖기도 하고, DATE 타입에서 일자 포맷이 다른 경우가 있다.

- **자동화**Automation – RDBMS는 수백 개의 서로 다른 테이블로 구성되는 경우가 많기 때문에 수집 프로세스는 반드시 자동화돼야 하며, 설정값을 정밀하게 관리할 수 있어야 한다. 예를 들어 600개의 테이블 수집 설정값을 세팅하려 할 때 한땀 한땀 수작업으로 하는 경우는 많지 않다. 수작업으로 진행한다면 실수할 확률도 높고, 동일한 세팅을 다시 진행하기도 어렵기 때문에 불안정한 수집 설정 상태다.

- **변동성**Volatility – RDBMS의 데이터는 일반적으로 변동성이 매우 높다. 기업에서 사용하는 데이터는 역동적이며 다양한 비즈니스가 전개되면서 관련한 수많은 데이터가 데이터베이스로 저장된다. 예를 들어 대규모 전자 상거래 사이트의 경우 매초마다 수백에서 수천 개의 주문이 생성, 처리, 편집, 취소되는 과정들이 발생한다. 이러한 이벤트는 곧 수십 개 테이블의 데이터 변경으로 이어지게 된다. RDBMS 데이터 수집 프로세스는 끊임없이 변화하는 데이터를 처리할 수 있어야 한다. 즉 특정 시점의 데이터 상태를 캡처해서 데이터 플랫폼으로 전달하고, 이를 더 세밀하게 처리하고 분석할 수 있어야 한다.

4.1.2 파일

파일은 데이터 플랫폼에서 가장 많이 사용하는 데이터 소스 중 하나며, 일반적으로 텍스트 또는 바이너리binary 파일이다. FTP 프로토콜을 통해 목표 시스템에 전달되거나 구글 클라우드 스토리지Google Cloud Storage,GCS, S3, 애저 블롭 스토리지Azure Blob Storage와 같은 클라우드 스토리지에 저장되고, 수집 프로세스가 이를 가져간다. 한 가지 꼭 언급하고자 하는 것은, 전용 이메일 주소로 파일을 보내는 것과 같이 데이터를 데이터 플랫폼으로 전송하는 다소 색다른 방법을 사용하는 경우도 있는데, 이런 방식은 보안과 신뢰성을 이유로 강력하게 반대한다.

파일 자체만 보면 단순해 보여도 수집 관점에서 보면 실제로 다루기가 매우 까다로운 것이 파일이다. 우선, 파일의 포맷이 다양하다는 점이다. 가장 많이 사용되는 텍스트 형식은 CSV, JSON, XML이다. 바이너리 포맷의 빈도는 텍스트 포맷과 비교했을 때 적으며, 아브로Avro[1], 프로토콜 버퍼protobuf가 있다. 텍스트 파일 포맷에는 컬럼 타입 정보가 포함돼 있지 않기에 기정의된 데이터 구조나 파일 구조에 데이터를 맞추는 강제화 수단을 갖고 있지 않다. 즉, 동일한 데이터 소스에서 수신된 파일이라도 데이터 구조가 일정하지 않을 수 있다는 의미다. 따라서 데이터 수집 프로세스는 수신되는 데이터 구조 변화에 매우 탄력적이어야 하며 다양한 엣지 케이스edge case[2]를 처리할 수 있어야 한다.

다음은 파일 기반 수집 프로세스를 구축할 때 고려해야 할 사항들이다.

- **다양한 파일 포맷 파싱**Parsing different file formats – CSV, JSON, XML, 아브로 등 다양한 파일 포맷을 파싱해야 한다. 텍스트 포맷 파일의 경우, 모든 수집 파일의 내용이 파서parser가 기대하는 구조에 다 맞춰져 있을 것이라 전제하기는 어렵다.

---

1   위키백과를 인용하면, 아브로(Avro)는 아파치의 하둡 프로젝트에서 개발된 원격 프로시저 호출(RPC) 및 데이터 직렬화 프레임 워크다. 자료형과 프로토콜 정의를 위해 JSON을 사용하며 콤팩트 바이너리 포맷으로 데이터를 직렬화한다. 데이터를 전송할 때 이 데이터의 내용이 변형되는 경우 수신 측에서 오류 없이 작동을 보장하려면 데이터 자체가 자신을 설명할 수 있어야 한다. 따라서 스키마(schema) 방식으로 JSON 포맷을 사용한 아브로(Avro)가 등장하게 됐다. – 옮긴이

2   엣지 케이스란 알고리즘이 처리하는 데이터의 값이 알고리즘의 특성에 따른 일정한 범위를 넘을 경우에 발생하는 문제를 가리킨다. 예를 들어 fixnum이라는 변수 값이 −128~127의 범위를 넘는 순간 문제가 발생하는 경우나 어떤 분모가 0이 되는 상황처럼 데이터의 특정 값에 대한 문제가 발생하는 경우다. 이런 비슷한 상황을 가리키는 용어로 경계 케이스(boundary case)가 있다. 한편 코너 케이스(corner case)가 있는데, 이는 여러 가지 변수와 환경 간 복합적인 상호작용으로 발생하는 문제로 정상 작동하다가도 시점이나 환경에 따라 오류가 발생하는 경우를 말한다. – 옮긴이

- **스키마 변경**Dealing with schema changes — RDBMS와 달리 CSV 파일에 새 컬럼을 추가하거나 JSON 문서에 새 속성을 추가하는 것은 데이터 생산자 입장에서 보면 쉬운 일이다. 실제 경험상으로도 파일 기반 데이터 소스에서 스키마 변경은 매우 흔한 일이기 때문에, 수집 프로세스는 스키마 변경이 빈번히 발생할 것이라 고려해서 설계, 구축돼야 한다.

- **스냅샷 데이터, 복수 개의 파일**Snapshots and multiple files — RDBMS의 데이터는 변동성이 높은 반면, 파일은 일반적으로 특정 데이터들의 특정 시점의 스냅샷이다. 파일 기반 데이터 소스의 흐름은 시스템에서 데이터를 추출하고 텍스트 파일로 저장한 다음, 데스티네이션 시스템으로 해당 파일을 전송하는 절차로 이뤄져 있다. 파일은 소스 시스템 전체 스냅샷(예: 전체 주문 데이터)인 경우도 , 데이터의 증분(예: 어제 이후 생성된 주문 데이터 등)인 경우도 있을 것이다. 또한 수집 배치batch는 단일 파일로도, 여러 파일로도 나눠 전송할 수 있다. 수집 프로세스를 설계할 때 이러한 다양한 옵션들을 고려해야 한다.

4.1.3 SaaS API

기업을 운영하는 데 SaaS 제품을 활용하지 않는 기업을 찾기란 거의 불가능하다. 세일즈포스Salesforce나 마케토Marketo와 같은 SaaS 제품은 기업에서 가장 중요한 데이터들을 관리하는 서비스를 제공한다. 기업에서 데이터 플랫폼을 통해서 얻고자 하는 결과물 중의 하나는 고객 데이터(SaaS의 경우 세일즈포스), 마케팅 캠페인 데이터(SaaS의 경우 마케토), 비즈니스 트랜잭션 정보(RDBMS)들의 통합된 뷰일 것이다. 대부분의 SaaS 공급 업체에서는 이러한 요구를 충족하기 위해 데이터 추출을 위한 REST API를 제공한다. 일반적으로 HTTP 프로토콜 기반에 JSON 포맷으로 요청된 데이터를 받을 수 있다. 데이터를 플랫flat CSV 파일로 다운로드하는 방식도 가능하지만, 필요 데이터에 액세스하고 필터링하는 데 API 방식이 더 유연하기에 SaaS 시스템에서 데이터를 추출할 때는 API 방식을 더 많이 사용하고 있다.

SaaS API 사용에 관한 몇 가지 고려사항이 있다. 첫째는 SaaS 공급 업체마다 SaaS 데이터를 데이터 소비자에게 노출하는 방식이 다르다는 점이다. 예를 들어 어떤 공급 업체는 시스템의 데이터를 제공하는 API 엔드포인트endpoint가 하나로만 구성돼 있는 경우가 있다. 또 다른 공급 업체는 고객, 계약, 공급 업체 등과 같이 시스템의 각 객체에 대해 API 엔드포인트를 제공하기도 한다. 어떤 공급 업체는 데이터를 가져오고자 할 때 기간을 반드시 지정해야 하는 경우가 있는 반면, 다른 공급 업체는 전체 데이터 스냅샷을 제공하기도 하고, 최근 며칠 분량의 데이터만 제공하기도 한다. 이렇게 SaaS 공급 업체별 다양성은 끝이 없다. 이와 같이 데이터 액세스 관점에서 볼 때 표준화의 부재와 그에 따른 다양한 API 액세스 방법 때문에 SaaS에서 데이터 플랫폼으로 데이터를 수집하기가 쉽지 않다. 다음은 SaaS로부터 데이터를 수집하기 위한 프로세스를 설계할 때 고려해야 할 사항들이다.

- 기업에서 여러 종류의 SaaS 솔루션을 사용하는 경우 각 SaaS 파이프라인에 대해 서로 다른 데이터 수집 파이프라인을 구현하면 좋다. 공급 업체의 API 변경 계획에 따라 파이프라인도 지속적으로 업데이트해야 하기 때문이다.
- 대부분의 SaaS 공급 업체 API에는 데이터 타입 정보가 없다. 데이터 타입 관점에서 볼 때, API를 활용한 데이터 수집은 JSON 파일을 처리하는 것과 유사하다고 보면 된다. 즉, 데이터 파이프라인에는 데이터 타입 검증, 스키마 검증 등의 수행 로직이 포함돼야 한다.
- 전체 데이터 적재, 증분 데이터 적재 등, 데이터 적재 관련 SaaS API 표준이 없다는 점이다. 그러므로 파이프라인 구축 시 공급 업체별로 별도로 관리해야 한다.

4.1.4 스트림

데이터 플랫폼 아키텍트가 고려해야 하는 데이터 소스 유형들 중 가장 최근에 추가된 것은 스트림Streams이다. 데이터 스트림은 일반적으로 특정 시점에 발생하는 이벤트들을 말한다. 예를 들어, 웹 애플리케이션에서 많이 사용되는 데이터 스트림은 클릭 스트림clickstream 데이터다. 방문자가 웹 페이지의 객체를 클릭할 때마다 다양한 속성들(사용자 IP 주소, 브라우저 유형 등)을 가진 이벤트가 캡처된다. 클릭 스트림은 이벤트 내용과 발생 시점 정보가 연속적인 흐름 형태의 데이터인데, 이를 분석하면 다양한 사용자 행위 정보와 비즈니스 활동 정보들을 이해할 수 있다. 예를 들어 언제 전자 상거래 사이트의 쇼핑 카트에 아이템을 넣고 빼는지, 언제 은행 계좌로 입금하고 인출하는지 등 일련의 이벤트를 스트림 정보를 통해 파악할 수 있다. RDBMS는 시스템의 현재 상태(예: 체크아웃 시점의 쇼핑 카트에 있는 항목 또는 현재 유동 은행 계좌 잔액)를 나타내지만, 이벤트 흐름은 현재 상태에 도달하기 전까지 발생했던 행위들의 순서다. 클릭 스트림 정보는 사용자 동기 이해, 시스템 최적화 기회 확보 등 다양한 영역에서 통찰력을 정보들로부터 얻을 수 있기에 중요하다.

이벤트 스트림은 새로운 개념이 아니지만, 기술이 발전됨에 따라 이벤트를 캡처하고 저장하는 데 안정성, 규모, 비용 효율성 모두 좋아졌다. 아파치 카프카Apache Kafka3는 이벤트 스트림 용도로 만들어진 가장 인기 있는 오픈소스 프로젝트다. 클라우드 네이티브 스트리밍 서비스로는 AWS 키네시스Kinesis, 구글 클라우드 펍/서브Google Cloud Pub/Sub, 애저 이벤트 허브 Azure Event Hub 등이 있으며, 클라우드 네이티브 애플리케이션으로부터 발생하는 스트리밍 데이터를 통합하는 데 활용되고 있다. 수집 파이프라인 설계 고려 사항은 오픈 소스나 클라우드 공급 업체 서비스 모두 동일하게 적용되며, 다음과 같다.

- 데이터 스트림 시스템에서는 메시지 포맷에 제약이 있다. 메시지는 바이트 배열array of bytes로 저장되며 데이터를 JSON 문서, 아브로Avro 메시지 등과 같은 형식으로 인코딩되기도 한다. 또한 수집 파이프라인은 데이터 이용 목적에 맞는 포맷으로도 디코딩할 수 있어야 한다.
- 스트리밍 데이터 시스템이 데이터를 전달하는 데 신뢰성과 확장성을 확보하기 위해서는 동일한 메시지를 여러 번 처리할 수 있는 상황을 고려해야 한다. 즉, 데이터 수집 파이프라인이 중복 데이터를 효율적으로 처리할 수 있어야 함을 의미한다.
- 스트리밍 데이터 시스템의 메시지가 가진 특성 중 하나는 불변성이다. 데이터 프로듀서producer가 한 번 생성한 메시지는 변경할 수 없다. 동일한 메시지가 신규 버전으로 다시 전달돼 올 수 있기 때문에, 데이터 플랫폼은 동일 메시지가 여러 개 존재할 때 발생하는 문제를 잘 해결할 수 있어야 한다.
- 스트리밍 데이터는 일반적으로 대용량 데이터다. 수집 파이프라인은 이들을 처리할 수 있도록 확장성을 설계해야 한다.

---

3 LinkedIn이 개발한, 스칼라(Scala)와 자바(Java)로 작성된 오픈소스 스트림 처리 소프트웨어 플랫폼. 아파치 소프트웨어 파운데이션(Apache Software Foundation)에 기부했다.

다음 절에서는 각 데이터 소스 유형에 대해 자세히 알아보면서, 데이터 소스 유형별로 데이터 플랫폼 수집 계층을 설계 및 구현하는 방법과, 각각의 가이드라인을 개략적으로 설명한다.

4.2 관계형 데이터베이스에서 데이터 수집

이 절에서는 RDBMS에서 데이터를 수집할 수 있는 다양한 방법에 대해 설명한다. 데이터베이스에서 수집 프로세스를 구성하기 위해 주로 사용하는 방법은 크게 두 가지로 SQL 인터페이스와 CDC^{Change data capture}(변경 데이터 캡처) 기술이다. SQL 인터페이스가 데이터 수집에 조금 더 많이 활용되고 있는 방법이며, SQL 인터페이스를 활용해서 수집하는 형태는 테이블 전체 데이터 수집과 테이블 증분 데이터 수집 형태로 구분할 수 있다.

4.2.1 SQL 인터페이스를 사용해 RDBMS에서 데이터 수집

관계형 데이터베이스는 SQL을 기본으로 지원한다. 데이터베이스에서 데이터를 추출하는 기본적인 방법은 SQL 쿼리를 다음과 같이 실행한다.

```
SELECT * FROM some_table;
```

이 쿼리를 실행하면, 지정 테이블에 있는 모든 컬럼^{column}과 행^{row}의 값을 보여준다. 이 결과는 플랫^{flat} 파일(CSV 또는 Avro) 형태로 저장할 수 있다. 예를 들어, 데이터 플랫폼의 랜딩 영역에 플랫 파일로 저장하도록 구성했다면, 이것이 바로 기초 수준의 RDBMS 수집 프로세스 구성이라 할 수 있다.

물론 이러한 수집 과정이 일관성 있게 잘 작동하려면 훨씬 더 많은 것들을 고려해야 한다. 그림 4.2에서 RDBMS 수집 프로세스 개념을 설명하고 있다.

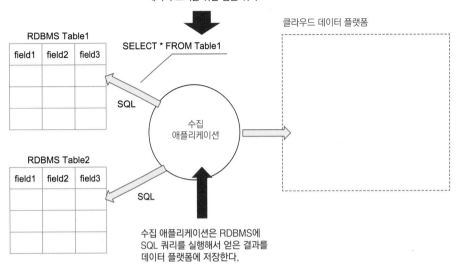

데이터 조회를 위한 샘플 쿼리

클라우드 데이터 플랫폼

RDBMS Table1

field1	field2	field3

SELECT * FROM Table1

SQL

수집
애플리케이션

RDBMS Table2

field1	field2	field3

SQL

수집 애플리케이션은 RDBMS에
SQL 쿼리를 실행해서 얻은 결과를
데이터 플랫폼에 저장한다.

▲ **그림 4.2** RDBMS 수집 프로세스

RDBMS 수집 프로세스를 구현하기 위해 고려해야 될 몇 가지 중요한 사항들이 있다. 먼저, RDBMS에서 SQL 쿼리를 실제로 실행하고 결과를 데이터 플랫폼에 저장할 수 있는 애플리케이션이 필요하다. 3장에서 수집 프로세스를 다루면서 프로세스 구축에 활용할 수 있는 클라우드 네이티브 서비스와 오픈 소스 툴 몇 가지를 예로 들었다. RDBMS에서 데이터를 수집하는 유스 케이스를 위해 툴이 가져야 할 기능 요구사항은 다음과 같다.

- 다양한 종류의 RDBMS로 SQL을 실행할 수 있어야 한다.
- 결과를 여러 포맷으로 생성할 수 있어야 하고, 클라우드 스토리지에 저장할 수 있어야 한다.
- SQL 조회 시 다양한 필터링 조건과 관련 파라미터 값들을 활용할 수 있어야 한다.

구현 관점에서 이 기능 요구사항 목록을 보면 몇 가지 필요 사항을 발견할 수 있다. 우선, 애플리케이션이 RDBMS에서 데이터를 읽도록 하려면 커넥터가 필요하다. 다행히도 RDBMS는 수십 년 동안 널리 사용돼 왔기 때문에 RDBMS 공급 업체에서는 이미 주요 프로그래밍 언어를 위한 데이터베이스 커넥터(또는 드라이버)를 갖고 있다.

다음으로, 그림 4.3을 자세히 살펴보면 RDBMS 수집 프로세스는 최소 세 가지 레벨의 흐름으로 구성된다는 것을 알 수 있다.

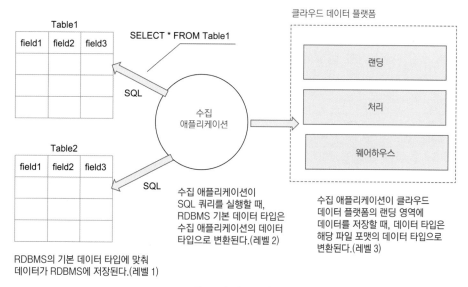

▲ **그림 4.3** 수집 프로세스 레벨

레벨 1에서는 RDBMS 기본 데이터 타입을 사용해 데이터를 저장한다. 레벨 2는 수집 애플리케이션이 SQL 쿼리를 실행할 때며, RDBMS 기본 데이터 타입이 수집 애플리케이션의 데이터 타입으로 변환된다. 레벨 3는 데이터 수집 애플리케이션이 데이터를 클라우드 데이터 플랫폼의 랜딩 영역에 저장할 때며, 저장 파일 포맷에 맞는 데이터 타입으로 다시 변환돼야 한다(레벨 3). 데이터 타입 매핑이 항상 일대일 형태는 아니다. 또한 RDBMS 데이터 수집 프로세스를 실행 중인 동안 데이터 타입이 두 번 이상 변경되기 때문에 데이터 타입 매핑이 중요하다. 이에 대해서는 이 장 뒷부분에서 자세히 살펴보겠다.

마지막으로, 수집 애플리케이션의 기능으로 SELECT * FROM some_table 만 존재한다면, 테이블 전체 데이터 수집만 가능하다는 얘기가 된다. 이것만으로는 실제 시나리오를 다루기에는 충분하지 않기 때문에 신규 생성 데이터, 변경 데이터들을 식별하고 수집할 수 있는 정교한 방법이 필요하다.

4.2.2 테이블 전체 데이터 수집

RDBMS 기반 애플리케이션은 주로 비즈니스 수행에 활용되므로 RDBMS의 데이터는 수시로 변경된다. 즉, 신규 데이터 행이 추가되기도 하고, 기존 데이터 행이 수정되거나 삭제되기도 한다. 정적static 데이터만 다루는 애플리케이션은 흔하지 않다. 클라우드 데이터 플랫폼의 데이터 수집 파이프라인 설계 과정에서 수시로 변경되는 데이터의 수집 방법을 결정해야 한다.

> **참고** 업무 처리용 데이터베이스 환경에서 중요하게 생각하는 데이터의 특징과 분석 데이터 플랫폼에서 중요하게 생각하는 데이터의 특징은 다르다. 업무 처리용 데이터베이스에서는 "특정 아이템의 현재 상태값은?" 등의 질문과 관련이 있다. 지금 장바구니에 어떤 아이템이 들어 있는지? 사용자의 계좌 잔액이 현재 얼마인지? 특정 게임에서 플레이어가 모은 녹색 보석은 현재 몇 개인지? 등의 질문들을 예로 들 수 있다. 반면 분석 데이터 플랫폼은 일반적으로 "특정 아이템이 시간에 따라 어떻게 변했는가?" 등의 질문과 관련이 있다. 예를 들어 고객이 쇼핑 카트에 상품을 담은 순서는? 쇼핑 카트에 담았다가 나중에 제거한 상품은?과 같은 질문이다. 이러한 질문들에 답하기 위해서는 분석 데이터 플랫폼과 업무 처리용 데이터베이스의 데이터 저장 방식이 달라야 한다.

어떤 온라인 서비스를 위해 클라우드 데이터 플랫폼을 구축하고 있다고 해보자. 이 서비스는 평가판 계정으로 가입할 수도 있고, 평가판 사용 기간이 만료되면 프리미엄 구독을 구입하거나 계정을 해지할 수 있다. 여기서 중요한 것은 특정 시점의 사용자별 상태 정보, 두 번째는 시간 흐름에 따른 사용자 상태 정보의 변화 추이 등을 식별할 수 있도록 파이프라인을 설계해야 된다는 점이다.

좀 더 상세한 부분으로 내려가서, 현 시나리오의 서비스에서 사용하는 백엔드 데이터베이스를 관계형 데이터베이스라 가정해보자. 신규 사용자 가입, 기존 사용자의 가입 상태 변경 등, 업무 처리용 데이터베이스에서의 데이터는 그림 4.4와 비슷하게 된다.

우선 프리미엄 구독자와 최근 평가판(A)에 가입한 사용자 등 두 명의 사용자가 있다. 잠시 후 신규 사용자가 평가판에 등록해 user_id=3인 행이 테이블(B)에 추가된다. 다음으로 user_id=2를 사용하는 사용자는 프리미엄 구독(C)으로 전환하기로 결정한다. 아직 분석 데이터 플랫폼을 구축하지 않아 신규 평가판 사용자에게 어떤 인센티브를 제공해야 좋을지 알 수 없어서 해당 인센티브를 광고하지 않은 상태다. 이 사용자는 계정을 탈퇴하기로 결정하고, 테이블(D)에서 해당 항목이 삭제된다.

USER_ID	STATUS	JOINED_DATE
1	프리미엄	2018-03-27
2	평가판	2019-05-01

A. 프리미엄 가입자와 최근에 평가판에 가입한 사용자로 두 개의 데이터 행이 있다.

USER_ID	STATUS	JOINED_DATE
1	프리미엄	2018-03-27
2	평가판	2019-05-01
3	평가판	2019-05-04

B. 신규 사용자가 평가판에 등록하면서 user_id=3인 행이 테이블에 추가된다.

⟸ 신규 행 추가

USER_ID	STATUS	JOINED_DATE
1	프리미엄	2018-03-27
2	프리미엄	2019-05-01
3	평가판	2019-05-04

C. user_id=2를 사용하는 사용자가 프리미엄 구독으로 전환하기로 결정하면서, 해당 행이 변경된다.

⟸ 행 수정

USER_ID	STATUS	JOINED_DATE
1	프리미엄	2018-03-27
2	프리미엄	2019-05-01

D. 사용자가 계정을 탈퇴하기로 결정하면서 해당 데이터 행이 테이블에서 삭제된다.

⟸ 행 삭제

▲ **그림 4.4** 업무 처리용 데이터베이스의 데이터는 수시로 변경된다.

이러한 이벤트들은 언제든지 발생할 수 있고, 어떤 경우는 몇 시간, 몇 분, 또는 며칠 안에 일어난다. 여기서 중요한 것은 이벤트 시작 시점에 해당 테이블에 2개의 행이 있었고, 이벤트가 끝난 후에도 해당 테이블에 2개의 행이 그대로 남아 있다. 그렇지만 행의 데이터 값은 변경된 상태며, 그 사이에 중요한 일이 일어났다. 예를 들어, 분석을 위한 목적이라면 계정을 탈퇴했다는 사실이 중요하다. 그런데 업무 처리용 RDBMS의 테이블에서 항목을 삭제했다면, 그 데이터는 찾을 수 없게 된다. 분석을 수행하는 데 필요한 모든 데이터를 확보하려면 데이터 플랫폼에 수집 파이프라인 설계 시, 특정 시점의 데이터뿐만 아니라 시간 흐름에 따른 데이터의 변화 내용도 파악할 수 있어야 한다.

이 문제를 해결하는 한 가지 방법은 관계형 DB의 해당 테이블에 전체 데이터 수집을 수행하는 수집 파이프라인을 만드는 것이다. 가장 간단한 방법이기는 하지만 한계가 있는 방식이다. 기본적으로 테이블 전체 데이터 수집 파이프라인은 다음 단계를 수행한다.

1. 스케줄에 따라 파이프라인을 시작한다.
2. 소스 데이터베이스에 SQL 쿼리(SELECT * FROM some_table)를 실행한다.
3. 결과를 클라우드 데이터 플랫폼 스토리지에 저장한다.
4. 클라우드 웨어하우스에 데이터를 적재한다.

테이블 전체 데이터 수집 전략에서는, 파이프라인이 실행될 때마다 해당 테이블의 전체 데이터를 읽는다. 하루에 한 번, 4일 동안 이 파이프라인이 실행된다고 가정해보자. 그림 4.4에서 묘사한 사용자 상태 변경 예제를 사용하면, 그림 4.5와 같이 4가지 테이블 스냅샷들이 클라우드 데이터 플랫폼 스토리지에 생성된다.

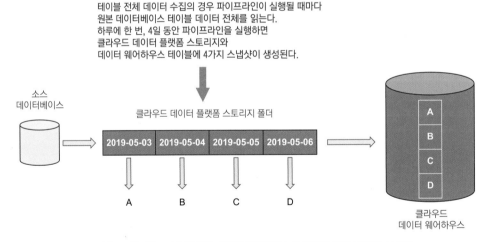

▲ **그림 4.5** 클라우드 스토리지와 데이터 웨어하우스의 테이블 전체 데이터 스냅샷

매일 소스 데이터베이스에서 모든 데이터 행을 추출한 후, 그 스냅샷snapshot을 클라우드 데이터 플랫폼 스토리지의 폴더에 저장한다. 클라우드 스토리지의 데이터 구성에 대한 자세

한 내용은 5장에서 다루겠지만, 지금은 수집일자 폴더 이름에 스냅샷을 저장한다고 가정하겠다. 이제 4개의 스냅샷이 스토리지의 서로 다른 폴더에 저장된다. 클라우드 웨어하우스에 저장하는 방법에는 두 가지가 있다. 그림 4.5와 같이 하나의 스냅샷 위에 다른 스냅샷을 계속 쌓아서 긴 테이블로 만들 수 있다. 아니면 최신 스냅샷만 웨어하우스에 보관할 수도 있다. 앞서 설명했듯 분석 유스 케이스를 다룰 때라면 최신 상태값만 유지하는 방법은 적절하지 않은데, 왜냐하면 데이터가 어떻게 최근 상태값까지 변화했는지에 대한 과정 정보들이 없기 때문이다.

웨어하우스에 최신 스냅샷만 보관한다고 할 경우, 데이터 분석가가 웨어하우스에 접속해서 사용자 가입 정보 데이터를 조회한다면 그림 4.6에 표시된 내용만 확인할 수 있을 것이다.

USER_ID	STATUS	JOINED_DATE
1	프리미엄	2018-03-27
2	프리미엄	2019-05-01

▲ **그림 4.6** 최신 사용자 가입 정보 테이블 스냅샷

이 데이터만으로는 사용자 가입, 프리미엄 전환, 탈퇴 등의 전체 과정을 확인할 수 없게 된다. 유용한 정보들이 유실된 상태라 할 수 있다. 그렇기에 분석 플랫폼에서 선호하는 방법은 그림 4.7과 같이 웨어하우스에 스냅샷들을 계속 추가하는 방식이다.

이렇게 하면 웨어하우스 테이블에 각 스냅샷의 모든 데이터 행이 포함된다. 소스 데이터에 존재하지 않는 새 컬럼인 INGST_DATE도 웨어하우스에 추가됐다. 따라서 스냅샷마다 고유한 수집 일자가 존재하므로 각 데이터 행이 어느 스냅샷에 속하는지 구별할 수 있다. 클라우드 데이터 플랫폼의 수집 테이블에 추가적으로 필요한 시스템 컬럼들이 있다. 이에 대해서는 5장에서 자세히 살펴보겠다.

	USER_ID	STATUS	JOINED_DATE	INGEST_DATE
A	1	프리미엄	2018-03-27	2019-05-01
	2	평가판	2019-05-01	2019-05-01
B	1	프리미엄	2018-03-27	2019-05-04
	2	평가판	2019-05-01	2019-05-04
	3	평가판	2019-05-04	2019-05-04
C	1	프리미엄	2018-03-27	2019-05-05
	2	프리미엄	2019-05-01	2019-05-05
	3	평가판	2019-05-04	2019-05-05
D	1	프리미엄	2018-03-27	2019-05-06
	2	프리미엄	2019-05-01	2019-05-06

▲ **그림 4.7** 단일 웨어하우스 테이블에서의 소스 테이블 전체 데이터 스냅샷 추가 방식

최신 스냅샷만 저장하는 방식과 비교했을 때, 그림 4.7 방식은 시간 흐름에 따른 데이터 변화에 대한 자세한 정보는 제공하지만 이 데이터 모델에도 결함이 있다. 예를 들어, 시간 흐름에 따라 user_id = 2인 특정 사용자에 대한 모든 변경 사항을 표시하는 SQL 쿼리는 다음과 같이 간단하게 작성이 가능하다.

```
SELECT * FROM subscriptions WHERE user_id = 2
```

이렇게 하면 사용자가 평가판 사용자로 처음 가입한 후 어떻게 프리미엄 구독으로 전환했는지, 그 기록들을 조회할 수 있다. 그러나 user_id = 3으로 동일한 쿼리를 실행해보면, user_id = 3은 평가판에 등록하고 나서 계속 사용 중인 것으로 나타난다. 그러나 실제 상황을 보면 user_id = 3 사용자는 평가판을 탈퇴했고 계정이 삭제된 상태다. 즉 이 설계의 결점 중 하나는 삭제된 행을 어떤 방식으로도 추적하지 못한다는 점인데, 이유는 마지막 스냅샷에서 해당 행이 사라지기만 했기 때문이다.

다음으로 다루어야 할 이슈는 데이터 중복이다. 프리미엄 가입자 수를 조사한다고 가정해보자. 다음과 같은 쿼리를 실행하는 경우,

```
SELECT COUNT(*) FROM subscriptions WHERE status="PREMIUM"
```

이렇게 쿼리를 실행하면 각 스냅샷에 존재하는 동일한 행들이 중복 포함되므로 결과 값이 잘못될 수 있다. 이 같은 쿼리는 항상 특정 수집 일자로 제한해야 한다. 이렇게 하면 특정일자에 따른 프리미엄 구독 수를 얻을 수 있다. 웨어하우스 데이터 사용자는 이 테이블이 일자별 전체 소스 테이블 스냅샷 스택이라는 점을 인식하는 가운데, 그에 맞추어 쿼리를 작성해야 한다.

이 같은 이슈들을 쉽게 해결하는 방법은 처리 계층에 요구사항에 맞는 신규 데이터 세트를 구성하는 것이다. 그림 4.7에서 보여주는 테이블 구조는 데이터 수집 목적에 적합하다. 전체 테이블 스냅샷을 항상 사용하므로 데이터 변경 기록을 보존할 수 있으며 구현하기에도 용이하다. 수집된 데이터는 클라우드 데이터 플랫폼의 처리 계층에서, 혹은 데이터 웨어하우스의 뷰 기능을 활용해서 필요에 따른 형태로 신규 데이터 세트를 재구성할 수 있는데, 데이터의 사이즈와 변환 복잡도에 따라 어떤 방법이 적절한지는 결정해야 한다. 다음은 원시^{raw} 소스 데이터를 기반으로 구현할 수 있는 파생 데이터 세트의 몇 가지 예다.

- **각 행의 마지막 버전** – 마지막 스냅샷만 저장하는 것과 유사하다. 데이터 사용자 중에는 마지막으로 수집된 데이터에만 관심을 갖는 경우도 있다. 이때 모든 변경 기록을 보존하는 방식을 사용하면서도, 데이터 웨어하우스에 마지막 버전의 데이터를 제공할 수 있는 뷰^{view}를 제작하는 방법도 하나의 방안이 될 수 있다.

- **마지막 스냅샷을 이전 스냅샷과 비교해 삭제된 데이터 행 리스트** – 예를 들어 전일 스냅샷 C에는 user id = 3 관련 행이 존재하지만 당일 스냅샷 D에는 user_id = 3 관련 행이 없다면, 데이터 행이 이날 삭제됐다고 할 수 있다. 이러한 개념으로 삭제된 데이터 행을 식별해낼 수 있는 로직을 만들어 신규 데이터 세트로 구성할 수 있다. 이렇게 파생 데이터 세트 형태로 구성해두면, 분석 시 매우 효율적이면서 유용하다.

- **원시 데이터 세트 간결화** – 데이터 변경 이력은 유지하면서 중복은 제거된 형태의 파생 데이터 세트를 생성할 수 있다. 예를 들어 user_id = 1이 스냅샷 A 이후 변경되지 않았다고 하면, 이 테이블에서 user_id = 1을 가진 데이터 행은 하나만 저장한다. 만약 user_id = 2가 스냅샷 A와 B에서는 동일한 데이터를 유지하고 있으며, 스냅샷 C에

서 프리미엄으로 업그레이드한 후, D에서는 변경이 되지 않았다고 하면 user_id = 2에 해당하는 데이터 행은 2개만 보이게 된다.

데이터 플랫폼 계층 설계를 통해 원시 데이터를 편리한 방법으로 저장할 수 있고, 데이터 변경에 관한 세부 정보도 최대한 보존할 수 있다. 또한 변환 계층^{transformation layer}을 활용하면 필요에 맞는 파생 데이터 세트를 구현할 수 있다. 여기서 예제로 다룬 3가지 파생 데이터 세트는 아주 일반적인 비즈니스 유스케이스이며, 특정 엔티티^{entity}가 시간 흐름에 따라 어떻게 변화되는지를 설명하고 있다. 이 데이터 세트는 SQL로도 구현할 수 있는데, 독자들이 연습 삼아 구현해보기를 권유한다.

테이블 전체 데이터 수집 방식을 구현하기는 쉽지만(필요한 테이블에 전체 SELECT문을 정기적으로 실행하기만 하면 된다) 만약 소스 테이블이 클 경우 효율성이 크게 떨어지게 된다. 테이블 사이즈가 클 경우(수십 GB 이상), 전체 테이블 데이터를 추출하는 작업은 데이터베이스 서버에도 부하를 주게 된다. 소스 데이터베이스가 온프레미스^{on-premise} 데이터 센터에 있고 클라우드 데이터 플랫폼은 퍼블릭 클라우드에 있을 경우, 데이터 센터와 클라우드 영역 간 네트워크 대역폭에 따라 대용량 데이터 볼륨을 클라우드로 전송하는 데 시간이 걸리며 때로는 많은 시간이 걸릴 수도 있다. 둘째, 클라우드는 거의 무제한의 스토리지 확장성을 제공하지만 비용이 수반된다. 소스 테이블이 수백 GB이고 매일 전체 스냅샷을 수행한다면 이 테이블에 저장되는 데이터는 1년 동안 약 36TB가 될 것이다. 이러한 문제를 해결하기 위해 신규 데이터와 변경된 데이터만 수집하도록 수집 파이프라인을 설계하는 방법이 고안됐는데 이를 증분 수집^{incremental ingestion} 방식이라 부르며, 다음 절에서 살펴보겠다.

연습문제 4.1

테이블 전체 데이터 수집에는 두 가지 문제점이 있다. 무엇인가?

1 다른 수집 방법보다 구현하기가 더 복잡하다.
2 삭제된 행을 식별하기 어렵다.
3 주어진 행이 시간에 따라 어떻게 변했는지 알 수 없다.
4 플랫폼에 중복 데이터가 너무 많이 저장된다.

4.2.3 증분 데이터 수집

증분 데이터 수집Incremental table ingestion은 개념적으로는 간단하다. 모든 수집에서 전체 테이블을 가져오는 대신 마지막 수집 이후 변경되거나 새로 추가된 행만 가져오며, 이를 통해 스토리지 용량과 데이터 전송 시간을 크게 줄일 수 있다. 그러나 이 방식에는 몇 가지 문제점이 있다. 첫째, 데이터 소스에 있는 데이터 중에서 어떤 것이 변경된 행이고 어떤 것이 신규 생성된 행인지 어떻게 식별할 수 있는가? 둘째, 데이터 플랫폼에 어떤 데이터들이 수집돼 있는지 어떻게 추적할 수 있을까? 이러한 의문점들에 대해 설명하고자 한다.

RDBMS에서 추가되거나 수정된 행을 식별하는 방법은 테이블에 타임스탬프timestamp 컬럼을 추가해서, 해당 행이 마지막으로 변경됐을 때의 일시를 그 컬럼에 기록하는 방법이다. 신규로 만들어진 행일 경우 이 행이 추가된 시점을 해당 컬럼에 기록하고, 수정된 행의 경우 이 컬럼이 마지막으로 수정됐을 때의 일시를 기록한다. 그림 4.8은 subscriptions 테이블에서 최종수정일자 컬럼 예제를 보여준다.

A

USER_ID	STATUS	JOINED_DATE	LAST_MODIFIED
1	프리미엄	2018-03-27	2018-03-27 13:57:03
2	평가판	2019-05-01	2019-05-01 17:01:00

B

USER_ID	STATUS	JOINED_DATE	LAST_MODIFIED	
1	프리미엄	2018-03-27	2018-03-27 13:57:03	
2	평가판	2019-05-01	2019-05-01 17:01:00	
3	평가판	2019-05-04	2019-05-04 09:05:39	← 신규 행 추가

C

USER_ID	STATUS	JOINED_DATE	LAST_MODIFIED	
1	프리미엄	2018-03-27	2018-03-27 13:57:03	
2	프리미엄	2019-05-01	2019-05-05 08:12:00	← 행 수정
3	평가판	2019-05-04	2019-05-04 09:05:39	

D

USER_ID	STATUS	JOINED_DATE	LAST_MODIFIED
1	프리미엄	2018-03-27	2019-03-27 13:57:03
2	프리미엄	2019-05-01	2019-05-05 08:12:00

← 행 삭제

▲ **그림 4.8** LAST_MODIFIED 컬럼을 사용해서 레코드 행의 변경 시점을 추적할 수 있다.

이 예제에서는 수집이 매일 발생하고 있으므로, 매일 수집되는 행들의 LAST_MODIFIED 컬럼 값들 중 최댓값이 무엇인지를 먼저 추적하고 있어야 한다(그림 4.9).

그다음으로 증분 수집 프로세스를 구현하기 위해서는 소스 데이터 추출용 SQL 쿼리를 수정해야 한다. 모든 행을 가져오는 대신, LAST_MODIFIED 타임스탬프가 데이터 플랫폼에 수집 테이블에 있는 데이터의 MAX(LAST_MODIFIED) 타임스탬프보다 큰 값을 가진 행들만 소스 테이블에서 가져오도록 한다. 그림 4.9의 수집 B를 가져오는 쿼리는 다음과 같다.

```
SELECT * FROM subscriptions WHERE LAST_MODIFIED > "2019-05-01 17:01:00"
```

수집	MAX(LAST_MODIFIED)
A	2019-05-01 17:01:00
B	2019-05-04 09:05:39
C	2019-05-05 08:12:00
D	2019-05-05 08:12:00

▲ **그림 4.9** 최종변경일자(LAST_MODIFIED) 컬럼의 최댓값 관리

수집 B에서 이 조건을 충족하는 행은 하나뿐이기 때문에, 데이터 플랫폼에는 하나의 행만 가져온다. 이제 수집 B의 MAX(LAST_MODIED) 값을 보관해두고, 이 값을 활용해서 다음 날 프로세스를 반복하면 된다. 이렇게 하면 테이블의 전체 데이터를 수집할 때 발생하는 중복 행의 발생 없이, 각 행별 전체 변경 이력을 관리할 수 있다.

이 방법을 사용하려면 각 테이블에 LAST_MODIED 컬럼이 있어야 하며, 이를 증분 수집 프로세스에서 활용할 수 있어야 한다. 다행히 대부분의 RDBMS는 변경 타임스탬프의 기본값^{default value}을 현재 시간으로 지정하는 기능을 제공하고 있어 행이 변경된 시점을 추적하기가 용이하다. 이렇게 하면 테이블 정의를 수정하는 경우가 아니라면 프로그램 코드를 변경할 필요가 없다.

| 참고 | 마지막 변경 타임스탬프를 추적하고자 할 때에는 RDBMS 자체 기능을 사용하는 것을 추천한다. 애플리케이션 측면에서도 유사한 프로세스를 구현할 수 있지만, 이 방식은 오류 발생 가능성이 높다. 애플리케이션에서 타임스탬프를 생성하는 방식을 사용할 때 자주 발생하는 문제점은, 최종 변경된 타임스탬프가 현재 시스템 시간보다 빠른 시간을 갖는 경우가 발생한다는 것이다. 이를 수집 관점에서 보면 해당 행은 과거에 수정됐으므로 더 이상 수집 대상이 아닌 것처럼 보인다. 최종 변경 일자 컬럼 값은 항상 증가해야 하며, 기수집된 데이터 최종 변경 일자의 MAX 값보다 적으면 안 된다.

기수집된 데이터 최종 변경 타임스탬프 컬럼의 MAX 값을 추적해 수집 SQL 쿼리의 필터링 조건으로 사용해도 좋다. 타임스탬프 컬럼의 가장 최근 값을 ETL 분야에서는 최고 수위마크highest watermark라 한다.[4] 그림 4.10에서 나타낸 계층화된 클라우드 데이터 플랫폼 아키텍처에는 파이프라인에 대한 기술 메타데이터를 저장하는 전용 컴포넌트가 있는데, 여기에 증분 수집용 최종 변경 타임스탬프의 최댓값과 같은 정보들을 저장하는 곳으로 활용할 수 있다.

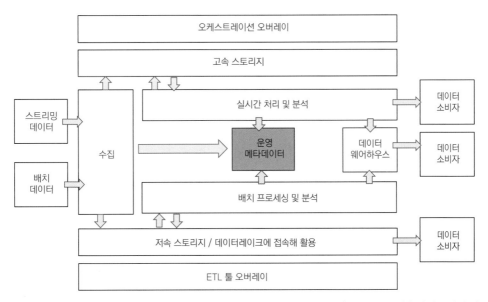

▲ **그림 4.10** 클라우드 데이터 플랫폼에서 운영 메타데이터(Operational Metadata) 컴포넌트를 사용해 최종 변경 타임스탬프의 최댓값을 저장한다.

---

4   High Water Mark(HWM) 테이블에서 데이터가 저장돼 있는 최상위 위치. 직역하면 최고 수위 마크 – 옮긴이

이 메타데이터 저장소의 특징은 클라우드 공급 업체가 제공하는 데이터 플랫폼에 따라 다르다. 3장에서 언급한 AWS 글루Glue 같은 툴에는 이러한 최고 수위최고 수위 값을 추적할 수 있는 기능이 내장돼 있다. 클라우드에서 관리형 RDBMS 서비스(예: 구글 클라우드의 Cloud SQL나 Azure SQL Database)를 사용하면 기본 메타데이터 저장소를 언제든지 쉽게 구현할 수 있다. 그림 4.11에서는 각 소스 테이블별로 수집 타임스탬프의 최댓값max을 관리하는 테이블을 설명하고 있다.

DATABASE	TABLE_NAME	WATERMARK_COLUMN	MAX_INGESTED_VALUE
my_service_db	subscriptions	last_modified	2019-05-05 08:12:00
my_service_db	users	updated_ts	2019-05-04 12:23:13
sales_db	contracts	last_modified	2019-05-01 17:02:45

▲ **그림 4.11** 각 소스 테이블별 최고 수위 값 관리를 위한 메타데이터 저장소로 RDBMS 테이블을 활용한 사례

수집 프로세스는 이 메타데이터 테이블을 읽고 SQL 쿼리를 동적으로 구성한 후, 각 테이블별로 증분 수집incremental injection을 수행한다. MySQL이나 PostgreSQL을 활용하면 쉽게 구성할 수는 있지만 파이프라인 수가 증가하며, 관리해야 할 항목도 최고 수위마크high ingestion watermarks 항목보다 더 많다면, 메타데이터 저장소를 관리하기 위한 API 계층을 구축함으로써 일관된 방법으로 메타데이터를 활용할 수 있다.

증분 수집 프로세스를 활용하면 테이블 전체 데이터 수집 방식을 사용했을 때의 문제점들 중 일부를 해결할 수 있다. 즉, 변경된 신규 데이터만 가져오면 되며, 매번 대규모 데이터를 전송할 필요가 없어진다. 그러나 증분 수집 프로세스는 여전히 SQL 기반 수집 프로세스가 가진 근본적인 문제를 해결해주지는 못한다. 첫 번째 문제는 테이블 전체 데이터 수집을 다룰 때 이미 언급한 내용이다. 만약 소스 테이블에 존재하는 데이터만 읽는다면 삭제된 행은 누락된다. 애플리케이션이 행을 삭제하지 않고 특별한 컬럼을 이용해 삭제한 것으로 표시하도록 따로 설계하지 않는 한, 이전 스냅샷을 비교해 누락된 행을 찾아야만 삭제된 행을 유추할 수 있다. 이를 구현하려면 처리 계층에 개발을 추가해야 되는데, 좋은 방법은 아니다.

두 번째 이슈로는, 데이터가 자주 변경되는 경우라면 수집 시간 간격 사이에 발생하는 데이터 상태 변경을 증분 적재 프로세스incremental load process가 수집하는 데 한계점이 있다. 매

시간마다 증분 데이터를 수집한다고 가정해보자. 이 시간 동안 소스 테이블의 행이 여러 번 변경되더라도 모든 변경 기록을 수집할 수는 없고, 각 수집이 시작되는 시점의 행만 수집된다. 수집 간격을 더 좁히면 더 많이 수집할 수는 있겠지만, 사용량이 많은 시스템인 경우 변경 건수가 초당 수천 번 이상 발생하기 때문에 각 행의 변경 사항을 일일이 캡처하지 못할 수도 있다. SQL 기반 증분 수집 빈도는 최대 수 분 간격으로 설정하는 것이 이상적이다. 왜냐하면 수집을 위해 SQL을 실행할 때 소스 데이터베이스 서버에 부하를 주기 때문이다. 사용량이 많은 시스템의 경우 이러한 추가 수집 부하는 일반적으로 허용되지 않는다. 이러한 문제를 해결하고자 RDBMS에서 데이터를 수집할 수 있는 다른 방법으로 변경 데이터 캡처change data capture에 대해 알아보겠다.

연습문제 4.2

다음 중 RDBMS로부터 증분 수집을 구현하기 위한 전제 사항으로 적절한 것은?

1. 소스 데이터베이스를 클라우드로 마이그레이션해야 한다.
2. 특정 권한을 부여하려면 데이터베이스 관리자가 필요하다.
3. 데이터 플랫폼에서 아파치 스파크(Apache Spark)의 최신 버전을 사용해야 한다.
4. 각 소스 테이블에 LAST_MODIFIED 컬럼이 있어야 한다.

4.2.4 변경 데이터 캡처

대부분의 RDBMS는 행 변경 사항을 로그로 남긴다. 리두 로그redo logs, 트랜잭션 로그transaction logs, 바이너리 로그binary logs 등 공급 업체마다 이름은 다르지만 그림 4.12와 같이 변경 데이터 캡처 방식Change Data Capture, CDC을 활용한 수집 메커니즘에 활용된다. CDC 방식이란 CDC 애플리케이션이 이 로그들을 변경 스트림 형태로 파싱parsing해 목표 스토리지 시스템으로 전송하는 형태를 말한다.

CDC 애플리케이션은 로그 파일을 파싱해 일련의 이벤트를 생성한다. 각 행 변경에 대해 하나의 이벤트를 생성하며, 이 이벤트는 클라우드 데이터 플랫폼에 적재되기 전에, 초기 랜딩 영역인 고속 스토리지에 먼저 저장된다. CDC 애플리케이션은 RDBMS 벤더(예: 오라클 골든게이트Oracle GoldenGate)에서 제공하는 것을 사용할 수도 있고, 오픈 소스 프로젝트인 디베지움Debezium과 같은 애플리케이션으로 구현할 수도 있다. CDC 애플리케이션을 클라우드 데이터 플랫폼 외부에 구성할 수도 있고, AWS 데이터베이스 마이그레이션 서비스Database Migration Service 같은 클라우드 네이티브 서비스 형태를 데이터 수집 계층에서 활용할 수 있다.

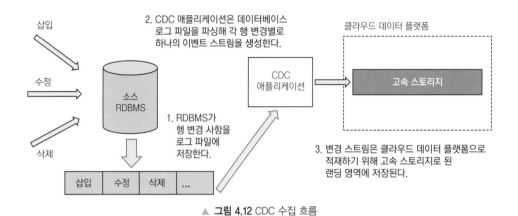

▲ **그림 4.12** CDC 수집 흐름

SQL 기반 수집과 달리 CDC를 사용하면 개별 행에 발생하는 변경 사항을 모두 캡처할 수 있다. 삭제된 행도 캡처 가능하므로 RDBMS 데이터 수집용으로 CDC가 SQL 기반 방식보다 강력하다. 또한 SQL 기반 수집방식에 비해 소스 데이터베이스 부하를 줄일 수 있기에 RDBMS 소스 데이터를 실시간으로 분석하는 유스케이스에 활용되기도 한다. 단점으로는 CDC 애플리케이션의 라이선스 비용이 추가될 수 있다는 것과, 실시간 성격의 인프라가 필요하므로 구현하기가 복잡하다는 점이다.

CDC 수집에 고속 스토리지와 스트리밍 수집 방식streaming ingestion path 같은 실시간 인프라가 필요한 이유는 무엇일까? RDBMS는 일반적으로 특정 양의 로그 데이터만 보관한다. 보존 기간은 원본 데이터베이스가 처리하는 트래픽 양에 따라 다르며 며칠에서 몇 시간이 될 수 있다. 이 말은 행 변경 이벤트를 클라우드 데이터 플랫폼으로 전송해야 한다는 뜻인데, 클라우드 데이터 플랫폼에는 거의 무제한의 스토리지가 있으며 변경 이벤트가 RDBMS 로그에서 삭제되기 전까지 필요한 만큼 변경 기록을 보관할 수 있다.

클라우드 데이터 플랫폼에서 CDC 이벤트 스트림 방법을 이해하기 위한 설명을 그림 4.13에 나타냈다. 앞 절에서 SQL 기반 사례로 활용했던 subscriptions 테이블을 그대로 활용했다.

해당 테이블에 세가지 변경 사항(신규 행 추가, 기존 행 업데이트, 기존 행 삭제)이 발생했다. SQL 기반 수집 예제의 경우 며칠 내에 한 번 데이터가 변경된다고 가정했지만(LAST_MODIFIED 컬럼 참조), 대규모 사용자와 트래픽을 핸들링하는 시스템의 경우 몇 초 내에 이와 같은 변경이 여러 번 발생한다고 가정할 수 있다.

	USER_ID	STATUS	JOINED_DATE	LAST_MODIFIED	
A	1	프리미엄	2018-03-27	2018-03-27 13:57:03	
	2	평가판	2019-05-01	2019-05-01 17:01:00	

	USER_ID	STATUS	JOINED_DATE	LAST_MODIFIED	
B	1	프리미엄	2018-03-27	2018-03-27 13:57:03	
	2	평가판	2019-05-01	2019-05-01 17:01:00	
	3	평가판	2019-05-04	2019-05-04 09:05:39	← 신규 행 추가

	USER_ID	STATUS	JOINED_DATE	LAST_MODIFIED	
C	1	프리미엄	2018-03-27	2018-03-27 13:57:03	
	2	프리미엄	2019-05-01	2019-05-05 08:12:00	← 행 수정
	3	평가판	2019-05-04	2019-05-04 09:05:39	

	USER_ID	STATUS	JOINED_DATE	LAST_MODIFIED	
D	1	프리미엄	2018-03-27	2019-03-27 13:57:03	
	2	프리미엄	2019-05-01	2019-05-05 08:12:00	

← 행 삭제

▲ **그림 4.13** subscriptions 테이블 변경 예

로그에서 행 변경을 캡처하는 방법에 대한 RDBMS 표준은 없다. 또한 CDC 애플리케이션이 데이터를 파싱하고 포맷하는 방법은 제품별로 차이가 있다. 먼저 CDC 애플리케이션에서 변경 사항을 캡처하는 방법과 목표 데이터 플랫폼에서 변경 사항이 어떻게 나타나는지 일반적인 형태를 살펴보고자 한다. 먼저 각 변경 사항은 변경 전후의 행 상태 정보와 일부 추가 정보를 포함한 메시지로 표시된다.

그림 4.14에서 신규 행에 대한 변경 메시지 사례를 보여주고 있다. 이 메시지는 JSON 도큐먼트로, CDC 애플리케이션이 변경 메시지 데이터를 나타내는 일반적인 방법이다. CDC의

핵심 개념은 행의 현재 상태뿐만 아니라 이 행의 이전 버전 상태도 관리한다는 것이다. 예제에서는 이를 메시지의 이후 속성과 이전 속성으로 표시했다. CDC 메시지의 또 다른 중요한 측면은 CDC 메시지의 작업 유형이 일반적으로 INSERT, UPDATE, DELETE라는 점이다. 이 예제에서는 작업 유형이 INSERT이므로 before 속성이 비어 있는데 이유는 이 행은 신규 행이라 이전에 존재하지 않았기 때문이다. 그리고 after 속성에는 신규 행의 컬럼 명과 해당 값들이 들어 있다. 일반적으로 CDC 메시지에는 데이터베이스 서버 이름, 메시지가 RDBMS 로그에 쓰였을 때의 타임스탬프, CDC 애플리케이션과 메타데이터에서 메시지를 추출한 시점 등과 같은 정보들도 포함돼 있다. 이 예제에서는 간결성을 위해 이러한 추가 정보들은 생략했다.

```
{
message: {
    before: null,
    after: {
                user_id: 3,
                status: "TRIAL",
                joined_date: "2019-05-04",
                last_modified: "2019-05-04 09:05:39"
        },
    operation: "INSERT",
    table_name: "subscriptions"
    }
}
```

▲ **그림 4.14** 신규 행에 대한 CDC 메시지 예제

그림 4.15에는 UPDATE 작업 유형의 CDC 메시지 사례다(그림 4.15).

```
{
message: {
    before: {
                user_id: 2,
                status: "TRIAL",
                joined_date: "2019-05-01",
                last_modified: "2019-05-01 17:01:00"
        },
    after: {
                user_id: 2,
                status: "PREMIUM",
                joined_date: "2019-05-01",
                last_modified: "2019-05-05 08:12:00"
        },
    operation: "UPDATE",
    table_name: "subscriptions"
    }
}
```

▲ **그림 4.15** UPDATE 작업 유형의 CDC 메시지 예제

이 예제에서 ID=2를 가진 사용자는 평가판 구독^{trial subscription}에서 프리미엄 구독^{premium} ^{subscription}으로 전환했다. 따라서 소스 RDBMS의 subscriptions 테이블에서 이 사용자에 대한 행이 변경되면, CDC 애플리케이션은 변경 전후^{before/after}의 행 상태를 캡처한다. 마지막으로, **DELETE** 작업의 메시지 구성도 유사하기 때문에 독자들이 연습 삼아 구현해보기를 권유한다.

> |**참고**| CDC 프로세스가 캡처할 수 있는 것은 INSERT, UPDATE, DELETE 작업만이 아니다. 대부분의 RDBMS는 스키마 변경에 대한 정보도 로그에 저장한다. 이러한 스키마 변경 사항(신규 컬럼 추가, 기존 컬럼 삭제 등)도 CDC 메시지에 전후(before/after) 패턴으로 표현된다. 여기서 before는 변경 전의 테이블 스키마를, after는 스키마의 현 상태를 나타낸다. 스키마 관리에 대한 자세한 내용은 6장 데이터 플랫폼에서 다룬다.

이제 CDC 애플리케이션을 통해 클라우드 데이터 플랫폼으로 데이터가 전달됐다고 가정해보자. 웨어하우스에서 이 데이터를 사용하려면 어떤 작업을 진행해야 하는가? 웨어하우스에서 CDC 데이터를 표현할 때는, 이 장 앞부분에서 설명한 증분^{incremental} 수집과 유사한 모델을 사용한다. 웨어하우스에는 각 행의 변경 이력^{history} 전체를 관리하는 테이블이 있지만 SQL 기반 증분 수집 방법과 비교해보면 큰 차이점이 없다. CDC 데이터를 웨어하우스에서 사용하는 증분 수집 형태로 변환하려면 다음과 같은 사전 처리 단계를 거쳐야 할 수 있다.

1. 클라우드 플랫폼에 따라 CDC JSON 도큐먼트를 플랫^{flat} 구조로 압축 해제해야 할 수도 있다. 현재 구글 빅쿼리만 CDC 메시지를 그대로 저장할 수 있는 중첩된^{nested} 데이터 타입을 지원한다. AWS 레드시프트^{Redshift}나 애저 클라우드 웨어하우스^{Azure Cloud} ^{Warehouse}를 사용할 경우 중첩된 데이터 타입을 단일 테이블로 펼쳐야 한다.[5]

2. 웨어하우스에서 중첩된 데이터 타입을 지원하더라도, CDC 애플리케이션이 생성하는 CDC 메시지는 웨어하우스 측면에서 볼 때 가장 효율적인 방식은 아니며 또 사용하기도 쉽지 않다. 웨어하우스 테이블에 신규 CDC 메시지를 추가하는 방식에서 CDC 메

---

5 여기서 펼친다 또는 평평하게 한다는 의미는, 중첩된 구조가 키 밸류 구조 안에 키 밸류가 들어 있는 형태인데 이것을 일차원적인 키 밸류 구조로 바꾼다는 의미다. – 옮긴이

시지의 before 상태는 큰 의미가 없다. 왜냐하면 웨어하우스에 이미 해당 행이 존재하기 때문이다(그럼에도 클라우드 스토리지의 원시 데이터 아카이브^{row data archive}에 before 속성을 저장하는 작업은 여전히 유용하다). 또한 웨어하우스에는 CDC 메시지와 관련된 추가 메타데이터도 필요가 없다. 즉, 이 말은 웨어하우스에 적재하기 전에 일부 속성을 필터링해야 한다는 의미다.

3. 증분 수집 시나리오를 다룰 때와 마찬가지로, CDC 메시지를 사용할 때에도 각 행의 변경 이력 없이 최신 버전만 볼 수 있는 테이블 버전을 웨어하우스에 두는 것이 좋다. 이는 웨어하우스에 뷰^{view}로 구현할 수도 있으며, 혹은 전용 테이블과 최신 버전 변환 작업 프로세스를 추가해서 관리하는 것을 추천한다.

연습문제 4.3

SQL 기반 데이터 수집에 비해 CDC를 사용할 경우 주요 이점은 무엇인가?

1 CDC는 구현하기가 더 쉽다.
2 CDC는 클라우드 전용으로 설계된 것이다.
3 CDC는 주어진 행에 대한 모든 변경 사항을 포함하고 있다.
4 CDC를 통해 데이터 웨어하우스 테이블 설계를 단순화할 수 있다.

4.2.5 CDC 공급 업체 개요

앞서 언급했듯 RDBMS 공급 업체마다 CDC 프로세스 구현 방식에 차이가 있으며, 다양한 CDC 애플리케이션 제품들이 있다. 이 절에서는 Oracle, MySQL, MS SQL Server, PostgreSQL 등과 같은 RDBMS용 CDC 제품을 간략히 설명한다.

오라클

오라클^{Oracle} RDBMS는 리두^{redo} 로그에 행의 변경 사항을 캡처한다. 이 로그는 데이터베이스 자체에서 데이터 신뢰성을 보장하는 데 사용된다. 또한 오라클에는 오라클 골든게이트^{Oracle GoldenGate, OGG}라는 CDC 솔루션이 있는데, 리두^{redo} 스트림에서 변경 내용을 추출해 데스티네이션 시스템으로 복제하는 방식으로 돼 있다. 골든게이트는 CDC 애플리케이션 역할을 수행하고, 골든게이트 빅데이터 어댑터를 통해 다양한 빅데이터 플랫폼으로 CDC 메시지를 스트리밍할 수도 있다. 골든게이트는 별도 판매 소프트웨어이므로 소프트웨어 라이선스를 추가로 구입해야 한다.

오라클 골든게이트 대안으로는 데베지움Debezium이 있는데 CDC 애플리케이션 역할을 하고 카프카Kafka에 메시지를 저장publish하는 오픈 소스 프로젝트다. 데베지움 자체는 무료 오픈 소스지만 Oracle XStream API가 필요한데, 이 API를 사용하려면 골든게이트 라이선스를 구입해야 한다. 이를 적용하고자 할 때 유의할 점으로, 카프카는 본질적으로 메시지 큐 시스템이기 때문에 트랜잭션 일관성transactional consistency을 보장하지 않는다는 점이다.

오라클에는 로그마이너LogMiner라는 번들 툴이 있으며 리두 로그에서 데이터를 추출하는 데 사용할 수 있다. 주로 데이터 탐색 및 디버깅 목적으로 설계됐지만 여러 서드파티 애플리케이션에서 이 로그마이너를 CDC 목적으로 활용하는 경우가 있다. 예를 들어 AWS 데이터베이스 마이그레이션 서비스Database Migration Service도 로그마이너를 사용한다. 로그마이너는 CDC 스트림 전송 시 100% 신뢰할 수 있는 것으로 간주되지는 않는다. 이유는 트랜잭션이 커밋되기에 데이터 일관성 유지가 어렵고, 더 중요한 것은 DML을 캡처한 후에 롤백rollback이 발생할 수 있기 때문이다. 따라서 이 점을 반드시 고려해야 한다.

비용을 낮출 수 있는 CDC 제품 중에는 퀘스트Quest의 셰어플렉스SharePlex[6]도 있다. 이 툴은 CDC 작업 측면에서 오라클 골든게이트와 유사한 방법으로 사용 가능하다.

MYSQL

MySQL은 오픈 소스 RDBMS로, 이른바 "바이너리 로그binary log"를 사용한다. 바이너리 로그는 주로 복제 목적으로 사용된다. 바이너리 로그를 통해 주primary 서버에서 변경사항을 지속적으로 보조secondary MySQL 서버로 복제하도록 구성할 수 있다. MySQL용 CDC 툴은 이 기능을 사용해 캡처한 행 변경 이벤트를 다른 시스템으로 전송한다.

MySQL에 기본적으로 제공되는 CDC 애플리케이션은 없다. 그렇지만 MySQL이 오픈 소스 데이터베이스이므로 함께 사용할 수 있는 서드파티 CDC 애플리케이션들이 있으며, 데베

---

6 https:// www.quest.com/products/shareplex/

지움도 그중 하나다. 아파치 나이파이^{Apache NiFi}와 같은 ETL툴용 MySQL CDC 플러그인도
있다.

MS SQL Server

마이크로소프트^{Microsoft} SQL Server는 2016년 버전 이후부터 CDC 기능을 내장하고 있다.
SQL Server에는 트랜잭션 로그라는 로그가 있는데, 다른 RDBMS와 마찬가지로 행 변경 내
용을 데이터 신뢰성을 위해 기록하고 있다. MS SQL Server에는 이 로그로부터 변경 이벤트
를 추출해 "변경 테이블"로 저장하는 기능이 내장돼 있다. 변경 테이블은 특정 테이블의 행
변경 기록을 담당하는 데이터베이스의 일반 테이블이다. CDC 애플리케이션은 표준 SQL 인
터페이스를 사용해 이 변경 테이블에 액세스하고 변경 내용을 추출할 수 있다.

SQL Server는 변경 이벤트를 일반 데이터베이스 테이블에 저장하고, SQL을 통해 액세
스 관리할 수 있기 때문에 CDC 애플리케이션을 구현하는 작업이 비교적 간단하다. SQL
Server CDC를 지원하는 제품으로는 AWS 데이터베이스 마이그레이션 서비스<sup>Database
Migration Service</sup>, 데베지움^{Debezium}, 아파치 나이파이^{Apache NiFi} 등과 같은 서드파티 제품과<sup>3rd
party</sup> 다양한 클라우드 애플리케이션들도 있다.

SQL Server에서 CDC를 사용할 때 단점도 있다. 만약 변경 이벤트를 캡처해야 할 테이블
의 수가 수백 개라면 SQL Server에서 생성해야 할 변경 캡처 테이블의 수도 그만큼 생성하
고 관리해야 한다. 주 데이터베이스의 부하에 추가 부하를 발생할 수도 있다. CDC 수집을
활용할 테이블(전체 변경 이력이 필요한 테이블), 전체 혹은 증분 SQL 기반 수집을 활용할 테이
블을 각각 선택해서 함께 적용할 수 있다.

POSTGRESQL

PostgreSQL도 많이 사용하는 오픈 소스 RDBMS 중 하나다. PostgreSQL은 버전 9.4부터
"아웃풋 플러그인^{output plugin}"을 지원하는데, 아웃풋 플러그인을 사용하면 PostgreSQL 트랜
잭션 로그에서 행 변경 메시지를 디코딩하고 프로토버프^{Protobuf}나 JSON 메시지로 저장할 수
있다. 이 방식은 MySQL 방식과 유사하지만 PostgreSQL은 아웃풋 플러그인을 사용해 로그
를 읽고 파싱하기 때문에 CDC 애플리케이션을 단순화시킬 수 있다. 데베지움^{Debezium}이나

AWS 데이터베이스 마이그레이션 서비스는 모두 이 플러그인의 아웃풋을 활용하며 (consuming), 변경 이벤트를 타깃 시스템으로 스트리밍하는 기능을 제공한다.

4.2.6 데이터 타입 변환

그림 4.16에서는 세 레벨로 이루어진 RDBMS 수집 다이어그램을 보여주며, 각 레벨은 별도의 소프트웨어 시스템으로 볼 수 있다. 레벨 1은 관계형 데이터베이스 엔진, 레벨 2는 RDBMS에서 데이터를 읽는 수집 애플리케이션, 레벨 3은 클라우드 데이터 플랫폼의 목적지 웨어하우스다. 각 시스템의 데이터 타입은 저장 방식, 표현 방식이 다 다르다. RDBMS 수집 파이프라인을 설계할 때 이 세 레벨의 데이터 타입 매핑 방식을 고려해야 한다.

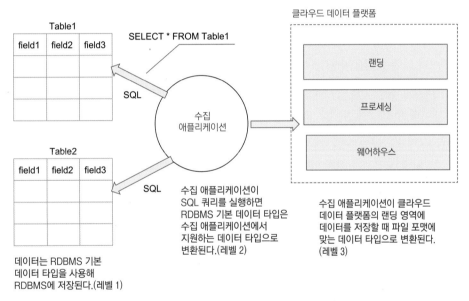

▲ **그림 4.16** RDBMS 수집 프로세스에서 세 레벨

먼저 소스 데이터베이스가 지원하는 데이터 타입들의 종류를 검사해야 한다. 그런 다음데스티네이션 클라우드 웨어하우스에서 지원하는 데이터 타입을 분석한 후, 소스 데이터베이스가 지원하는 데이터 타입 중 데스티네이션 클라우드 웨어하우스가 지원하지 않는 데이터타입이 있는지, 또한 데이터 타입 중 소스와 데스티네이션에서 서로 다른 특성(예: TIMEPSTAMP

정밀도)을 가진 것들이 있는지를 분석해야 한다.

소스와 데스티네이션 시스템 간 데이터 타입이 불일치하는 경우는 자주 발생한다. 일반적으로 관계형 데이터베이스가 클라우드 데이터 웨어하우스보다 더 많은 종류의 데이터 타입을 지원한다. 예를 들어 MySQL은 정수값에 대해 다음과 같은 다섯 가지 타입을 지원한다— `TINYINT`, `SMALLINT`, `MEDIALINT`, `INT`, `BIGINT`. 이 타입들은 데이터베이스 스토리지에 저장할 수 있는 바이트 수를 의미하기에 특정 사이즈의 INT 값을 저장할 수 있다.

예를 들어 구글 빅쿼리에서 지원하는 정수 타입은 INT64 하나뿐이다. INT64는 저장할 수 있는 정수 값의 사이즈 측면에서 MySQL의 `BIGINT`에 해당한다. 이러한 차이점은 RDBMS의 경우 스토리지 사이즈와 성능 최적화에 주안점을 두고 있기 때문에 발생한다. 예를 들어 정수(INT)의 예상 값 범위가 작다면 데이터 타입으로 TYNYINT를 사용하면 디스크 공간을 절약할 수 있고 쿼리 성능도 향상된다. 반면 웨어하우스는 대량의 데이터를 스캔하는 데 최적화된 제품이기 때문에 데이터 타입을 세분화하는 등의 방법에는 큰 의미를 두지 않는다.

데이터 타입 분석을 수행할 때 주의해서 분석해야 될 점은 소스 시스템의 데이터 타입이 데스티네이션 웨어하우스의 데이터 타입보다 더 광범위한 값을 저장하고 있는지 여부다. 이 경우 데이터 수집 중에 데이터 오류가 발생할 가능성이 있다. 즉, 소스 데이터베이스에서 수집되는 값이 웨어하우스에 저장할 컬럼의 데이터 타입에 저장하기에는 너무 큰 값일 수 있다. 그 반대는 문제가 되지 않는다. 예를 들어, 빅쿼리는 `SMALLINT` 데이터 타입을 지원하지 않지만 모든 MySQL `SMALLINT` 값(최대 64535)은 INT64 빅쿼리 데이터 타입(최대 9,223,372,036,854,775,807)이 충분히 수용할 수 있다.

> | **참고** | 클라우드 공급 업체는 클라우드 웨어하우스 오퍼링을 비롯한 신규 버전의 서비스를 지속적으로 출시하고 있다. 신규 데이터 타입 지원이 추가됐는지 확인하려면 새 버전의 릴리스 정보를 확인해야 한다.

이와 같이 클라우드 웨어하우스가 수용하지 못하는 데이터 타입이 소스 시스템에 있다면 몇 가지 우회 방법workarounds을 사용해야 한다. 소스 데이터 타입에 있는 다양한 형태의 데이터를 저장하기 위해 웨어하우스에 TEXT나 BYTES 데이터 타입을 사용할 수 있고, 데이터 플랫폼 처리 계층에서 필요한 변환 작업을 수행한다. 예를 들어 MySQL 데이터베이스를 사용할 경우 좌표(12, 23)가 있는 점은 네이티브 지리공간geopartial 타입을 사용해 저장할 수 있지만, 데스티네이션 웨어하우스가 AWS 레드시프트Redshift라면 이 정보를 POINT(12, 23)와 같은 형태의 텍스트 타입으로 저장할 수 있다. 이렇게 하면 정보는 보존할 수 있지만 데이터 플랫폼 처리 계층에 사용자 정의custom 데이터 처리용 프로그램을 필요로 한다. 예를 들면 포인트가 직사각형 영역 내에 있는지 확인하는 검증 로직과 데이터 변환 작업 로직이 수행돼야 한다. 그러면 MySQL 네이티브 타입에서 텍스트 표현으로 변환하는 이 작업은 어디에서 수행해야 할까? 정답은 수집 애플리케이션에서다(그림 4.16의 레벨 2).

수집 애플리케이션은 소스 데이터베이스와 데스티네이션 웨어하우스 사이에 있는 소프트웨어다. 소스 데이터베이스 액세스용 RDBMS 드라이버 타입과 사용 프로그래밍 언어 종류에 따라 수집 애플리케이션이 소스 타입과 데스티네이션 타입을 매핑하는 데 사용하는 데이터 타입 집합이 정해진다.

데이터 수집을 위해 상용 ETL 툴을 사용하는 경우에는 ETL 툴이 제공하는 데이터 타입이 있다. 이 경우 소스가 지원하는 데이터 타입과 데스티네이션이 지원하는 데이터 타입 비교 외에도 ETL 툴 기반의 수집 애플리케이션에서 지원하는 데이터 타입도 함께 분석해야 한다.

다음은 데이터 타입 지원 관점에서 RDBMS 수집 파이프라인을 평가하기 위해 수행해야 하는 일련의 절차다.

1. 데이터 소스 RDBMS가 지원하는 데이터 타입 목록을 준비한다. 현재 사용 중인 데이터들의 데이터 타입만 분석하고자 할 수도 있다. 그러나 향후 애플리케이션 개발 팀이 신규 타입을 사용하기로 결정할 때 발생할 수 있는 문제를 사전에 방지하려면 소스 RDBMS가 지원하는 데이터 타입 전체를 분석하는 것이 좋다.

2. 클라우드 데이터 웨어하우스가 지원하는 데이터 타입 목록을 준비한다. 데이터 소스 RDBMS의 데이터 타입과 비교해 차이점을 식별한다.

3. 소스 데이터 타입 중 데스티네이션 웨어하우스의 것과 직접 대응되는 것은 없지만 데이터 손실이 발생하지 않는 데이터 타입이 있는지 식별한다. 예를 들어, 웨어하우스 데이터베이스가 제공하는 INT 데이터 타입은 소스 데이터 타입의 가장 큰 INT 값도

수용할 수 있으며, 그 외 다양한 INT 데이터 타입들도 모두 수용할 수 있다.

4. 소스 데이터 타입 중 데스티네이션 웨어하우스의 것과 직접 대응되는 것은 없는데, 수집 시 데이터가 손실될 수 있는 타입(예: 지리공간 타입, JSON 데이터 타입)이 있는지 식별한다. 그리고 각 타입별로 우회 방안이 있는지 확인한다. 예를 들어 지원되지 않는 데이터의 표현을 사용자 정의 데이터 처리 프로그램으로 변환해 텍스트로 저장하는 방법이다.

5. 주요 분석 유스케이스를 진행하는 데 이러한 미지원 데이터 타입이 포함돼 있고, 데이터 변환 방법도 마땅한 것이 없을 때에는 클라우드 웨어하우스 공급 업체 변경을 고려해보는 것이 좋다. 예를 들어, 1차 분석 유스케이스가 지리공간 데이터를 활용해야 하는 경우 AWS 레드시프트는 적합하지 않은 솔루션 중 하나다.

6. 데이터 수집을 위해 ETL 툴이나 클라우드 서비스를 사용하는 경우, 지원 가능한 데이터 타입이 무엇인지 분석한다. 툴 설명서에 이러한 내용이 명확하게 나와 있지 않은 경우도 있으므로, POC^Proof Of Concept 세션을 통해 툴이 지원하는 데이터 타입들을 명확히 이해해야 한다.

7. 수집 애플리케이션을 직접 개발하는 경우라면, 데이터베이스 드라이버가 지원하는 데이터 타입을 나열한다. 가장 많이 사용하는 것은 JDBC 드라이버로 자체 데이터 타입 세트를 갖고 있다. JDBC 드라이버의 경우 RDBMS 벤더가 제공하는 문서를 활용해서 소스 데이터베이스 데이터 타입과 JDBC 데이터 타입과의 매핑 정보를 식별해야 한다.

4.2.7 NoSQL 데이터베이스에서 데이터 수집

RDBMS는 오늘날 대부분의 애플리케이션에서 가장 널리 사용하고 있는 데이터베이스 백엔드다. 지난 몇 년 동안 NoSQL 데이터베이스의 활용도도 급상승했다. NoSQL은 특정 데이터베이트의 총칭이며, 설계 원칙들로는 대용량 데이터 작업이 최대한 가능하도록 RDBMS의 주요 품질 속성(트랜잭션, 지속성 등) 일부를 희생하는 것, 시스템 클러스터 생성을 통한 확장성 확보, 문서지향 데이터 모델을 사용한 유연성 확보 등이 주요 특징이다.

NoSQL 데이터베이스로부터 데이터를 수집용 수집 파이프라인 애플리케이션을 구축하고자 할 때 당면하게 되는 문제점은 데이터 추출 방법과 데이터 포맷에 대한 표준이 없다는 점이다. NoSQL이라는 이름처럼 NoSQL은 SQL을 지원하지 않으며, 대신 NoSQL 데이터베이스 공급 업체에서는 데이터 액세스용 API를 제공한다.

다음은 NoSQL 데이터베이스에서 클라우드 데이터 플랫폼으로 데이터를 수집하기 위한 방법들이다.

- NoSQL 데이터베이스로부터 수집하려면 상용 제품이나 SaaS 제품을 사용한다. 이러한 제품을 사용하는 것이 기술 환경과 예산에 맞는다면 도입하기에 저항이 가장 적은 방법이기도 하다. 데이터 수집 툴 공급 업체는 일반적으로 NoSQL 데이터베이스에 대한 다양한 커넥터 세트도 보유하고 있다.

- NoSQL 공급 업체별로 별도의 수집 애플리케이션을 구현한다. 수집 애플리케이션을 개발해야 할 경우, NoSQL 데이터베이스 전용 클라이언트 라이브러리를 사용하는 것이 좋다. 이 방식은 데이터베이스의 모든 기능을 사용할 수 있기에 가장 유연한 방법이라 할 수 있다. 또한 이 장 앞부분에서 설명한 가이드라인에 따라 전체 수집 방식이나 증분 수집 방식으로 구현할 수 있다.

- 변경 데이터 캡처[CDC] 플러그인이 가능하다면 활용한다. NoSQL 공급 업체 중에는 변경 데이터 캡처 플러그인을 제공하는 경우도 있다. 예를 들어, MongoDB용 데베지움[Debezium] 커넥터는 데이터베이스의 모든 변경 사항을 캡처해 카프카[Kafka]에 스트림으로 전송한다.

- NoSQL 데이터베이스에서 제공하는 내보내기[export] 툴을 사용한다. 대부분의 데이터베이스에는 백업 또는 마이그레이션 목적으로 데이터를 텍스트 형식(일반적으로 CSV 또는 JSON)으로 내보낼 수 있는 툴이 함께 제공된다. 툴이 주기적으로 실행되도록 예약한 후, 텍스트 파일로 만들어진 결과 파일을 활용하도록 하는 수집 파이프라인을 구성할 수 있다. 이렇게 하면 수집 파이프라인은 단순해지지만, NoSQL 데이터베이스가 증분 데이터 추출 기능을 지원하지 않고 전체 내보내기 기능만 갖고 있는 경우에는 한계가 있을 수 있다.

오늘날 널리 사용되는 NoSQL 데이터베이스들은 어떤 수집 방법을 제공하는지 살펴보자.

몽고DB

몽고DB[MongoDB]는 문서지향[document-oriented] NoSQL 데이터베이스다. 문서지향이란 다음을 의미한다.

행과 컬럼이 있는 테이블 개념을 사용하는 대신, 몽고DB는 JSON 포맷과 매우 유사한 형식으로 데이터를 저장한다. 각 문서는 중첩된 속성[nested attribute]을 가질 수 있는데, 예를 들어 사용자와 사용자 오더과 같이 나중에 조인해야 하는 두 개의 관계형 테이블 대신 서로 다른 엔티티 사이의 종속성을 하나의 문서에 표현할 수 있다.

몽고DB는 자주 사용하는 프로그래밍 언어별로 클라이언트 라이브러리를 제공하고 있으며, 사용자 애플리케이션을 구현하는 데 이 라이브러리를 사용할 수 있다. 몽고DB로부터 CSV나 JSON 파일로 데이터를 내보낼 수 있는 몽고엑스포트[mongoexport][7]라는 데이터 내보내기 툴도 있다. 몽고엑스포트는 데이터 추출을 위한 사용자 정의 쿼리를 지원한다. 즉, 몽고DB 컬렉션에서 문서가 최종 변경 일시 타임스탬프[timestamp]를 갖고 있는 경우 증분[incremental] 내보내기 프로세스를 구현할 수 있다.

또한 오픈 소스 프로젝트 데베지움용 CDC 플러그인도 있으며, 새 문서를 추가, 수정하거나 삭제하는 등의 모든 변경 사항을 메시지 스트림으로 캡처해 카프카[8]로 전송할 수 있다.

카산드라

아파치 카산드라[Apache Cassandra]는 확장성이 뛰어난 오픈 소스 데이터베이스로, 키/밸류[key/value] 모델과 컬럼 기반[columnar] 데이터 모델이 합쳐진 하이브리드 형태다. 카산드라의 컬럼에는 키/밸류 저장소와 같은 특정한 타입은 없지만, 자주 액세스하는 컬럼들은 데이터 액세스 속도를 높이기 위해 컬럼 패밀리 형태로 구성할 수 있다.

카산드라는 데이터 액세스용으로 CQL[Cassandra Query Language]을 지원한다. 다양한 프로그래밍 언어별로 CQL 명령어와 클라이언트 라이브러리를 제공하므로, 이 라이브러리를 활용해 수집 애플리케이션을 구현할 수 있다. CQL에는 테이블을 CSV 파일로 내보낼 수 있는 COPY 명령도 있는데, 전체 테이블 내보내기만 지원한다.

---

7 https://docs.mongodb.com/manual/reference/program/mongoexport/

8 https://debezium.io/docs/connectors/mongodb/

카산드라에는 변경사항 로그를 전용 디렉토리에 저장하는 CDC 기능이 내장돼 있다. 이 로그의 형식은 오픈 소스로 문서화돼 있지만 현재 CDC 애플리케이션, 즉 카산드라 로그를 읽어 변경 이벤트 메시지를 만들어 카프카나 다른 시스템으로 보내는 애플리케이션은 많지 않다.

4.2.8 RDBMS 또는 NoSQL 수집 파이프라인용 메타데이터 캡처

프로덕션 환경이라면 데이터 수집 파이프라인이 한 번만 실행되는 경우는 거의 없다. 일반적으로 데이터를 지속적으로 수집해 데이터 플랫폼의 데이터를 최신 상태로 유지한다. 데이터 수집 파이프라인이 정상적으로 동작하며, 또 정확한 결과를 제공하고 있음을 보장하기위해서는, 여러 데이터 품질 검사와 모니터링 경보 체계를 구축해 문제 발생 시점을 사전에 파악할 수 있어야 한다. 데이터 품질과 모니터링에 대한 내용은 다음 장에서 자세히 다루겠지만, 이 절에서는 수집 파이프라인에서 수집해야 하는 몇 가지 중요한 통계 지표에 대해 간략히 설명한다. 추후 품질 관리 및 모니터링을 구축할 때 참고할 수 있을 것이다. 3장에서 다룬 내용으로 그림 4.17에 나와 있는 바와 같이, 이 관리 지표들이 저장되고 관리되는 곳은 클라우드 데이터 플랫폼에서는 메타데이터 저장소다.

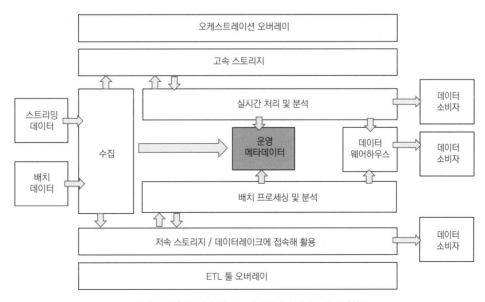

▲ **그림 4.17** 운영 관리 지표는 메타데이터 저장소에 캡처된다.

데이터베이스 수집 파이프라인에서 캡처하는 기본 정보는 다음과 같다.

- 소스 데이터베이스 서버 이름(IP 주소도 가능하면 포함한다)
- 데이터베이스 이름 혹은 스키마 이름(데이터베이스 공급 업체에 따라 정한다)
- 소스 테이블 이름

RDBMS, NoSQL 데이터베이스 등 수집 대상이 다양하다면, 데이터베이스 타입도 저장하면 좋다. 이 정보는 기본적인 데이터 리니지data lineage[9] 작업을 수행하는 데 도움이 되며, 수집 과정에서 발생하는 문제점을 분석하고 디버깅해서 해결하는 데 매우 유용하게 활용할 수 있다.

데이터베이스에서 일괄 데이터 수집(RDBMS 또는 NoSQL)을 수행할 때 캡처해야 할 가장 중요한 관리 지표 중 하나는 각 수집 시 테이블당 수집되는 행 수다. 이 관리 지표는 테이블 전체 데이터 수집과 증분 수집 모두에 적용되지만 관리 지표 캡처 프로세스에서는 이 둘을 구분해야 한다. 이 관리 지표를 사용하면 추후 두 가지 필수 모니터링 검사를 구현할 수 있으므로 매우 중요하다.

- 수집된 데이터가 모두 데스티네이션 웨어하우스 또는 다른 데스티네이션 시스템으로 흘러갔는지 확인하는 검사
- 수집 프로세스에서 이상 감지 검사. 예를 들어 수집된 행의 수가 갑자기 증가하거나 갑자기 감소할 경우, 데이터 소스나 파이프라인 자체에 문제가 있을 수 있다고 인지할 수 있다.

배치 방식 수집에서 중요한 관리 지표는 수집 시 소요되는 시간이다. 각 수집에 대한 시작 타임스탬프와 종료 타임스탬프를 캡처하면 서비스 수준 계약SLA 타입 모니터링을 적용할 수 있다. SLA 모니터링을 적용하면 전체 파이프라인 혹은 파이프라인 일부가 지정된 값보다 오래 걸리거나 평균 시간보다 오래 걸리는 시점들을 알 수 있으므로 파이프라인(또는 소스 시스템) 문제가 발생할 때 이를 감지할 수 있다.

---

9   데이터의 흐름을 시각화하고 계보로 구현한 메타데이터 기반 데이터 계보 관리를 일컫는다. 기업 업무의 복잡성이 증가하고 시스템 간 연계가 증가함에 따라 데이터 계보 파악 요구가 증가한 것이 탄생 배경이며, 특징으로는 데이터의 생성, 변경, 이동 등 전 생명주기를 관리하며, 데이터 최적화 형태를 적시 확인 가능하고, 데이터 계보 현행화의 정확성, 안정성 확보 등이 있다. – 옮긴이

ETL 툴이나 ETL 서비스를 사용해 데이터베이스에서 데이터를 수집할 경우, 사용 툴이 어떤 관리 지표들을 캡처하는지 여부와 향후 외부 모니터링 툴에서 이러한 관리 지표들을 사용할 수 있는지 등을 신중하게 평가해야 한다. 이 장의 앞부분에서 언급한 바와 같이 파이프라인 메타데이터 저장소를 단순 데이터베이스 테이블 형태로 자체적으로 구축할 때, 배치batch 방식 수집용 수집 통계 테이블 예제를 그림 4.18에 표현했다.

server	IP	db_type	database	table	op_type	rows	start_ts	end_ts	duration
prod1	10.12.13.4	MySQL	users_db	users	full	50432	2019-05-02 12:03:15	2019-05-02 12:15:01	706
prod1	10.12.13.4	MySQL	users_db	subscrib	incr	642	2019-05-02 08:27:43	2019-05-02 08:28:00	17
prod2	10.12.23.4	MongoDB	marketing	campaign	full	429	2019-05-02 09:48:00	2019-05-02 09:48:53	53

▲ **그림 4.18** 데이터베이스 배치 수집 파이프라인용 파이프라인 관리 지표 예제

이 예제에서는 소스 시스템에 대한 몇 가지 기본 정보(server, IP), 수집 중인 데이터베이스와 테이블 이름(db_type, database, table), 작업 타입(full 또는 incremental), 수집된 행 수(rows), 특정 수집 시작/종료 타임스탬프(start_ts, end_ts), 수집 소요 시간(duration 초) 등을 저장한다. 통계 테이블의 컬럼 이름을 단순히 duration(수집 소요 시간)으로 표현하기보다는 duration_seconds(수집 소요 시간_초)와 같이 조금 더 명확한 설명을 포함하는 것을 권장한다. 여기서는 페이지 관계상 짧게 표현했다.

스트리밍이나 CDC 수집의 경우, 관리 지표는 약간 다르다. 소스 서버 정보나 테이블 이름 같은 기본 정보는 동일하지만 데이터가 계속 들어오고 있는 상태이기에 배치 방식 수집과 관련된 관리 지표를 사용할 수 없다. 대신 CDC 수집 파이프라인 스트리밍을 위해서는 특정 시간대time window와 같은 관리 지표를 활용할 수 있다. 예를 들어, 매 5분 동안 몇 개의 행이 수집되는지 측정한다. 측정 시간 간격은 모니터링과 위험 경보monitoring and alert 요구사항에 따라 정하면 된다. 파이프라인 이슈에 빠르게 대응하려면 관측 시간 간격observation window을 짧게 해야 한다.

CDC 파이프라인에서 수집된 행 수와 같은 관리 지표로도 관리할 수 있지만 INSERT된 수, UPDATE된 수, DELETE된 수와 같이 세분화해서 관리하는 것도 좋은 방법이다. CDC는

이 정보를 기본적으로 제공하며, 이러한 관리 지표를 사용하면 더욱 정밀한 데이터 품질 관리와 파이프라인 모니터링 검사 체계를 구성할 수 있다. 그림 4.19에서는 관리 지표 테이블로 캡처된 CDC 파이프라인 관리 지표 예제를 보여준다(서버나 IP와 같은 공통 필드는 단순화시키기 위해 생략했다).

op_type	start_ts	end_ts	duration	inserts	updates	deletes
cdc	2019-05-02 12:00:00	2019-05-02 12:01:00	60	10	129	2
cdc	2019-05-02 12:01:00	2019-05-02 12:02:00	60	7	100	1

▲ **그림 4.19** 데이터베이스 CDC 수집 파이프라인에 대한 파이프라인 관리 지표 예제

여기서는 수집된 행 수 같은 관리 지표를 INSERT, UPDATE, DELETE 작업별로 별도의 관리 지표로 분할했다. 또한 이 테이블에서 start_ts, end_ts, duration 컬럼은 행을 수집하는 데 소요된 시간을 의미하지 않는다. 대신 관리 지표를 계산하기 위해 정의한 관측 시간 간격observation window과 각 관측 시간 간격의 시작 시간과 종료 시간을 나타낸다.

마지막으로, 수집 파이프라인에서 또 다른 중요한 지표는 수집 배치 과정이나 관측 시간 간격 간에 스키마 변화가 있었는지의 여부 판단이다. 소스 스키마가 변경됐음을 알 수 있다면 스키마 변경 때문에 발생되는 이슈를 해결하기 위한 위험 경보, 절차 자동화 등이 가능할 수 있다. 스키마 관리에 대한 자세한 내용은 6장에서 다루겠다.

4.3 파일에서 데이터 수집

파일을 이용한 데이터를 전송 방법은 아마도 가장 오래된 ETL 파이프라인 타입 중 하나일 것이다. 다양한 시스템에서 CSV 또는 JSON과 같은 텍스트 파일로 데이터 내보내기를 지원하므로 이러한 유형의 데이터 교환을 비교적 간단하게 구현할 수 있다. 파일은 소스 시스템과 데스티네이션 시스템 간 분리를 훌륭히 제공하기에 서드파티와의 데이터 교환에도 널리 사용된다. 소스 데이터를 파일에 저장한 다음 두 데이터 간에 직접 연결할 필요 없이 여러 시스

템에 적재할 수 있으므로 보안 위험과 성능 저하 가능성을 최소화할 수 있다.

데이터를 교환하는 가장 간단한 방법이 파일인 것처럼 보이지만, 안정된 파일 기반 데이터 수집 파이프라인 구현은 간단하지 않다. CSV와 같은 텍스트 파일 포맷은 포맷format 준수 강제화가 어렵다. 파일을 보내는 시스템에서 CSV를 생성할 때 사용하는 데이터 생성 규칙rule이 파일을 받는 시스템에서 사용하는 규칙과 다를 수가 있다. JSON과 같은 파일 포맷 규칙은 다소 엄격하지만 여전히 스키마나 데이터 타입에 대해서는 포맷 규칙을 적용하기 힘들다.

> | **참고** | CSV 툴이 준수해야 하는 공식 스펙(specification)(https://tools.ietf.org/html/rfc4180)이 있지만 업스트림(upstream) 데이터 프로듀서(producer)들은 표준을 잘 따르지 않고 자체 방식으로 CSV 파일을 생성하는 경우가 종종 있다. 이런 경우를 대비해 수집 파이프라인은 방어적인 형태로 구축해야 한다.

4장에서는 클라우드 데이터 플랫폼 설계에서 파일 포맷들의 차이점을 설명한다. 파일을 데이터 요소로 파싱하는 것은 수집 계층의 책임이 아니다. 처리 계층에서 주로 진행되며, 이에 대한 자세한 내용은 5장에서 다루겠다.

클라우드 데이터 플랫폼으로 파일을 전송하는 방법은 두 가지가 있다. 첫 번째 방법은 표준 FTP(파일 전송 프로토콜) 또는 보다 안전한 FTP 버전인 SFTP를 사용하는 것이다. FTP는 많은 ETL 툴에서 지원하는 널리 사용되는 프로토콜이다. FTP를 사용하려면 파일을 저장할 전용 서버가 필요하고, 클라이언트에서 파일 서버로 접속 인증 수단으로 username과 password 인증 방식을 지원해야 한다.

그림 4.20과 같이 FTP 서버는 온프레미스on-premise 환경에 설치되는 경우가 많다. ETL 툴 또는 클라우드 ETL 서비스 같은 수집 애플리케이션들은 FTP 서버에 접속해서 필요한 파일을 가져와 데이터 플랫폼의 클라우드 스토리지에 저장한다.

이 방법에는 몇 가지 제약이 있다. 먼저 FTP 서버와 클라우드 데이터 플랫폼 간 보안 네트워크 연결을 설정해야 한다. 둘째, FTP 서버는 파일 저장용으로 로컬 스토리지를 주로 사용한다. 즉, 대량의 데이터를 수집할 계획이라면 그에 따라 FTP 스토리지 사이즈도 함께 고려해야 한다.

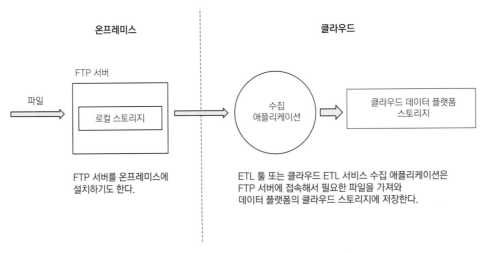

FTP 서버

파일

로컬 스토리지

수집
애플리케이션

클라우드 데이터 플랫폼
스토리지

FTP 서버를 온프레미스에
설치하기도 한다.

ETL 툴 또는 클라우드 ETL 서비스 수집 애플리케이션은
FTP 서버에 접속해서 필요한 파일을 가져와
데이터 플랫폼의 클라우드 스토리지에 저장한다.

▲ **그림 4.20** 온프레미스 FTP 서버로부터 파일 수집

기존의 FTP 파일 교환 방식을 점진적으로 대체하는 대안으로는 FTP 서버 대신 클라우드
스토리지를 사용한다. 이를 그림 4.21에 나타냈다.

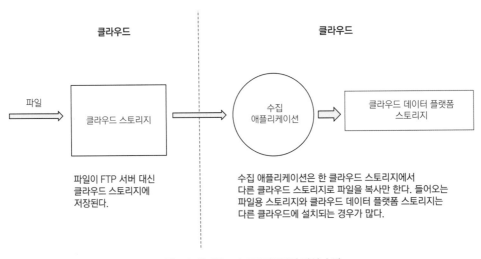

클라우드 스토리지

파일

클라우드 스토리지

수집
애플리케이션

클라우드 데이터 플랫폼
스토리지

파일이 FTP 서버 대신
클라우드 스토리지에
저장된다.

수집 애플리케이션은 한 클라우드 스토리지에서
다른 클라우드 스토리지로 파일을 복사만 한다. 들어오는
파일용 스토리지와 클라우드 데이터 플랫폼 스토리지는
다른 클라우드에 설치되는 경우가 많다.

▲ **그림 4.21** 클라우드 스토리지로부터 파일 수집

여기서는 파일이 클라우드 스토리지에 저장되며, 수집 앱은 한 클라우드 스토리지에서
다른 클라우드 스토리지로 파일을 복사한다. FTP 대신 클라우드 스토리지를 사용할 때의 장

점은 1. 탄력적인 스토리지, 2. 클라우드 공급 업체가 제공하는 보안 파일 전송 메커니즘을 사용해서 네트워크 구성을 단순화, 3. 시간이 지나면 만료되는 임시 액세스 키와 같은 보안 옵션 활용, 4. 데이터 액세스 감사 기능을 들 수 있다.

들어오는 파일용 스토리지와 클라우드 데이터 플랫폼 스토리지는 서로 다른 클라우드에 설치되는 경우가 많다. 클라우드 공급 업체 간의 데이터 전송에는 비용이 발생하며, 대부분의 클라우드 공급 업체는 자사 환경 밖으로 데이터가 복사돼 나갈 때 비용을 청구한다. FTP 대신 클라우드 스토리지를 사용할 때의 장점은 탄력적인 스토리지를 사용할 수 있으며, 스토리지 사이즈에 대해 걱정할 필요가 없다는 것이다. 또한 클라우드 공급 업체가 제공하는 보안 파일 전송 메커니즘을 사용하면 네트워크 구성이 훨씬 간단해진다. 이 경우 보통 보안 액세스 키secure access key를 사용한다. 클라우드 스토리지는 데이터 액세스 감사 기능뿐만 아니라 시간이 지나면 만료되는 임시 액세스 키 생성과 같은 보안 옵션도 제공한다.

4.3.1 수집된 파일 추적

RDBMS에서 데이터를 수집할 때와 달리 파일을 사용하면 전체 수집을 처리할지 증분 수집을 처리할지 고민할 일이 거의 없다. FTP 서버나 클라우드 스토리지에 저장된 파일은 변경이 없는immutable 데이터 집합으로, 소스 시스템에서 파일 쓰기를 마치면 변경되지 않는다. 즉, 파일 내의 어떤 항목이 이미 수집됐는지 그렇지 않은지 여부를 추적하지 않아도 된다. 단, 클라우드 데이터 플랫폼으로 이미 수집된 파일인지 아닌지 여부는 주의 깊게 추적해야 한다.

파일의 수집 여부를 추적하는 방법 중 하나는 FTP 서버나 클라우드 스토리지 폴더를 "수신"과 "처리됨" 폴더로 구성하는 것이다(그림 4.22 참조).

이 방식에서는 소스 FTP 서버나 클라우드 스토리지 시스템에 "수신" 폴더와 "처리됨" 폴더 두 개를 만든다. 소스 시스템은 신규 파일을 수신 폴더에 저장한다. 수집 애플리케이션은 수신 폴더의 모든 파일을 읽은 다음 클라우드 데이터 플랫폼의 랜딩 영역에 저장한다. 파일이 데이터 플랫폼에 성공적으로 저장되면 수집 애플리케이션은 해당 파일을 소스 시스템의 처리됨 폴더에 복사하고 수신 폴더에서 삭제한다. 처리됨 폴더에 파일을 장기간 저장할 필요는 없다. 그럼에도 수집 이슈 발생 가능성을 고려해서 디버깅 목적으로 해당 파일이 필요할 수 있으므로, 수집 일정에 따라 적절한 기간 동안 파일을 보관하는 것이 좋다. 처리됨 폴더에 있는 파일들을 주기적으로 정리하는 프로세스를 스케줄한다.

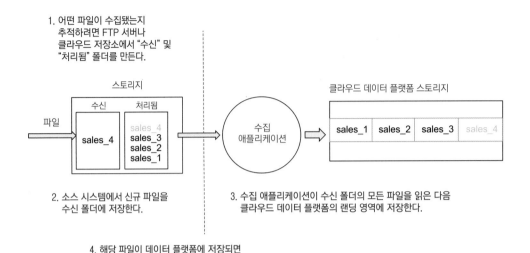

▲ **그림 4.22** 수집된 파일 추적을 위해 수신 및 처리됨 폴더 사용

이 방법이 복잡한 단계처럼 보일 수 있지만 몇 가지 장점이 있다. 첫째, 수집 애플리케이션 관점에서 볼 때 어떤 파일이 처리되고 어떤 파일이 처리되지 않았는지 실제로 추적할 필요가 없다. 수신 폴더에는 신규 파일만 존재하기 때문에 수신 폴더의 모든 파일을 읽으면 된다. 둘째, 파일 수집을 재수행replay해보기가 매우 쉽다. 처리됨 폴더에서 수신 폴더로 해당 파일을 복사하고, 수집 앱을 기존 방식대로 실행시키면 된다. 이 방법이 정상적으로 잘 작동하기 위해 중요한 점은 수집 애플리케이션이 관련 예외 처리를 적절하게 할 수 있어야 한다는 것이다. 예를 들어, 어떤 이유로 인해 클라우드 데이터 플랫폼 랜딩 영역으로 복사 작업이 실패했을 경우 해당 파일은 처리됨 폴더로 복사되면 안 되며, 재시도될 때까지 수신 폴더에 계속 남아 있어야 한다.

일반적으로 파일 기반 수집 파이프라인에는 이 두 폴더 방식을 권장한다. 가끔은 불가능한 경우도 있다. 예를 들어, 소스 시스템에서 FTP서버나 클라우드 스토리지 특정 폴더 구조를 이미 다른 목적으로 사용할 때다. 혹은 소스 시스템의 파일을 다른 폴더로 이동할 수 있는 권한이 없는 경우(서드파티로부터 파일을 수집할 때 자주 발생함)도 있다. 이런 경우 다른 방법이 필요하다.

여기에 다른 방법도 가능하다. FTP 서버나 클라우드 스토리지에 저장된 파일에는 메타데이터도 함께 저장된다. 파일이 갖는 속성 중 하나는 파일의 최종 변경 타임스탬프다. 이 타임스탬프를 사용하면 특정 시간 이후에 추가된 신규 파일들만 식별할 수 있다. 여기서 사용하는 방법은 RDBMS의 증분 수집과 매우 유사하다. 즉 모든 파일의 최종 변경 타임스탬프를 추적해서 파일의 타임스탬프가 최고 수위 값보다 큰 경우만 수집하는 방법이다. 그림 4.23과 같이 수집 애플리케이션은 최고 수위 값을 저장하고 가져오기 위해 데이터 플랫폼의 메타데이터 저장소를 활용한다.

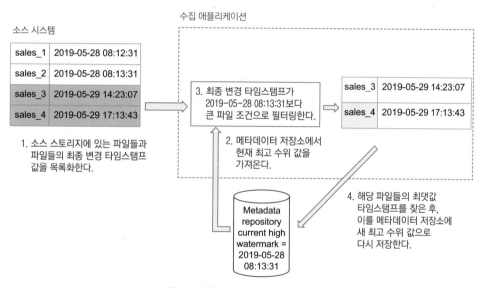

▲ **그림 4.23** 최종 변경 파일의 타임스탬프 추적

RDBMS와 달리 FTP와 클라우드 스토리지는 쿼리 언어를 지원하지 않으므로, 프로세스의 첫 번째 단계는 소스 스토리지에 있는 파일들과 파일들의 최종 변경 타임스탬프 값을 목록화하는 것이다(1). 다음으로, 수집 애플리케이션이 메타데이터 저장소에서 현재 최고 수위 값을 가져온다(2). 그런 다음 최고 수위 값보다 최종 변경 타임스탬프가 큰 파일을 필터링해 목록화한다(3). 마지막으로, 수집 애플리케이션이 해당 파일들의 최댓값 타임스탬프를 찾은

후 이를 메타데이터 저장소에 새 최고 수위 값으로 다시 저장한다(4).

이 방식은 두 폴더 방식보다 조금 더 복잡하다. 하지만 대부분의 ETL 툴을 활용하면 그림 4.23에 나와 있는 프로세스를 쉽게 구현할 수 있으므로, 모든 단계가 제대로 수행되는지 고민할 필요는 없다. 예를 들어 아파치 나이파이Apache NiFi에는 ListS3, ListAzureBlob Storage, ListGCSBucket, ListSFTP 프로세서가 존재한다. 이 프로세서들은 최고 수위 값과 파일 필터링 프로세스를 갖고 있다. ETL 툴과 관련된 이슈는 대부분의 ETL 툴이 최고 수위 값을 ETL 툴 내부 리포지토리 같은 곳에 저장하는데, 이러한 구조적인 문제로 인해 파이프라인 메타데이터에 활용하고자 할 때 제약으로 작용하기도 한다. 또한 최고 수위에 대한 정보가 손실되면 이미 수집된 파일들에 대한 정보를 알 수 없기 때문에 ETL 툴 스토리지를 정기적으로 백업해야 한다. 이 방식의 단점에는 수집해야 할 파일의 수가 수천 개로 늘어날 경우, 소스 시스템의 파일들을 목록화하고 필터링 작업을 수행하는 데에도 매우 느려질 수 있다는 점이다. 특히 클라우드 스토리지의 경우에는 더욱 그렇다.

앞에서 설명한 수집 파일 추적 방식을 약간 변형해보면, FTP 서버나 클라우드 스토리지의 폴더를 구성할 때 파일을 업로드한 일자와 시간을 나타내는 이름을 사용하는 것이다. 예를 들어,

```
/ftp/inventory_data/incoming/2019/05/28/sales_1_081232
```

FTP의 디렉터리 구조에 파일을 업로드한 년, 월, 일을 포함하며 파일 이름에도 타임스탬프가 포함돼 있음을 알 수 있다. 이러한 디렉터리 구조를 사용하면 가장 최근 일자 폴더, 즉 일자별 파일 목록으로 좁힐 수 있다. 예를 들어, 수집 애플리케이션이 2019-05-28을 기준으로 실행되는 경우 해당 디렉토리의 파일만 목록화할 수 있다. 이렇게 하면 소스 시스템의 파일 수가 많아질 경우 성능 개선에 도움이 된다.

타임스탬프 추적 방식을 활용할 경우, 특정 파일 혹은 특정 파일들의 수집 작업을 재수행하기 복잡해진다. 예를 들면 메타데이터 저장소의 최고 수위 값을 조정해야 프로세스가 특정 파일을 다시 선택할 수 있으며, 타임스탬프 값이 동일한 파일이 여러 개인 경우, 단일 파일만 선택해서 재처리하기가 어려울 수 있다.

> **│참고│** 클라우드 스토리지를 파일의 소스 시스템으로 사용하는 경우, 클라우드 공급 업체에서 제공하는 파일 복사 툴이 무엇인지 확인해보는 것이 좋다. 예를 들어, 구글 클라우드의 gsutil rsync 툴을 사용하면, 두 구글 클라우드 스토리지 데스티네이션 간, 구글 클라우드 스토리지와 로컬 파일 시스템 간 또는 구글 클라우드 스토리지와 S3 간에 파일을 동기화할 수 있다. 이 툴은 어떤 파일이 데스티네이션에 추가되는지 모니터링해서 신규 파일만 복사할 수 있다. 다른 클라우드 공급 업체도 유사한 툴이 있는데, 애저의 경우 blobxfer(https://github.com/Azure/blobxfer), AWS의 경우 s3 sync가 있다. 클라우드 데이터 플랫폼으로 대규모 초기 데이터 전송을 수행하는 경우 이러한 툴을 사용하면 편리하다.
>
> 이 툴들은 어떤 파일의 수집 여부 정보를 실제로 저장하지 않는다. 대신 소스 시스템과 데스티네이션 시스템의 파일 목록과 체크섬(checksum)을 비교해 신규 파일인지 변경된 파일인지를 식별한다. 예를 들면 이는 특정 파일 수집을 재실행(replay)하기 위해 최고 수위 값을 재설정하기 쉽지 않다는 의미가 된다.

연습문제 4.4

"수신" 및 "처리됨" 폴더 구조를 사용하는 대신 메타데이터 계층에서 수집 파일을 추적 관리해야 하는 경우는?

1 소스 시스템에 미리 정의된 폴더 구조가 있는 경우
2 처리해야 될 파일이 작고 많을 경우
3 처리해야 될 파일이 대용량이면서 많을 경우
4 파이프라인 성능이 우려되는 경우

4.3.2 파일 수집 메타데이터 캡처

RDBMS 수집 프로세스와 마찬가지로 파일 기반 수집 파이프라인에서도 관련 통계 정보와 메타데이터를 캡처하는 것이 중요하다. 그러나 RDBMS와 달리 파일 수집 프로세스에서는 각 파일의 행 수를 캡처하지 않는다. 행 개수는 데이터베이스뿐만 아니라 파일 처리 과정에서도 매우 중요하지만 수집 단계가 아닌 처리process 단계에서 캡처해야 한다.

행 수 캡처를 처리 단계에서 수행하는 이유는 확장성 때문이다. RDBMS에서 데이터를 수집할 때에는 테이블별 행 수를 쉽게 가져올 수 있다. 즉, 클라이언트 라이브러리를 활용하

거나, SQL 쿼리를 날려서 데이터베이스로부터 행 수를 가져오면 된다. 즉 RDBMS의 경우 클라이언트(수집 애플리케이션)는 행 수를 얻기 위해 추가 작업을 할 필요가 없다.

파일을 사용하는 경우는 다르다. 파일의 행 수를 체크하려면 먼저 어떤 파일 포맷을 다루는지 정확히 알아야 한다. 그다음 수집 애플리케이션에서 특정 파싱parsing 기능을 구현한 다음, 마지막으로 파일을 행으로 쪼개고, 수집 애플리케이션 코드에서 행을 세야 한다. 이 방식은 대용량 파일에는 적용하기 힘들다. 왜냐하면 수집 애플리케이션이 일반적으로 단일 VM에서 실행되도록 구현하기에, 이 애플리케이션으로 대용량 파일을 더 작은 청크chunk로 분할해서 별도의 VM에서 각 청크를 처리하는 형태로 할 수 없기 때문이다. 이전에 ETL 툴에서 수십 GB 사이즈의 CSV 파일을 파싱하려 하는 경우를 본 적도 있다.

따라서 파일의 행 수를 캡처하는 작업은 처리 계층processing layer에서 이뤄져야 적절한데, 파일 사이즈를 쉽게 확장할 수 있도록 분산 데이터 처리 엔진을 사용할 수 있기 때문이다. 이에 대해서는 5장에서 자세히 알아보겠다.

파일 수집 파이프라인에서 캡처 관련 통계와 메타데이터는 앞에서 설명한 RDBMS 방식과 유사하다. 파일의 출처를 식별하는 데 도움이 될 소스 시스템 이름을 갖는 것이 중요하다. 예를 들어 FTP 서버 또는 소스 클라우드 스토리지에 "inventory_ftp" 또는 "demographics_s3"과 같이 이름에 소스 정보를 포함하는 방식으로 지정한다. 이 특정 소스에 대한 파일 포맷도 알고 저장하는 것이 좋다. 나중에 처리 계층에서 이 소스의 데이터 파싱 라이브러리가 어떤 것인지 알기 위함이다. 또한 파일 사이즈와 수집 기간도 중요한 관리 지표인데, 이는 나중에 비정상적인 파일 사이즈(너무 크거나 너무 작은 파일), 수집 소요 시간 등의 SLA 이상 징후를 감지하는 데 활용할 수 있기 때문이다.

마지막으로, 앞에서 언급했듯, 때때로 파일 이름에도 유용한 정보를 포함하는 방법이다. 파일이 만들어진 시점, 파일을 생성한 소스 시스템의 이름 등을 예로 들 수 있다. 또한 파일 이름에 지역 이름과 같은 정보가 포함돼 있는 사례를 보게 되는데, 파일에서 이 지역에 대한 데이터만 검사해야 함을 나타내는 경우다. 메타데이터 저장소에 전체 파일 이름을 보존하면 데이터 문제를 디버깅할 때 도움이 될 수 있다. 디렉터리 구조에도 유용한 정보가 포함돼 있을 수 있기에 소스 시스템의 파일 전체 경로 정보를 저장하는 것이 좋다.

그림 4.24에는 파일 수집 파이프라인에서 고려해야 하는 메타데이터 정보를 축약해서 표현했다.

source_name	file_type	start_ts	end_ts	duration	file_name	full_path	file_size
inventory_ftp	CSV	2019-05-02 07:00:00	2019-05-02 07:12:00	720	inventory_CA.csv	data/incoming/inventory/2019/05/01/	268435456
demographics_s3	JSON	2019-05-05 12:00:00	2019-05-05 12:02:00	120	dem_full.json	s3://share/demographics/latest	524288000

▲ **그림 4.24** 파일 수집 파이프라인을 위한 메타데이터 사례

4.4 스트림 방식의 데이터 수집

소프트웨어 시스템 간에 데이터를 교환하는 방법으로 스트림streams 방식의 활용이 크게 증가하는 가운데, 아파치 카프카Apache Kafka가 메시지 전송 시스템의 실질적인 표준으로 자리잡았다. 이 말은 곧 데이터 플랫폼 설계자들이 카프카와 유사 시스템을 데이터 소스 중 하나로 고려해야 한다는 의미가 된다. 이 절에서는 카프카에 집중해서 설명하겠지만, 플랫폼의 데이터 소스로 볼 수 있는 다른 메시지 전송 시스템들도 있다. 주요 클라우드 공급 업체에서는 유사 속성들을 가진 자체 서비스를 보유하고 있는데, 예를 들면 구글 클라우드 펍/서브Pub/Sub, 애저Azure 이벤트 허브, AWS 키네시스Kinesis 등이 있다. 이 절에서 설명하는 해결 과제들과 솔루션들은 이들 시스템에도 적용해볼 수 있을 것이다.

스트림으로부터 데이터를 수집할 경우, 일반적으로 두 가지 시나리오를 고려해볼 수 있다. 첫 번째는 스트리밍, 즉 실시간 수집이다. 이 시나리오에서 최종 사용자의 관점에서 중요한 것은 데이터가 웨어하우스나 클라우드 데이터 플랫폼으로 최대한 빠르게 수집돼야 한다는 점이다. 그런데 분석은 실시간 방식으로 진행하지 않고, 필요 시에만 진행하는 경우다.

두 번째 시나리오는 데이터의 실시간 수집뿐만 아니라, 중요한 연산과 분석도 데이터가 들어오는 즉시 수행해야 하는 경우다. 실시간 수집과 대비해서 이는 실시간 분석이라 한다. 이 장에서는 실시간 수집 시나리오를 중점적으로 다루며, 실시간 분석은 6장에서 자세히 다룰 것이다.

스트리밍 시스템에서 데이터를 수집하는 것은 RDBMS나 파일에서 배치 방식으로 수집하는 것과는 상당히 다르다. 주요 차이점은 여러 데이터 요소(RDBMS에서는 행, 파일에서는 JSON 문서 등)를 모아서 수집하지 않고, 업스트림 애플리케이션이 작성하는 메시지를 메시지

버스를 통해 하나하나씩 계속 수집한다는 점이다. 한 가지 예외는 CDC 수집 파이프라인인데, 이는 실제 스트리밍 수집 파이프라인이다.

메시지를 하나씩 받는다면 클라우드 스토리지 랜딩 영역에 파일로 저장하기란 거의 불가능한데, 각 메시지마다 파일로 만들어야 된다는 의미기 때문이다. 스트리밍 시스템은 일반적으로 메시지 전송 속도가 빠르기 때문에, 메시지를 클라우드 스토리지에 직접 저장한다면 성능 측면에서 적합하지 않다. 바로 데이터 플랫폼 아키텍처에서 고속 스토리지가 필요한 이유다.

애플리케이션 개발 팀에서 마이크로서비스를 위한 메시지 교환 플랫폼으로 카프카를 사용하고 있다고 가정해보자. 이 카프카 클러스터는 온프레미스on premises 환경이나 클라우드 등 어디든 구축이 가능하다(데이터 플랫폼과 동일한 클라우드에 구축할 필요는 없다). 그림 4.25는 카프카를 사용해 스트리밍 수집을 수행하는 데이터 플랫폼 설계 방법을 보여준다.

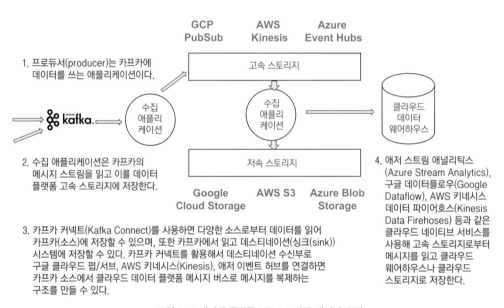

▲ 그림 4.25 데이터 플랫폼으로 스트리밍 데이터 수집

카프카에 데이터를 쓰는 애플리케이션을 일반적으로 프로듀서producer라 한다(1). 카프카의 메시지 스트림을 읽고 데이터 플랫폼 고속 스토리지로 저장하는 수집 애플리케이션도 필요하다(2). 이 스트림 수집 프로세스 단계는 몇 가지 방법으로 구축 가능하다. 카프카에는

카프카 커넥트Kafka Connect10라는 컴포넌트가 포함돼 있는데, 다른 소스의 데이터를 읽어 카프카(소스)로 보내기도 하고, 카프카(소스)에서 읽고 데스티네이션 수신부(싱크sink)로 보낼 수 있다. 카프카 커넥트를 활용해서 싱크로 구글 클라우드 펍/서브, AWS 키네시스Kinesis, 애저 이벤트 허브를 연결하면 카프카 소스에서 클라우드 데이터 플랫폼 메시지 버스로 메시지를 복제하는 구조를 만들 수 있다(3). 이 옵션은 구현하기는 쉽지만 카프카 설정값 변경이 필요하다. 카프카 클러스터 담당자가 다른 일로 바쁘거나 현 데이터 센터에 하드웨어 제약이 있을 경우, 변경 작업이 쉽지 않을 수 있다.

카프카의 메시지를 읽어서 클라우드 데이터 플랫폼에 저장하는 기능의 애플리케이션을 만드는 방법도 대안이 될 수 있다. 카프카는 대부분의 프로그래밍 언어용 라이브러리를 제공하고 있으므로 상대적으로 구현하기 쉽긴 하지만, 자체 구현하기보다는 이러한 솔루션들을 찾아서 구축하는 편이 좋다. 카프카에서 클라우드 데이터 플랫폼 고속 스토리지로 데이터를 복제해주는 기능을 가진 솔루션들이 시장에 나와 있다. 이유는 간단한 기능을 가진 카프카 컨슈머consumer 애플리케이션 구현은 어렵지 않지만 대용량 데이터를 처리해야 될 경우 에러 처리error handling, 적절한 로깅 전략, 애플리케이션 확장성 등 고려해야 할 부분이 많기 때문이다. 시장에 나와 있는 ETL 툴 중에는 카프카를 데이터 소스로 지원하는 것들이 있는데, 어떤 툴이 사용하기에 적절한지 확인해야 한다. 구글 클라우드 플랫폼에서 수집 프로세스를 구현하려 할 경우, 클라우드 데이터플로우Cloud Dataflow를 이 같은 용도로 활용할 수 있다. 클라우드 데이터플로우는 구축 상세 부분까지 제어하는 기능뿐만 아니라, 확장성, 로깅, 오류 처리 기능도 함께 제공하고 있다.

클라우드 데이터 플랫폼의 고속 스토리지에서 데이터 수집을 마치면, 아카이빙 등 다른 목적을 위해 데이터를 클라우드 데이터 웨어하우스나 저속 스토리지 등으로도 보내줘야 한다(4). 이를 위해서는 고속 저장소에서 메시지를 읽어 클라우드 웨어하우스나 클라우드 스토리지로 전달할 수 있는 애플리케이션이 필요하다. 다행히 대부분 클라우드 공급 업체에서는 이 부분을 클라이드 네이티브 서비스 형태로 제공하고 있다. 예를 들어 애저에서는 애저 스트림 애널리틱스Azure Stream Analytics를 활용할 수 있다. 애저 스트림 애널리틱스는 애저 이벤트 허브의 메시지를 읽어 애저 SQL 웨어하우스Azure SQL Warehouse로 전달하는 역할을

---

10 https://kafka.apache.org/documentation/#connect

한다. 구글 클라우드 플랫폼에서는 클라우드 펍/서브의 메시지를 읽어 빅쿼리로 보내려면 구글 데이터플로우를 활용하면 된다. AWS에서는 키네시스 데이터 파이어호스Kinesis Data Firehose가 유사한 기능을 제공한다. 키네시스 데이터 파이어호스는 AWS 키네시스의 메시지를 읽어 레드시프트Redshift 웨어하우스로 전달한다. 카프카 라이브러리 등을 활용해 애플리케이션을 직접 구현할 수도 있겠지만, 이러한 네이티브 서비스들 중 하나를 사용하기를 추천한다. 이러한 서비스는 해당 메시지 버스 시스템 및 다양한 클라우드 데스티네이션 시스템들과의 통합이 잘 돼 있기 때문이다.

> | **참고** | 클라우드 웨어하우스 관점에서 보면 현재 실제 실시간 수집을 지원하는 서비스는 구글 빅쿼리(BigQuery)뿐이다. AWS 레드시프트와 애저 SQL 웨어하우스도 행 단위 INSERT를 지원하지만 적절한 성능을 얻기 위해서는 배치 방식으로 여러 개 행 단위로 INSERT 처리해야 한다. 이들 서비스를 사용하면 이러한 행 처리 방식을 쉽게 설정할 수 있다. 웨어하우스들 간의 차이점은 9장에서 더 자세히 알아본다.

메시지를 클라우드 스토리지에 저장하는 용도로 애저 스트림 애널리틱스, 구글 클라우드 데이터플로우, AWS 키네시스 데이터 파이어호스 등과 같은 클라우드 서비스를 활용할 수도 있다. 클라우드 스토리지는 많은 양의 작은 사이즈 파일을 처리하는 데 최적화돼 있지 않으므로 각각의 메시지를 별도의 파일로 만든다면 파이프라인 성능이 매우 떨어질 수 있다. 대신 메시지를 일괄 처리해 하나의 대용량 파일로 스토리지에 쓰는 것이 일반적인 방법이다. 파일 사이즈를 수백 MB 이상으로 유지하면 좋지만 수집 스트림 볼륨이 작다면 수백 MB로 만드는 것은 쉽지 않다. 따라서 목표 파일 사이즈와 해당 메시지 볼륨을 누적하는 데 걸리는 시간 사이에 적절한 균형점을 찾아야 한다.

> | **참고** | 앞서 언급한 것처럼 AWS와 애저 클라우드 웨어하우스는 테이블에 메시지를 삽입하기 전에 메시지를 배치 처리하는 방식으로 돼 있다. 이 웨어하우스들에서 주로 사용되는 배치 사이즈는 클라우드 스토리지에서 파일을 생성하기 위한 배치 사이즈와 같을 필요는 없다. 일반적으로 웨어하우스에서 배치 사이즈를 결정할 때는, 최종 사용자가 준실시간으로 최신 데이터를 활용을 할 수 있도록 파일 적재 성능 보장을 고려해야 한다. 반면 클라우드 스토리지에서 배치 사이즈는 일반적으로 웨어하우스에서 수행할 때보다 큰 값을 가지므로 결과 파일 크기도 크다.

실시간으로 메시지를 읽는다 해서 반드시 카프카 서비스를 적용할 필요는 없다. 예를 들어, 클라우드 데이터 플랫폼으로 메시지를 밀어 넣는 목적이 추가 분석과 장기 보관이라 이를 위해 개발 팀이 신규 애플리케이션을 구현 중이라 가정해보자. 이 경우에는 애플리케이션에서 클라우드 데이터 플랫폼의 고속 스토리지를 활용하는 구조가 대안이 될 수 있다.

이 프로세스는 이전에 설명한 것과 매우 유사하지만, 카프카에서 클라우드 데이터 플랫폼으로 메시지를 전송하는 ETL 툴이나 전용 수집 애플리케이션이 없다는 점이 다르다. 그림 4.26은 관련 단계를 보여준다.

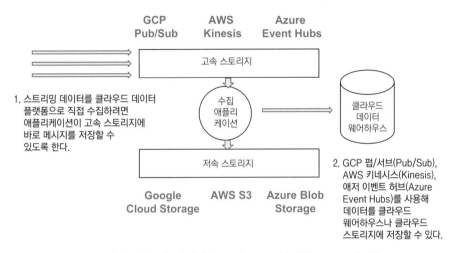

▲ **그림 4.26** 스트리밍 데이터를 클라우드 데이터 플랫폼으로 직접 수집함

카프카로부터 클라우드 데이터 플랫폼으로 메시지를 전송하는 전용 수집 애플리케이션을 개발하거나 ETL 툴을 사용하는 방법보다는 애플리케이션이 고속 스토리지에 바로 메시지를 저장할 수 있도록 한다(1). 이 경우 고속 스토리지에 메시지를 기록하는 애플리케이션을 개발해야 하는데, 클라우드 공급 업체가 제공하는 클라이언트 라이브러리를 활용하면 된다.

데이터가 고속 스토리지에 저장되면 다음 프로세스는 동일하다. 클라우드 서비스 중 하나를 사용해 클라우드 웨어하우스나 클라우드 스토리지에 데이터를 저장한다(2).

4.4.1 배치와 스트리밍 수집의 차이점

스트리밍 수집 파이프라인이 배치batch 수집 파이프라인보다 더 간단할 때가 있고 반대인 경우도 있다. 이 절에서 그 주요 차이점을 간략히 설명하고자 한다.

스트리밍 수집에서는 어떤 데이터가 신규 데이터며, 수집 및 처리 여부를 추적할 필요가 없다. 앞 절에서 논의한 바와 같이, RDBMS 및 파일 수집 방식에서는 이러한 추적이 매우 중요하나, 스트리밍 파이프라인에서는 주요 관심 사항이 아니다. 사용된 메시지와 사용되지 않은 메시지 추적은 카프카와 같은 메시지 버스 시스템 또는 이와 유사한 스트리밍 클라우드 서비스들이 제공하는 기본 기능이다. 수집 애플리케이션에서는 들어오는 메시지들을 계속 읽으면서, 처리된 메시지의 오프셋 값을 주기적으로 읽어 카프카로 다시 보내면 된다. 오프셋 값은 각 메시지의 순차 번호sequence number다. 오프셋을 활용하면 데이터 수집 애플리케이션이 장애가 발생하거나, 유지 보수 차원에서 시스템을 잠시 중단해야 할 경우 쉽게 복구할 수 있다. 카프카로부터 마지막 처리 오프셋 값을 읽은 후, 그 값보다 큰 오프셋 값을 가진 메시지부터 받으면 된다는 개념이다. 구글 클라우드 펍/서브, 애저 이벤트 허브, AWS 키네시스와 같은 클라우드 서비스들도 유사한 기능이 존재한다.

이 오프셋 추적 방식에는 아쉽게도 단점이 있다. 만약 수집 애플리케이션이 메시지를 처리할 때마다 처리한 메시지의 오프셋 값을 카프카로 보내 카프카가 그 값을 기록하고 있어야 한다면, 파이프라인 성능에 상당한 부정적인 영향을 미친다. 왜냐하면 읽기 작업을 수행할 때마다 쓰기 작업도 수행해야 되기 때문이다. 그래서 실제 애플리케이션의 경우, 오프셋 값 점검 주기를 설정 방식으로 관리할 수 있도록 구현한다. 즉, 수집 애플리케이션에 장애가 발생하거나 혹은 카프카 자체에 문제가 발생한 후 수집 애플리케이션이 다시 온라인 상태로 복구된다면, 수집 애플리케이션은 이미 처리한 메시지들도 일부 다시 받게 된다는 의미다. 실제로 이러한 상황은 운영 시스템에서 자주 발생한다.

| **참고** | 카프카를 사용한 애플리케이션 구축 전략 및 관련 세부사항 등 자세한 내용은 https://www.manning.com/books/kafka-in-action을 참조하면 된다.

따라서 스트리밍 수집 파이프라인은 중복 메시지 처리 기능이 있어야 한다. 구글 클라우

드 데이터플로우 등 일부 스트리밍 데이터 처리 시스템에는 수신 데이터 중복을 제거할 수 있는 기능이 내장돼 있다. 그 외 경우, 수신 데이터 중복 제거를 위해서는 클라우드 데이터 플랫폼의 처리 계층에서 중복 제거 절차를 구현해야 한다. 주로 메시지의 고유 식별자를 활용해 애플리케이션을 구현하는데, 데이터 중복 제거에 대한 자세한 내용은 5장에서 다루겠다. 한 가지 기억해야 할 점은 효율적인 중복 제거 전략을 구현하기 위해서는 메시지마다 고유 식별자가 있어야 한다는 점이다.

스트리밍 파이프라인을 구축할 때 고려해야 할 또 다른 중요한 사항은 수신 메시지의 규모다. 카프카에서 데이터 플랫폼 고속 스토리지로 메시지를 옮기는 단계, 즉 스트리밍 수집 파이프라인의 1단계를 구현하기 위해 상용 ETL 툴을 사용하거나 맞춤형 애플리케이션을 구현하고자 할 때, 이 방식의 확장성을 평가해야 한다. 만약 스트리밍 메시지 수집 솔루션이 단일 VM상에서만 처리되는 구조라면 확장성 한계에 도달할 가능성이 상당히 높다. 파이프라인 1단계에서 병목이 발생되지 않도록 하기 위해서는 카프카 커넥트^{Kafka Connect}, 스파크 스트리밍^{Spark Streaming}, 아파치 빔^{Apache Beam} 등과 같은 분산 메시지 처리 시스템을 활용해야 한다.

파일이나 데이터베이스와 같은 배치 소스^{batch source}에서는 메시지 버스 시스템에 데이터를 장기 보관하는 반면 스트리밍 수집 방식에서는 메시지를 주기적으로 삭제하는 것이 일반적이다. 그 이유는 들어오는 메시지 규모와 관련이 깊다. 메시지 버스 제품들은 메시지 버스의 신뢰성을 높이기 위해 복수 장비로 메시지를 복제하는 구조로 돼 있다. 장기간 메시지를 저장하려면 상당량의 스토리지와 컴퓨팅 리소스가 필요하게 된다. 카프카에서 메시지 만료 기간은 대부분 일주일 이하로 설정한다. 메시지 만료 기간은 메시지 볼륨과 클러스터 사이즈에 따라 설정하면 된다. 예를 들어 클라우드 펍/서브와 같은 클라우드 시스템에서는 컨슈머^{consumer} 애플리케이션이 메시지를 수신했음을 확인하면 메시지를 자동으로 삭제하도록 설정할 수 있다.

이러한 메시지 만료 정책 때문에 스트리밍 데이터 재처리 작업이 배치 소스에서 데이터 재처리^{reprocessing}하는 것보다 더 복잡하다. 재처리 파이프라인을 더 완성도 있게 구현하려면 클라우드 스토리지에 저장한 아카이브 데이터를 수집 파이프라인 단계 중 하나로 고려해야 한다. 이때 수집 단계 이후 변환 처리 단계가 파일이 아닌 스트림 데이터만을 처리하는 구조이므로 한 단계를 추가해야 한다. 즉 아카이브 파일을 읽어 개별 메시지로 분해한 후 다시 스트리밍 파이프라인을 통해 메시지를 전달하는 단계를 구현해야 한다. 이렇게 하면 신규 수신 메시지와 재처리 메시지를 동일한 방식으로 처리할 수 있다.

4.4.2 스트리밍 파이프라인의 메타데이터 캡처

스트리밍 데이터는 클라우드 데이터 플랫폼 설계의 두 가지 영역에서 다루고 있다. 첫 번째는 실시간 스트림으로 플랫폼이 한 번에 히나의 메시지를 처리해서 웨어히우스로 실시간 수집하는 영역이고, 다른 하나는 실시간 수집 및 실시간 분석 영역이다. 이 두 가지 영역에 따라 스트리밍 파이프라인 메타데이터 캡처 방식이 다르다.

스트리밍 파이프라인의 주요 메타데이터는 이 장 앞부분에서 설명한 CDC와 유사하다. 파이프라인 헬스 상태를 신속하게 평가하기 위해서는 시점별 메시지 처리 수를 측정해야 한다. 측정 시간대는 시나리오에 따라 다르겠지만 주로 몇 분에서 몇 시간까지 될 수 있다. 모니터링 관리 지표에 적합한 시간 간격을 결정하려면 전체 메시지 볼륨을 고려해야 한다. 메시지를 분당 3~4개 수신할 경우라면 시간 간격이 길어도 된다. 예를 들어 1시간 동안 수집되는 메시지 수를 모니터링 관리 지표로 사용하는 것이 적절할 수 있다. 만약 대용량 스트림의 경우라면 스파이크^{spikes} 현상이나 갑작스러운 드롭^{drop} 현상이 파이프라인 문제나 업스트림 애플리케이션 문제 때문에 발생할 수 있으므로, 누락을 방지하려면 시간 간격이 짧아야 한다. 실제 클라우드 데이터 플랫폼에서 업스트림 애플리케이션 자체의 장애가 감지되기 전에, 스트리밍 파이프라인의 메시지 볼륨을 모니터링을 통해 업스트림 애플리케이션 장애를 사전에 감지한 사례들이 있다. 파이프라인에서 수집되는 메시지 양이 기준량보다 떨어지는 것을 감지해 이에 대한 경고 메시지가 즉각 나타남으로써 사전에 조치한 경우다.

그림 4.27에는 두 가지 스트리밍 소스가 있다. 하나는 웹 애플리케이션의 클릭 스트림^{clickstream}이고 다른 하나는 IoT 센서다. 보다시피, 데이터 소스에 맞춰 메시지 처리량을 캡처하는 시간 간격을 다르게 할 수 있다.

source_name	start_ts	end_ts	duration	messages
web_events	2019-05-02 12:00:00	2019-05-02 12:05:00	300	1038
sensor1	2019-05-02 12:00:00	2019-05-02 12:01:00	60	7800

▲ **그림 4.27** 스트리밍 파이프라인의 메타데이터 사례

앞서 언급했듯이, 스트리밍 파이프라인은 클라우드 스토리지에 메시지를 주기적으로 배치 방식으로 저장한다. 일반적으로 이 작업의 수행 시간 간격은 스트리밍 파이프라인의 통계 지표 캡처하는 시간 간격보다 긴데, 작은 파일들이 많이 발생하지 않도록 하기 위함이다.

그림 4.28에서는 구글 클라우드 스토리지GCS에 메시지들이 배치 방식으로 저장되는 것을 메타데이터 형태로 보여주고 있다. 메시지는 JSON 포멧으로 도착한다고 가정했다. 스트림 볼륨이 작다면 시간 간격을 길게 하고, 대용량 스트림의 경우 시간 간격을 짧게 한다. 따라서 대략적으로 각 시간 간격 동안 모인 메시지들로 만들어지는 파일 사이즈는 100MB 이상 된다고 가정한다.

source_name	path	start_ts	end_ts	duration	messages
web_events	gs://archive/web_events/2019/06/08/webevents_01.json	2019-05-02 12:00:00	2019-05-02 12:15:00	900	35231
sensor1	gs://archive/sensors/sensor1/2019/06/08/sensor1_05.json	2019-05-02 12:00:00	2019-05-02 12:05:00	300	32265

▲ 그림 4.28 스트림 파이프라인의 클라우드 스토리지 저장 관련 메타데이터

메타 정보에서 유의해서 볼 점은 구글 클라우드 스토리지의 path 영역인데, 별도의 아카이브 버킷bucket를 사용한다는 것, 폴더 구조가 소스별, 연월일 형태라는 부분이다. 클라우드 스토리지의 데이터 구성에 대해서는 5장에서 자세히 다룬다.

4.5 SaaS 애플리케이션들로부터 데이터 수집

SaaS 애플리케이션들은 다양한 분석 애플리케이션들에서 널리 사용 중인 데이터 소스로, 사용이 계속 늘어나고 있다. 오늘날 SaaS CRM이나 마케팅 관리 솔루션을 사용하지 않는 기업은 찾아보기 어렵다. 그러나 SaaS 소스에서 데이터를 추출하고자 할 때에는 SaaS 소스 자체에서 해결해야 할 고유한 과제들이 있다.

SaaS 애플리케이션 공급 업체는 보안 및 확장성을 이유로 데이터베이스 직접 액세스 권한을 주지 않는다. 대신 API와 파일 내보내기export라는 두 가지 데이터 추출 방법을 주로 제

공한다. 파일 내보내기는 사라지는 추세인데, API가 SaaS 고객에게는 더 많은 유연성을 제공하면서 SaaS 애플리케이션 공급 업체에게는 더 많은 통제 권한을 제공하기 때문이다.

오늘날 대부분의 SaaS 애플리케이션은 HTTP 기반 REST API를 제공한다. 즉, API 소비자는 해당 API가 필요로 하는 파라미터 값을 넣어 HTTP나 HTTPS URL로 간단하게 호출하면 SaaS 애플리케이션으로부터 관련 응답을 받을 수 있다. 응답은 JSON 포맷이 일반적이지만 XML 포맷을 사용하는 경우도 가끔 있다.

그림 4.29는 HTTP 기반 REST API^{REST API over HTTP}를 사용해서 데이터를 수집하는 단계를 보여준다. 다른 수집 시나리오와 마찬가지로 수집 애플리케이션을 필요로 하는데 여기서는 SaaS 애플리케이션으로부터 수집한 결과를 클라우드 데이터 플랫폼에 저장하는 역할을 한다. 우선, 이 수집 애플리케이션에서 데이터 액세스용 API를 활용하기 위해서는 SaaS 단 인증을 받아야 한다(1). SaaS 공급 업체들은 username/password 조합, 인증 토큰 등과 같은 다양한 인증 방법을 사용한다. 오늘날 웹 애플리케이션 인증 메커니즘으로 OAuth 프로토콜[11] 사용이 늘고 있다. 이와 같이 SaaS 공급 업체가 제공하는 인증 방법과 데이터 제공 방식에 맞춰야 한다.

데이터 수집 애플리케이션이 인증 과정을 거쳐 데이터 액세스 권한을 부여받게 되면, API를 활용해서 데이터를 가져올 수 있다(2). SaaS에서 제공하는 특정 URL을 HTTP 방식으로 호출하면 되는데, 호출 시 특정 객체를 가져오기 위해 파라미터 값을 지정하기도 한다. 그림 4.29에서는 가상의 SaaS 서비스로부터 고객 데이터를 가져오는 과정을 보여주고 있다. URL(또는 API 엔드포인트) 구조는 각 SaaS 공급 업체에 따라 다르기 때문에 각 공급 업체에서 제공하는 API 설명서를 통해 엔드포인트 목록, 접근할 수 있는 데이터, 파라미터 사용 방법 등을 학습해야 한다.

마지막으로, 수집 애플리케이션이 SaaS 서비스로부터 응답을 받으면 이후 처리를 위해 데이터를 클라우드 스토리지에 저장해야 한다(3). 일반적으로 웹 API는 결과 데이터를 JSON 도큐먼트나 도큐먼트 모음 형태로 반환한다.

---

11 https://oauth.net

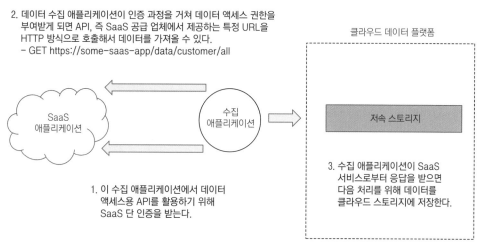

수집 애플리케이션은 SaaS 애플리케이션으로부터 수집한 결과를
클라우드 데이터 플랫폼에 저장하는 역할을 담당한다.

2. 데이터 수집 애플리케이션이 인증 과정을 거쳐 데이터 액세스 권한을
부여받게 되면 API, 즉 SaaS 공급 업체에서 제공하는 특정 URL을
HTTP 방식으로 호출해서 데이터를 가져올 수 있다.
– GET https://some-saas-app/data/customer/all

클라우드 데이터 플랫폼

저속 스토리지

3. 수집 애플리케이션이 SaaS
서비스로부터 응답을 받으면
다음 처리를 위해 데이터를
클라우드 스토리지에 저장한다.

SaaS
애플리케이션

수집
애플리케이션

1. 이 수집 애플리케이션에서 데이터
액세스용 API를 활용하기 위해
SaaS 단 인증을 받는다.

▲ **그림 4.29** SaaS 애플리케이션에 대한 API 호출 예제

SaaS 애플리케이션을 위한 수집 파이프라인 구축이 간단하게 보일 수 있다. 결국, 우리는
일련의 HTTP 호출을 하고 결과 데이터를 클라우드 스토리지에 저장하기만 하면 된다. 모든
프로그래밍 언어에는 파라미터 방식의 HTTP 호출을 위한 라이브러리가 있으며, 클라우드
공급 업체나 서드파티third-party ETL 툴에도 이러한 작업을 수행할 수 있는 컴포넌트들이
있다. 그러나 실제로 SaaS 수집 파이프라인을 더 완성도 있게 구현하기 위해서는 해결해야
할 과제들이 훨씬 많이 있다.

4.5.1 API 설계 표준의 부재

현재 SaaS API 설계 방식에는 표준이 없다. 각 공급 업체는 자체적으로 엔드포인트들과 관
련 필수 파라미터 정보들을 제공한다. 예를 들어, SaaS 애플리케이션 중에는 고객 전체 목록
과 각 고객에 대한 세부 정보 전체를 가져올 수 있다. 다른 공급 업체는 전체 데이터 내보내
기를 허용하지 않는 대신(시스템 부하를 방지하기 위해) 고객 고유 식별자만 가져오는 엔드포인
트와 고객별 세부 정보만 제공하는 2가지 엔드포인트만 제공한다. 이러한 상황에서 수집 파
이프라인을 제작하려면 SaaS 공급 업체에서 제공하는 방식에 맞춰 테일러링해야 한다. 만약

사용해야 할 SaaS 서비스가 여러 개라면 수십 개의 API 엔드포인트와 소통하는 수집 파이프라인을 구축해야 한다.

4.5.2 전체 데이터나 증분 데이터 내보내기 처리 방법의 표준 부재

데이터베이스로부터 데이터를 수집하는 것과 달리 SaaS 소스에서 전체 데이터 또는 증분 데이터 내보내기export 방식은 SaaS 서비스별로 차이가 있다. 다시 말하면, SaaS API 공급 업체에서 결정한다고 볼 수 있다. SaaS 시스템 중에는 SaaS 내에서 변경된 객체를 확인할 수 있는 API를 제공하지 않고, 증분 수집 기능도 제공하지 않는 곳도 있다. 어떤 SaaS 시스템은 증분 데이터 내보내기 API만 제공하기도 한다. 세일즈포스Salesforce와 같이 성숙도가 높은 플랫폼에서는 일반적으로 두 가지 옵션을 제공한다. 하나는 지정된 객체별 고유 식별자 전체 목록을 제공하는 API 엔드포인트, 다른 하나는 식별자를 입력 파라미터로 사용해 특정 객체에 대한 세부 정보를 가져오는 API 엔드포인트다. 또 다른 옵션으로는 시작과 종료 타임스탬프를 입력 파라미터로 사용해 신규 객체와 업데이트된 객체에 대한 고유 식별자들만 가져오는 API 가 있다. 이 API로부터 반환된 고유 식별자를 파라미터로 사용해 "세부 정보 가져오기" API 엔드포인트를 호출하면 증분 데이터 수집 파이프라인을 구현할 수 있다.

4.5.3 일반적으로 결과 데이터는 중첩된 JSON 도큐먼트다.

JSON은 웹 애플리케이션을 위한 일반적인 데이터 교환 형식이므로 대부분의 SaaS API가 JSON 데이터를 반환하는 것은 특이한 사항이 아니다. 분석 작업을 수행할 경우, 특히 SaaS 데이터를 클라우드 데이터 웨어하우스로 적재해야 하는 경우 몇 가지 고려할 사항들이 있다. 먼저, 클라우드 웨어하우스 중에는 중첩된 데이터의 저장 및 쿼리를 지원하지 않는 경우가 있다. 현재는 구글 빅쿼리와 애저 클라우드 웨어하우스만이 JSON 유형의 데이터를 지원한다. 레드시프트Redshift를 사용하려면 추가 변환 프로세스를 구현해야 한다. 이 프로세스를 통해 중첩된 JSON 문서를 분해해서 각각의 테이블에 넣을 수 있다. 웨어하우스가 중첩된 데이터 구조를 지원하는 경우에도 이러한 프로세스를 구현해야 할 수도 있다. 경험상 많은 분석가들은 다단계로 구성된 복잡한 중첩된 JSON 문서를 다루는 것을 어렵게 생각하며, 오히려 다수 개의 "플랫flat 테이블" 형태로 분할시켜 분석하기를 선호한다. 왜냐하면 이러한 플랫 테이블 형태가 사람이 더 쉽게 추론 가능하다고 보기 때문이다. 컴퓨터 프로그램이 쉽게 생성했다 해서 사람이 그 생성된 자료로 작업하는 것이 반드시 쉬운 것은 아닌 듯하다.

이러한 특성들을 감안할 때, SaaS 애플리케이션의 수집 프로세스를 구축하기 위해서는 향후 유지보수까지 고려해서 개발 물량을 신중하게 평가하는 것을 추천한다. 하나의 SaaS 애플리케이션만을 사용하며 애플리케이션 API의 완성도가 높은 경우라면 자체적으로 수집 애플리케이션 구현을 시도해볼 수도 있다.

반면, SaaS 소스가 여러 개인 데다 시간이 지남에 따라 소스 수도 증가할 것으로 예상한다면, SaaS 데이터를 클라우드 데이터 플랫폼에 통합하는 데 활용할 수 있는 관련 제품 혹은 서비스를 살펴보는 것이 좋다. 한 애플리케이션에서 데이터를 추출해서 또 다른 데스티네이션 시스템으로 저장하게 만들 수 있는 SaaS 서비스가 다양하게 있다. 이러한 서비스 중에는 파이브트랜Fivetran 12를 예로 들 수 있는데, 파이브트랜은 시장에서 많이 사용 중인 SaaS 애플리케이션 대부분을 지원하며 추출된 데이터를 원하는 클라우드 플랫폼에 저장할 수 있다. SaaS 서비스들 중에는 중첩된 JSON 구조를 관계형 테이블 구조에 맞게 분해해주는 기능이 있어 데이터 분석가 및 BI 툴에서 관계형 데이터 기반에서 쿼리 분석을 쉽게 할 수 있게 해준다.

SaaS 데이터 수집 파이프라인의 메타데이터 캡처와 관리 지표 통계는 RDBMS나 파일에서 사용한 것들과 유사한 규칙들이 적용된다. 오늘날 대부분의 SaaS 애플리케이션은 배치 모드에서만 데이터에 액세스할 수 있다. SaaS 데이터 수집 파이프라인의 주요 메타데이터 캡처 항목은 다음과 같다.

- SaaS 소스 이름
- 이 소스의 특정 객체 이름(고객, 계약 등)
- 수집 시작 및 종료 시간
- 가져온 객체 수

---

12 https://fivetran.com/

4.6 클라우드 데이터 수집에서 네트워크 및 보안 고려 사항

클라우드 데이터 플랫폼의 데이터 수집 파이프라인 구현 계획 수립에는 데이터 플랫폼과 데이터 소스 간 연결 방식도 고려해야 한다. 데이터 소스가 온프레미스 네트워크에 있을 수도 있고, 다른 클라우드에 있을 수도 있다. 클라우드 네트워킹에 대한 자세한 내용은 본 문서의 범위를 벗어나는 내용이지만, 실제 플랫폼에서 볼 수 있는 몇 가지 가장 일반적인 시나리오에 대해 간략히 설명하겠다.

4.6.1 클라우드 데이터 플랫폼과 타 네트워크 간 연결

가장 일반적인 시나리오는 온프레미스^{on-premise} 혹은 타 클라우드에 있는 데이터 소스를 사용하는 경우다. 여기서 "타 클라우드"란 데이터 플랫폼이 위치한 클라우드 공급 업체와는 다른 클라우드 공급 업체를 의미할 수도 있고, 동일한 클라우드 공급 업체를 사용하지만 다른 프로젝트를 의미할 수 있다. 수집 파이프라인이 동작하려면 수집 애플리케이션이 이러한 데이터 소스에 연결할 수 있는 방법이 있어야 한다. 인터넷 망에서 데이터베이스를 아무 인증 단계 없이 바로 접속해서 작업할 수 있는 경우는 거의 없을 것이다. 즉, 클라우드 리소스와 온프레미스 리소스 간에 일종의 보안 연결을 구축해야 한다. 3대 클라우드 공급 업체는 가상 프라이빗 클라우드^{Virtual Private Cloud} 또는 VPC에 클라우드 리소스를 구성할 수 있는 방법을 제공한다. 애저^{Azure}는 이를 가상 네트워크^{virtual network}라 하지만, 편의를 위해 VPC라는 용어를 사용하겠다.

VPC가 하는 역할은 가상 네트워크 구성을 통해 클라우드 리소스에 대한 액세스를 통제할 수 있도록 하는 데 있다. 클라우드 데이터 플랫폼 컴포넌트를 VPC에 설치하면 해당 VPC 내부의 리소스들만 서로 통신할 수 있게 된다. VPC를 서브넷 단위로 나눌 수 있는데, 이를 통해 데이터 플랫폼의 리소스들 간 통신도 좀 더 제한할 수 있다. 예를 들어, 수집 계층은 항상 외부 리소스를 처리해야 하므로 수집 계층은 별도의 서브넷^{subnet}으로 분리하는 것이 좋다. 물론 이 말은 극도로 단순화시킨 표현이다. 왜냐하면 클라우드 네트워킹 구성을 깊이 논의하려면 이 책에서 설명하는 것보다 훨씬 많은 고려사항이 있기 때문이다. 그림 4.30과 같이 자체 VPC 안에 클라우드 데이터 플랫폼을 배치하고, 또 별도 서브넷을 구성해 수집 컴포넌트들을 배치한 상황에서 다음 설명을 진행하고자 한다.

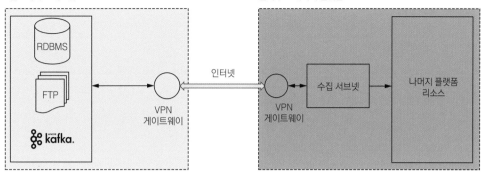

온프레미스 네트워크   클라우드 데이터 플랫폼 VPC

▲ **그림 4.30** 온프레미스 네트워크와 클라우드 데이터 플랫폼 간 연결 구성

데이터 소스와 데이터 플랫폼이 서로 다른 네트워크에 배치돼 있는 경우, 둘 사이의 연결을 설정하는 방법 중 하나는 VPN 게이트웨이를 사용하는 것이다. 대부분의 클라우드 공급 업체에서는 VPC상에서 VPN 게이트웨이 서비스를 제공하며, 온프레미스나 클라우드상의 게이트웨이에 연결할 수 있다. VPN 연결을 사용하면 전송 중인 모든 데이터를 암호화시킬 수 있기에 인터넷을 통해 데이터를 안전하게 전송할 수 있다.

| **참고** | 하루 수백 GB의 대용량 데이터를 온프레미스 위치에서 클라우드로 전송할 계획이라면 직접 연결 같은 다른 옵션을 사용할 수 있는지 살펴보는 것이 좋다. 대부분의 클라우드 공급 업체는 AWS 다이렉트 커넥트(Direct Connect), 애저 익스프레스라우트(Azure ExpressRoute), 구글 클라우드 인터커넥트(Google Cloud Interconnect)와 같은 특정 네트워크에서 해당 클라우드 간에 전용 연결을 사용할 수 있는 서비스를 제공하고 있다.

클라우드 공급 업체의 PaaS 솔루션, 예를 들면 애저 이벤트 허브$^{Azure\ Event\ Hubs}$, 구글 클라우드 스토리지$^{Google\ Cloud\ Storage}$를 데이터 소스로 사용하는 경우 데이터 소스가 어떻게 구성돼 있는지 식별해야 한다. 이 서비스들은 VPC에 속하지 않는 글로벌 서비스로 제공되는 경우가 많다. 이 경우 소스와 데이터 플랫폼 간에 보안 연결을 설정하려면 클라우드 공급 업체가 제공하는 인증 방식과 암호화 기능을 따라야 한다. 오늘날에는 클라우드 공급 업체가 이러한 서비스를 고객 VPC 내에 구축해서 사용자 측면에서 통제와 보안 기능을 조정할 수 있도록 하는 방안을 모색하고 있다. 예를 들어 애저 블롭 스토리지$^{Azure\ Blob\ Storage}$ 액세스는

특정 가상 네트워크로 제한될 수 있다. 이 경우 이 서비스를 데이터 소스로 사용하기 위해서는 앞서 설명한 패턴과 동일한 패턴을 적용할 수 있다. 즉, 두 네트워크 간에 VPN 연결 설정 방식으로 진행해야 한다.

SaaS 서비스를 데이터 소스로 활용하고자 하는 경우라면 연결 구성은 인터넷상에 이루어진다. 현재 대부분의 SaaS 공급 업체는 HTTPS 기반 API를 제공하고 있기 때문에 SaaS 애플리케이션과 수집 애플리케이션 간 통신이 암호화된다. SaaS 애플리케이션은 전 세계적으로 사용 가능하므로 전용 네트워크 연결 구성이 필요 없다.

요약

- 현대화된 데이터 플랫폼은 다양한 데이터 소스(일반적으로 RDBMS, 파일, SaaS API, 스트림)로부터 데이터 수집이 가능해야 하고, 서로 다른 소스 데이터 타입 간에도 일관되고 일원화된 방식으로 수집을 지원해야 하며 빠른 처리 성능도 요구되므로 데이터 수집 과정은 많은 사람이 예상하는 것보다 훨씬 더 복잡하다.

- RDBMS 데이터 소스에서 데이터를 수집할 때 고려 사항으로는 소스 데이터베이스의 컬럼 데이터 타입과 클라우드 데이터 웨어하우스의 컬럼 데이터 타입 간 매핑이 필요하다는 점, 수작업을 줄이고 정확성 향상을 위한 수집 프로세스의 자동화가 필요하다는 점, 소스 데이터가 계속 변경되므로 이를 고려해서 수집 설계가 이뤄져야 된다는 점 등이 있다.

- 데이터베이스로부터 데이터를 수집하기 위한 수집 프로세스를 설정하는 방법에는 두 가지가 있다. 즉, SQL 인터페이스(느리고 비용이 많이 들 수 있는 테이블 전체 데이터 수집, 성능과 비용 효율성은 높지만 처리 시간 간격에는 제약이 있는 테이블 증분 데이터 수집) 또는 변경 데이터 캡처CDC 기술을 사용하는 방법(조금 더 복잡하고 추가적인 비용이 들 수 있으며 규모에 따른 성능 관련 문제를 해결)이 있다. CDC 솔루션은 RDBMS 공급 업체 대부분에서 오픈 소스로 제공하고 있으며, 점차 클라우드 서비스로서도 제공하고 있다.

- 파일로부터 데이터를 수집할 때 고려해야 할 주요 사항으로는 CSV, JSON, XML, 아브로Avro 등과 같은 다양한 파일 포맷을 파싱parsing해야 하는 점, 파일을 데이터 소스

로 사용 시 흔히 발생하는 소스 스키마 변경을 고려한 설계가 필요하다는 점, 단일 파일이나 복수 파일 형태로 된 스냅샷 데이터, 혹은 증가분 데이터를 처리할 수 있어야 된다는 점 등을 들 수 있다. 수집 프로세스는 변화에 매우 탄력적이어야 하고 다양한 엣지 케이스edge case를 처리할 수 있어야 한다.

- 대부분의 SaaS 데이터는 REST API를 사용해 액세스할 수 있지만 데이터 액세스 표준화가 돼 있지 않다. 그렇다 보니 다양한 SaaS API 액세스 방법이 존재하므로 SaaS 서비스로부터 데이터를 수집하는 수집 파이프라인 구축 시 다음과 같은 사항들을 고려해야 한다.

  - 각 소스별 파이프라인 구축 및 관리 필요성
  - 데이터 타입 검증validation 필요성 – 대부분의 SaaS API는 데이터 타입 정보를 최소한으로 제공하고 있음
  - 각 공급 업체가 지원하는 서비스 기반으로 증분 데이터 혹은 전체 데이터 적재 른 파이프 라인 방식 결정

- 데이터 스트림의 경우, 수집 파이프라인은 메시지 소비 형식consumable format에 맞게 메시지를 디코딩할 수 있어야 한다. 또한

  - 스트리밍 데이터 시스템에서는 동일한 메시지가 여러 번 사용될 수 있기 때문에 중복 데이터를 효과적으로 처리할 수 있어야 한다.
  - 동일한 메시지가 반복해서 들어오는 것을 감안해 설계해야 한다.
  - 대용량 데이터를 수용할 수 있도록 확장성을 고려해야 한다.

- 수집 파이프라인의 품질 통제와 모니터링 체계를 구축하려면 메타데이터 계층에서 최소한 다음 통계 지표들을 캡처해야 한다.

  - 소스 데이터베이스 서버 이름(IP 주소도 가능하면 포함한다)
  - 데이터베이스 이름 혹은 스키마 이름(데이터베이스 공급 업체에 따라 정한다)
  - 소스 테이블 이름
  - 각 수집별, 테이블별 수집 행 수(데이터베이스에서 배치로 수집하는 경우)
  - 수집 기간(시작 및 종료 타임스탬프)
  - 일정 기간 동안 처리된 메시지 수(스트리밍 데이터일 경우)

4.7 연습문제 답안

연습문제 4.1:

2 – 삭제된 행을 식별하기 어렵다.

4 – 중복 데이터가 플랫폼에 너무 많이 저장된다.

연습문제 4.2:

4 – 각 소스 테이블에 LAST_MODIFIED 컬럼이 있어야 한다.

연습문제 4.3:

3 – CDC는 주어진 행에 대한 모든 변경 사항을 포함하고 있다.

연습문제 4.4:

1 – 소스 시스템에 미리 정의된 폴더 구조가 있는 경우

5

데이터의 구성과 처리

5장에서 다루는 내용

- 클라우드 데이터 플랫폼에서 데이터 구성 및 처리
- 데이터 처리의 스테이지(stage) 단계 이해
- 컴퓨팅과 스토리지를 분리하는 이유
- 클라우드 스토리지에서 데이터 구성과 데이터 흐름 설계
- 공통 데이터 처리 패턴 구현
- 아카이브, 스테이징, 프로덕션 환경에 적합한 파일 포맷 선택
- 공통 데이터 변환을 사용해 단일 파라미터 기반 파이프라인 생성

5장에서는 공통 데이터 처리common data processing 단계(예: 파일 포맷 변환, 중복 제거, 스키마 관리 등)와 사용자 정의 비즈니스 로직(예: 특정 유스케이스에 필요한 데이터 변환 규칙 등)처리 단계의 차이점을 설명한다.

또한 데이터가 랜딩 영역, 아카이빙 영역, 스테이징 영역, 프로덕션 영역으로 이동하는 과정에서 스토리지에 데이터를 어떻게 구성해야 하는지 면밀히 검토해본다. 그리고 스토리지 영역과 웨어하우스 간 데이터 이동 과정을 쉽게 추적하고 디버깅과 계보lineage도 효과적으

로 추적할 수 있게 하기 위해 배치 식별자batch identifier를 사용해야 하는 이유를 알아본다.

또한 스토리지 영역별로 다른 파일 포맷을 사용하는 점, 그리고 스테이징과 프로덕션 환경에서는 압축 처리, 성능 향상, 스키마 관리를 위해 표준화된 바이너리 포맷binary format을 사용해야 하는 이유에 대해서도 설명한다.

마지막으로 공통 데이터 처리영역의 스케일 관리를 위해 설정 방식으로 유연하게 파이프라인을 설계하는 방법과 이들을 오케스트레이션하는 방법을 살펴본다.

3장에서 다룬 바와 같이, 그림 5.1에 노랗게 표시된 처리 계층은 데이터 플랫폼 구현의 핵심 영역이다. 처리 계층에서 데이터 유효성 검사, 데이터 변환 작업뿐만 아니라 모든 비즈니스 로직이 수행되기 때문이다. 또한 처리 계층은 데이터 플랫폼의 데이터를 애드혹ad hoc 방식으로 액세스할 때 필요 환경을 제공하는 중요한 역할을 담당한다.

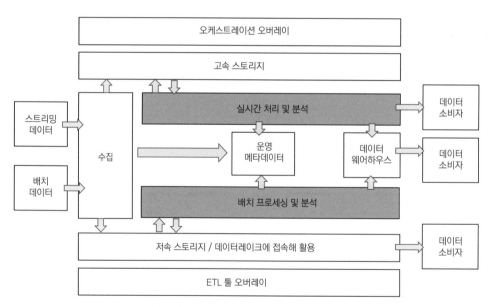

▲ **그림 5.1** 처리 계층은 데이터를 변환, 검증하고 비즈니스 로직을 적용하는 영역이다.

그림 5.1에서 보는 바와 같이 처리 계층은 스토리지에서 데이터를 읽고 변환하며, 변환한 결과를 다시 스토리지에 저장하는 역할을 담당한다. 변환 작업은 일자 필드를 동일한 포맷으로 맞추는 것과 같은 데이터 정제용 공통 로직과, 특정 보고서 생성을 위해 두 개의 데이터

세트를 함께 조인해서 결과 데이터를 추출해내는 기능과 같은 개별 비즈니스 로직으로 이루어져 있다. 처리 계층은 고속 스토리지나 저속 스토리지에 상관없이 데이터를 처리하는 데 문제가 있으면 안 된다. 즉, 처리 계층에 활용하고자 하는 서비스나 프레임워크는 저속 스토리지에 저장된 파일의 일괄 처리는 물론, 고속 스토리지의 스트리밍 처리, "한 번에 하나의 메시지 처리 방식" 모두를 지원해야 한다. 5장에서는 배치 방식과 스트리밍 데이터 처리 방식 둘 다 적용할 수 있는 공통 처리 원리를 설명하지만 주로 배치 처리에 중점을 두고 설명하며, 스트리밍 데이터는 6장에서 자세히 살펴볼 것이다.

처리 계층은 다음 작업을 수행할 수 있어야 한다.

- 배치 모드나 스트리밍 모드에서 스토리지로부터 데이터 읽기
- 다양한 유형의 비즈니스 로직 적용
- 데이터 분석가와 데이터 과학자가 데이터 플랫폼의 데이터를 대화형으로 작업할 수 있는 환경 제공[1]

5.1 데이터 플랫폼에서 처리 계층을 별도로 분리한다는 것

데이터 플랫폼 아키텍처에서 스토리지를 컴퓨팅과 분리하는 이점을 앞에서 자세히 알아봤으므로 다시 다루지는 않겠지만, 데이터 처리는 플랫폼의 어느 영역에서 수행해야 하는지, 즉 데이터 플랫폼의 데이터 레이크 영역, 데이터 웨어하우스 영역 중 어디에서 컴퓨팅을 수행해야 하는지에 대한 갑론을박을 계속해서 다뤄보겠다. 데이터 웨어하우스에서 SQL을 사용해서 비즈니스 로직을 적용해야 한다고 주장하는 사람들은 계층화 설계 원칙을 위반한다는 것에 동의하면서도, SQL 사용 시 얻는 여러 이점을 이유로 함께 내세운다. 우리가 이러한 계층 방식 설계를 제시할 때 이런 상황을 마주칠 가능성이 높기 때문에 SQL 옹호자들의 견해를 이해해야 한다.

컴퓨팅에서 스토리지를 분리하는 것은 계층화된 클라우드 데이터 플랫폼 설계의 핵심 원칙이며, 확장성, 비용 절감, 유연성 및 유지보수성을 제공한다. 그러나 이미 고착화된 운영방

---

1 여기서 대화형(interactive)이란, 일반적으로 쿼리 응답 예상 시간이 몇 분이 아니라 몇 초 이내임을 의미한다. 이 책 2.1.3 후반부에 자세히 언급돼 있다.

식을 바꾸려면 상당한 시간이 필요하다. 기존의 데이터 웨어하우스 아키텍트는 데이터 웨어하우스에서의 데이터 처리 작업 수행을 옹호할 수 있지만, 최신 클라우드 플랫폼 설계에서는 처리 작업이 데이터 웨어하우스 외부에서 이루어져야 한다고 규정한다. 표 5.1은 SQL을 사용해 데이터 웨어하우스에서의 데이터 처리와 데이터 레이크에서 스파크와 같은 프레임워크를 사용한 데이터 처리와의 장단점 비교를 요약해서 설명하고 있다.

> |**참고**| 세 개의 퍼블릭 클라우드 공급 업체 모두 관리형 스파크 서비스를 제공한다. 마이크로소프트 애저(Azure)에서는 애저 데이터브릭스(Azure Databricks), 구글 클라우드는 데이터프록(Dataproc), AWS는 EMR이 스파크 역할을 담당하는 서비스들이다.

▼ **표 5.1** 웨어하우스 vs 레이크의 데이터 처리

	데이터 레이크에서 데이터 처리(Spark)	데이터 웨어하우스에서 데이터 처리(SQL)
유연성	데이터 레이크에서 데이터 처리 작업을 하면 추가적인 유연성을 얻을 수 있다. 데이터 웨어하우스에서 사용할 데이터뿐만 아니라 다른 사용자나 시스템으로 전달, 소비될 수 있는 데이터로도 결과물이 사용될 수 있기 때문이다.	데이터 처리의 결과물은 일반적으로 데이터 웨어하우스에서 사용하도록 제한된다.
개발자 생산성	개발자가 교육을 통해 정교한 테스트 프레임워크와 라이브러리를 통해 코드 개발 속도를 높일 수 있고, 스파크의 성능과 유연성을 체감할 수 있다.	SQL은 프로그래밍 언어로 설계되지는 않았지만, SQL 개발자를 찾기 쉬우므로 스파크를 배우는 대신 SQL을 사용하면 가치 창출 시간을 단축시킬 수 있다.
데이터 거버넌스	데이터 처리를 데이터 소스와 밀접한 영역에서 하게 되면, 각 데이터 싱크 영역에서 데이터 사용 방식을 일관성 있게 관리할 수 있다. 또한 담당자에 따라 데이터 싱크 영역의 데이터를 다르게 정의해서 변환할 위험성을 줄일 수 있다.[2]	데이터 웨어하우스에서 데이터 처리를 해도 데이터 거버넌스 프로그램 운영이 가능하지만, 데이터 처리 작업이 데이터 레이크에서도 수행되는 경우 데이터 정의가 상충될 위험성이 커질 수 있다.

---

2 데이터 싱크는 데이터 소스와 반대로 데이터를 받는 곳을 지칭한다. – 옮긴이

	데이터 레이크에서 데이터 처리(Spark)	데이터 웨어하우스에서 데이터 처리(SQL)
플랫폼 간 이식성	스파크는 클라우드 공급 업체와 독립적인 이식 가능한 코드를 생성한다. 변환 처리 코드를 바꿀 필요가 없기 때문에, 데이터 웨어하우스 솔루션 변경이 용이하다. 상황에 따라서는 마이그레이션이나 테스트조차 필요하지 않을 수도 있다.	특정 클라우드 공급 업체가 제공하는 특정 기능을 사용하지 않고, ANSI-SQL로 작성된 변환 코드 등은 이식 가능하며, 주요 클라우드 공급 업체의 데이터 웨어하우스 서비스에서 지원한다. 이식 작업에는 마이그레이션과 테스트 코드가 필요하다.
성능	데이터 웨어하우스 외부에서 데이터 처리를 수행하면, 처리량이 아무리 늘어나도 데이터 웨어하우스 사용자에게 영향을 미치지 않는다.	대부분의 최신 클라우드 데이터 웨어하우스는 뛰어난 성능을 제공하지만, 경우에 따라서는 처리 부하가 증가할 때 문제가 발생할 수 있다.
처리속도	항상 실시간 분석이 가능하다.	일부 클라우드 데이터 웨어하우스에서는 실시간 분석이 가능하지만 여러 단계 또는 제품을 필요로 한다.
비용	클라우드 데이터 웨어하우스 공급 업체의 요금 정책이 컴퓨팅 사용량 기반일 경우, 데이터 레이크에서 처리 작업을 수행하는 것이 훨씬 저렴하다.	데이터 웨어하우스 솔루션별 계약 조건에 따라 데이터 웨어하우스에서 데이터 처리 비용이 많이 들 수도 있다.
재사용성	스파크에는 재사용할 수 있는 기능과 모듈을 쉽게 구할 수 있다. 예를 들면 클라우드 데이터 웨어하우스로 데이터를 전달히는 용도, 처리 완료된 데이터를 다른 데스티네이션으로 전달하는 용도 등 목적에 맞는 코드를 빠르게 확보할 수가 있다. 클라우드 데이터 플랫폼을 구축하면서 다른 데스티네이션으로 전달하는 유스케이스가 점점 늘어나고 있는 추세다.	클라우드 데이터 웨어하우스에서 저장 프로시저나 함수 사용이 가능하면, 재사용 가능 코드로 활용할 수 있다.

기업에서 최신 데이터 플랫폼을 구축할 때에는 큰 변화를 수반하게 된다. 그럼에도 변화를 최소화해야 되는 시기도 있다. 예를 들면, 대중적인 SQL을 처리 작업에 활용하는 것이 스파크와 같은 새로운 프레임워크를 적용하려는 "순수 관점"보다 중요하게 평가될 수 있기 때문이다. SQL 전문가는 구하기도 쉽고, 이미 조직에 있을 가능성도 높다. 그러나 플랫폼이 계속 확장돼 가면서 데이터 웨어하우스에서 SQL 처리 작업 수행과 관련된 문제점이 계속 늘어나게 될 것이다.

데이터 웨어하우스에서의 데이터 처리 작업은 "그 당시에는 좋은 아이디어처럼 보였던" 것 중 하나다. 상당히 빠르게 해결책을 찾을 수 있으며 소규모 플랫폼 솔루션의 경우 중장기적으로 괜찮은 방법일 수 있다. 그러나 클라우드 데이터 플랫폼의 유연성을 최대한 활용하려 할 경우, 데이터 웨어하우스에서 데이터 처리 작업을 하는 것은 최선의 방안이 아니다. 결국 앞서 설명한 이유들 때문에 데이터 웨어하우스 외부에서 데이터 처리 작업을 수행하는 방향으로 진행될 것이다.

지금까지 데이터 처리에 관한 몇 가지 해결 방안을 혼합해서 검토했다. 예를 들어 첫 번째 유스케이스는 전통적 데이터 웨어하우스를 데이터 플랫폼으로 대체하는 것이었다. 이때 스파크에서 변환 작업을 수행하도록 구축하는 것보다 기존 SQL 코드 용도를 변경하는 방안이 훨씬 신속하게 접근할 수 있다. 그리고 기존 데이터 웨어하우스의 마이그레이션이 완료된 이후, 변환 작업을 데이터 레이크로 이동하면 된다.

5장의 목적에 맞게 스토리지와 컴퓨팅이 명확하게 분리된 클라우드 데이터 플랫폼을 설계한다고 가정한다.

5.2 데이터 처리 스테이지

클라우드 데이터 플랫폼에서 데이터 처리 작업을 생각할 때에는, 여러 스테이지stages를 지나가는 데이터를 시각화해보는 것이 좋다. 각 스테이지마다 데이터 변환 로직과 유효성 검사 로직을 적용하는 과정을 통해 데이터의 "유용성"을 높일 수 있다. 데이터 소스로부터 수집한 원시 데이터는 잘 정제되지 않은 데이터인데, 이러한 처리 과정을 통해 잘 정의되고 검증된 데이터 결과물로 변환할 수 있고, 또한 분석에 사용하거나 다른 데이터 소비자가 사용할 수 있게 만들어 나가기 때문이다.

그림 5.2 다이어그램의 각 스테이지는 두 개의 컴포넌트로 구성된다. 하나는 스토리지 컴포넌트로 스테이지의 데이터가 장기적으로 저장되는 영역(원시 데이터 영역, 스테이징 영역 및 프로덕션 영역)이다. 또 다른 하나는 데이터 처리 컴포넌트로, 스토리지에서 데이터를 읽고, 처리 규칙을 적용한 후, 데이터를 다음 스토리지 영역에 저장한다. 이 데이터 처리 컴포넌트는 스파크와 같은 분산 데이터 처리 프레임워크를 사용한 작업job으로 구현된다. 작업의 실행

관리는 데이터 플랫폼의 오케스트레이션orchestration 계층을 사용해 이뤄진다.

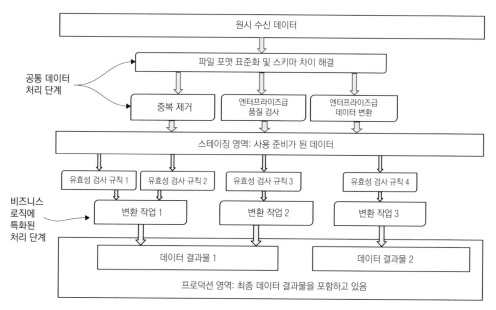

▲ **그림 5.2** 데이터가 플랫폼의 여러 스테이지를 통과하면서 다양한 처리 과정을 거치게 된다.

　데이터 처리 업무는 일반적으로 크게 공통 데이터 처리 단계와 비즈니스 로직 처리 단계, 두 가지 범주로 나눌 수 있다. 공통 데이터 처리 단계는 데이터 소스에서 들어오는 데이터 전체에 적용하는 단계다. 예를 들면, 파일 포맷을 단일 통합 표준 포맷으로 변환해서 수신 데이터와 기존 데이터 간의 스키마 차이점이 해결됐는지 확인하는 로직 등이 여기에 해당한다. 또 다른 예로, 데이터 중복 제거, 우편 번호가 들어 있는 모든 필드가 유효한 값을 갖고 있는지, 모든 일자에 동일한 패턴 형식을 사용하고 있는지 확인하는 등 표준 품질 검사를 적용하는 작업 등도 공통 데이터 처리 단계에서 진행하는 내용이다.

　공통 처리 단계뿐만 아니라, 각 분석 유스케이스 구현에 필요한 자체 데이터 변환 로직과 유효성 검사 작업이 따로 필요할 수 있다. 예를 들면, 마케팅 캠페인 효율성 리포트 생성을 위한 데이터 세트를 준비한다고 할 경우 효과가 있었던 캠페인, 예를 들어 반응 고객 수가 특정 수 이상 되는 캠페인만 포함하고자 할 수도 있다. 클라우드 데이터 플랫폼의 주요 이점 중 하나는, 이러한 리포트를 수백 종류 생성해야 하는 상황에서도 각각 자체 격리된 환경에서 리포트별 사용자 정의 유효성 검사와 변환 작업을 실행할 수 있다는 점이다. 이 같은 새로운 세상에서는 컴퓨팅 리소스나 스토리지 리소스를 공유하면서 발생하는 상호 영향에 대해 걱정할 필요가 없다.

이번 절에서는 파일 포맷 변환과 데이터 중복 제거라는 두 가지 공통 변환 단계를 계획하고 설계하는 방법에 중점을 둔다. 스키마 관리에 대해서는 8장에서 좀 더 자세히 다룰 것이다. 먼저 클라우드 스토리지 구성 방법과 데이터가 여러 스테이지로 흘러가는 데이터 흐름 구축 방법을 설명하고자 한다. 5장에서는 배치 데이터 처리를 중점적으로 다루고, 6장에서 실시간 처리와 실시간 분석을 설명하면서 배치 방식과 어떻게 다른지 살펴보고자 한다.

5.3 클라우드 스토리지 구성

클라우드 스토리지의 데이터를 구성할 때에는 명확하고 일관된 원칙을 갖고 진행하는 것이 매우 중요하다. 일관된 원칙을 통해 표준화된 파이프라인을 구축할 수 있는데 예를 들면 데이터를 읽을 위치, 데이터를 저장할 위치 등 동일한 설계 원칙에 따라 구축한다. 이 표준화를 통해 대규모 파이프라인을 훨씬 쉽게 관리할 수 있게 된다. 또한 데이터 사용자가 스토리지에서 데이터를 검색할 때 필요한 데이터를 정확히 어디에서 찾을 수 있는지 이해하는 데도 도움이 된다.

다양한 산업 분야의 기업을 위한 클라우드 데이터 플랫폼 구현 과정을 통해, 대부분의 유스케이스를 충족하는 스토리지 구성 패턴을 그림 5.3에 정리했다.

1. 수집 계층에서 나온 데이터는 랜딩(Landing) 영역에 저장된다. 랜딩 영역은 원시 데이터가 처리될 때까지 저장돼 있는 곳이다. 랜딩 영역에 기록할 수 있는 계층은 수집 계층뿐이다.

2. 다음으로 원시 데이터는 일련의 공통 변환 과정을 거친 다음 스테이징(Staging) 영역에 저장된다.

3. 원시 데이터는 랜딩 영역에서 아카이브(Archive) 영역으로도 복제된다. 아카이브의 목적은 재처리가 필요할 경우, 파이프라인 디버깅을 해야 될 경우, 신규 파이프라인 코드를 테스트해야 되는 경우를 대비해 보관한다.

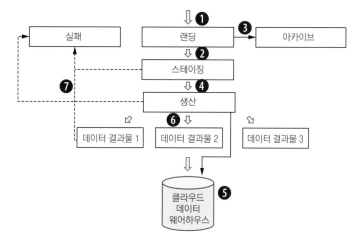

4. 데이터 변환 작업은 스테이징 영역에서 데이터를 읽고, 필요한 비즈니스 로직을 적용한 후에 처리 결과를 프로덕션 영역에 저장한다.

5. "패스 스루(pass-through)" 작업은 선택사항이다. 원시 데이터 복제본을 그대로 스테이징에서 프로덕션으로 복제한 후, 다시 클라우드 웨어하우스로 복제한다. 복제의 목적은 다른 작업의 비즈니스 로직 관련 문제를 디버깅하는 데 필요할 수 있기 때문이다.

6. 각 단계 작업에서 스테이징 영역으로부터 데이터를 읽어, 리포팅이나 기타 분석 목적으로 사용할 데이터 세트를 생성한다. 이렇게 파생된 데이터 세트는 프로덕션 영역의 파생 데이터 전용 위치에 저장되며, 클라우드 웨어하우스에도 적재된다.

7. 흐름의 각 단계별로 장애 시나리오를 준비해야 한다. 예를 들면 장애가 발생했을 때 이슈 디버깅을 위해 데이터를 스토리지의 실패 영역에 저장하고, 데이터 엔지니어가 활용할 수 있도록 해야 한다. 이슈가 해결되면 데이터를 랜딩 영역으로 복제함으로써 재처리하는 데 활용할 수 있다.

▲ **그림 5.3** 스토리지에서 데이터를 최적으로 구성하려면 여러 단계가 필요하다.

1. **랜딩 영역** – 수집 레이어로부터 원시 데이터가 도착하면 데이터가 처리되기 전까지 랜딩 영역에 저장된다. 이 랜딩 영역은 일시적인 영역이므로 데이터가 장기간 저장되는 곳은 아니다.

2. **스테이징 영역** – 다음으로 원시 데이터는 일련의 공통 변환 과정을 거친다. 예를 들면 기존 스키마를 준수하는지 확인하고, 공통 아브로Avro 바이너리 포맷으로 변환하며, 전사 수준organization-level의 데이터 품질 검사를 진행한다. 이 단계를 성공적으로 마치

면 해당 데이터는 스테이징 영역에 저장된다. 스테이징 영역의 데이터는 기본 품질 요구 사항을 충족하고, 주요 이슈가 없다고 할 수 있으므로 최종 사용자나 처리 작업에서 사용할 수 있는 상태다.

3. **아카이브 영역** – 데이터를 처리하고 처리된 결과를 스테이징 영역에 저장하면 랜딩 영역의 원시 데이터를 아카이브 영역으로 복제해야 한다. 왜냐하면 배치 작업을 재처리해야 할 경우가 발생했을 때 아카이브에서 역으로 해당 데이터를 랜딩 영역으로 간단히 복제만 해주면, 파이프라인이 필요 작업을 다시 수행하면 되기 때문이다. 아카이브 영역의 데이터는 파이프라인의 이슈를 디버깅하고 신규 파이프라인 코드를 테스트하는 데도 사용할 수 있다. 데이터가 성공적으로 스테이징 영역에 저장된 이후 아카이브 영역으로 복제된다. 전체 흐름에서 오류가 발생할 경우 해결을 위한 별도 단계가 되므로 중요한 부분이다.

4. **프로덕션 영역** – 데이터 변환 작업 절차는 스테이징 영역에서 데이터를 읽은 후 비즈니스 로직을 적용해서, 변환된 데이터를 프로덕션 영역에 저장하는 순으로 진행된다. 여기서 이번 분석 유스케이스에 맞게 아브로 포맷인 데이터가 파케이^Parquet 포맷으로 변환된다. 5장 뒷부분에 파일 포맷의 종류와 포맷 간 차이점을 자세히 설명한다.

5. **패스 스루**^pass-through **작업** – "패스 스루" 작업은 종종 특별한 경우로 분류된다. 스테이징에서 프로덕션(파케이 포맷)으로 데이터를 복제한 다음, 비즈니스 로직 적용 없이 그대로 클라우드 데이터 웨어하우스로도 복제하는 것을 말한다. 이 작업은 선택 사항이다. 데이터 웨어하우스와 프로덕션 영역에서 원시 데이터와 동일한 복제본 데이터세트가 있으면 비즈니스 로직 관련 이슈를 디버깅할 때 매우 유용하다.

6. **클라우드 데이터 웨어하우스와 프로덕션 영역** – 각 단계 작업에서 스테이징 영역으로부터 데이터를 읽어 리포팅이나 기타 분석 목적으로 사용할 데이터 세트를 생성한다. 이러한 파생 데이터 세트는 프로덕션 영역의 전용 위치에 저장해야 하며 클라우드 웨어하우스에도 적재해야 한다.

7. **실패 영역** – 데이터 파이프라인을 견고하게 구축한다는 말은 발생 가능성이 있는 모든 종류의 오류와 장애에 대한 대비책을 갖추고 있어야 함을 의미한다. 파이프라인 코드에 버그가 있을 수도 있고, 클라우드 리소스가 작동하지 않을 수도 있으며, 수신

데이터가 공통 데이터 품질 규칙을 충족하지 않을 수도 있다. 랜딩 영역에 데이터가 저장된 이후부터 흐름의 각 단계에서 장애^{failure}가 발생할 때마다 관련 데이터를 스토리지의 실패 영역에 저장해야 한다. 데이터 엔지니어는 이슈를 훨씬 쉽게 디버깅할 수 있으며 문제를 야기시킨 데이터를 식별할 수 있다. 이슈를 해결한 후, 만약 장애의 원인이 데이터 이슈가 아니라 코드 이슈였다고 가정하면, 실패 영역에서 랜딩 영역으로 해당 데이터를 복제해 다시 처리하도록 할 수 있다.

5.3.1 클라우드 스토리지 컨테이너와 폴더

앞에서 설명한 데이터 흐름에서는 흐름의 각 스테이지를 "영역"이라 표현했다. 컨테이너와 폴더는 데이터를 더 잘 구성하도록 클라우드 스토리지에서 영역을 더 잘 구현하기 위해 이해해야 하는 중요한 개념이다. 클라우드 공급 업체마다 이를 지칭하는 명칭이 각기 다르다. AWS와 구글 클라우드는 컨테이너를 '버킷'이라 하며 애저에서는 실제 컨테이너 이름을 사용한다. 폴더라는 용어는 세 공급 업체 모두 보편적으로 사용하고 있다.

계층구조^{hierarchy} 관점에서 클라우드 스토리지 컨테이너를 만든 다음 해당 컨테이너의 특정 폴더에 파일을 업로드한다. 각 컨테이너는 여러 폴더를 호스팅할 수 있다. 컨테이너에는 설정해야 할 속성을 갖고 있다. 공급 업체마다 클라우드 컨테이너 설정 옵션은 서로 다르지만 가장 일반적인 속성 두 가지는 다음과 같다.

- **액세스 및 보안** – 대부분의 공급 업체에서는 누가 스토리지의 파일에 액세스할 수 있는지와 컨테이너 수준에서 수행이 허가된 작업을 통제할 수 있다.
- **컨테이너 스토리지 티어**^{tier} – 클라우드 공급 업체는 가격/성능 특성에 따라 다양한 스토리지 계층을 제공한다. 이런 스토리지 계층을 핫, 콜드 및 아카이브라 한다. 핫 스토리지 티어는 가장 빠른 읽기/쓰기 작업을 제공하지만 데이터를 장기간 저장하는 데드는 비용도 가장 높다. 콜드 및 아카이브 계층은 저속이지만 핫 계층보다 훨씬 저렴한 비용으로 장기간 대용량 데이터를 저장할 수 있다.

데이터 흐름에서 각 영역(랜딩, 스테이징, 아카이브, 운영 및 실패)은 클라우드 스토리지에서 별도의 컨테이너로 구현된다. 컨테이너 액세스 보안과 스토리지 티어는 표 5.2와 같이 구성할 수 있다.

컨테이너	허용된 권한	스토리지 티어
랜딩	수집 계층 애플리케이션만 컨테이너에 쓸 수 있다. 스케줄된 파이프라인은 데이터를 읽을 수 있으며 플랫폼을 지원하는 데이터 엔지니어는 읽기/쓰기 액세스 권한을 갖는다. 데이터 소비자는 액세스할 수 없다.	핫. 읽기 및 쓰기가 자주 발생
스테이징	스케줄된 파이프라인은 데이터를 읽을 수 있으며 플랫폼을 지원하는 데이터 엔지니어는 읽기/쓰기 액세스 권한을 갖는다. 특정 데이터 소비자는 읽기 전용 액세스 권한이 있다.	핫. 읽기 및 쓰기가 자주 발생
프로덕션	스케줄된 파이프라인은 데이터를 읽을 수 있으며 플랫폼을 지원하는 데이터 엔지니어는 읽기/쓰기 액세스 권한을 갖는다. 파케이 포맷 데이터의 소비자는 읽기 전용 액세스 권한을 갖는다.	핫. 읽기 및 쓰기가 자주 발생
아카이브	스케줄된 파이프라인은 데이터를 읽을 수 있으며 플랫폼을 지원하는 데이터 엔지니어는 읽기/쓰기 액세스 권한을 갖는다. 전용 데이터 재처리 파이프라인에는 읽기 전용 액세스 권한이 있다. 극소수의 특정 데이터 소비자는 읽기 전용 액세스 권한이 있다.	콜드 또는 아카이브. 데이터 볼륨에 따라 최신 데이터는 콜드 아카이브 컨테이너에 저장하고 오래된 데이터는 아카이브 컨테이너에 저장할 수 있다.
실패	스케줄된 파이프라인은 데이터를 읽을 수 있으며 플랫폼을 지원하는 데이터 엔지니어는 읽기/쓰기 액세스 권한을 갖는다. 전용 데이터 재처리 파이프라인에는 읽기 전용 액세스 권한이 있다. 데이터 소비자는 액세스할 수 없다.	핫. 읽기 및 쓰기가 자주 발생

폴더 명명 규칙

컨테이너 내부의 데이터를 논리적 구조로 체계화할 때는 폴더를 활용하면 좋다. 데이터 플랫폼의 컨테이너마다 폴더 구조가 조금씩 다를 수 있다. 폴더 구조를 설명하기 전에 먼저 플랫폼에서 데이터와 데이터 파이프라인을 논리적인 방식으로 구성하는 데 필요한 공통 요소가 무엇인지 살펴보자.

- **네임스페이스** – 네임스페이스는 계층 구조에서 가장 높은 레벨이며, 여러 파이프라인을 논리적으로 그룹화하는 데 사용된다. 수백 개의 파이프라인을 처리하는 대규모 조직에서는 부서명이나 특정 이니셔티브를 네임스페이스로 사용할 수 있다. 예를 들어 Sales 네임스페이스라면 판매sales 관련 리포트에 사용되는 데이터와 파이프라인을 위

한 용도라 간주할 수 있을 것이고, 또는 ProductX 네임스페이스가 있다면 특정 제품과 관련된 데이터와 파이프라인을 위한 용도로 활용할 수 있을 것이다. 소규모 조직에서는 조직명으로 된 단일 네임스페이스로도 충분할 수 있다. 사용자 그룹별로 별도의 네임스페이스 데이터 접근 권한을 관리해야 할 경우, 네임스페이스별로 별도의 스토리지 컨테이너를 생성하면 컨테이너별로도 권한을 부여할 수 있으므로 편리하며 관리하기 용이하다.

- **파이프라인명** – 각 데이터 파이프라인은 파이프라인의 용도를 반영한 이름을 붙여야 한다. 파이프라인명은 파이프라인 로그에도 기록되고, 파이프라인에서 생성한 스토리지 폴더명을 표현할 때도 사용된다. 예를 들어, 플랫폼의 몇 가지 공통 파이프라인은 대부분의 데이터를 처리하는 데 사용된다. 랜딩 영역에서 데이터를 읽어와 공통 처리 단계를 적용한 후 처리 결과 데이터를 스테이징 영역에 저장하는 파이프라인도 있고, 데이터 아카이브를 하는 파이프라인도 있다. 이러한 기능과 용도를 쉽게 식별할 수 있도록 파이프라인명을 지정한다.

- **데이터 소스명** – 4장에서 알아본 바와 같이 수집 계층은 플랫폼으로 가져온 각 데이터 소스에 이름을 할당한다. 소스명은 메타데이터 저장소에 저장되지만 사용자와 파이프라인이 데이터의 출처를 쉽게 식별할 수 있도록 클라우드 스토리지 폴더명에도 소스명을 포함해야 한다.

- **배치 ID** – 배치 ID는 랜딩 영역에 저장되는 데이터 배치 작업에 대한 고유 식별자다. 랜딩 영역에 데이터를 저장할 수 있는 유일한 계층은 수집 계층이므로 이 식별자를 생성하는 것은 수집 애플리케이션의 책임이다. 이런 유형의 식별자는 공통적으로 UUID^{Universally Unique Identifier}를 사용한다. 기존의 ETL 툴들은 UUID를 생성할 수 있도록 지원하고 있고, 수집 파이프라인에서 생성된 UUID를 사용할 수 있다. 배치 ID로 사용할 수 있는 다른 좋은 방법으로는 선택으로 ULID^{Universally Unique Lexicographically Sortable Identifier}[3]가 있다. ULID는 UUID보다 짧고 정렬성이 뛰어나다. ULID를 배치 ID로 사용하는 경우 최신 배치가 항상 분류 목록의 맨 위에 있으며 두 ULID를 비교하면 어떤 배치가 더 오래된 것인지 구별할 수 있다.

---

3 https://github.com/ulid/spec

이제 데이터 파이프라인의 공통 요소를 식별했으므로 클라우드 스토리지 컨테이너에서 폴더를 구조화하는 방법을 살펴보자.

랜딩 컨테이너

랜딩 컨테이너의 폴더 구조는 다음과 같다.

```
landing/NAMESPACE/PIPELINE/SOURCE_NAME/BATCH_ID/
```

여기서 "landing"은 컨테이너명이고 나머지 경로는 폴더 구조다. 굵게 표시된 항목은 수집 계층에서 설정할 변수다. PIPELINE과 SOURCE_NAME 구조는 하나의 수집 파이프라인이 다수의 소스를 처리할 수 있다는 것을 의미한다. 예를 들어 하나의 RDBMS 데이터베이스의 여러 테이블로부터 데이터를 수집할 때 PIPELINE은 my_database_ingest_pipeline과 같이 표현할 수 있고, SOURCE는 테이블명일 수 있다. 수집 계층이 ULID를 배치 식별자로 사용하고 회사 전체의 단일 네임스페이스를 사용한다 해보자. 간단히 표시하고자 이 네임스페이스를 ETL이라 부르겠다.

다음은 랜딩 컨테이너의 폴더 정보다.

```
/landing/ETL/sales_oracle_ingest/customers/01DFTQ028FX89YDFAXREPJTR94
/landing/ETL/sales_oracle_ingest/contracts/01DFTQB596HG2R2CN2QS6EJGBQ
/landing/ETL/marketing_ftp_ingest/campaigns/01DFTQCWAYDPW141VYNMCHSE3
```

각 컨테이너에는 네임스페이스, 파이프라인, 소스를 반영하는 폴더 구조가 있다. ULID는 배치 식별자로 사용된다.

이를 통해 두 개의 수집 파이프라인이 있음을 알 수 있다. 하나는 오라클^{Oracle} 판매 데이터베이스로부터 수집한 데이터를 두 개의 테이블(customers와 contracts)로 보내는 파이프라인이다. 또 다른 하나는 FTP 서버에서 마케팅 데이터를 가져오는 파이프라인이다. 파이프라인명은 짧지만 설명을 포함하도록 만드는 것이 좋다. 스토리지의 폴더를 보는 사람이 문서나 메타데이터 저장소를 참조하지 않고도 데이터의 출처를 이해할 수 있기 때문이다. 이 예에서는 파이프라인 폴더의 각 데이터 소스마다 하나의 데이터 배치가 있다. 배치 ID는 폴더 자체이며 단일 수집(사용 중인 수집 유형에 따라 테이블의 전체 복제본 또는 테이블의 증분 부분)에 대해 수집 애플리케이션에서 생성한 여러 파일을 포함할 수 있다. 이전에 설명한 데이터 흐름에서 추가 처리를 위해 데이터를 스테이징으로 옮기기 때문에 랜딩 영역에는 일반적으로 가장 최근 배치만 포함된다. 랜딩 영역에 여러 배치가 쌓이면 이는 다운스트림 처리가 작동하지 않거나 느리다는 것을 나타낸다.

스테이징 컨테이너

스테이징 컨테이너 폴더 구조는 랜딩 컨테이너와 비슷하지만 장기적으로 스테이징 영역에 데이터를 저장할 계획이므로 데이터를 시간별로 정리해야 한다. 시간별로 구성하는 방식은 수집 시간 기반 파티셔닝으로 알려져 있는데, 여기서 각 배치가 수집된 시간을 인코딩해 폴더에 넣는다. 다음 예를 통해 수집 시간 기반 파티셔닝을 직접 확인해보자.

다음은 스테이징 컨테이너에서 수집 시간별로 데이터를 구성하기 위해 시간 기반 파티셔닝을 어떻게 사용하는지 보여준다.

```
/staging/ETL/sales_oracle_ingest/customers/year=2019/month=07/day=03/01DFT
➡ Q028FX89YDFAXREPJTR94
/staging/ETL/sales_oracle_ingest/contracts/year=2019/month=07/day=03/01DFT
➡ QB596HG2R2CN2QS6EJGBQ
/staging/ETL/marketing_ftp_ingest/campaigns/year=2019/month=06/day=01/01D
➡ FTQCWAYDPW141VYNMCHSE3
```

시간 기반 파티셔닝을 위해 각 파이프라인과 소스 폴더에 대해 연, 월, 일의 세 가지 폴더를 추가해서 표현했다. 하루에 데이터 배치 파일이 여러 번 수집되면 동일한 폴더에 저장된다. 또한 앞의 예제에서와 같이 ULID를 사용해서 폴더를 정렬할 수 있으며, 최신 배치는 항상 클라우드 포털 웹 UI의 목록 맨 상단 또는 스토리지의 데이터 액세스용 프로그램 목록 맨 위에 표시된다. 명명 규칙인 연도=YYYY/월=MM/일=DD는 하둡에서 유래했으며 스파크를 포함한 많은 분산 처리 엔진에서도 사용된다. 만약 /staging/ETL/sales_oracle_ingest/customers/ 폴더 전체를 읽을 경우, 스파크는 시간 기반 파티셔닝을 인식한 후 데이터 세트에 연, 월, 일 컬럼을 자동으로 추가한다. 이런 방법으로 필요한 데이터를 쉽게 필터링할 수 있다.

| 참고 | 시간 단위로도 데이터가 여러 번 수집되는 경우, 시간=hh 폴더 레이어를 추가하는 방법도 있다. 이렇게 구조를 만들면 최근 데이터 배치만 읽어 처리하고자 할 때 작업(Job)에서 읽을 배치 수를 최소화할 수 있다.

아카이브 및 실패 컨테이너는 스테이징과 동일한 폴더 구조를 따른다.

프로덕션 컨테이너는 신규 파이프라인이 추가될 수 있다는 점을 제외하고는 스테이징과 동일한 구조를 갖는다. 신규 파이프라인이 추가되는 예를 들면 계약^{contracts} 데이터 소스와 캠페인^{campaigns} 데이터 소스의 데이터를 결합해 마케팅 리포트$^{marketing\_report}$를 생성하는 작업이 필요한 경우다. 다음 예는 프로덕션 컨테이너의 두 데이터 세트를 조인하는 등의 데이터 변환 과정을 통해 생성된 데이터 세트를 보여주고 있다.

```
/production/ETL/sales_oracle_ingest/customers/year=2019/month=07/day=03/01
    ➥ DFTQ028FX89YDFAXREPJTR94 /production/ETL/sales_oracle_ingest/contracts/
year=2019/month=07/day=03/01
    ➥ DFTQB596HG2R2CN2QS6EJGBQ /production/ETL/marketing_ftp_ingest/campaigns/
year=2019/month=06/day=01/
    ➥ 01DFTQCWAYDPW141VYNMCHSE3 /production/ETL/marketing_report_job/marketing_
report/year=2019/month=7/
    ➥ day=3/01DFXA98BGBACGSTH5J63B3ZCZ
```

여기에서 marketing_report_job이라는 신규 파이프라인을 볼 수 있다. 이 작업이 어디에서 왔는지 반영하는 방식으로 작업명을 지정하는 것이 좋다. 이 경우 파이프라인이 수집 파이프라인이 아니라 데이터 변환 파이프라인임을 알 수 있다. 단일 데이터소스만 가진 데이터 변환 파이프라인은 거의 없다. 대부분의 경우 이러한 유형의 파이프라인은 여러 소스에서 데이터를 읽고 신규 데이터 세트를 생성한다. 데이터 변환 파이프라인에 필요한 모든 소스명을 폴더명으로 인코딩할 경우 수십 개가 될 수 있으므로 비합리적이다. 대신 새로운 "파생" 소스를 만들면 좋다. 이 예에서는 marketing_report가 파생 소스다. 그런 다음 메타데이터 저장소에 파생 소스에 대한 정보를 등록한다. 여기에 이 파생 데이터 세트를 생성하는 데 필요한 소스 정보가 들어간다. 예에서는 계약^{contracts}과 캠페인^{campaigns}이 될 것이다. 또한 여기서 시간 기반 파티셔닝은 수집 시간이 아니라 이 특정 변환 작업이 실행된 시간이다.

스트리밍 데이터 구성

데이터 플랫폼 아키텍처에서 스트리밍 데이터는 서로 다른 두 영역에 있다. 즉 실시간 응답이 필요한 처리를 위한 고속 스토리지 영역과, 아카이빙과 재처리를 위한 일반 클라우드 스토리지 영역이다. 고속 스토리지를 사용해 데이터를 구성하는 방식은 지금까지 설명한 방식과는 다르다. 카프카, 클라우드 펍/서브^{Cloud Pub/Sub} 등과 같은 메시지 기반 시스템에서는 일반적으로 토픽별로 데이터 소스를 구성해서 각각의 메시지를 전달하는 방식이다. 여기에는 컨테이너, 폴더 또는 스토리지 티어에 대한 개념은 없다. 6장에서 고속 스토리지에서 데이터를 구성하는 방법에 대해 자세히 설명한다.

아카이빙 목적으로 스트리밍 데이터를 일반 스토리지에 저장하는 경우 이전 절에서 배치 데이터에 사용한 것과 동일한 스토리지 구성 패턴을 적용할 수 있다. 클라우드 웨어하우스로 실시간 수집을 수행하는 클릭 스트림 파이프라인이 있다고 가정해보자. 초기 데이터 평가 작업을 수행한 결과, 분당 약 100MB의 데이터가 수신되고 있다. 또한 4장에서 일반 클라우드 스토리지가 큰 파일에 최적화돼 있음을 배웠으므로 클릭 스트림 데이터를 고속 스토리지에서 저속 스토리지로 15분마다 플러시^{flush4}하기로 결정했다. 이 플러시 프로세스는 다른 배치 프로세스와 마찬가지로 클라우드 스토리지의 랜딩 영역에 데이터를 저장하고 동일한 폴더 명명 규칙을 따른다. 다음 예에서는 실시간 계층에서 랜딩 컨테이너로 데이터를 플러시해 스트리밍 데이터를 클라우드 스토리지에 아카이빙하는 방법을 보여준다. 각 플러시에는 고유한 배치 ID가 할당된다.

```
/landing/ETL/clickstream_ingest/clicks/01DH3XE2MHJBG6ZF4QKK6RF2Q9
/landing/ETL/clickstream_ingest/clicks/01DH3XFWJVCSK5TDYWATXNDHJ1
/landing/ETL/clickstream_ingest/clicks/01DH3XG81SKYD30YV8EBP82M0K
```

여기에서도 ULID를 고유한 배치 식별자로 사용하고 있으며 고속 스토리지에서 일반 스토리지로 플러시된 세 개의 데이터 배치가 있음을 알 수 있다.

이 스트리밍 데이터가 나머지 스토리지 영역에서 처리되는 여정은 배치 데이터의 경우와 정확히 동일하다. 데이터는 단일 통합 파일 포맷으로 변환되며 필요한 경우 클린징 처리 후

---

4 데이터를 다른 디스크로 옮겨 써서 현재 메모리를 깨끗하게 함 - 옮긴이

스테이징 영역에 저장된다. 원시 데이터는 아카이브 영역에 저장된다. 이후 데이터는 파케이 포맷으로 변환돼 다른 배치 데이터 처리 작업이나 애드혹 분석에 사용할 수 있도록 프로덕션 영역에 저장된다. 이 경우 스트리밍 데이터와 배치 데이터의 유일한 차이점은, 스트리밍 데이터로부터 만들어진 데이터 배치는 클라우드 웨어하우스에 적재하지 않는다는 점인데, 이미 실시간 파이프라인에서 이 데이터를 적재했었어야 했기 때문이다.

연습문제 5.1

클라우드 스토리지 폴더를 구성할 때 명명 규칙을 따라야 하는 이유는 무엇인가?

1 클라우드 공급 업체가 리소스명을 지정하는 방법이기 때문이다.
2 파이프라인 코드를 일관되게 유지할 수 있기 때문이다.
3 아파치 스파크를 사용할 때 제약 조건이기 때문이다.
4 파이프라인 성능을 향상시키기 때문이다.

5.4 공통 데이터 처리 단계

플랫폼의 데이터 처리 파이프라인은 공통 데이터 처리 파이프라인과 사용자 정의 비즈니스 로직 파이프라인으로 나뉜다. 이 절에서는 공통 처리 단계로서 주로 구현되는 데이터 변환에 대해 구체적으로 살펴보도록 한다.

- 파일 포맷 변환
- 데이터 중복 제거
- 데이터 품질 검사

5.4.1 파일 포맷 변환

4장에서 설명했듯 데이터 플랫폼으로 들어오는 데이터의 포맷은 CSV, JSON, XML 파일 또는 사용자 정의 바이너리 포맷 등 데이터 소스에 따라 다양하다. 데이터 레이크의 핵심 속성 중 하나는 데이터를 다양한 포맷으로 저장하고 액세스할 수 있다는 점이다 보니 전통적 데이터 레이크 방식처럼, 스토리지 계층에 포맷 변경 없이 데이터를 그대로 저장하지 않는 이유가 궁금할 것이다.

전통적인 데이터 레이크에서 데이터 변환 및 분석 파이프라인이 어떤 모습일지 생각해보자. 데이터 레이크에서는 서로 다른 데이터 포맷을 처리하는 책임을 각 파이프라인에 전가한다. 예를 들어 특정 리포트를 생성하기 위한 파이프라인을 구축하는 경우, 파이프라인의 첫 번째 단계는 파일을 읽어 파일 포맷과 파일에 포함된 컬럼 및 데이터 유형을 파악하고 필요한 비즈니스 로직을 적용한다. 한두 개의 파이프라인만 있는 경우에는 합리적이겠지만, 파이프라인 수가 증가하면 확장성에 문제가 발생한다. 각각의 파이프라인에 파일 파싱 로직을 추가해야 하기 때문이다. 파일 포맷이 변경되거나 신규 컬럼이 추가되면 많은 코드를 업데이트하고 테스트해야 한다. 원본 파일 포맷을 변경하지 않으면 데이터 탐색이 훨씬 더 복잡해진다. 데이터에 액세스하려는 사람은 해당 파일을 읽는 방식을 먼저 알아내야 한다.

현대 데이터 플랫폼 설계는 이 문제에 대해 더 조직적이고 구조화된 방식을 제안한다. 데이터를 원본 포맷으로 유지하고 아카이브 영역에 저장하는 것은 같지만 수신 데이터에 수행하는 첫 번째 변환 중 하나로 데이터를 단일 통합 파일 포맷으로 변환한다. 실제로 여기서는 이전 절에서 설명한 대로 두 가지 다른 파일 포맷을 사용할 것이다. 스테이징 영역에는 아파치 아브로[5]를, 프로덕션 영역에는 아파치 파케이[6]를 사용한다.

아브로 및 파케이 파일 포맷

아브로와 파케이는 모두 바이너리 파일 포맷이다. 텍스트 포맷인 CSV, JSON, XML과 달리 아브로와 파케이는 사람이 읽을 수 있는 포맷으로 저장되지 않으며 실제 데이터를 디코딩하고 인코딩하는 별도 프로그램이 필요하다. 오늘날 데이터 영역에서 사용되는 다양한 바이너리 파일 포맷이 있지만 아브로와 파케이 두 포맷이 가장 인기가 높다.

바이너리 파일 포맷은 텍스트 기반 파일 포맷에 비해 몇 가지 장점을 제공한다. 첫째, 바이너리 포맷은 데이터 인코딩 중에 적용할 수 있는 최적화 방식이 다르므로 디스크 공간을 훨씬 적게 차지한다. 아브로와 파케이 모두 컬럼 타입 정보를 포함하고 있으므로 파일 압축률이 상당히 높다. 텍스트 기반 파일 포맷을 압축 바이너리 포맷으로 변환했을 때, 원본 데이

---

5 https://avro.apache.org/

6 https://parquet.apache.org/

터 크기를 최대 10배까지 줄이는 경우도 있다. 파일 크기를 줄이면 클라우드 스토리지 비용을 줄일 수 있을 뿐만 아니라 데이터 처리 파이프라인 속도도 크게 향상시킬 수 있다.

바이너리 파일 포맷의 두 번째 장점은 파일에 대한 특정 스키마의 사용을 강제한다는 것이다. 즉, 아브로 또는 파케이 포맷으로 데이터를 저장하기 전에, 해당 데이터 세트에 대한 컬럼과 컬럼 타입을 정의해야만 한다. 아브로 파일 포맷의 경우, 스키마 정보가 실제로 각각의 파일에 포함돼 있기에 파일을 읽는 프로그램이나 데이터 파이프라인이 컬럼명과 해당 타입을 자동으로 인식할 수 있다. 스키마 및 파일 포맷 표준화는 데이터를 있는 그대로 저장하는 것에 비해 추가 개발과 유지 관리 노력이 필요하다. 그러나 관리해야 할 파이프라인 수가 많거나, 플랫폼의 데이터를 여러 데이터 소비자에게 노출해야 할 경우에는 노력 대비 가치가 수 배 높다. 스키마 관리에 대해서는 8장에서 더 자세히 설명한다.

아브로 및 파케이 포맷이 모두 필요한 이유는 무엇일까? 이 질문에 답하려면 먼저 행지향 파일 포맷과 컬럼지향 파일 포맷의 차이점에 대해 논의가 필요하다. 대부분 단일 데이터 행에 대한 정보가 연속된 파일 블록에 저장되는 행지향 파일 포맷으로 작업한 경험이 있을 것이다. CSV 포맷은 행지향 파일 포맷의 가장 간단한 예다. 행은 그림 5.4와 같이 줄 바꿈 문자로 구분되며 차례로 저장된다.

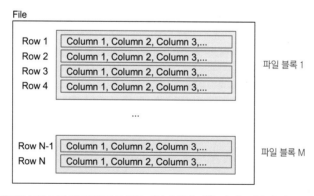

▲ **그림 5.4** 행지향 파일 포맷 레이아웃에서 단일 데이터 행에 대한 정보는 연속된 파일 블록에 저장된다.

컴퓨터 프로그램이 스토리지에서 파일을 읽을 때 실제로는 바이트 단위로 읽지 않는다. 성능상의 이유로 한 번에 전체 블록을 읽는다. 블록 크기는 스토리지와 파일 시스템 파라미터에 따라 다르다. 행지향 파일 포맷에서는 그림 5.4와 같이 단일 행에 속하는 컬럼의 값이 차례로 기록된다. 파일에서 한 블록을 읽으면 여러 행의 데이터를 가져온다. 파일이 M 블록으로 구성돼 있다고 가정할 때 전체 파일을 읽으려면 M 읽기 작업만 수행하면 된다. 이렇게 하면 파일의 모든 행의 전체 컬럼 값을 읽어야 할 때 매우 효율적이다. 행지향 파일은 파일 모든 행의 전체 컬럼 값을 읽어 작업을 수행할 때 유용하다.

일반적인 분석 워크로드의 경우, 쿼리의 대부분이 컬럼별 그룹핑과 컬럼별 필터링 조건들의 조합으로 이루어져 있다. 예를 들어 지난 달에 가입한 "프리미엄" 상태의 사용자 수를 계산하려면 사용자 상태 컬럼과 사용자 가입 일자 컬럼 데이터만 있으면 된다. 만약 컬럼이 수십 개 있는 어떤 데이터 세트가 있다고 할 때, 여기서 두 개의 컬럼 값을 얻기 위해 모든 컬럼 값을 읽는다면 리소스 낭비다. 여기에서 컬럼지향 또는 컬럼 기반 파일 포맷이 효력을 발휘한다. 그림 5.5와 같이 컬럼 기반(columnar) 파일 포맷에서는 행별로 컬럼들이 정의돼 있더라도 파일은 컬럼별로 순차적으로 저장된다.

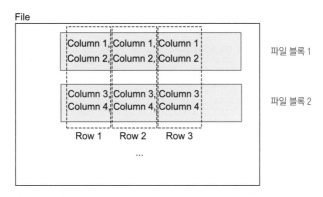

▲ **그림 5.5** 컬럼 기반(columnar) 파일 포맷에서는 행별로 컬럼들이 정의돼 있더라도 파일은 컬럼별로 순차적으로 저장된다.

한 블록을 읽으면 모든 행의 특정 컬럼 값 전체를 얻을 수 있다. 예를 들어 그림 5.5에서 컬럼 3의 총합을 얻으려면 파일에서 블록 2만 읽으면 되며, 나머지는 모두 무시해도 된다. 따라서 컬럼 기반 파일 포맷은 분석 워크로드 수행 시 특정 컬럼만 필요로 하는 경우 훨씬 나은 성능을 제공한다. 물론 이 예제는 아주 단순화된 컬럼 기반 포맷 표현이다. 실제로는 파일에 훨씬 많은 행이 있으며 단일 컬럼의 값이 여러 블록에 걸쳐 있지만 핵심 아이디어는 이러한 값이 파일 내부의 연속 블록 형태로 배열된다는 것이다.

컬럼 기반 포맷의 또 다른 이점은 행 포맷보다 압축률이 훨씬 더 좋다는 점이다. 대부분 컬럼은 하나의 타입(숫자, 문자열, 일자 등)을 가지는데 컬럼 기반 포맷은 한 블록에 같은 타입의 데이터가 저장되는 반면, 행지향 포맷은 한 블록에 여러 타입의 데이터가 저장되기 때문이다.

아브로는 행지향 파일 포맷이다. 중첩nested 유형을 포함해 기본 데이터 타입과 복합 데이터 타입을 지원한다. 아브로는 스키마를 각 파일 내부에 포함하므로 아브로 파일로 작업하는 프로그램이 컬럼 정의와 컬럼 타입 정보를 신속하게 가져올 수 있다. 또한 아브로는 스키마 진화evolution 규칙을 지원한다. 즉, 이전 버전과의 호환성 유지 방식backward compatible으로 스키마를 변경하면 스키마가 매번 변경되더라도 항상 최신 버전의 아브로 스키마를 사용해 이전 아브로 파일을 모두 읽을 수 있다. 스키마 진화의 가장 간단한 예는 데이터 세트에 신규 컬럼을 추가하는 것이다. 스키마 관리와 아브로 기능에 대해서는 8장에서 더 자세히 설명한다.

이러한 모든 특성 때문에 아브로는 스테이징 영역에서 주로 다운스트림 변환용 소스로 사용하며, 애드혹 탐색 유스케이스용으로도 매우 적합하다. 아브로는 행지향 파일 포맷이므로 분석 유스케이스에는 컬럼 기반 파일 포맷만큼 효율적이지는 않기에 프로덕션 영역의 파일 포맷으로 파케이를 사용한다.

파케이는 기본primitive 데이터 타입과 복합 데이터 타입을 지원하는 컬럼 파일 포맷이다. 파케이는 전체 데이터 세트를 읽을 필요 없이 데이터 세트의 개별 컬럼에 빠르게 액세스할 수 있어 분석 쿼리의 성능을 크게 향상시킨다. 또한 파케이는 압축률이 뛰어나 저장 공간을 줄이는 데 도움이 된다. 대표적인 클라우드 웨어하우스(AWS 레드시프트Redshift, 구글 빅쿼리, 애저 SQL 데이터 웨어하우스) 모두 파케이를 기본적으로 지원하므로 프로덕션 영역에서 웨어하우스로 데이터를 원활하게 적재할 수 있다.

연습문제 5.2

아브로와 파케이 포맷으로 데이터를 저장하면 어떤 이점이 있을까?

1 클라우드 비용이 절감된다.
2 플랫폼 안정성이 향상된다.
3 스테이징 및 프로덕션 영역의 다양한 데이터 액세스 패턴을 해결한다.
4 서로 다른 클라우드 제공업체 간에 데이터를 더 쉽게 이동할 수 있다.

스파크를 사용해 파일 포맷 변환

어떻게 하면 원래 포맷의 파일을 아브로 및 파케이로 변환하도록 구현할 수 있을까? 분산 데이터 처리 프레임워크로 아파치 스파크를 사용하기에 이 변환 작업은 매우 간단하다.

스파크에서 아브로 파일 포맷으로 작업하려면(리스트 5.1 참조) 외부 아브로 라이브러리[7]가 필요하다. 구글 클라우드 데이터프록^{Google Cloud Dataproc}과 애저 데이터브릭스^{Azure Databricks} 서비스 모두 라이브러리가 미리 설치돼 있으나, AWS EMR 서비스의 경우는 클러스터 생성 시 외부 라이브러리를 명시적으로 지정해야 한다.

> | **참고** | 스파크 2.4.0 이상을 사용하는 경우 스파크 자체에서 아브로를 지원하므로 외부 아브로 라이브러리가 필요하지 않다.

> | **참고** | 데이터프록(Dataproc) 클러스터에 적절한 GCS 버킷에 대한 데이터 읽기 및 쓰기 권한이 있는지 확인해야 한다.

리스트 5.1 랜딩에서 JSON 파일 읽기 및 아브로 포맷으로 스테이징에 저장하기

```python
import datetime
from pyspark.sql import SparkSession
spark = SparkSession.builder ... # we omit Spark session creation for brevity

namespace = "ETL"    ◄── 예제 파이프라인에 대한 설정 변수를 정의한다.
pipeline_name = "click_stream_ingest"
source_name = "clicks"

batch_id = "01DH3XE2MHJBG6ZF4QKK6RF2Q9"
current_date = datetime.datetime.now()
in_path = f"gs://landing/{namespace}/{pipeline_name}/{source_name}/{batch_id}/*"  ◄── 폴더 구조의 표준 기반 입력 및 출력 GCS 경로
out_path = f"gs://staging/{namespace}/{pipeline_name}/{source_name}/year=
➡ {current_date.year}/month={current_date.month}/day={current_date.day}/
➡ {batch_id}"
```

---

7 https://github.com/databricks/spark-avro

```
clicks_df = spark.read.json(in_path)          ◀——  스파크에는 JSON 데이터를 읽고 스키마를
                                                    추론하는 네이티브 메서드가 있다.
clicks_df = spark.write.format("avro").save(out_path)  ◀——  이전 단계에서 추론된 스키마를 사용해
                                                              아브로 스토리지에 데이터를 저장한다.
```

> | **참고** | 리스트 5.1의 스파크 코드 예제에서는 데이터가 구글 클라우드 스토리지(Google Cloud
> Storage, GCS)에 저장돼 있다고 가정한다. AWS S3나 애저 블롭 스토리지(Azure Blob Storage)를
> 사용하는 경우 경로의 접두사가 달라진다.

리스트 5.1에서는, JSON 포맷의 수신 클릭 스트림 배치 중 하나를 읽고 스테이징 영역에 아브로 포맷으로 저장한다고 가정한다. 먼저 GCS에서 랜딩 데이터에 대한 경로를 구성하는 변수들을 미리 정의한다. 파이썬 datetime 라이브러리를 사용해 현재 년, 월, 일을 가져와서 스테이징 영역 경로의 일부로 사용할 수 있다. 스파크 코드는 이 코드에서 마지막 두 줄이 전부다. 먼저 입력 경로에서 JSON 파일을 읽은 다음, 출력 경로에 아브로 파일을 저장한다.

리스트 5.1에는 많은 것들이 단순화돼 있다. 먼저 스파크 세션 생성과 종료 관련 세부 정보를 생략했다. 또한 읽기/쓰기 작업에서 발생 가능한 오류 처리 로직도 포함하지 않았다. 이러한 세부 정보는 스파크 설명서에 자세히 나와 있다.

이 코드 예제에서 강조해야 할 몇 가지 중요한 사항이 있다. 먼저 네임스페이스, 파이프라인명, 소스명 및 배치 ID와 같은 항목을 하드코딩했다는 점이다. 실제 데이터 처리 애플리케이션에서는 이러한 값들을 파라미터화해서 파이프라인 코드에서 읽는 방식으로 구성된다. 이렇게 하면 동일한 파이프라인 코드를 다양한 데이터 소스에서도 재사용할 수 있다. 5장 뒷부분에서 파이프라인을 일반화시키는 방법에 대해 더 자세히 알아본다.

둘째, 소스 JSON 파일 스키마 정보와 아브로가 어떻게 파일에 포함된 컬럼과 컬럼 타입을 식별할 수 있는지 언급하지 않았다. 그렇게 할 필요가 없었던 이유는 스키마 추론이라는 스파크 기능 때문이다. 스파크는 공통 파일 포맷을 인식하고 컬럼별 컬럼 포맷을 자동으로 알아낼 수 있다. 이것은 데이터 변환 코드를 단순화시킬 수 있는 매우 유용한 기능이다. 현재 유의할 점은 스키마 추론 기능을 복잡한 유스케이스에 사용하기에는 충분하지 않다는 점이다. 8장에서 스키마 진화 규칙과 함께 스파크 스키마 추론을 사용하는 방법에 대해 설명한다.

5.4.2 데이터 중복 제거

데이터 중복 제거^{deduplication}는 중요하며 큰 주제다. 데이터 중복 제거가 다루는 문제를 크게 다음과 같이 두 가지로 분류할 수 있다.

■ 첫 번째는 데이터 세트에서 두 개의 유사 항목이 동일한 논리적 엔터티를 나타내고 있는가? 라는 질문이다. 예를 들어, 고객 데이터의 John Smith와 Jonathan Smith 항목이 동일한 사람을 가리키는가, 아니면 다른 두 사람인가? 이러한 문제를 처리하기 위해 마스터 데이터 관리^{master data management, MDM}라는 별도의 기술과 툴이 오랜 기간 발전해왔다.

■ 둘째로, 데이터 세트의 특정 속성이 고유값을 갖도록 강제하는 방법은 무엇인가? 라는 질문이다. 예를 들어 결제 데이터 세트에 동일한 결제 `transaction_id`를 가진 두 개의 레코드가 없도록 만드는 방법이다.

MDM 툴과 방식에 대한 논의는 이 책의 범위를 벗어나므로 MDM 툴 관련 책과 자료를 참조하기 바란다. 이 절에서는 대부분의 데이터 플랫폼을 구축할 때 다루어야 할 문제로, 특정 데이터에 대한 고유성을 강제화하는 주제에 초점을 맞춘다.

RDBMS 동작 원리를 이해하고 있다면 고유성 강제화가 그렇게 큰 문제가 아니라 생각할 수도 있다. 어쨌든 관계형 데이터베이스는 수십년 전부터 프라이머리 고유 키를 지원해왔다. 클라우드 데이터 플랫폼에서는 고유성에 관한 두 가지 주요 이슈가 있다.

■ 첫째, 신뢰할 수 없는 데이터 소스 또는 반복 수집

■ 둘째, 기존 클라우드 웨어하우스의 고유성 강제화 부족. 분산 환경 특성 때문에 기존 클라우드 웨어하우스는 고유^{unique} 인덱스 또는 외래 키와 같은 제약 조건을 지원하지 않는다. 클라우드 웨어하우스 기능에 대한 자세한 내용은 9장에서 설명한다.

그림 5.6은 RDBMS를 사용하는 데이터 소스에서 고유성 보장을 제공하더라도, 클라우드 웨어하우스에서 중복 행이 발생되는 경우를 보여준다.

이 예제에서 소스 데이터베이스의 `user_id` 컬럼은 고유 키 값이다. 동일한 `user_id`를 가진 행은 하나밖에 없다는 의미가 된다. 정상 동작 중에는 데이터 플랫폼의 소스 데이터베이스에서 정확한 복제본을 가져오기에 클라우드 웨어하우스에서도 `user_id` 컬럼이 고유한 값

으로 들어온다. 그러나 실제 운영 상황에서는 계획한 일만 일어나지 않는다. 클라우드 환경이나 복잡한 시스템 운영 환경에서는 클라우드 자원 장애에서부터 운영자 실수, 파이프라인 코드 버그 등에 이르기까지 다양한 유형의 오류 발생에 대한 대비책이 필요하다. 만일 치명적인 메타데이터 저장소 장애(데이터를 복원할 백업이 없는 상황)가 있거나 데이터 엔지니어가 실수로 이전에 수집된 데이터를 다시 수집하기로 결정한 경우 플랫폼에 유입되는 중복 데이터를 막을 안전장치가 없다.

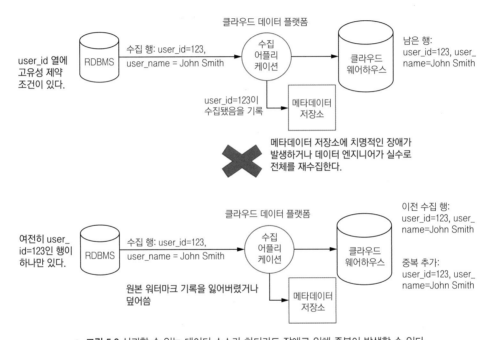

▲ **그림 5.6** 신뢰할 수 있는 데이터 소스라 하더라도 장애로 인해 중복이 발생할 수 있다.

| **참고** | 4장에서 소스 데이터가 고유 컬럼이라 하더라도, 행별 "변경 이력"을 캡처할 때 의도적인 중복이 발생되는 몇 가지 수집 시나리오에 대해 설명했다. 이는 의도된 결과이므로 수집 시 데이터를 중복 제거할 필요가 없다. 일부 리포트에서 특정 컬럼에 고유한 값이 있어야 하는 경우, 이러한 리포트를 생성하는 작업 시에 이 부분을 감안한 로직을 구현해야 한다.

카프카 또는 기타 유사한 메시지 버스와 플랫 파일에서도 데이터를 수집할 때 유사한 데이터 중복 문제가 발생할 수 있지만 그 이유는 다르다. 카프카에서 데이터를 읽을 때 카프카

는 수집 애플리케이션이 동일 메시지를 한 번만 읽을 것이라는 보장을 하지 않는다는 점에 유의해야 한다. 카프카의 재조정 작업, 개별 노드 오류 또는 수집 측 오류로 인해 동일한 메시지를 여러 번 읽어 중복이 발생할 수 있다.

> | 참고 | 카프카 버전 0.11부터 메시지 생성 애플리케이션과 메시지 사용 애플리케이션 모두, 중복을 방지하고 "정확히 한 번 처리(exactly once processing)"를 보장하도록 구성할 수 있다. 이를 위해서는 데이터 프로듀서(producer)와 데이터 컨슈머(consumer) 양쪽 모두에서 변경이 필요하다. 그런데 실제 데이터 플랫폼 유스케이스에서는 불가능할 수도 있다. 카프카에 데이터를 생성하는 애플리케이션을 다른 팀이나 다른 조직에서 통제하는 경우가 있기 때문이다.

파일 기반 수집 파이프라인도 중복 발생 가능성이 높다. 파일 자체를 일반적으로 변경할 수는 없지만 파일을 전달하는 쪽이나 데이터 플랫폼 수집 시 오류가 발생하면 파일이 여러 번 전달되거나 중복 처리되는 경우가 있기 때문이다.

스파크에서 데이터 중복 제거

이 절에서는 아파치 스파크를 사용해 중복되는 수신 데이터를 제거함으로써 앞서 언급한 이슈 해결 방법을 설명한다. 코드 예제를 살펴보기 전에 그림 5.7에서 설명하는 전역global 중복 제거 시나리오와 "배치batch 내" 중복 제거 시나리오의 차이점을 알아보자.

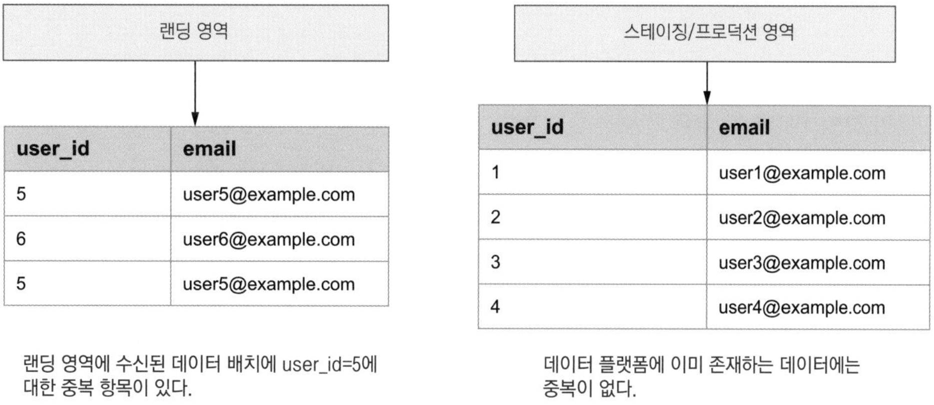

랜딩 영역	
user_id	**email**
5	user5@example.com
6	user6@example.com
5	user5@example.com

랜딩 영역에 수신된 데이터 배치에 user_id=5에 대한 중복 항목이 있다.

스테이징/프로덕션 영역	
user_id	**email**
1	user1@example.com
2	user2@example.com
3	user3@example.com
4	user4@example.com

데이터 플랫폼에 이미 존재하는 데이터에는 중복이 없다.

▲ **그림 5.7** 수신 배치 중복 제거 범위는 단일 배치 안에 존재하는 중복 항목으로 가정한다.

첫 번째 시나리오에서는 랜딩 영역에 저장된 단일 수신 배치 내에 존재하는 중복 데이터를 제거하는 것이 수행 범위다. 플랫폼 내에는 즉, 스테이징, 프로덕션 및 웨어하우스에는 중복된 데이터가 없다고 가정한다. 이 시나리오는 카프카에서 데이터를 배치 모드로 수집할 때, 혹은 신뢰할 수 없는 데이터 소스(서드파티나 고유성^{uniqueness}이 보장되지 않는 애플리케이션)로부터 플랫 파일을 수집할 때 공통적으로 논의되는 주제다.

이 시나리오 용도로 스파크를 사용해 중복 제거 코드를 매우 간단하게 구현할 수 있다. 리스트 5.2는 신뢰할 수 없는 데이터 소스로부터 users 데이터가 포함된 CSV 파일을 수집하는 과정을 설명하고 있다. 즉, 들어오는 각 파일에 user_id 값이 중복돼 있을 수 있다.

리스트 5.2 스파크의 dropDuplicates를 사용해 CSV 파일에서 중복 행 제거

```
from pyspark.sql import SparkSession

spark = SparkSession.builder ... # we omit Spark session creation for brevity

namespace = "ETL"       ◄── 예제 파이프라인에
                            대한 설정 변수 정의
pipeline_name = "users_csv_ingest"
source_name = "users"                                    입력 및 출력 GCS 경로는
batch_id = "01DH3XE2MHJBG6ZF4QKK6RF2Q9"                  폴더 구조 표준에 맞춰져 있다.
in_path = f"gs://landing/{namespace}/{pipeline_name}/{source_name}/{batch_id}/*"  ◄──

                                                    스파크는 CSV 파일 읽기를
users_df = spark.read.format("csv").load(in_path)   ◄── 기본적으로 지원한다.
users_deduplicate_df = users_df.dropDuplicates(["user_id"])  ◄──

                            dropDuplicates라는 스파크 데이터 프레임 메서드를
                            사용해 중복된 user_id 값이 있는 행 제거
```

이 파이썬으로 된 스파크 리스트는 랜딩 영역에서 CSV 파일을 읽고 dropDuplicates 함수를 사용해 스파크 Dataframe에서 중복된 user_id 값이 있는 모든 행을 제거할 수 있음을 보여준다. 그런 다음 중복이 제거된 데이터 세트를 아브로/파케이 포맷과 유사하도록 변환할 수 있다. dropDuplicates 함수는 중복 제거에 사용할 컬럼명 목록을 사용하므로 여러 컬럼을 조합해 고유하게 만들 수 있다. 컬럼명을 지정하지 않으면 dropDuplicates는 중복 제거 대상을 모든 컬럼으로 한다.

단일 수신 배치 범위 내에서 중복 제거 작업은 구현하기 쉬우며 성능 관점에서 효율적

이다. 중복을 식별하기 위해 여러 데이터 세트를 결합할 필요가 없기 때문이다. 그러나 데이터 플랫폼에 중복 발생을 방지하는 점에서는 한계가 있다. 예를 들어, 현재 데이터 배치에는 중복 항목이 없을 수 있지만 이 배치를 기존 프로덕션 데이터에 추가하면 그림 5.8에서 설명하듯 중복 항목이 생성될 수 있다.

이 예제에서 볼 때, 수신된 데이터 배치에는 중복 데이터가 없다. 그러나 이렇게 수신 데이터 중복 제거만 적용할 경우, 스테이징과 프로덕션 영역에 user_id=3이 이미 존재한다는 사실을 놓칠 수 있다. 이 시나리오는 자주 발생하는 케이스이나, 솔루션을 찾기가 쉽지 않다. RDBMS 수집 장애나 운영자 실수로 인한 중복 발생 예시와 더불어, 실수로 여러 번 보낼 수 있는 플랫 파일도 이 범주에 속한다.

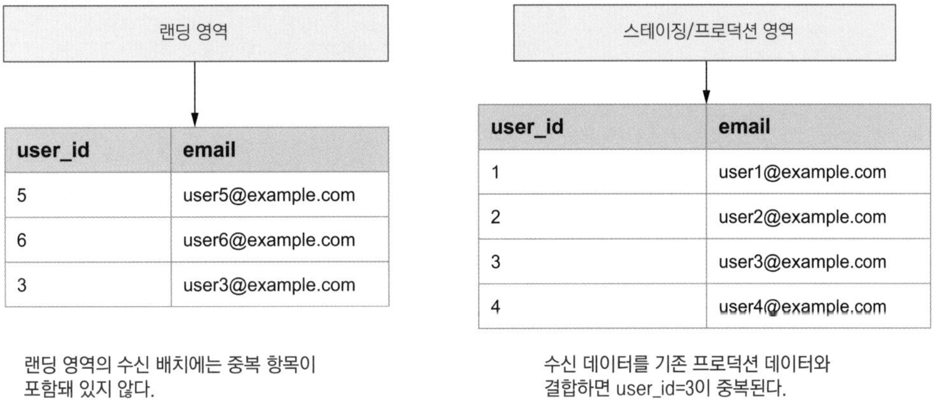

랜딩 영역	
user_id	**email**
5	user5@example.com
6	user6@example.com
3	user3@example.com

랜딩 영역의 수신 배치에는 중복 항목이
포함돼 있지 않다.

스테이징/프로덕션 영역	
user_id	**email**
1	user1@example.com
2	user2@example.com
3	user3@example.com
4	user4@example.com

수신 데이터를 기존 프로덕션 데이터와
결합하면 user_id=3이 중복된다.

▲ **그림 5.8** 전역 중복 제거 범위는 수신된 데이터 배치와 기존 데이터 전체에서 중복 항목을 찾아야 함을 의미한다.

어떻게 전역적으로 데이터 중복을 제거할 수 있을까? SQL문과 관계형 데이터베이스 작업에 익숙하다면 솔루션이 이미 존재할 수도 있다. 수신 데이터를 기존 데이터에 조인해서 결과 데이터 세트의 중복을 제거해야 한다. 다행히 스파크에서 SQL을 지원하므로 리스트 5.3과 같이 이 로직을 쉽게 표현할 수 있다.

리스트 5.3 조인을 통해 전역적으로 데이터 중복 제거

```
from pyspark.sql import SparkSession

spark = SparkSession.builder ... # we omit Spark session creation for brevity
```

```
namespace = "ETL"
pipeline_name = "users_csv_ingest"
source_name = "users"
batch_id = "01DH3XE2MHJBG6ZF4QKK6RF2Q9"
in_path = f"gs://landing/{namespace}/{pipeline_name}/{source_name}/{batch_id}/*"
```
스테이징 영역에서 해당 데이터 소스의 모든 데이터를 읽는다.
```
staging_path = f"gs://staging/{namespace}/{pipeline_name}/{source_name}/*"
```
스테이징에서 수신 데이터와 기존 데이터를 모두 읽는다.
```
incoming_users_df = spark.read.format("csv").load(in_path)
staging_users_df = spark.read.format("avro").load(staging_path)
```
SQL 작업을 위한 임시 테이블을 등록한다.
```
incoming_users_df.createOrReplaceTempView("incomgin_users")
staging.users_df.createOrReplaceTempView("staging_users")
```
수신 데이터 배치의 user_id가 기존 데이터 세트에 존재하지 않는다는 조건으로 수신 배치의 모든 데이터를 선택한다.
```
users_deduplicate_df = \
spark.sql("SELECT * FROM incoming_users u1 LEFT JOIN staging_users u2 ON
➡ u1.user_id = u2.user_id WHERE u2.user_id IS NULL")
```

리스트 5.3에서, 스테이징 영역에서 수신 배치와 기존 아브로 데이터를 두 개의 개별 스파크 데이터 프레임으로 읽은 다음, 스파크 SQL을 사용해 스테이징 데이터 프레임에 아직 존재하지 않는 수신 데이터 프레임의 행만 포함하는 세 번째 결과 users_deduplicate_df 데이터 프레임을 생성한다. 그런 다음 파이프라인은 이 결과 데이터 프레임을 가져와 아브로로 변환해 기존 스테이징 데이터에 추가할 수 있다.

그렇다면 데이터 배치 범위batch-scope 중복 제거와 전역 범위global scope 중복 제거를 언제 사용해야 할까? 데이터 배치 범위 중복 제거는 수신 플랫 파일 내 중복과 같은 간단한 유스케이스에 대해서만 적용하는 방식이다. 100% 중복 제거를 보장하려면 실제로 두 가지를 모두 수행해야 한다. 문제는 데이터 볼륨이 증가함에 따라 스테이징 데이터 세트 크기도 커지므로, 전역 범위 중복 제거를 위해 스테이징 데이터 세트를 조인하는 데 점점 더 많은 계산 리소스가 필요하다는 점이지만, 처리해야 할 데이터 볼륨과 데이터 처리 클러스터 예산에 따라 전혀 문제되지 않을 수도 있다. 또한 전역 중복 제거에 필요한 리소스를 줄이는 데 사용할 수 있는 몇 가지 최적화 기술도 있다. 리스트 5.3에서는 스테이징 영역에서 데이터를 읽고 있다. 스테이징 영역의 파티셔닝 구조가 연/월/일 형식이라 가정한 상태에서, 전역 중복 제거 범위를 현재 연, 월 또는 주로 제한할 수 있다. 이렇게 하면 성능은 향상되지만 중복 위험이 증가한다. 예를 들면 1년 전에 같은 행을 이미 수신했을 수도 있다. 전역 중복 제거 범위를 안전한 방법으로 줄이려면 먼저 비즈니스 로직과 소스 데이터의 특성을 신중하게 평가해야 한다.

연습문제 5.3

배치 범위 중복 제거와 전역 중복 제거 간의 주요 절충점(trade-off)은 무엇인가?

1. 배치 범위 중복 제거는 전역 중복 제거보다 훨씬 빠르지만 배치 내에서 중복 제거가 누락되는 경우가 있다.
2. 배치 범위 중복 제거는 구현하기 더 쉽지만 전역 중복 제거만큼 성능이 좋지는 않다.
3. 전역 중복 제거는 구현하기 더 쉽지만 중복 제거를 완전하게 보장하지는 않는다.
4. 배치 범위 중복 제거는 훨씬 빠르지만 수신 배치 외부에서 중복을 찾을 수 없다.

5.4.3 데이터 품질 검사

표준 데이터 레이크 방식을 채택한 기업에 존재하는 공통적인 두 가지 우려사항으로는 첫째, 레이크의 데이터를 항상 신뢰할 수는 없다는 점과 둘째, 데이터 소스마다 품질 수준이 상이하다는 점이다. 이러한 우려 사항은 쉽게 이해할 수 있는 것들이다. 데이터 레이크 설계 자체는 수집 데이터의 통제 수준을 결정하지 않기에 데이터 품질이 데이터 소스에 따라 차이가 많이 난다. 이러한 경우 대부분의 유스케이스에 데이터 레이크의 데이터를 활용하기가 적합하지 않다. 데이터 사용자는 자신이 작업하는 데이터에 대해 최소한 몇 가지 기초적인 표준은 준수했음을 재확인하고 싶어 한다.

이 문제는 전통적인 관계형 웨어하우스에서는 많이 알려져 있지 않다. 이미 알고 있듯 관계형 데이터베이스에는 엄격한 스키마가 있어 특정 컬럼의 길이, 컬럼 타입을 강제화하며, 때로는 비즈니스 로직에도 테이블에 저장할 수 있는 데이터 타입을 제한하는 경우도 있다.

클라우드 데이터 플랫폼 설계에서 웨어하우스는 처리된 데이터의 데스티네이션이며 수집에 사용되지 않는다. 따라서 웨어하우스에서 제공하는 기본 컨트롤 기능을 사용할 수 없다. 또한 앞에서 알아봤듯 전통 데이터베이스에 존재하는 컬럼 수준의 제약 조건이 기존 클라우드 웨어하우스에는 없는 경우도 많다.

이 문제를 해결하기 위해 데이터 처리 파이프라인의 단계 중 하나로서, 필요한 품질 검사를 구현할 수 있다. 이전 절에서 데이터 중복 제거 구현 방식을 설명했고, 이 데이터 중복 제거도 필수 품질 검사 중 하나로 고려해볼 수 있다. 다음은 몇 가지 공통 품질 검사 항목이다.

- 특정 컬럼에 대한 값의 길이는 사전 정의된 범위 내에 있어야 한다.
- 숫자 값은 적절한 범위 내에 있어야 한다. 예를 들어 급여^{salary} 컬럼에 음수 값은 허용되지 않아야 한다.
- 특정 컬럼에는 값이 반드시 들어 있어야 한다. "비어 있음"이 의미하는 바에 대한 정의는 컬럼마다 다를 수 있다.
- 값은 특정 패턴을 따라야 한다. 예를 들어 email 컬럼에는 유효한 이메일 주소를 포함해야 한다.

이러한 유형의 검사는 데이터 파이프라인 중간 단계에서 수행되는데, 스파크 기반에서 쉽게 구현할 수 있다. 스파크 `filter` 함수를 사용하면 요구 사항을 충족하지 않는 데이터 프레임의 행들을 필터링할 수 있다. 예제에서는 첫 부분의 파이프라인 설정 코드가 리스트 5.3과 동일하기에 그 부분은 생략했다.

```
users_df = spark.read.format("csv").load(in_path)    ◄──  스파크 기본(built-in) 메서드를
                                                          사용해 CSV 파일에서 데이터 읽기
bad_user_rows = users_df.filter("length(email) > 100 OR username IS NULL")  ◄──
users_df = users_df.subtract(bad_user_rows)   ◄──
                                                          이메일이 너무 길거나 사용자명
            스파크 subtract 메소드를 사용해 원본 데이터          필드가 비어 있는 행을 필터링해 신규
            프레임에서 불량(bad) 행을 제거한다.                 스파크 데이터 프레임 객체를 만든다.
```

이 코드 예제에서 OR 조건으로 미리 정의된 기준을 충족하지 않는 행을 필터링하는 방법을 보여준다. 이 경우 email 주소가 100자보다 긴 행과 username 컬럼이 비어 있는 행은 제외한다. 여기서 제외된 행은 bad_user_rows 데이터 프레임에 저장하고, 후에 플랫폼의 실패 영역에 저장함으로써 원인 분석이 필요할 때 활용할 수 있다.

또한 스파크 subtract 함수를 사용해 원본 데이터 세트에서 불량^{bad} 행을 제거한다. 파이프라인 코드에서는 users_df를 사용해 계속 진행하면 되며, 불량 행을 처리하는 별도의 기능을 가질 수 있다.

> **│참고│** 데이터의 전반적인 품질을 향상시키기 위한 "불량(bad)" 행 제거 작업은 주의해서 수행해야
> 한다. 데이터 세트 대다수가 고도로 정규화된 관계형 데이터 소스에서 나온다. 예를 들어 주문 데이터
> 세트, 주문 항목 데이터 세트, 고객 데이터 세트가 별도로 있을 수 있다. 특정 데이터 품질 검사 기준에
> 맞지 않는다고 주문 데이터 세트에서 특정 행을 삭제하면 더 이상 주문 정보가 없는 주문 항목이 생긴
> 다. 이러한 경우 데이터 엔지니어에게 해당 이슈가 전송되도록 구성하고, 데이터는 변경 없이 플랫폼
> 으로 흐르도록 할 수 있다. 또 다른 방법으로는, 주문과 주문 관련 모든 항목을 하나의 단위로 처리하
> 도록 구현한다. 이 경우, 데이터 품질 검사 결과에 따라 일체의 관련 항목을 하나의 단위로 통과시키거
> 나 실패로 처리하는 방식이다.

이 예제는 매우 간단하지만 스파크에서 데이터 품질 검사의 전반적인 구현 방식을 보여
준다. 데이터 품질 흐름에 대한 기타 고려 사항은 다음과 같다.

- **중요도 확인** – 데이터 사용자의 관점에서 모든 데이터 품질 이슈의 중요도가 동일한
  것은 아니다. 예를 들어, username 컬럼이 비어 있다고 해서 비즈니스 프로세스가
  중단되지는 않을 수 있겠지만 데이터 사용자 관점에서는 필요한 정보일 수 있다. 반
  면 급여salary 컬럼에 음수 값이 들어올 경우 보고서 생성에 문제가 발생할 수 있다. 이
  러한 데이터는 플랫폼으로 절대 수집돼서는 안 된다.

- **데이터 품질 이슈에 대한 경보 알림** – 데이터 품질 이슈의 경우 데이터 엔지니어 팀이
  나 데이터 소비자에게 경보alert를 보낼 수 있다.

- **잘못된 행 제거 또는 전체 배치 실패** – 경우에 따라 수신 데이터 세트의 특정 행이 품질
  검사를 통과하지 못했을 때는, 해당 데이터 배치 전체를 실패 디렉터리로 이동시킨
  후 추가 조사를 할 수 있다. 이 같은 방식은 해당 수신 배치가 특정 대상의 상태 요약
  정보를 담고 있을 때 일반적으로 처리하는 방식이다. 예를 들어 1주 전previous week 재
  고 요약 정보의 경우, 특정 행에 이슈가 있으면 행을 제거하지 않고 전체 실패 처리를
  한다. 부분 요약 정보 처리는 아무것도 처리하지 않는 것보다 문제가 더 많이 발생할
  수 있다.

지금까지 공통 데이터 처리 파이프라인의 다양한 단계를 살펴봤다. 그렇다면 수백 개의
서로 다른 데이터 소스가 추가된다면 이 방식을 어떻게 확장해 나갈 수 있을까? 지금까지의
코드 예제는 단일 소스에서만 작동한다. 각 데이터 소스 처리를 위해 다른 데서 사용한 코드

를 복사 후 붙여넣기하면 동작하지 않을 것이다. 다음 절에서는 설정이 가능한, 유연한 데이터 파이프라인을 설계하는 방법에 대해 살펴본다.

5.5 설정 가능한 파이프라인

5장의 앞부분에서 언급했듯 완전 공짜인 데이터 레이크 모델에서 보다 체계화된 데이터 플랫폼 방식으로 전환하면 스토리지에서 데이터 구성 방법, 한 스테이지에서 다른 스테이지로 이동하는 방식, 데이터 소비자가 각 스테이지별 데이터를 볼 때의 데이터 형태와 수준 등을 일원화할 수 있다. 또한 이러한 체계화 작업을 통해 공통 변환 단계를 고도로 설정 가능한 단일 파이프라인으로 표준화할 수 있다.

수신 영역으로 수집하는 각 데이터 소스에 대해 최소한 파일 포맷 변환, 중복 제거, 그리고 몇 가지 기본 데이터 품질 검사를 수행해야 함을 알고 있다. 정확한 표준 폴더 구조에 맞춰 파이프라인명 및 데이터 소스명과 같은 파라미터를 읽어, 공통 데이터 변환 단계를 수행하는 단일 파이프라인을 생성할 수 있다. 이 파이프라인은 모든 수신 데이터 소스를 처리하지만 소스마다 다른 파라미터로 호출된다. 그림 5.9는 이러한 파이프라인을 구성하는 방법을 보여준다.

공통 데이터 처리 파이프라인은 파이프라인의 다양한 관점aspect을 담당하는 여러 모듈로 구성된다. 이 모듈을 별개의 작업job으로 분리한 다음 오케스트레이션 계층을 사용해 각각의 작업을 차례로 실행하는 형태로 파이프라인을 구현할 수 있다. 또는 여러 함수를 가진 단일 처리 작업으로 이 파이프라인을 구현할 수 있는데, 여기서 각 함수는 변환 파이프라인의 각 단계를 담당한다. 어떤 방식이 가장 적합한지는 사용 중인 데이터 처리 엔진 및/또는 개발 팀 기호에 따라 달라진다. 파이프라인 구현 방법에 관계없이 각 모듈은 설정 파일을 통해 처리할 데이터 소스, 소스가 존재하는 스토리지 위치, 소스 스키마 정보, 중복 제거에 사용할 컬럼 등의 정보를 받아들여야 한다.

이러한 설정을 저장하는 데 권장되는 위치는 메타데이터 저장소다. 이렇게 하면 모든 설정값이 있는 중앙 저장소와, 메타데이터 API를 사용해 데이터 소스에 대한 설정을 가져오기 위한 일원화된 메커니즘을 확보할 수 있다. 소수의 파이프라인만 있는 경우는 클라우드 스토리지의 전용 위치에 있는 텍스트 파일에 설정값을 저장하도록 할 수 있다.

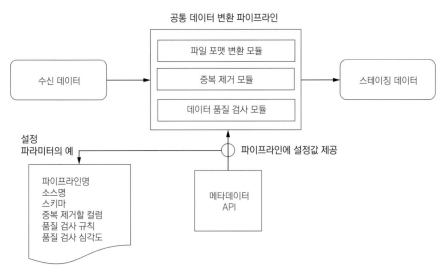

공통 데이터 변환 파이프라인

파일 포맷 변환 모듈

중복 제거 모듈

데이터 품질 검사 모듈

수신 데이터

스테이징 데이터

설정
파라미터의 예

파이프라인에 설정값 제공

파이프라인명
소스명
스키마
중복 제거할 컬럼
품질 검사 규칙
품질 검사 심각도

메타데이터
API

▲ **그림 5.9** 단일 파이프라인에 모든 공통 데이터 처리 단계를 결합할 수 있다. 이때 단일 파이프라인은 메타데이터 API를 사용해 설정값을 받아들인다.

이 흐름에서 누락된 유일한 부분은 필요한 설정값으로 데이터 처리 작업을 실제로 시작하는 컴포넌트다. 이 컴포넌트는 그림 5.10에 강조 표시한, 클라우드 데이터 플랫폼 아키텍처의 오케스트레이션 계층이다.

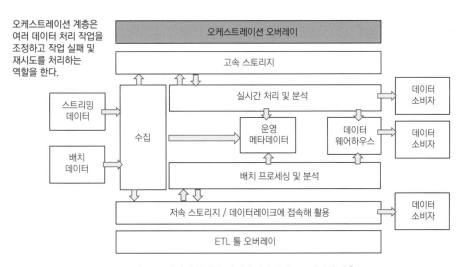

오케스트레이션 계층은
여러 데이터 처리 작업을
조정하고 작업 실패 및
재시도를 처리하는
역할을 한다.

오케스트레이션 오버레이

고속 스토리지

스트리밍
데이터

배치
데이터

수집

실시간 처리 및 분석

운영
메타데이터

데이터
웨어하우스

배치 프로세싱 및 분석

저속 스토리지 / 데이터레이크에 접속해 활용

ETL 툴 오버레이

데이터
소비자

데이터
소비자

데이터
소비자

▲ **그림 5.10** 데이터 플랫폼 아키텍처의 오케스트레이션 계층

오케스트레이션 계층은 전체 파이프라인을 함께 묶는 접착제 역할을 한다. 이를 위해 신규 데이터 배치가 존재하는지 확인하고자 스토리지의 랜딩 영역을 모니터링해야 한다. 신규 배치가 감지되면 앞에서 설명한 폴더 명명 규칙을 사용해 파이프라인명, 데이터 소스명 및 기타 필요한 파라미터를 추출한다. 적용할 오케스트레이션 메커니즘에 따라 신규 데이터가 도착하는지 주기적으로 확인하는 사용자 정의 코드를 구현하거나, 아파치 에어플로우Apache Airflow와 같은 도구에 있는 기존 트리거를 사용해야 할 수도 있다. 또는 클라우드 공급 업체의 기본 제공 알림 메커니즘을 사용할 수 있다. 이러한 몇몇 정보를 포함해, 오케스트레이션 계층에서 필요한 모든 설정값을 받아와 데이터 처리 작업을 실행하게 된다. 그림 5.11은 이 프로세스를 단계별로 보여준다.

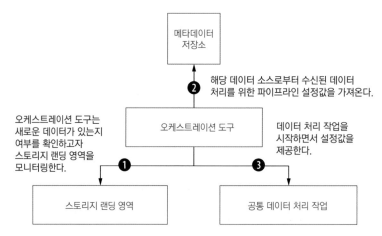

▲ **그림 5.11** 오케스트레이션 계층은 데이터 처리 작업(job)으로 설정값을 전달하는 역할을 한다.

공통 처리 단계는 일반적으로 데이터 소스별로 서로 독립적이므로, 여러 공통 데이터 변환 작업을 병렬로 실행할 수 있다. 이를 통해 잠재적으로 수백 가지의 다양한 데이터 소스를 적시에 처리할 수 있다.

요약

- 처리 계층은 데이터 플랫폼 구현의 핵심이다. 필요 비즈니스 로직을 적용해야 하며, 데이터 유효성 검사 및 데이터 변환이 수행되는 계층이다.

- 처리 작업은 데이터 웨어하우스에서 수행할 수 있지만 시스템이 기업에서 매우 중요한 역할을 담당하고 있거나, 이를 확장하고 장기적으로 사용할 수 있도록 하려면 플랫폼의 레이크에서 처리하는 것이 더 나은 결과를 얻을 수 있다.

- 처리 단계에서 데이터는 여러 스테이지를 거치면서 데이터 변환과 유효성 검사 로직이 적용된다. 데이터 소스로부터 들어오는 원시 데이터나 정제되지 않은 데이터가 잘 정의되고 검증된 데이터 산출물로 변환되면서 데이터의 "유용성usefulness"이 증가한다. 즉, 구조화된 데이터 산출물은 분석에 사용하거나 다른 데이터 소비자가 사용할 수 있게 된다.

- 데이터 처리 작업은 일반적으로 공통 데이터 처리 단계와 비즈니스 특화 로직 단계의 두 가지 범주로 나눌 수 있다. 공통 데이터 처리 단계는 데이터 소스로부터 들어오는 모든 데이터에 직접 적용하는 단계로 데이터 중복 제거, 표준 품질 검사 작업job 등을 수행한다. 공통 처리 단계 외에, 각 분석 유스케이스에도 유스케이스에 맞는 자체 변환 작업과 검증 작업이 필요하다.

- 클라우드 스토리지에서 데이터를 구성하는 방법에 대한 명확하며 일관된 원칙을 갖는 것은 매우 중요하다. 데이터를 읽고 쓸 위치 관점에서 동일한 설계 원칙을 따르는 파이프라인을 구축할 수 있기 때문이다. 또한 데이터 사용자가 스토리지에서 데이터를 검색하고 필요한 데이터를 찾을 위치를 정확히 식별하는 데에도 도움이 된다.

- 공통 데이터 처리 파이프라인은 파이프라인의 다양한 관점aspect을 담당하는 여러 모듈로 구성된다. 이 모듈을 별개의 작업job으로 분리한 다음 오케스트레이션 계층을 사용해 각각의 작업을 차례로 실행하는 형태로 파이프라인을 구현할 수 있다. 또는 여러 함수를 가진 단일 처리 작업으로 이 파이프라인을 구현할 수 있는데, 여기서 각 함수는 변환 파이프라인의 각 단계를 담당한다.

- 파일 포맷을 바이너리 파일 포맷(아브로 및 파케이)으로 변환하면 텍스트 기반 파일 포맷을 사용하는 것보다 이점이 많다. 첫째, 바이너리 포맷은 데이터 인코딩 중에 적용할 수 있는 최적화 방식이 다르기에 디스크 공간을 훨씬 적게 차지한다. 둘째, 모든 파일에 대해 특정 스키마 사용을 강제하므로 확장성을 확보하기 훨씬 쉽다.

- 공통 데이터 처리 단계인 중복 제거에 관한 고유성 강제는 클라우드 데이터 플랫폼에서 특히 중요하다. 일반적으로 신뢰할 수 없는 데이터 소스의 수집을 재실행해야 하

는 상황에 대처해야 할 때나, 혹은 기존 클라우드 웨어하우스에도 데이터의 고유성 적용이 부족한 경우가 있기 때문이다.

- 데이터 레이크 설계 시에는 수집 데이터의 통제 수준을 결정하지 않는다. 데이터 품질은 전적으로 데이터 소스 영역에 따르므로, 데이터 처리 파이프라인의 단계 중 하나로 필요 품질 검사 기능을 구현하는 것이 좋다.

5.6 연습문제 정답

연습문제 5.1:

2 - 일관된 파이프라인 코드를 유지할 수 있기 때문이다.

연습문제 5.2:

3 - 스테이징 및 프로덕션 영역의 다양한 데이터 액세스 패턴을 해결한다.

연습문제 5.3:

4 - 배치 범위 중복 제거는 훨씬 빠르지만 수신 배치 외부에서 중복을 찾을 수 없다.

6

실시간 데이터 처리 및 분석

6장에서는 현대 데이터 플랫폼에서 최근 가장 관심을 많이 받는 실시간 데이터, 혹은 스트리밍 데이터의 특징을 명확하게 설명한다.

실시간 데이터를 수집과 실시간으로 이를 처리하는 것과의 차이점을 설명하고, 데이터 플랫폼 설계의 몇 가지 예를 통해 언제 이 두 가지를 모두 사용해야 하며, 또 어떨 때 하나만 사용해야 하는지를 살펴본다.

또한 스트리밍 데이터를 프로듀서, 컨슈머, 메시지, 파티션, 오프셋으로 어떻게 구성해야 하는지도 자세히 다룬다. 그런 다음 몇 가지 실시간 데이터 변환 유스케이스를 통해 데이터 중복 제거, 파일 포맷 변환, 실시간 데이터 품질 검사, 배치^{batch}와 실시간 데이터의 결합 등의 관점에서 면밀히 살펴보고자 한다.

마지막으로 클라우드 공급 업체들이 실시간 처리를 위해 제공 중인 몇 가지 관련 서비스 쌍을 살펴본다. 하나는 실시간 스토리지를 구현해 아키텍처상의 고속 스토리지 계층으로 매핑하는 서비스와, 다른 하나는 실시간 처리를 제공하는 서비스다. AWS의 경우 키네시스 데이터 스트림즈, 키네시스 데이터 애널리틱스를 제공하며, 구글 클라우드는 펍/서브와 클라우드 데이터플로우를 제공한다. 애저는 이벤트 허브와 애저 스트림 애널리틱스 서비스를 제공한다.

6.1 실시간 수집 계층과 실시간 처리 계층 비교

처리 계층이 데이터 플랫폼을 구축하는 데 핵심 영역임을 3장에서 설명했다. 그림 6.1에서 보는 바와 같이, 처리 계층에는 모든 비즈니스 요구사항을 충족하기 위해 개발된 기능들과, 데이터 유효성 검증, 데이터 변환 기능들이 있을 뿐만 아니라 데이터 플랫폼의 데이터에 대한 애드혹 액세스^{ad hoc access}를 제공하는 중요한 역할도 담당하고 있다.

이 책에서는 지금까지 배치 데이터 처리에 초점을 맞춘 데이터 처리와 분석 시나리오를 사용해왔다. 이러한 시나리오에서는 소스 시스템에서 데이터가 규칙적인 간격으로 추출되기도 하거나, 처리해야 할 파일의 형태로 들어온다고 가정했다.

배치는 클라우드 데이터 플랫폼에서 데이터를 제공하고 분석할 수 있는 유일한 방법은 아니다. "실시간 데이터 처리" 방식을 들어봤을 것이다. 6장에서는 실시간 처리가 무엇인지 알아보며, 실시간 처리 방식 유스케이스를 살펴볼 것이다.

데이터 플랫폼의 맥락에서 "실시간" 또는 "스트리밍"이라는 용어를 사용할 때 사람마다 의미를 다소 다르게 정의하는데, 이는 데이터 플랫폼의 두 계층, 즉 수집 계층과 처리 계층이 연관되기 때문이다.

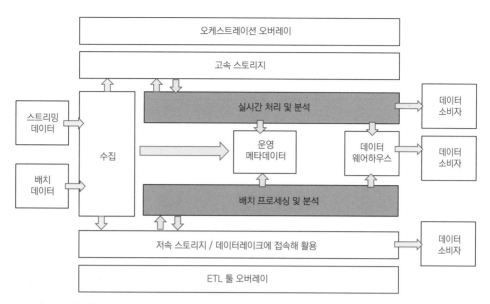

▲ **그림 6.1** 처리 계층은 비즈니스 로직이 적용되고, 모든 데이터 검증과 데이터 변환이 수행되며 데이터에 대한 애드 혹 액세스가 제공되는 곳이다.

실시간 또는 스트리밍 수집은 파이프라인이 만들어질 때 발생하는데 소스 시스템에서 스토리지나 데이터 웨어하우스와 같은 데스티네이션 시스템으로 한 번에 한 메시지를 스트리밍하는 파이프라인을 가질 때를 말한다. 반면 실시간 처리라는 용어는 명확한 정의는 없지만 제품 설명서, 블로그, 관련 서적들에서 스트리밍 데이터를 바로 변환하는 작업을 표현할 때 이 용어를 사용한다. 이러한 유형의 데이터를 변환하는 작업의 예를 들면 일자 필드의 일자 형식format을 다른 형식으로 변환하거나, 모든 주소 필드를 동일한 형식으로 맞추는 좀 더 복잡한 데이터 정제 작업도 있다.

또한 "실시간 데이터 분석"이라는 용어도 많이 쓰이는데, 해당 용어는 스트리밍 데이터를 기반으로 복잡한 계산을 하는 애플리케이션을 지칭할 때 사용된다. 예를 들면 이전 이벤트를 기반으로 특정 이벤트가 발생할 확률을 계산하는 기능이 여기에 해당한다. 두 용어의 차이가 경우에 따라서는 중요할 수도 있겠지만 이 책에서는 실시간 데이터 처리 유스케이스나 실시간 데이터 분석 유스케이스 모두를 "실시간 처리"라 한다.

실시간 수집은 실시간 처리 기능이 없어도 가능하겠지만, 실시간 처리를 위해서는 대체적으로 실시간 수집이 전제조건이 된다. 실시간 수집만 필요할지, 실시간 수집과 실시간 처리 모두 필요할지는 유스케이스에 따라 결정된다.

표 6.1에서 두 가지 유스케이스를 설명하며, 첫 번째 유스케이스는 데이터 웨어하우스로 실시간으로 데이터만 수집하면 되는 경우고, 두 번째 유스케이스는 별도의 시스템에서 실시간 처리도 수행해야 하는 경우다. 두 유스케이스의 차이점은 데이터의 최종 소비자가 누구인지에 따라 다르다.

▼ **표 6.1** 실시간이 요구되는 두 가지 유스케이스 비교

유스케이스	대시보드를 통한 실시간 분석 화면 조회	사용자 행동 패턴이 바뀔 때마다 반응하는 게임 애플리케이션
실시간의 의미	요청할 때 현 시점의 정보를 보여주는 것	행동 패턴의 변화에 따라 즉시 계산되고 반응하는 것
데이터 플랫폼의 필요조건	데이터 웨어하우스로 실시간 데이터 수집 기능	실시간 데이터 수집과 실시간 데이터 처리 기능

첫 번째 유스케이스의 경우 데이터의 최종 사용 주체는 대시 보드를 활용하는 영업 부서 직원이다. 실시간 데이터를 요구하지만 자리에서 초 단위로 대시보드를 바라보고, 거기에 맞춰 업무를 추진해 나간다는 의미는 아닐 것이다. 그들이 원하는 것은 현재 상태의 영업 실적 통계와 추이 정보가 필요할 때, 대시보드를 통해 가장 최신의 정보를 제공받는 것일 수 있다.

이러한 "실시간" 요구사항은 데이터를 데이터 웨어하우스로 전달하는 파이프라인을 잘 설계해 개발하면 가능할 수 있다. 단, 여기서는 데이터가 데이터 웨어하우스에 실시간으로 저장된다 하더라도 이 데이터가 실시간으로 처리되지는 않는다는 것을 이해해야 한다. 사용자는 필요에 따라 대시보드 갱신을 요청할 수 있으나 결과가 반영되기까지 수 초 이상 걸릴 수 있다. 데이터 갱신 주기는 활용처마다 다를 수 있겠지만 일반적으로 사업 부서에서 데이터를 분석하는 방식은 먼저 클라우드 웨어하우스로 실시간 데이터를 가져와 지속적으로 저장하게 한 후, 필요할 때마다 데이터 웨어하우스로부터 관련 통계 정보를 받는 방식이다. 이때 통계 정보를 제공받으려면 수 초에서 수 분 정도 소요될 수 있겠지만, 이는 요구하는 성능과 데이터 플랫폼 아키텍처 복잡도 간에 트레이드오프^{trade-off} 가능할 때 수용 가능한 수준이다.

이 유스케이스의 경우, 데이터는 실시간으로 클라우드 데이터 웨어하우스로 저장되지만

데이터 활용은 실시간도, 준 실시간도 아니다. 매일 한 번 정도 해당 데이터를 조회하던 사용자에게는 매 15분마다 데이터가 갱신돼도 실시간이라 여길 수 있고, 이러한 수준의 정보를 제공하는 대시보드를 실시간 대시보드라 명명할 수도 있다. 이 경우, 데이터 웨어하우스에 데이터를 실시간으로 저장해서 필요할 때 필요한 정보를 갱신해서 제공하는 것이 사용자가 원하는 솔루션일 수 있다.

사업부서 사용자가 "실시간"을 원한다고 했을 때, 그것이 실제 어떤 의미인지를 논의해봐야 한다. 고객이 원하는 실시간 데이터 요구사항에서, 분석을 필요로 할 때에는 언제든지 데이터가 가용한 상태에 있어야 하지만, 예약된 작업의 리포트나 사용자 요청에 따른 대시보드 갱신 같은 애드혹ad hoc으로 분석 작업이 실행된다면 실시간 처리 구조와 기능이 없어도 구축이 가능하므로 구축 시간과 비용을 줄일 수 있다.

두 번째 유스케이스는 사람이 관여하지 않는 경우다. 온라인 게임에서 게임 플레이어들의 진행 내용을 수집하고 이 데이터를 기반으로 게임의 흐름을 실시간으로 변경시키고자 할 때를 예로 들 수 있다. 이때 플레이어의 게임 상황을 파악하고 대응하는 데 걸리는 시간이 몇 초 이상이 걸리면 안 되므로 최대한 신속하게 처리될 수 있도록 설계해야 한다. 온라인 게임은 변화에 즉각 반응할 수 있어야 하기에 실시간 수집과 실시간 처리 구조를 함께 고려하는 것이 적절하다.

따라서 수집되는 데이터를 기반으로 바로 액션을 취해야 하는 애플리케이션이 최종 데이터 소비자일 경우, 데이터 수집과 처리를 함께 구축해야 하며, 이 유스케이스처럼 실시간 데이터 처리 시스템으로 구축해야 한다.

요약하면, 두 가지 유스케이스를 통해 두 가지 실시간 데이터 처리 유형을 살펴보았다. 대시보드 유스케이스는 실시간 데이터 수집(스트리밍 수집 또는 데이터 스트리밍)만 있고 실시간 데이터 처리가 없는 경우다. 실시간 요구사항을 분석할 수 있도록 데이터를 되도록 빨리 준비하고, 분석 자체는 필요에 따라 진행하는 경우라면 실시간 수집 구성만 하면 된다. 반면, 분석 자체도 실시간으로 수행하고 분석 결과를 기반으로 조치를 위해 다른 시스템으로 보내야 하는 요구사항이라면 실시간 수집과 실시간 처리를 함께 구축해야 한다.

첫 번째 유스케이스에도 데이터 웨어하우스에 데이터를 저장하기 전 실시간 엔진을 사용해 데이터 준비 작업을 수행해야 하는 경우도 있으며, 6장 후반부에서 관련 내용을 다룬다.

6.2 실시간 데이터 처리 유스케이스

이번 절에서는 두 가지 유스케이스를 상세히 살펴보고 각 유스케이스별 데이터 플랫폼 설계 고려사항을 설명한다.

6.2.1 소매점 유스케이스: 실시간 수집

첫 번째 유스케이스로, 회사가 온라인 상점과 오프라인 상점을 함께 운영하는 소매업체라 가정해보자. 오프라인 상점에서 사용하는 구형 POS^Point of sales 시스템에서는 하루 한 번 CSV 파일로 판매 데이터를 중앙 서버로 제공하는 기능이 있는 반면, 온라인 상점은 매번 거래가 발생할 때마다 판매 데이터를 중앙 서버로 제공한다. 이를 통해 웹사이트를 방문한 고객이 "구매" 버튼을 클릭하면 수 초 내에 분석이 가능하다. 이 유스케이스의 경우 두 가지 대시보드가 있는데, 하나는 하루에 한 번 데이터가 갱신되는 오프라인 상점 용도이고, 다른 하나는 하루 종일 지속적으로 갱신되는 온라인 상점 용도다.

사업 부서에서는 하나의 대시보드에서 일일 매출을 함께 보고 싶어 하는데, 대시보드 하나에 오프라인과 온라인 상점의 데이터를 결합하면 혼란이 가중될 것이다. 오프라인 상점의 데이터는 하루 한 번 수집되지만 온라인 상점의 데이터는 하루 종일 지속적으로 수집되기 때문이다.

POS를 신형으로 교체하기 전까지 두 가지 파이프라인이 있었다. 하나는 POS 시스템에서 하루에 한 번 파일을 처리하는 배치 파이프라인이고, 다른 하나는 온라인 판매 트랜잭션을 처리하는 실시간 파이프라인이다. 클라우드 데이터 플랫폼 아키텍처의 각 계층은 이 두 가지 파이프라인을 지원한다. 서비스 계층은 클라우드 데이터 웨어하우스로, 분석을 위해 리포팅 툴을 활용해 액세스할 수 있는 계층이다.

그림 6.2에서 볼 수 있듯, 데이터 갱신 빈도가 다른 두 데이터 소스를 활용해 일일 매출 정보를 결합해 단일 대시보드로 보고자 할 경우, 매출 정보 시점 차이로 인해 일관성에 혼란을 초래하게 된다.

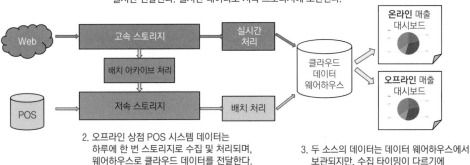

신형 POS로 교체 전:

1. 온라인 판매 트랜잭션 데이터는 실시간으로
   고속 스토리지로 스트리밍되며, 클라우드 데이터 웨어하우스로
   실시간 전달된다. 실시간 데이터도 저속 스토리지에 보관된다.

2. 오프라인 상점 POS 시스템 데이터는
   하루에 한 번 스토리지로 수집 및 처리되며,
   웨어하우스로 클라우드 데이터를 전달한다.

3. 두 소스의 데이터는 데이터 웨어하우스에서
   보관되지만, 수집 타이밍이 다르기에
   두 개의 별도 대시보드가 필요하다.

▲ **그림 6.2** 배치 방식과 실시간 방식을 결합하는 방식으로 데이터 웨어하우스 구축이 가능하지만 데이터를 표시할 때 제약이 있을 수 있다.

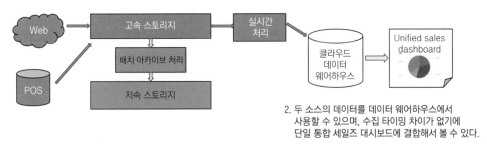

POS를 신형으로 교체 후:

1. 온라인 판매 트랜잭션과 오프라인 상점 POS 시스템의 실시간으로
   고속 스토리지로 데이터를 스트리밍하며, 클라우드 데이터 웨어하우스로
   실시간으로 전달한다. 실시간 데이터는 저속 스토리지에도 보관된다.

2. 두 소스의 데이터를 데이터 웨어하우스에서
   사용할 수 있으며, 수집 타이밍 차이가 없기에
   단일 통합 세일즈 대시보드에 결합해서 볼 수 있다.

▲ **그림 6.3** 서로 다른 소스에서 데이터를 스트리밍하면 데이터를 실시간으로 데이터 웨어하우스로 전송하며, 단일 통합 리포트나 단일 대시보드로 결합할 수 있다.

다행히 이 회사는 POS 시스템을 업그레이드하기로 결정했고, 판매 거래 데이터의 실시간 전송도 가능하게 됐다. 그림 6.3에서는 POS 시스템에서 데이터를 스트리밍 형태로 보내게 되는 경우 클라우드 데이터 플랫폼에서 바꿔야 할 부분을 설명하고 있다.

POS를 업그레이드한 후에는 POS 데이터도 온라인 데이터와 같이 실시간으로 수집할 수 있기에 타이밍 불일치 이슈를 해결할 수 있어 대시보드 하나로 결합해서 보여줄 수 있다. 4장에서 설명한 바와 같이 실시간 데이터셋들은 저속 스토리지에도 보관한다.

이번 시나리오에서는, 두 데이터 소스로부터 발생한 데이터가 파이프라인을 통해 데이터 웨어하우스로 실시간 전달된다. 사용자는 대시보드를 통해 원하는 주기로 갱신된 정보를 조회할 수 있지만 대시보드를 갱신하는 데에는 일반적으로 수 초 이상 소요되기도 하며, 실제 정의상 실시간은 아니다. 데이터가 클라우드 데이터 웨어하우스로 실시간으로 전달되고는 있지만, 실시간으로 데이터가 활용되는 것은 아니다. 그럼에도 사용자가 대시보드를 통해 필요 정보를 조회할 때 그 정보가 최신 상태라고 하는 데 아무 문제는 없다.

6.2.2 온라인 게임 유스케이스: 실시간 수집과 실시간 처리

이제 다른 예제를 살펴보자. POS 시스템 데이터를 실시간 처리 방식으로 마이그레이션하는 프로젝트를 성공적으로 완료한 후에 온라인 게임 회사 프로젝트에 투입됐다고 가정해보자. 이 회사에서는 주력 게임 서비스에 게임 플레이어와 게임 환경이 서로 상호 반응할 수 있는 요소를 추가해 게임을 더욱 정교하게 만들고자 한다. 이전 프로젝트에서 실시간 데이터 처리 방식을 구축했던 경험이 있기 때문에 같은 방식을 적용하면 될 것이라 판단할 수 있다. 그림 6.4는 프로젝트 시작 초기에 작성한 아키텍처 초안을 보여준다.

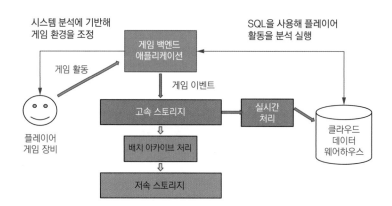

▲ **그림 6.4** 온라인 게임 유스케이스를 위한 실시간 처리 아키텍처 초안

데이터 소스가 하나임을 제외하고는 6.1에서 다룬 소매점 사례와 거의 유사한 형태다. 게임 애플리케이션은 데이터 플랫폼의 구성 요소는 아니지만 실시간으로 데이터를 생성한다.

실제로 게임 애플리케이션은 데이터 소스이면서 데이터를 소비하기도 하는 두 가지 역할을 한다.

게임 플레이어들이 게임을 하기 위해서는 게임 장비(모바일 기기, 게임 콘솔, PC)가 필요하다. 게임 진행 내용은 게임 이벤트 데이터 형태로 게임 백엔드^{backend} 애플리케이션(일반적으로 여러 종류의 마이크로서비스로 구성됨)으로 전송된다. 이 이벤트 정보는 언제, 어디서, 어떤 일이 발생했는지와 같은 정보가 담긴 데이터다. 이 이벤트 정보들은 실시간으로 데이터 플랫폼으로 유입되며, 클라우드 데이터 웨어하우스로 전달된다. 여기서 게임 백앤드 애플리케이션은 몇 가지 복잡한 SQL을 실행해 응답받은 결과를 토대로 해당 게임 플레이어의 게임 환경을 어떻게 조정할지 결정을 내린다. 예를 들면 어떤 유형의 괴물이 게임 플레이어에게 나타나도록 하기 위한 특정 조건과 확률을 계산해 실시간으로 반응하게 하는 시나리오 같은 것들이다.

이 설계가 타당해 보이기는 하지만 그림 6.5에서 설명하듯 구현 측면에서 보면 상당한 제약 조건이 있음을 알 수 있다. 데이터를 클라우드 웨어하우스에 실시간으로 받을 수는 있지만 웨어하우스에 SQL을 실행해서 결과를 받는 방식으로 성능 요구사항을 충족시킬 수 있는지 여부를 보장하지 못한다. 데이터 웨어하우스는 대용량 데이터를 처리하는 데 특화된 설계이므로, 빠른 응답시간을 제공해야 하는 요구사항에는 최적화돼 있지 않다. 그렇기에 클라우드 데이터 웨어하우스에서 비교적 간단한 SQL 질의 응답시간이 초 단위 혹은 분 단위까지 나오는 경우가 있다. 온라인 게임 서비스, 특히 인터랙티브 게임의 경우, 이벤트별 반응을 하

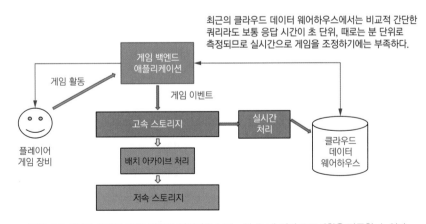

▲ **그림 6.5** 실시간 처리를 위한 데이터 웨어하우스로는 일 초 내 처리 요구사항을 만족할 수 없다.

기 위해 필요한 정보를 취득하는 데에만 수십 초, 혹은 수 분 정도 걸린다면 수용하기 힘든 조건이다. 따라서 성능 요구사항을 충족할 수 있는 다른 방안을 고민해봐야 한다.

클라우드 기반 실시간 처리 시스템을 통해 일자 형식 변경이나 특정 조건을 만족하는 메시지를 필터링하는 등의 기초적인 데이터를 변환하는 일을 수행할 수 있을 뿐만 아니라, 복잡한 계산 로직과 분석을 수행할 수 있다. SQL을 지원하는 솔루션도 있기 때문에 클라우드 데이터 웨어하우스와 유사한 형태로 실시간 처리를 구현할 수 있다. 6장 후반부에서 다양한 클라우드 실시간 처리 시스템을 다루겠으나 현 유스케이스에서는 클라우드 웨어하우스에서 실행하려 했던 계산 방식을 그대로 실시간 시스템에서도 적용할 수 있다고 가정해보자.

그림 6.6은 아키텍처 2차 이터레이션 결과를 보여준다.

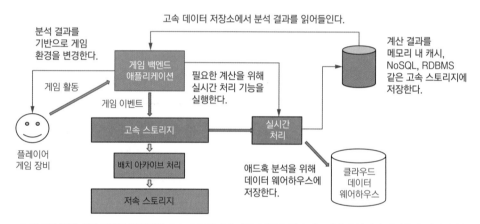

▲ **그림 6.6** 응답 시간 지연을 줄이려면 고속 스토리지를 가진 실시간 처리 시스템에서 실시간 계산을 수행해야 한다.

이 아키텍처에서는 실시간 처리 시스템에 있는 게임 백엔드 애플리케이션이 실시간 처리를 위한 작업들을 실행 상태로 두면 이 작업들은 고속 스토리지로부터 새로운 수신 메시지를 읽어 계산 값을 지속적으로 조정해 나간다. 실시간 처리 작업에서 쿼리를 처리하는 방법은 데이터 웨어하우스에 쿼리를 실행하는 방식과는 상당한 차이가 있다. 가장 중요한 차이점 중 하나는 데이터 웨어하우스를 기반일 경우 애플리케이션은 이미 수신된 상태에 있는 데이터만 읽어서 처리가 가능하고, 또한 대체적으로 많은 양의 데이터를 읽어야 하는 경우가 많다는 것이다. 반면 실시간 처리 작업 방식은 상시 실행되고 있으며, 값을 재계산하기 위해 많은 양의 데이터를 읽을 필요가 없다.

또한 데이터 웨어하우스와 달리 실시간 처리 시스템은 데이터 서비스를 위한 엔드 포인트로 설계하지 않는다는 것도 중요한 차이점이다. 즉, 실시간 처리 작업은 결과를 다른 시스템에 저장해야 하는데, 이 결과 데이터 액세스에 걸리는 지연 시간을 최소화할 수 있다. 일반적으로 키/밸류 형태의 NoSQL 데이터베이스, 인메모리 캐시 솔루션들이 이러한 용도로 사용되고 있지만 관계형 데이터베이스를 사용해 실시간 계산을 저장하는 사례들도 있다. 이 아키텍처를 통해 게임 백엔드는 지연 시간latency을 수 초 미만으로 보장할 수 있는 실시간 데이터 분석 결과를 확보할 수 있어 온라인 게임 유스케이스에 적용하기 더 용이해졌다.

실시간 처리 시스템에 자주 사용되는 시나리오들 중에서 예를 하나 더 들면, 들어오는 스트림을 기반으로 처리된 결과를 고속 스토리지에 저장하고 새로운 데이터 스트림을 생성하는 방식이다. 이 시나리오의 상세 내용은 6장 후반부에서 실시간 데이터 변환에 대해 논의하면서 설명한다.

6.2.3 실시간 수집과 실시간 처리의 비교 요약

소매점 예제와 온라인 게임 예제의 실시간 처리 요구사항 차이점을 다시 살펴보자.

소매점 사례를 보면 분석을 위해 데이터를 필요로 하는 주체가 사람이므로 클라우드 웨어하우스로 데이터를 실시간으로 가져오면 통계 분석이 필요할 경우 분석 결과 값을 가져오는 데 수 초에서 수 분 정도 걸리는 방식으로 설계해도 수용할 수 있다. 이러한 아키텍처는 성능 측면과 데이터 플랫폼 아키텍처 복잡성 측면 간에 상호 절충한 결과다.

온라인 게임 시나리오에서는 데이터를 바탕으로 판단을 내리는 주체가 다른 프로그램이고, 또 이러한 판단의 속도도 빨라야 하므로 데이터 웨어하우스를 활용해서 처리 결과를 받는 방식은 부적합하다. 이 유스케이스는 실시간 데이터 처리 방식을 필요로 하는 완벽한 앤드 투 앤드end-to-end 시나리오를 갖고 있다. 데이터를 실시간으로 데이터 웨어하우스로 수집하도록 설계해야 될 뿐만 아니라, 그다음 복잡한 데이터 처리를 수행하고 난 결과를 다른 애플리케이션에서 활용할 수 있도록 지연 시간이 짧은 데이터 저장소에 저장돼야 한다. 이 시나리오는 추가 인프라를 필요로 하며, 모니터링과 지속적인 유지 관리도 병행해야 한다. 지연 시간이 짧은 데이터 저장소를 활용할 경우 고가용성 설계와 최적의 성능을 보장할 수 있도록 설계해야 한다. 클라우드 서비스를 활용한 데이터 저장소 구축이 온프레미스에 구축하는 것보다는 훨씬 간편할 수 있다. 그럼에도 지연 시간이 짧은 데이터 저장소를 비용 관련 트레이드오프 분석한 후, 적절한 설계를 해야 할 뿐만 아니라 운영 중단 같은 상황에 대한 대비책도 준비해야 한다.

6.3 실시간 수집과 실시간 처리의 활용 시점

실시간 수집과 실시간 처리의 차이점을 이해한 시점에서, 다음 질문에 어떠한 답이 적절한지 고민해보자. 이 질문은 데이터 플랫폼을 구현할 때 수없이 받는 요구사항이기도 하다. "실시간 처리가 가능한 시스템을 구축할 수 있나요?" 이 요구사항은 기존 유스케이스와 관련 지어 설명하거나 비즈니스 개선을 위한 신규 유스케이스로 표현되기도 한다. 예를 들어 사업부 직원이 하루에 한 번 필요한 리포트를 받았는데, 이를 실시간으로 리포트를 생성했으면 하는 요구사항을 전달해왔다고 가정해보자.

계속 설명하겠지만 데이터 플랫폼 아키텍트는 실제 요구사항이 무엇인지를 정확히 파악하고 난 후에 적절한 실시간 처리 방식을 선택해서 적용하는 것이 중요하다.

사용자 요구사항의 핵심이 데이터의 "최신성freshness" 확보라면, 필요 데이터 소스에서 데이터를 실시간으로 수집하도록 구축함으로써 충족 가능할 것이다. 이러한 경우 일반적으로 모든 데이터 수집은 실시간을 원칙으로 정하되, 실시간이 지원되지 않는 소스 시스템이나 소스 데이터 자체가 배치batch 작업으로 생성되는 경우에만 예외로 배치 수집 방식을 적용하도록 허용하는 방식으로 진행하면 된다. 실시간 데이터 수집에는 여러 장점이 있다. 첫째로 실시간으로 데이터를 수집하면 오케스트레이션 작업을 줄일 수 있다. 예를 들면 신규 파일이 도착했는지 여부를 모니터링할 필요가 없어진다. 4장에서 설명한 바와 같이 관계형 데이터베이스의 경우 CDCChange Data Capture(변경 데이터 캡처) 메커니즘을 실시간 수집 계층에 적용하면 효과를 크게 높일 수 있다. CDC를 사용하면 데이터베이스에서 발생하는 모든 변경 사항(삽입, 수정 및 삭제)을 캡처할 수 있기에 가장 세분화된 수준에서 수집이 가능하다. 배치 스냅샷 방식은 일정 주기주기로 실행되므로 각 실행 간격 사이에 발생하는 변경사항은 알 수 없다. 데이터를 메시지 스트림 방식으로 제공하는 시스템들이 점차 더 많아지고 있기에 실시간 데이터 제공 방식도 표준으로 자리잡고 있다. 4장에서 실시간 변경 데이터 캡처 프로세스가 갖는 몇 가지 장점을 소개했다. 최근에는 소스 시스템에서 변경 사항이 발생하면, 즉시 필요한 곳에 데이터를 "저장"해뒀으리라는 보편적인 인식이 자리잡아 가고 있다 보니, 공식적인 요구사항 목록에 실시간 수집 관련 내용이 누락돼 있더라도 관련 내용이 왜 빠졌는지 이슈 제기를 하지 않는 경우도 있다. 분석을 하거나 리포트를 생성할 때 배치 방식으로 생성된 데이터와 실시간 데이터를 혼용해서 사용하면 혼란을 유발시킬 수 있다는 점을 유념해야 한다. 대시보드 화면에서 오른쪽 영역 정보는 초 단위로 갱신되는 상황인데, 왼쪽 영역에는 일 단위로 갱신하도록 구성돼 있는데, 대시보드 사용자가 이 사실을 모르고 있다면 시스템이 정상적으로 동작하지 않는다고 문제를 제기할 가능성이 높다.

> | 힌트 | 데이터의 수집 주기가 다른 경우, 리포트를 분리해야 적절한 경우가 많다.

> | 참고 | 데이터 보강(data enrichment)처럼 실시간 데이터와 배치 데이터를 결합하는 여러 유스케이스도 있으며, 관련 내용을 6장 후반부에서 다룬다.

실시간 수집과 관련해 클라우드 데이터 플랫폼을 표준화함으로써 얻을 수 있는 또 다른 이점은 오늘날 배치 데이터와 실시간 데이터를 함께 효율적으로 처리할 수 있는 업계 표준 시스템이 없다는 사실이다. 구글 클라우드 데이터플로우 서비스Google Cloud Dataflow (Apache Beam API 기반)가 예가 될 수 있지만 구글 클라우드에서만 동작한다. 앞의 장에서 예로 사용했던 아파치 스파크Apache Spark는 스파크 스트리밍 API를 사용해 배치 처리와 실시간 처리 둘 다 지원하는 아주 우수한 시스템으로, 마이크로 배치micro-batching 기술을 사용한다. 마이크로 배치는 수 초에서 수 분 간격 동안 실시간으로 들어오는 데이터를 버퍼링한 다음, 그 버퍼링된 데이터를 배치 방식으로 처리하는 것을 의미한다. 이 방식은 지연 시간이 거의 없어야 되는 요구사항을 가진 유스케이스에는 적합하지 않을 수 있다. 업계 표준은 따로 없는데, 이는 배치 처리 계층과 실시간 처리 계층 모두를 사용해야 할 경우 두 개의 다른 시스템이 필요함을 의미한다.

실제로 다양한 유스케이스를 경험해보면서 최종 사용자가 실시간 데이터 처리를 원할 경우, 실시간 수집 기능만으로도 충족 가능한 경우가 많았다. 대부분의 최종 사용자가 원하는 것은 데이터가 발생하는 시점에 바로 클라우드 웨어하우스로 수집된 후, 최신 데이터인지 걱정하지 않아도 되고 사용자들이 필요한 시점에 필요한 쿼리를 언제든지 실행할 수 있는 환경이다.

물론 실시간 수집만으로는 해결하지 못하는 문제들도 있다. 1장에서 다룬 온라인 게임 시나리오가 좋은 사례다. 그전에 간단한 유스케이스 하나를 먼저 살펴보고자 한다. 데이터 웨어하우스에서는 매일 일회 쿼리 여러 개를 실행해서 한 개의 리포트로 구성하고 PDF로 만든 후 최종 사용자에게 이메일로 전송하고 있다. 이러한 상황에서 이 리포트의 사용자들이, "실시간"으로 만들어진 리포트를 메일로 받을 수 있는지 문의해왔다고 가정해보자. 실시간 수집이 되고 있지만, 결국 리포트가 하루에 한 번 실행되도록 설정돼 있으므로 이 요건을 충족하기 위해서는 충분하지 않은 상황이다.

일 단위로 제공받았던 리포트를 매시간 단위로 받고 싶다는 것이 최종 사용자의 "실시간" 요구사항임을 많은 사례들을 통해 알게 됐다. 때때로 기존에는 시간 단위로 리포트를 받고 있었다면 리포트를 15분마다 받는 방식으로 개선하는 경우도 있었지만 그 개념은 같다. 데이터를 데이터 플랫폼으로 실시간으로 가져올 수 있으면, 리포트의 생성 주기를 짧게 만드는 것은 쉬운 일이다. 왜냐하면 클라우드 데이터 웨어하우스에 처리 용량을 추가하는 방식으로 해결할 수도 있고, 특정 리포트는 데이터 웨어하우스보다는 데이터 레이크를 활용해 만드는 방법도 있기 때문이다. "데이터의 소비자가 누구인가"라는 질문을 항상 해야 한다. 사람이 데이터의 소비자일 경우, 초 단위로 갱신되는 리포트를 요구하는 경우는 거의 없을 것이다.

> | **힌트** | 비즈니스 사용자의 요구 사항을 분석할 때, "실시간"이라는 용어를 문자 그대로 받아들여서는 안 된다. 데이터 적시성 관점에서 최종 사용자가 진정으로 원하는 것이 무엇인지 분석해봐야 한다.

마지막으로, 실시간 처리 인프라가 실제로 필요한 유스케이스들도 있다. 이 경우 최종 소비자는 사람이 아닌 애플리케이션이다. 애플리케이션이 실시간으로 발생한 데이터 기반으로 액션을 수행해야 하므로 실시간 데이터 수집과 처리가 동시에 필요한 경우다. 이렇게 각 비즈니스 도메인별로 다양한 유스케이스가 있다. 웹 사이트나 모바일 앱에서 사용자에게 콘텐츠를 제안하는 권장 시스템은 사용자의 상태에 따른 대응 액션까지의 시간이 짧아야 한다. 이상 징후를 감지하고 발생 데이터에 따라 적절한 조치를 취하는 모니터링 및 알림 시스템,

온라인 결제 시스템에서의 부정 행위 감지 등이 그 예다. 6장 후반부에서 설명하겠지만, 실시간 처리에는 몇 가지 해결해야 될 과제와 제약이 있다. 실시간 처리 방식을 결정하기 전에 유스케이스를 면밀히 분석할 것을 권고한다. 표 6.2에 도움되는 요소 몇 가지를 나열했다.

▼ **표 6.2** 처리 방식 결정에 영향을 미치는 요소들

유스케이스	수집 방법	처리 방식
대시보드	실시간	배치
게임 내 활동	실시간	실시간
추천 엔진	실시간	실시간
이상 행위 탐지	실시간	실시간

종종 나오는 질문 중 또 하나는 배치 처리 방식에서 실시간 방식으로 처리 방식을 변환하는 작업의 난이도에 관한 것이다. 경험에 비춰보면 처리 방식 변환은 쉽지 않다. 오늘날 배치 처리 방식에 사용하는 기술과 실시간 처리 방식에서 사용하는 기술이 다르기에, "변환"한다는 것은 새로운 인프라 도입과 코드 재설계를 필요로 하는 것을 의미하기 때문이다. 대체적으로 배치 형태의 처리 방식을 실시간 방식으로 변환하는 일은 배치 방식의 수집 계층을 실시간 방식으로 변환하는 것보다 난이도가 높다. 수집 방식 변경은 데이터 플랫폼 아키텍처 계층들 중에서 하나의 계층에만 영향을 미친다. 또한 소스 시스템이 배치 형태의 전달 방식과 실시간 형태의 전달 방식 둘 다 지원하는 경우도 있다. 예를 들면 RDBMS에서 배치 프로그램을 활용해 데이터를 추출하는 방식에서, 같은 RDBMS에 CDC 툴을 사용하면 실시간 수집으로 전환할 수 있다. 재작업 리스크를 줄이기 위해 실시간 유스케이스에 대한 계획 수립과 시스템 설계 방안을 수립하는 데 더 많은 시간과 노력을 투자할 것을 권고한다.

연습문제 6.1

달리기 선수들을 위한 소셜 모바일 앱을 만들고 있다고 해보자. 시스템은 사용자에게 사용자의 친구가 특정 경로상에서의 성적이 어떠한지 알려줌으로써 사용자가 속도를 더 내게 하기도 하고 잘한 경우에 대해서는 축하 메시지를 보내기도 한다. 이 유스케이스에 적절한 데이터 수집 방식과 데이터 처리 방식은?

1. 실시간 데이터 수집과 배치 처리
2. 실시간 데이터 수집과 실시간 처리
3. 배치 수집과 배치 처리

6.4 실시간 사용을 위한 데이터 구조화

5장에서 클라우드 스토리지용 폴더 및 파일 레이아웃을 살펴보면서, 효율적인 데이터 처리를 위한 데이터 구성에 이를 사용한다고 배웠다. 표준 레이아웃의 장점 중 하나는 데이터 소스로부터 데이터가 들어올 때 처리해야 할 단계들을 공통화할 수 있기에 ETL 파이프라인을 설정 가능한 방식으로 구성할 수 있다. 또한 표준 레이아웃이 적용된 상태에서 데이터 플랫폼 사용자가 데이터 레이크 계층에 직접 액세스해야 할 경우 서로 다른 데이터셋에도 쉽게 이동할 수 있도록 할 수 있다. 이 절에서는 배치 시나리오에서 사용되고 있는 파일, 폴더들을 실시간 스토리지와 처리 컴포넌트 형태로 변환할 때 표준 레이아웃의 사용방법을 설명한다. 이를 위해 먼저 실시간 스토리지 개념과 처리 컴포넌트 개념을 이해해야 한다.

6.4.1 고속 스토리지의 구조

실시간 시스템용 스토리지의 작동 방식을 자세히 설명하기 전에, 이를 위한 툴로써 여기서는 아파치 카프카Apache Kafka를 활용하기로 한다. AWS, 애저, 구글 클라우드와 같은 CSP들도 유사한 클라우드 서비스들을 제공하지만, 이 서비스들은 각 CSP 환경에 특화된 시스템으로 서비스의 정확한 작동 방식이나 기반 기술에 대한 정보를 제공하지 않으므로 실시간 시스템용 스토리지의 일반적 개념을 설명하는 데는 적절하지 않다. 이 서비스들은 6장 후반부에서 설명한다. 아파치 카프카는 실시간 데이터 수집과 데이터 처리에 가장 많이 사용하는 오픈 소스 시스템이고, CSP들도 사용자들이 서비스를 구성하는 데 유사한 개념과 용어를 채택하고 있기에 카프카를 기반으로 설명하고, 만약 CSP 제공 서비스에서 사용하는 용어나 개념이 카프카가 사용하는 것과 다를 경우에는 비교해서 표기한다.

배치 시스템은 주로 파일을 사용하며 이 파일은 여러 데이터 행으로 구성돼 있다. 실시간 시스템은 개별 데이터 행이나 메시지 기반에서 동작한다. 간단히 말해 메시지란 실시간 스토리지로 데이터를 쓰고 읽을 수 있는 데이터의 부분 조각이라 할 수 있다. 관계형 데이터베이스의 단일 행은 메시지 한 개, 파일 내 한 개의 데이터 행으로 간주할 수 있다. 메시지의 좋은 예로는 속성들과 각 해당 값들이 포함된 단일 JSON 문서다. JSON을 활용하면 배열Array 구조의 문서도 가능하지만 실시간 시스템의 경우 배열 구조의 문서라 할지라도 내부의 각 문서를 하나의 메시지로 활용한다. 실시간 시스템에서 메시지 크기는 배치 파일과 비교했을 때 매우 작은데, 메시지 하나당 몇 KB에서 1MB 크기 정도다. 메시지는 토픽topic으로 구성되며, 개념상 파일 시스템의 폴더로 비유할 수 있다.

메시지 프로듀서producer가 메시지를 실시간 스토리지에 기록하면 메시지 컨슈머consumer는 메시지를 읽어서 처리한다.

실시간 처리 상황에서 보면 메시지 프로듀서와 메시지 컨슈머 둘 다 애플리케이션일 것이다. 그림 6.7에서 볼 수 있듯, 1. 메시지 프로듀서가 토픽에 메시지를 쓰면 2. 메시지 컨슈머는 토픽에서 해당 메시지를 읽는다.

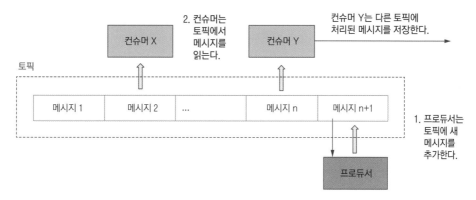

▲ **그림 6.7** 프로듀서는 토픽에 메시지를 쓴다. 컨슈머라 부르는 애플리케이션은 토픽에서 메시지를 읽는다.

지금까지는 처리 방식이 배치 시스템과 크게 다르지 않아 보인다. 즉, 스토리지에 데이터를 저장하고 ETL 파이프라인과 같은 파일 컨슈머가 파일을 읽는 구조다. 그러나 프로듀서가 다수의 데이터 컨슈머와 데이터를 교환하는 방법에는 몇 가지 차이점이 있다.

실시간 처리 파이프라인에는 수집 애플리케이션을 단일 프로듀서로 구성한다. 이는 RDBMS에서 행 추가, 삭제, 변경이 발생했을 때 이 내용을 읽어오는 수집 애플리케이션이다. 그림 6.7은 실시간 스토리지에 토픽 한 개를 구성했고, 데이터 컨슈머는 두 개의 다른 애플리케이션으로 구성한 사례다.

컨슈머 Y는 데이터 변환 파이프라인으로서 공통 데이터 변환을 수행하고, 처리된 결과 메시지를 다른 토픽에 저장하는 역할을 수행한다. 컨슈머 Y는 컨슈머와 프로듀서 역할 모두 수행하며 이는 실시간 처리 시스템에서 일반적인 구조다. 두 번째 컨슈머는 컨슈머 X로 실시간 분석 작업을 하는 애플리케이션이다. 기계학습 애플리케이션일 수도 있는데, 컨슈머 Y가 처리하지 않은 원시 데이터를 활용할 이유가 있는 애플리케이션이 해당된다.

실시간 스토리지 시스템에서 메시지는 한 번 생성되면 변경하거나 삭제할 수 없는 속성을 가진다. 그림 6.8에서 보는 바와 같이 메시지가 스토리지에 저장될 때에는 오프셋offset이 할당된다(1). 오프셋은 증가 숫자로 표현되고 실시간 처리 시스템에서 중요한 역할을 한다. 메시지를 성공적으로 저장했음을 프로듀서에게 확인해줄 때에도 오프셋이 사용된다(2). 이렇게 하면, 프로듀서가 새로운 메시지를 보낼 수 있는 상태임을 알 수 있다. 컨슈머도 오프셋을 활용하는 데 가장 최근에 처리한 메시지의 오프셋을 실시간 시스템으로 전송한다(3).

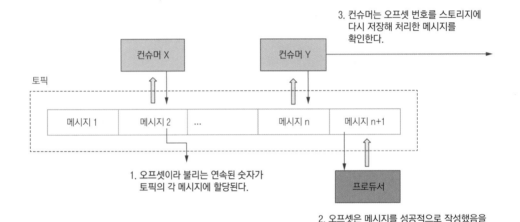

▲ **그림 6.8** 실시간 스토리지 시스템은 오프셋 및 승인 메커니즘을 사용해 어떤 애플리케이션이 어떤 메시지를 작성하고 어떤 메시지를 소비했는지 추적하는 메커니즘을 제공한다.

오프셋/접수 확인Offset/Acknowledgement 메커니즘은 신뢰성을 제공하는 데 사용한다. 컨슈머 측에서 문제가 발생했을 경우(언젠가는 발생할 수밖에 없음) 오프셋 점검 후, 처리를 완료한 지점의 메시지를 찾아 쉽게 실행을 재개할 수 있는데 이는 프로듀서가 생성한 오프셋을 통해 실시간 스토리지 시스템에 저장된 메시지의 상태를 확인할 수 있기 때문이다. 프로듀서가 특정 메시지를 성공적으로 저장했다는 확인을 받지 못한 경우, 동일 메시지 저장을 다시 시도할 수 있다.

또한 오프셋을 활용하면 컨슈머 애플리케이션들의 성능을 모니터링할 수 있다. 그림 6.9에서 설명하듯, 컨슈머 Y가 더 큰 오프셋 번호로 메시지를 처리하므로 컨슈머 X보다 빨리 처리하고 있음을 알 수 있다. 컨슈머 Y가 컨슈머 X보다 처리가 뒤처질 경우, 해당 애플리케이션의 코드에 문제가 있거나 네트워크 문제 등이 있다는 것을 의미할 수 있다.

여기까지 파일 기반 스토리지와의 비교 검토를 통해서 실시간 스토리지와 실시간 처리 시스템의 장점들을 살펴봤다. 파일 기반 스토리지에서는 데이터를 처리하는 애플리케이션이 처리하는 데이터의 단위를 파일이라 하고, 일반적으로 해당 애플리케이션은 하나의 파일 전체를 읽어 한 번에 처리하는 구조다. 이 접근 방식에는 장점도 있지만(6장 후반부에 나오는 "중복 제거" 내용 참조), 한 파일에서 일부 데이터만 재처리하기 위한 애플리케이션을 구현하기는 쉽지 않다는 단점도 있다. 실시간 시스템은 짧은 지연 시간으로 한 번에 메시지 한 개를 처리하고, 안정성 및 메시지 추적이 가능한 메커니즘을 갖고 있기에 해당 애플리케이션이 현재 어떤 데이터를 처리 중인지 정확하게 식별할 수 있으며 여러 애플리케이션들 간의 작업 조정이 더욱 쉬워진다. 고속 스토리지는 빠른 성능도 제공하지만 스마트한 기능들도 있으며, 실시간 시스템이 단순히 디스크에 데이터를 저장하는 것보다 더 많은 것을 수행할 수 있게 한다.

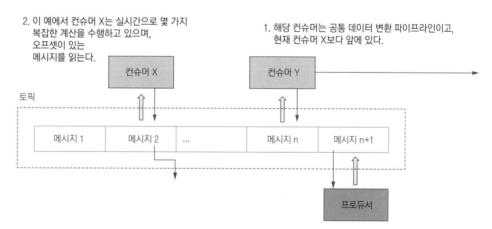

▲ **그림 6.9** 오프셋은 또한 다양한 컨슈머 애플리케이션의 성능을 모니터링할 수 있는 방법을 제공한다.

6.4.2 고속 스토리지 스케일링 방법

이 책은 아키텍처 원칙과 아이디어에 초점을 맞추고 있기에 특정 스토리지나 특정 처리 시스템 아키텍처의 상세 설명을 담고 있지는 않다. 그러나 실시간 시스템의 경우에는 시스템의 내부 작동 방식을 어느 정도 이해하는 것이 중요하다. 예를 들어 아키텍처 설계 시 주요 의사 결정 요소에는 어떤 것들이 있는지, 향후 예상되는 이슈들은 어떤 것들이 있는지를 식별하고 해결해 나가기 위해서는 이러한 지식이 필요하기 때문이다.

예를 들어 실시간 스토리지와 실시간 처리 시스템의 확장성을 확보하는 방법에 대한 질문을 받았다고 하자. 실시간 시스템의 경우, 데이터 볼륨도 크지만 처리 성능 요구사항도 함께 따라온다. 센서로부터 데이터를 수집 및 처리하거나 웹 사이트에서 클릭 스트림 데이터를 처리하는 실시간 시스템은 처리할 데이터 볼륨도 상당히 클 뿐만 아니라 처리 성능 면에서도 짧은 지연 시간을 보장해야 한다. 이러한 요구사항을 만족하는 솔루션을 어떻게 설계할 수 있을까?

실시간 시스템(오늘날에는 모든 데이터 처리 시스템이 해당할 수 있다)은 물리적 환경이든 가상 머신 환경이든, 한 대의 서버에서만 실행되는 경우는 극히 드물다. 필요한 확장성을 제공하려면 시스템 클러스터를 구성하고 분산해서 실행하도록 만들어야 한다. 그림 6.10은 처리해야 할 데이터와 처리 애플리케이션들이 실시간 시스템 내부에 있는 분산된 여러 대의 서버로 작동되는 방식을 보여주고 있다.

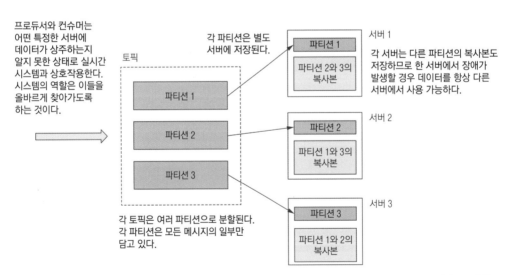

▲ **그림 6.10** 실시간 시스템은 메시지를 여러 파티션으로 분할하며, 이러한 파티션을 여러 서버에 분산시킴으로써 확장된다. 실제 데이터의 위치는 프로듀서와 컨슈머로부터 숨겨진다.

실시간 스토리지 시스템은 여타 분산 시스템과 마찬가지로 한 토픽에 있는 메시지를 여러 파티션으로 분할한다. 토픽에 있는 각 메시지는 단일 파티션에만 존재하고, 각 파티션은 물리적으로 다른 서버로 구성한다. 실시간 시스템은 데이터의 가용성과 성능에 주안점으로 두고 파티션을 배치 설계한다. 클러스터의 각 서버는 여러 활성Active 파티션을 호스팅하고, 또한 다른 파티션들의 복사본도 함께 호스팅할 수 있다. 그림 6.10은 서버당 하나의 활성 파티션과 다른 두 파티션의 복사본으로 구성한 사례를 보여준다. 여기서 "활성"이란 각 서버가 실제 프로듀서와 컨슈머의 요청 사항을 처리한다는 의미고, 복사본Copy은 데이터 가용성을 높이기 위해 구성한 것이다. 예를 들어 서버 중 하나에 장애가 발생하면 해당 파티션의 복사본을 보유한 다른 서버에서 해당 파티션에 있는 요청을 처리하게 된다.

단일 서버상에서 토픽 한 개로 구성할 경우 겪을 수밖에 없는 성능 이슈를 해결하고자 실시간 시스템이 한 토픽에 배정된 데이터를 여러 파티션으로 분할하고, 각 파티션을 서로 다른 서버에 배치하는 방식으로 구성함으로써 해결한다.

> | **참고** | 실시간 시스템을 사용하지 않고 클라우드 스토리지에 메시지를 저장하게끔 해도 좋은 대안이 될 수 있을 것이다. 실제로 한 개의 파일을 클라우드 스토리지에 읽고 쓸 경우에는 상당히 좋은 성능을 얻을 수 있다. AWS에서 발간한 문서에 따르면 S3에서 파일(적은 사이즈)을 읽는 데 100~200ms 정도의 시간이 걸린다고 한다. 한 링크드인(LinkedIn) 벤치마크 테스트 중에서 아파치 카프카의 경우, 메시지를 읽고 쓰는 소요 시간으로 14ms 정도의 성능을 보였다고 한다. 워크로드 한 개를 처리하는 데 밀리초 단위의 차이가 난다는 것은 크게 중요하지 않을 수 있겠지만, 클라우드 스토리지에서 상당히 많은 양의 파일을 처리해야 하는 경우라면 얘기가 달라진다. 수십만 개에서 수백만 개의 파일을 처리해야 하는 경우라면 어떠할까? 클라우드 스토리지는 대량의 파일을 처리하는 데 특화돼 있지 않기 때문에, 처리해야 할 파일 목록을 가져오려 할 경우 지연 시간이 급증할 수 있다. 아파치 스파크와 같은 처리 엔진은 대량의 작은 파일을 처리하는 데 문제점들을 보이고 있는데, 이러한 엔진은 소량의 큰 파일 처리에 주안점을 두고 설계됐기 때문이다. 이 문제점에 대해서는 4장에서 실시간 데이터를 아카이빙하기 위해 클라우드 스토리지로 밀어내는 것을 설명하면서 다뤘다.

이렇게 간단한 예제에서도 다양한 문제들을 내포하고 있다. 실시간 시스템에서는 프로듀서와 컨슈머 간 처리 메커니즘을 구조화해 추상화된 형태로 관리하기 때문에 최종 사용자는 데이터가 서로 다른 시스템에 어떻게 배포하는지 염려할 필요가 없다. 이러한 세부 정보의 이해가 중요한 이유는 실시간 데이터 처리에 영향을 미치는 다양한 장애 시나리오를 이해하는 데 필요하기 때문이다. 6장 후반부에서는 다양한 장애 시나리오와 장애 시나리오가 데이터 처리 파이프라인에 미치는 영향에 대해 설명한다.

6장에서는 실시간 스토리지 시스템 내부 여정을 상당히 단순화된 형태로 마친다. 자세한 내용을 알고자 하는 독자들을 위해 추가로 읽을거리를 추천한다. 아파치 카프카의 개발자 중 한 명인 제이 크렙스^{Jay Kreps}가 http://mng.bz/WdVa에 올린 "The Log: 소프트웨어 엔지니어가 실시간 데이터 추상화에 대해 알아야 할 사항" 블로그 포스트다.

연습문제 6.2

실시간 시스템에서 오프셋을 추적하는 목적은 무엇인가?

1   시스템에 문제가 발생해 재실행하거나 재기동해야 할 경우 컨슈머에게 적절한 방법을 제공하기 위함
2   성능 향상
3   실시간 시스템의 확장성 제공
4   3개 모두

6.4.3 실시간 스토리지에서 데이터 구조화

5장에서 클라우드 스토리지를 설명하면서 파일과 폴더 레이아웃의 표준 수립이 중요함을 설명했다. 표준 구조가 정의돼 있으면 모든 데이터셋들을 동일한 형태로 탐색 가능한, 공통 데이터 처리 파이프라인으로 구현이 가능하다. 이러한 원리는 실시간 스토리지와 실시간 처리 구조에서도 동일하게 적용된다. 그림 6.11은 5장에서 간단히 언급한 바 있는 데이터 흐름의 다양한 스테이지를 설명하고 있다.

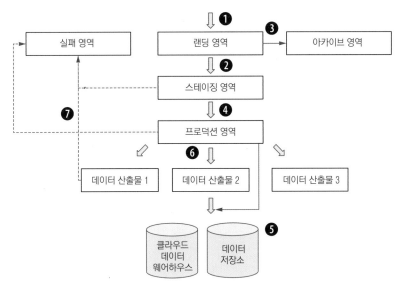

1. 수집 계층에서 온 데이터는 랜딩 영역에 저장된다.

2. 저장된 원천 데이터는 일련의 공통 변환 처리가 된 다음 스테이징 영역에 저장된다.

3. 원천 데이터는 재처리, 파이프라인 디버깅, 신규 파이프라인 코드 테스트에 사용하기 위한 목적으로
   랜딩 영역에서 아카이빙 영역으로도 복사된다.

4. 데이터 변환 작업은 스테이징 영역에서 데이터를 읽어 필요한 비즈니스 로직을 적용한 다음, 프로덕션 영역에
   결과 데이터를 저장한다.

5. 옵션으로 "패스 스루(pass-through)" 작업을 적용할 수도 있는데, 스테이징 영역에서 운영 영역으로 데이터를
   복사한 다음, 이를 클라우드 웨어하우스로 복사해 디버그 과정에 활용한다.

6. 리포팅이나 분석 목적으로 사용하기 위해 스테이징 영역에서 데이터를 읽어 데이터셋을 생성하는 작업들도 있다.

7. 데이터 흐름의 각 단계별 실패 처리 방안이 각각 있어야 하고, 실패 발생 시 실패 데이터 보관 영역에
   데이터를 저장해야 한다.

▲ **그림 6.11** 스테이지별 실시간 데이터 흐름

1. 수집 계층으로부터 들어오는 모든 원시 데이터는 랜딩 영역에 저장되고, 처리될 때까지 보관된다. 중요한 것은 수집 계층에서 오는 데이터만 랜딩 영역에 저장할 수 있다는 점이다.

2. 저장된 원천 데이터는 일련의 공통 변환 처리를 거친 다음 스테이징 영역에 저장된다.

3. 원천 데이터는 재처리, 파이프라인 디버깅, 신규 파이프라인 코드 테스트에 사용할 목적으로 랜딩 영역에서 아카이빙 영역으로도 복사된다.

4. 데이터 변환 작업은 스테이징 영역에서 데이터를 읽고, 필요한 비즈니스 로직을 적용한 다음, 프로덕션 영역에 결과 데이터를 저장한다.

5. 옵션으로 "패스 스루pass-through" 작업을 적용할 수도 있는데, 스테이징 영역에서 프로덕션 영역으로 데이터를 복사하고, 이를 클라우드 웨어하우스로 복사해 디버그 과정에 활용한다. 클라우드 웨어하우스로 복사된 데이터는 수집된 원천 데이터와 정확히 동일하기에 다른 작업들의 비즈니스 로직 이슈를 디버깅하는 데 사용한다.

6. 리포팅이나 분석 목적으로 사용하기 위해 스테이징 영역에서 데이터를 읽어 데이터셋을 생성하는 작업들도 있다. 여기서 생산된 데이터셋은 프로덕션 영역의 전용 공간에 저장되고 클라우드 웨어하우스로 보내진다. 실시간 처리 시스템에서는 짧은 지연 시간을 위해 이 데이터셋을 고속 데이터 저장소(캐시, RDBMS, NoSQL)에 저장하기도 한다.

7. 데이터 흐름의 각 단계별 실패 처리 방안이 각각 있어야 하고, 실패 발생 시 실패 데이터 보관 영역에 데이터를 저장해서 데이터 엔지니어가 디버깅할 수 있어야 한다. 문제가 해결되면 해당 데이터는 재처리를 위해 랜딩 영역으로 다시 복사된다.

이 수준에서 보면, 실시간 처리 시스템의 경우 처리 결과의 짧은 지연 시간을 위해 고속 데이터 저장소에 선택적으로 저장할 수 있다는 점이 배치 처리 방식과의 유일한 차이점이고, 그 외 스테이지는 배치 처리와 거의 유사하다.

- 원천 데이터는 그 상태 그대로 랜딩 영역에 저장된다.
- 실시간 데이터는 공통 변환 처리 후 스테이징 영역으로 전송된다.
- 실시간 데이터는 일반적인 클라우드 스토리지에 아카이빙된다.
- 비즈니스 로직을 담고 있는 다양한 데이터 변환 작업들은 스테이징 영역에서 데이터를 읽어 수행한 후, 그 결과를 프로덕션 영역에 저장한다.
- 데이터 처리 작업에 오류가 있거나 데이터 품질 점검에 문제가 있을 경우, 해당 데이터는 추후 점검을 위해 실패 데이터 보관 영역으로 복제된다.

배치 처리 시나리오에서 이러한 모든 영역들은 클라우드 스토리지상에서 폴더로 구현되며, 이 폴더 안에 파일이 있는 구조다. 대체적으로 파일과 폴더명은 합의된 명명 규칙을 사용하고 있으므로 보편화된 데이터 처리 파이프라인과 오케스트레이션 파이프라인을 구축할 수 있다. 실시간 처리 시스템에서는 폴더와 파일에 대한 개념은 없다. 대신 데이터를 담고 있는 메시지와 토픽으로 구성되는데, 토픽을 활용해 메시지들을 논리적으로 분류할 수 있다.

실시간 스토리지 시스템에서는 랜딩, 스테이징, 프로덕션, 실패 영역에 서로 다른 토픽을 사용하므로 마치 일반적인 클라우드 스토리지상의 폴더 및 컨테이너 대신에 사용하는 것처럼 보이지만 미묘한 차이가 있다.

소매점 사례를 통해 어떤 차이점이 있는지 자세히 살펴보자. POS 시스템을 실시간 데이터 제공을 지원하는 최신 버전으로 업그레이드한 후, POS에서 사용하는 RDBMS의 세 개 테이블, 즉 주문, 고객, 결제 테이블로부터 개별 메시지를 수신할 수 있다고 가정해보자. POS 공급 업체는 CDC용 커넥터로 데베지움^{Debezium}을 활용해서 세 테이블에 발생하는 신규 행, 수정된 행, 삭제된 행을 실시간 수집 시스템으로 전송할 수 있도록 구현했다.

CDC 메시지의 몇 가지 사례를 4장에서 다뤘다. 다음 리스트는 POS의 주문 테이블에 신규 행이 추가됐을 때 생성되는 메시지 형태를 보여주기 위해 단순화시킨 예제다.

리스트 6.1 CDC 메시지 예시

```
{
message: {
    before: null,              ┐ 메시지의 본문이며, 주문에 대한 관련
    after: {          ◀────     ┘ 데이터를 포함한다.
            order_id: 3,
            type: "PURCHASE,
                order_total: 37.45,
            store_id: 2432,
            last_modified: "2019-05-04 09:05:39"
},
operation: "INSERT",   ◀──      데베지움과 같은 CDC 시스템에서는 소스 데이터베이스로부터 메시지를
table_name: "orders"   ◀──      가져오면서 메시지의 오퍼레이션 속성을 통해 신규 생성된 데이터인지,
    }                           수정한 기존 데이터인지, 삭제한 기존 데이터인지를 표기한다.
}
                                이 CDC 메시지 속성에는 소스 테이블명이 있기에 테이블명을
                                통해 메시지 본문 영역에 어떤 속성들이 있을지 알 수 있다.
```

일단 여기서는 메시지를 여러 속성들을 가진 JSON 문서라 정의해보자. 여기에는 모든 CDC 메시지가 가진 공통 속성들이 있다. 이 속성은 operation, table_name, before, after이고, 이들은 메시지 자체에 대한 정보를 제공한다. `table_name` 속성은 소스 테이블의 이름 정보를 갖고 있기에 해당 메시지 본문 영역에 어떤 속성들이 있을지 알 수 있다. 각각의 속성은 소스 테이블의 특정 컬럼과 1:1 매칭된다. 이는 하나의 예일 뿐이며, 수집 시스템마다 다른 메시지 구조를 갖기도 한다.

POS 데이터베이스의 다른 테이블, 즉 고객, 결제 테이블에 관한 메시지도 유사한 형태다. 모든 메시지를 단일 랜딩 토픽에 저장하도록 구성해야 할까? 아니면 각 주문 메시지, 결제 메시지, 고객 메시지 등 메시지 유형별로 각각의 토픽을 생성하는 것이 좋을까?

기술적 관점에서 볼 때 메시지 유형별로 별도의 토픽을 생성하는 것에는 이슈가 없다. 즉, landing_orders_, landing_payments, landing_customers와 같이 토픽을 구성하고 각각의 토픽에 특정 메시지 유형만을 담도록 하는 방법이다. 클라우드 공급 업체가 제공하는 서비스 중에는 생성할 수 있는 토픽 수에 제한을 두는 경우가 있다. 예를 들어 구글 클라우드의 펍/서브^{Pub/Sub} 실시간 시스템에서는 프로젝트당 생성할 수 있는 토픽 수가 10,000개다. 이 정도면 대부분의 시스템 설계에 활용하기에 충분하다는 생각이 든다. 그런데 실시간 데이터를 처리하기 위해 이렇게 구성해야 최적의 방법일까?

그림 6.12에서는 각 특정 소스 테이블별로 각각의 토픽을 갖도록 구성하는 방법의 문제점을 설명하고 있다. 소규모 시스템이라 하더라도 RDBMS에는 수백 개의 테이블이 있을 수 있는데, 랜딩 영역, 스테이징 영역, 프로덕션 영역별로 소스 테이블별 토픽이 필요할 것이다. 실시간 처리 시스템에서는 각 컨슈머^{Consumer}는 한 개의 토픽에서 메시지를 읽어 처리하도록 돼 있다 보니 각 토픽별로 별도의 데이터 처리 작업을 구성해야 하며, 통합적으로 데이터를 검색하고 관리하기도 쉽지 않게 된다. 5장에서 하나의 데이터 변환 파이프라인을 구성해 모든 수신 데이터 소스에 대해 모든 공통 데이터 변환 처리를 적용할 때의 장점을 알아봤다.

| **참고** | 구글 클라우드 펍/서브(Pub/Sub)처럼 일부 클라우드 실시간 서비스에서는 단일 실시간 데이터 컨슈머(Consumer)가 여러 다른 토픽을 읽도록 허용한다.

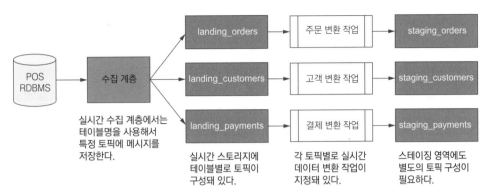

▲ **그림 6.12** 각 수집 개체당 하나의 토픽을 사용해 실시간 스토리지 구성이 가능하지만 클라우드 데이터 플랫폼이
성장함에 따라 토픽이 폭발적으로 증가하게 된다.

랜딩 영역에 하나의 토픽을 사용하는 방법도 있는데, 이 경우에는 메시지 속성을 사용해
각 메시지가 어떤 종류의 데이터를 갖고 있는지 식별한다. 실시간 데이터 처리 작업을 위해
서는 메시지 구조 자체를 먼저 식별해야 하기 때문이다. 그림 6.13은 공통 데이터 변환 작업
을 위한 단일 토픽 방식을 보여준다.

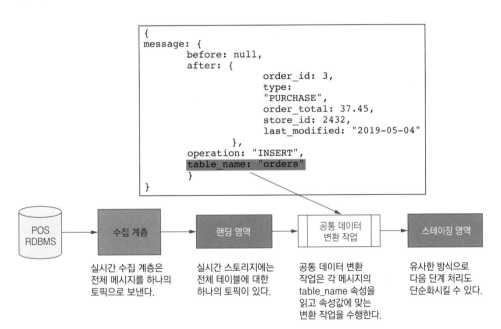

▲ **그림 6.13** 토픽 하나만 사용하면서 메시지의 속성을 잘 활용하면 여러 종류의 작업을 실행하지 않아도 데이터 변
환 처리가 가능하다.

이 구조는 데이터 변환 처리 방식을 설정 가능한 단일 파이프라인으로 구성하려는 시도와 잘 맞는다. 예를 들어 다양한 메시지 유형을 처리할 수 있는 공통 데이터 변환 라이브러리를 구성하고 메시지의 table_name 속성값에 맞는 라이브러리를 호출하는 방식으로 설계 구축한다. 이렇게 할 경우 장점은 실시간 데이터 처리 작업의 수를 줄일 수 있고 솔루션을 더욱 쉽게 모니터링하고 유지 관리할 수 있으며, 스테이징과 프로덕션 영역에 구성해야 할 토픽 수도 줄일 수 있다.

그러면 토픽 구성 방식을 단일 토픽 방식으로만 해야 하는가? 지금까지 여러 번 다루었지만, 고려해야 할 여러 다른 요소들이 있으므로 이러한 요소들을 감안해서 적절할 방안을 결정해야 한다. 단일 랜딩 토픽과 공통 데이터 처리 작업으로 구성해 유지 관리하는 방식이 일반적이지만, 다양한 실시간 소스 시스템, 특히 서드파티 소스로부터 메시지를 처리해야 하는 경우가 있을 수 있다. 예를 들어 메시지 구조가 매우 다를 수 있고, 이러한 다양한 데이터 소스로부터 발생한 메시지들을 처리할 수 있는 공통화된 변환 로직 구현이 쉽지 않을 뿐더러 관리도 더 번거로울 수 있다. 또 일부 소스 시스템에서 발생한 메시지에는 변환 방식을 결정하는 데 사용할 수 있는 속성을 갖고 있지 않는 경우도 있다. 이러한 경우에는 토픽을 복수 개로 구성해야 하는데, 데이터 소스 이름을 토픽명의 접미사로 사용할 수 있다. 예를 들면 랜딩 영역 토픽명을 landing_pos_rdbms, landing_web_clickstreams 등과 같이 사용한다.

소스별로 별도의 토픽을 구성해야 하는 또 다른 경우는 클라우드 서비스의 제약 사항이나 할당 크기quota와 관련된 성능 이슈 발생 가능성이 있을 때다. 클라우드 서비스 공급 업체는 제공 서비스별로 할당 크기와 한계치를 여러 가지 방식으로 갖는 것이 일반적인데, 이는 한 고객으로부터 부하가 많이 들어온다 하더라도 다른 고객에게 영향을 미치지 않게 하기 위한 목적도 있다. 따라서 모든 클라우드 서비스 공급 업체에서 제공하는 토픽에는 읽고 쓸 수 있는 데이터 양을 제한하고 있다. 데이터 소스 중 하나가 이러한 한계치에 가까울 경우, 사용할 수 있는 방안은 소스별로 토픽을 분리하거나, 단일 소스에 발생하는 메시지를 처리하기 위한 토픽을 여러 개로 분할하는 것이다. 데이터 발생 속도가 빠르고 데이터 발생량도 많은 경우가 이에 해당된다.

데이터를 여러 토픽으로 분할해서 처리해야 하는 다른 사례는 특정 조직의 제약 조건을 수용해야 하는 경우다. 예를 들어, 특정 데이터를 특정 팀에서만 처리하며, 이 팀 외에는 해당 실시간 데이터셋을 사용하면 안 되는 보안 관련 제약 조건이 있을 수 있다. 이 경우 그림 6.14에 나타낸 것처럼 랜딩 항목에서 읽고 특정 메시지 속성에 따라 데이터를 해당 스테이징 토픽에 저장하는 단일 실시간 작업을 수행할 수 있다.

기존의 실시간 스토리지 및 처리 시스템을 사용하면 개별 메시지에 대한 접근 제어를 할 수 없으므로 도메인별 메시지를 별도의 토픽으로 구성하고 토픽별로 접근 제어를 가능하게 함으로써 해당 보안 요구사항을 만족시킬 수 있다.

기존의 클라우드 실시간 시스템을 활용할 경우, 토픽에서 메시지를 읽어서 그다음 토픽으로 저장하도록 구성하는 것은 매우 간단하다. 그리고 하나의 작업이 메시지의 속성을 읽고, 속성값에 따라 어느 다운스트림 토픽에 저장해야 할지 결정하는 것은 실시간 시스템에서는 아주 일반적인 패턴이다. 실시간 데이터 품질 체크를 할 때도 이 패턴을 사용하는데, 메시지의 품질 상태를 체크해서 스테이징 토픽으로 보낼지 혹은 실패 데이터 보관용 토픽으로 보낼지를 결정한다. 또 다른 사례로는 클라우드 데이터 웨어하우스가 실시간 수집을 지원하는 경우, 메시지의 테이블명 속성을 사용해 실시간 처리 결과를 클라우드 데이터 웨어하우스 테이블로 보내기도 한다.

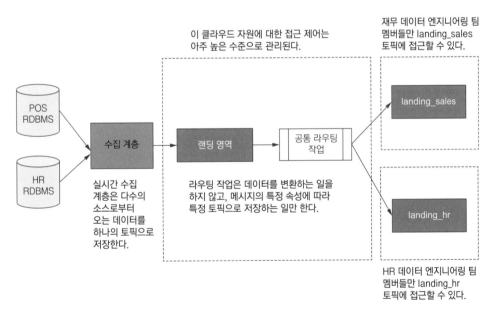

▲ **그림 6.14** 특정 데이터에 대한 접근과 승인 관리를 위해서는 목적에 맞는 각각의 토픽과 라우팅 작업을 구성해서 데이터를 분리해야 한다.

6.5 실시간 시스템에서 공통 데이터 변환

5장에서는 배치 처리 파이프라인을 구축할 때 필요로 하는 데이터 변환 절차, 즉 파일 포맷 변환, 데이터 중복 제거, 데이터 품질 확인 절차 등을 설명했다. 이번 6.5절에서는 실시간 처리 시스템에서 각 변환 단계들을 어떻게 구축하는지, 나아가서 실시간 데이터와 배치 데이터를 결합해야 하는 상황에서의 데이터 변환 방법도 살펴보고자 한다. 실시간 시스템에서 이러한 변환 절차를 구축하고자 할 때에는 비교적 간단하게 구축할 수 있는 영역도 있으며, 좀 더 복잡해지는 영역도 있다.

6.5.1 실시간 시스템에서 데이터 중복의 원인

실시간 시스템의 공통 데이터 처리 단계 중에서 데이터 중복에 대한 논의를 먼저 시작하고자 한다. 5장에서는 배치 파이프라인의 데이터 중복에 대해 설명했는데 그리 복잡하지 않았다. 데이터셋에 레코드행의 고유 유무를 식별할 수 있는 컬럼이 있을 경우에는 스파크 내장 함수를 사용해 중복 데이터를 쉽게 제거할 수 있다.

실시간 시스템에서는 상황이 좀 복잡해진다. 배치 파이프라인에서 실시간 파이프라인으로 변경하려 시도하거나, 실시간 파이프라인을 새로 구축했던 사례에서 데이터 엔지니어와 데이터 분석가들이 상당히 당황했던 경우들이 있었는데, 최종 데이터셋에 중복 항목이 예상보다 상당히 많았기 때문이다. 중복 데이터 관련 문제는 크게 다음과 같이 두 가지 유형이 있다.

- 소스 시스템에서 발생한 중복 데이터
- 실시간 시스템 장애/복구 프로세스상에서 발생하는 중복 데이터

중복 데이터란 동일한 값을 가진 데이터가 여러 개 있는 것을 의미하는데, 소스 시스템에서는 주로 한두 가지 원인으로 발생한다. 첫 번째는 작업자가 엑셀이나 스프레드시트 작업 중 데이터를 복사해 붙여넣고 CSV로 내보내기한 후 데이터 플랫폼에 적재할 때 발생하는 경우다. 두 번째로 중복 데이터가 잘 발생하는 소스 시스템은 RDBMS로, 유일 값 제약 조건 unique constraints이 걸려 있지 않은 테이블에는 중복 데이터가 저장될 수 있기에 해당 테이블로부터 데이터 플랫폼으로 데이터를 적재할 때 중복 데이터가 들어올 수 있다. 이외에도 여러

다양한 시나리오가 있을 수 있다. 여기서 공통점은 중복 데이터의 발생 장소가 데이터 플랫폼 외부이므로 발생 자체를 통제할 수 없다.

배치 파이프라인에서는 소스 시스템에서 발생하는 중복 데이터만 고려하면 된다. 예를 들어 실수로 소스 테이블에 중복으로 삽입된 행이 있거나 동일한 파일을 FTP로 여러 번 전달하는 경우다. 실시간 시스템의 경우, 새로운 데이터 중복 유형이 있다. 실시간 시스템에는 다양한 파라미터들의 균형을 맞춰야 한다. 짧은 지연 시간과 데이터 볼륨에 따른 확장성 제공은 물론이고, 일부 시스템의 컴포넌트에 장애가 발생해도 저장된 데이터가 사라지지 않도록 해야 한다. 이러한 모든 요구사항을 한 번에 충족시키는 것은 어렵기 때문에 하나 이상의 시스템 컴포넌트에 장애가 발생하는 경우를 고려한 예상 대응책을 제공해야 하는데, 이때 기존의 모든 실시간 처리 시스템의 특성들을 하나 이상 절충해야만 한다. 실시간 시스템에서는 개별 서버에 장애가 발생할 경우에 데이터 유실을 허용해서는 안 되므로 재시도 처리 과정에서 데이터 중복이 발생할 수 있다.

정상 작동 중인 실시간 시스템은 디스크에 메시지 기록이 완료됐다는 확인(ACK)을 프로듀서에게 보낸다. 프로듀서는 이를 통해 다음 메시지 저장을 진행하는 것이 안전함을 알게 된다. 그림 6.15에서 이 내용을 설명하고 있다.

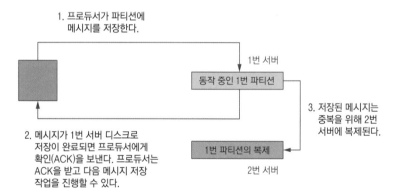

▲ **그림 6.15** 정상 작동 중인 실시간 시스템은 디스크에 메시지 기록이 완료됐다는 확인(ACK)을 프로듀서에게 보낸다.

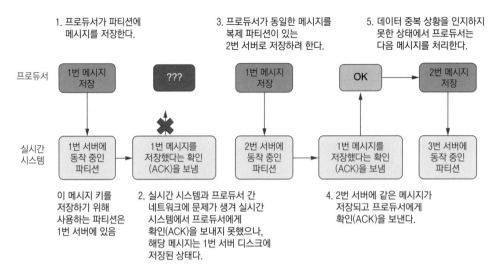

1. 프로듀서가 파티션에 메시지를 저장한다.

3. 프로듀서가 동일한 메시지를 복제 파티션이 있는 2번 서버로 저장하려 한다.

5. 데이터 중복 상황을 인지하지 못한 상태에서 프로듀서는 다음 메시지를 처리한다.

프로듀서

1번 메시지 저장

???

1번 메시지 저장

OK

2번 메시지 저장

실시간 시스템

1번 서버에 동작 중인 파티션

1번 메시지를 저장했다는 확인 (ACK)을 보냄

2번 서버에 동작 중인 파티션

1번 메시지를 저장했다는 확인 (ACK)을 보냄

3번 서버에 동작 중인 파티션

이 메시지 키를 저장하기 위해 사용하는 파티션은 1번 서버에 있음

2. 실시간 시스템과 프로듀서 간 네트워크에 문제가 생겨 실시간 시스템에서 프로듀서에게 확인(ACK)을 보내지 못했으나, 해당 메시지는 1번 서버 디스크에 저장된 상태다.

4. 2번 서버에 같은 메시지가 저장되고 프로듀서에게 확인(ACK)을 보낸다.

▲ **그림 6.16** 실시간 시스템과 프로듀서 간의 네트워크 문제로 인해 확인(ACK) 처리가 완료되지 않은 경우, 프로듀서가 동일 메시지를 재처리하려 하면 중복 데이터가 발생할 수 있다.

분산 시스템, 특히 클라우드 환경의 경우 항상 정상 작동하는 시스템을 기준으로 여겨서는 안 된다. 실시간 시스템은 자체 네트워크, 디스크 등으로 구성되는 수십 대에서 수백 대의 서버상에서 실행되고 있다. 이러한 컴포넌트들에서 장애는 항상 발생할 수 있다. 예를 들어, 프로듀서가 메시지를 쓰는 과정에서 해당 파티션을 관리하는 서버 네트워크에 문제가 발생했다고 가정해보자. 그림 6.16에서 설명하듯, 메시지는 해당 서버의 디스크에 기록되지만 네트워크 문제가 발생하면서 확인(ACK)을 프로듀서에게 보낼 수 없는 상황이다.

이때 실시간 시스템은 해당 서버가 다운됐다고 간주하고 같은 클러스터에 있는 다른 서버에게 문제가 된 파티션을 인계받아 처리하도록 한다. 프로듀서는 해당 메시지에 대한 확인(ACK)을 받지 못한 상태이기 때문에, 확인(ACK)을 받지 못했던 메시지를 다시 처리하려 한다. 이번에는 성공했으며 해당 메시지가 다른 서버에도 저장된다. 잠시 뒤 네트워크 문제를 해결한 후, 원래 파티션을 처리했던 서버가 온라인 상태가 된다. 여기서 알 수 있는 것은 1번 서버 디스크에도 해당 메시지가 저장됐기에 같은 파티션에 동일 메시지가 두 번 저장되는 상황이 발생했다는 것이다. 이러한 중복 메시지는 처리 과정에서 고려 대상이 돼야 한다. 이 시나리오는 다소 복잡하고 실제로 일어날 것 같아 보이지 않겠지만, 몇 대 안 되는 소규모 분산 시스템에서도 실제로 이러한 유형의 장애가 예상보다 자주 발생한다.

컨슈머도 이런 종류의 문제에 자유롭지 않다. 일반적으로 컨슈머가 프로듀서보다 다양한 유형의 장애를 경험할 가능성이 더 높은데, 그 이유는 단순히 컨슈머가 프로듀서보다 많기 때문이다. 그림 6.17에서 볼 수 있듯, 컨슈머가 메시지를 읽은 후 컨슈머 측 응용 프로그램에 장애가 나거나, 앞서 설명한 것과 같은 유사한 네트워크 문제가 발생한다면 오프셋 값을 스토리지 시스템으로 보낼 수 없게 된다. 장애를 해결한 후 컨슈머 쪽이 작업을 다시 시작하면, 컨슈머는 동일 메시지를 읽어 처리하면서 중복된 결과를 만들게 된다.

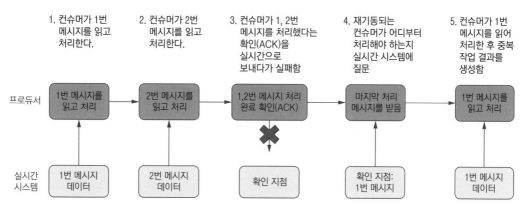

▲ **그림 6.17** 실시간 시스템에 특정 메시지를 처리했다는 확인(ACK) 작업을 컨슈머가 마치기 전 장애가 발생하고, 이후 장애가 해결되면 컨슈머가 동일 메시지를 다시 처리하게 된다.

이 같은 문제를 최소화하기 위해 각 메시지를 처리할 때마다 확인(ACK)하는 방식을 생각해 볼 수도 있다. 그러나 대부분의 실시간 시스템에서는 수 초 단위의 간격으로 확인(ACK) 처리를 한다. 실제로 메시지를 처리할 때마다 확인(ACK) 작업을 한다는 것은 성능 측면에서 손실이 상당히 높고, 요구되는 시스템 처리 볼륨으로 확장하는 데 제약 사항이 된다.

| **참고** | AWS 키네시스와 같은 실시간 클라우드 서비스의 경우, 어떤 컨슈머가 어떤 메시지를 처리했는지 관리하기 위한 용도로 외부 데이터 스토리지를 사용한다. 이 데이터 스토리지(AWS의 경우 다이나모DB(DynamoDB))가 실시간 시스템의 외부에 있더라도 앞에서 설명한 이슈를 해결하지는 못한다. 컨슈머가 처리된 메시지의 오프셋을 다이나모DB에 저장하기 전에, 컨슈머 영역에 장애가 발생할 수 있기 때문이다.

6.5.2 실시간 시스템에서 데이터 중복 제거

실시간 시스템에서 데이터가 중복 발생하는 원인을 짚어봤으니, 이제는 이를 해결하기 위한 솔루션들을 살펴보고자 한다. 대부분의 주요 기술 문제처럼, 이 문제도 특별한 묘책silver bullet 이 있는 것은 아니다. 5장에서는 배치 파이프라인에서 데이터 중복을 제거하기 위해 고유 unique ID가 있는 컬럼을 사용하는 방안을 다루었다. 실시간 파이프라인에도 이와 유사한 데 이터 중복 제거 방법을 적용할 수 있을까?

배치 파이프라인에서는 특정 시점에 모든 데이터를 다 "확인"해볼 수 있기에 데이터 중복 제거가 비교적 간단할 수 있다. 예를 들어, 클라우드 스토리지에 하나의 파일을 저장한 후 그 파일이 변경되지 않으면, 해당 파일 내에 존재하는 중복 행을 쉽게 찾을 수 있을 것이다. 즉, 파일 내의 데이터 행들을 각각 읽고 고유 ID가 동일한 것들이 발견되면 해당 행을 필터링해 결과값을 새 파일로 저장하는 방식이 될 것이다. 관계형 데이터베이스와 NoSQL을 사용할 때에도 중복 데이터를 제거하고자 유사한 방법을 적용할 수 있다.

실시간 시스템에서는 데이터가 시스템에 계속 추가되고 있기 때문에 모든 데이터 "확인" 이 사실상 불가능하며, 한 번 저장된 메시지는 변경할 수 없다. 관계형 데이터베이스에 익숙 한 사람들은 이러한 실시간 시스템의 특성에 문제가 있다고 생각할 수 있다. 관계형 데이터 베이스에서는 데이터를 지속적으로 추가 및 변경이 가능하고, 트랜잭션 격리transaction isolation 메커니즘[1]을 사용해 해당 시점 데이터의 스냅샷을 읽을 수 있기 때문이다. 즉 해당 데이터를 변경 불가freezing 상태로 만든 후 데이터를 읽는 방식이 적용되는데 데이터가 클라우드 스토 리지에서 정적 파일static file처럼 동작하는 방식과 유사하다고 할 수 있다.

그림 6.18에서 볼 수 있듯, 실시간 시스템은 수백 대 이상의 서버에 분산돼 있을 수 있기 때문에, 특정 시점에 분산된 모든 데이터의 스냅샷을 읽을 수 있는 기능을 제공하지 못한다. 이러한 특성 때문에 실시간 시스템에서 데이터 중복 제거 작업을 구성하는 것이 쉽지는 않지 만 불가능하지도 않다.

---

1 일반적으로 트랜잭션 격리 수준(isolation level)이라는 용어를 사용한다. 즉, 이는 동시에 여러 트랜잭션이 처리될 때 트랜잭션 끼리 얼마나 서로 고립돼 있는지를 나타낸다. 간단히 말해 특정 트랜잭션이 다른 트랜잭션에 변경한 데이터를 볼 수 있도록 허 용할지 말지를 결정하는데, 이 격리 수준은 4개로 나뉜다. 1. READ UNCOMMITTED 2. READ COMMITED 3. REPEATABLE READ 4. SERIALIZABLE 가 있다. 이는 동시성 문제를 해결하기 위한 수준을 다르게 정의함으로써 해당 시스템에서 가장 적합 한 방식을 결정할 수 있는데, 4에 가까울수록 동시성 접근 제어의 수준이 강해지는 대신 처리 성능은 낮아진다. 상세한 내용은 격리 수준에 관한 별도 자료를 통해 학습하기 바란다. – 옮긴이

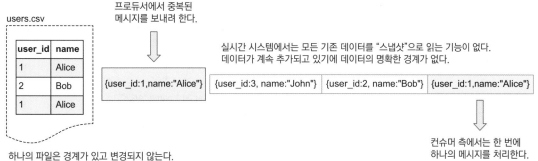

▲ **그림 6.18** 실시간 시스템은 경계가 없으며 기존 데이터의 스냅샷을 한 번에 읽을 수 있는 기능이 없기 때문에 중복 데이터를 찾는 작업이 쉽지 않다.

이제 실시간 시스템에서 데이터 중복을 제거하고자 사용할 수 있는 몇 가지 옵션에 대해 살펴보고자 한다.

실시간 처리에서 활용하고 있는 중요한 개념 중 하나는 타임 윈도우time window다. 실시간 시스템에 기록된 각 메시지에는 메시지가 정확히 도착한 시기를 나타내는 타임스탬프가 부여되는데, 메시지들의 타임스탬프와 타임 윈도우를 활용하면 특정 시간 간격에서 발생한 메시지들을 그룹화할 수 있다. 타임스탬프가 아니더라도 소스 시스템에서 데이터가 들어올 때의 이벤트 시간 정보가 있다면 그 정보를 활용해서 그룹화해도 된다. 예를 들어 최근 5분(타임 윈도우) 동안 들어온 메시지, 혹은 최근 1시간(타임 윈도우) 동안 들어온 메시지를 그룹화한다. 그룹화 방식은 온라인 상점의 시간당 총 매출액 계산처럼 다양한 실시간 분석 애플리케이션에서 많이 사용하고 있다. 분석 유형에 따라 슬라이딩 윈도우sliding window, 텀블링 윈도우tumbling window 등 다양한 타임 윈도우 방식들이 있다. 텀블링 윈도우 방식은 데이터 스트림들을 동일한 시간 간격으로 겹치지 않게 분할하는 방식이다. 예를 들어 웹 사이트를 방문한 사용자 수를 30초 간격으로 알고 싶다면 30초 텀블링 윈도우 방식을 적용하면 된다. 슬라이딩 윈도우 방식도 텀블링 윈도우 방식처럼 데이터 스트림을 분할하지만 각 시간 간격으로 분할한 것들이 중첩될 수 있다. 이외에도 다른 유형의 타임 윈도우 방식들도 있지만 이 책에서는 여기까지 설명하고자 한다.

그림 6.19에서 설명하는 것처럼 타임 윈도우와 타임 스탬프를 함께 사용해 메시지를 그룹화할 수 있기에 각 그룹 내에 존재하는 중복 데이터를 식별할 수 있다.

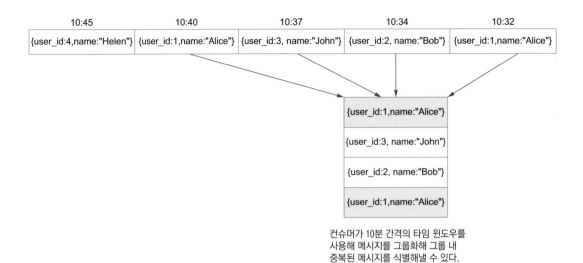

▲ **그림 6.19** 타임 윈도우를 사용해 각각의 타임 윈도우 내에 발생한 데이터의 중복을 찾아낼 수 있다.

예를 들면, 타임 윈도우를 10분으로 설정해 최근 10분 동안 추가된 메시지를 그룹화한 후, 타임 윈도우에 속한 데이터로 검색 범위를 한정해서 중복된 데이터를 식별하면 된다. 그런데 이 방식에는 이슈가 있다. 타임 윈도우의 크기가 충분히 크지 않으면 중복 데이터를 막을 수 없다는 것이다. 즉, 그림 6.19의 도식을 참고했을 때 데이터가 실시간 시스템으로 계속 들어오는 상황에서 10:47에 새로운 중복된 메시지가 도착한다면 기존 윈도우에 속하지 않아서 데이터 중복을 감지할 수 없게 된다.

타임 윈도우 크기는 제한적일 수밖에 없다. 실시간 처리 시스템에서는 들어오는 데이터를 메모리에 캐싱하는 방식을 사용하게 되는데, 타임 윈도우를 크게 만들면 시스템 사이즈 역시 커지게 된다. 그렇다 보니 클라우드 공급 업체에서는 관련 서비스에서 타임 윈도우 사용 시 몇 가지 제약 사항과 한계를 두고 있다. 예를 들어 AWS 키네시스 데이터 애널리틱스 Kinesis Data Analytics의 경우, 타임 윈도우를 최대 1시간으로 제한할 것을 권장한다. 구글 클라우드 데이터플로우Google Cloud Dataflow는 데이터 중복을 감지하는 메커니즘이 내장돼 있지만 타임 윈도우가 10분이라는 제한이 있다.

데이터 중복 제거를 위해 타임 윈도우 방식을 사용하더라도 실시간 데이터셋에 중복이 발생하지 않는다고 100% 보장할 수 없다. 거의 대부분의 경우 이 방식으로는 충분하지 않다.

무한정 발생하는 데이터 스트림에서 중복된 데이터를 식별할 수 있는 더 좋은 방법은 무엇일까? 실시간 시스템의 효과적인 데이터 중복 제거 방식 중에서 가장 널리 사용하는 방법은 고유 ID를 고속 데이터 스토리지에 캐싱함으로써 처리 전에 컨슈머 애플리케이션이 해당 ID를 처리했는지 여부를 캐시로 먼저 확인하는 방식이다. 그림 6.20에서 설명하는 바와 같이, 이전에 해당 ID가 이미 처리된 적이 있을 경우 이 ID는 캐시에 존재할 것이므로 컨슈머 애플리케이션은 처리 대기 중인 메시지가 중복된 것으로 간주하고 안전하게 무시하고 넘어가게 된다.

이 방식은 매우 효과적이지만 몇 가지 전제 조건이 있다. 우선 데이터 스토리지의 속도가 매우 빨라야 한다. 지정된 ID를 조회할 때 소요되는 시간이 수 밀리초 이하여야 추가 조회 단계로 인한 속도 저하가 발생하지 않게 된다. 다행히 오늘날 대부분의 키/밸류 저장소와 관계형 데이터베이스는 적절한 성능을 제공하고 있으며, 특히 ID가 하나일 경우에는 거의 문제가 없다.

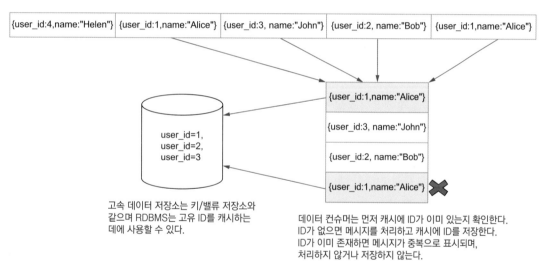

▲ **그림 6.20** 이미 처리한 모든 고유 ID를 별도의 데이터 저장소에 저장할 수 있다면 주어진 메시지가 이전에 처리됐는지 확인할 수 있다.

실시간 처리 파이프라인에서 처리할 데이터 볼륨에 따른 고유 ID 전체를 특정 스토리지에 저장하려면 리소스가 너무 많이 들거나 비용 이슈로 인해 유지보수가 어려워질 수도 있고, 용량이 너무 커서 성능 이슈가 발생할 수도 있다. 그러나 실제로 고유 ID 저장과 관련한 이슈를 고민하게 되는 경우는 페이스북, 구글, 아마존과 같은 거대 인터넷 기업들과 비슷한 규모의 데이터를 다루어야 될 때다. 대체적으로 대부분의 경우 전체 메시지가 아닌 ID 값만 저장하면 되므로 해당 데이터의 고유 ID 수가 몇 개인지 식별하면 캐시 데이터 저장소의 크기를 쉽게 계산할 수 있다. 예를 들어 16바이트 UUID를 고유 ID로 사용하는 경우 10억 개의 UUID를 저장하는 데 최대 15GB의 스토리지가 필요하게 된다. 이 용량은 최신 데이터베이스가 제공하는 처리 용량에 비하면 얼마 안 되는 크기다.

그럼에도 이러한 접근 방식을 채택하지 못하는 가장 큰 요인 중 하나는 별도의 데이터 스토리지를 도입해야 한다는 점이다. 도입해야 할 데이터 스토리지는 성능이 우수해야 할 뿐만 아니라 가용성도 높아야 하며, 어떤 형태의 데이터 손실이든 방지해야 한다. ID 데이터 저장소가 중단되면 실시간 처리 파이프라인 전체가 중지된다. 만약 온프레미스 데이터 센터에서 이와 같은 기능을 구현해야 한다면 기술적인 측면과 운영 측면의 오버헤드가 상당히 클 수 있다.

클라우드 데이터 플랫폼으로 초점을 맞추면 얘기가 달라진다. 오늘날 대부분의 클라우드 공급 업체는 고속의 키/밸류 저장소(애저 코스코스 DB, 구글 클라우드 빅테이블, AWS 다이나모 DB)와 다양한 유형의 관리형, 관계형 데이터베이스 서비스를 제공한다. 이 서비스들은 설정 방식으로 비교적 쉽게 가용성을 높이도록 구성할 수 있고, 운영 오버헤드도 상당히 적다.

실시간 시스템에서 데이터 중복 제거를 위한 또 다른 방식이 있다. 이 접근 방식은 데이터 중복 제거를 실시간으로 수행하지 않지만 데스티네이션 데이터 시스템인 데이터 웨어하우스를 활용해서, 특정 시점의 데이터 스냅샷을 읽어 중복 데이터를 제거하는 방식이다. 지금까지 설명했던 방식들과 비교했을 때 이 방식은 문제를 너무 쉽게 생각하는 것처럼 보이기는 하나, 데이터를 실시간으로 수집해야 하지만 데이터 분석은 실시간으로 수행할 필요성이 없는 경우라면 적합한 방식이다.

만약 요구사항이 실시간 데이터를 최대한 빨리 데이터 웨어하우스로 전달해야 하며, 데이터 분석은 최종 사용자가 필요할 때 수행하거나, 특정 시간 간격으로 분석 보고서를 생성해야 하는 유스케이스라면, 실시간 파이프라인에서는 데이터 중복을 허용하도록 둬야 구축 복잡성 측면에서 볼 때 유리하다. 그런 다음 데이터 레이크 계층에서 배치 처리batch 방식으로 데이터 중복 제거 작업을 실행하거나 데이터 웨어하우스에서 유사한 작업을 수행해 중복 제거 세트를 생성하면 된다.

이 접근 방식을 사용하게 되면 데이터 중복을 탐지하고 제거하는 기능을 무제한 실시간 스트림 영역에서 하지 않고, 배치 파이프라인이나 클라우드 데이터 웨어하우스 영역(표 6.3)에서 수행하게 된다. 이 접근 방식은 실시간 데이터 수집을 필요로 하는 요구사항에만 적용할 수 있다는 한계점 외에도, 대규모 데이터셋을 처리해야 하는 경우 배치 중복 제거 작업을 실행하는 데 시간이 오래 걸리거나 상당한 컴퓨팅 리소스가 필요할 수 있다는 점이다. 이 경우, 고유 ID 캐싱 방식과 배치 중복 제거 방식의 특징을 비교해볼 수 있다.

▼ 표 6.3 실시간 스트리밍에서 중복 제거 방법 비교

요구사항	고려사항	예상 문제점
실시간 분석이 가능해야 하며, 파이프라인 시작 시에 중복 데이터를 제거해야 한다.	타임 윈도우와 타임 스탬프를 사용해 메시지를 그룹화하고 그룹 내 중복된 데이터를 식별한다.	타임 윈도우의 크기를 지정해야 하며, 크기에 한계가 있다. 클라우드 공급 업체가 제공하는 타임 윈도우의 크기는 몇 가지 한계와 제약 사항이 있다. 지정된 타임 윈도우를 벗어나는 영역에서 중복 데이터가 발생할 수 있으므로 데이터 중복 제거를 100% 보장할 수 없다.
	고속 데이터 스토리지에 고유 ID를 캐싱하고 컨슈머가 먼저 이 캐시를 확인해 특정 ID가 처리됐는지 확인하도록 한다. 특정 ID를 가진 메시지가 처리된 적이 있을 경우, 해당 ID가 캐시에 있을 것이므로 데이터 사용자는 이 메시지를 복제 메시지로 간주하고 무시할 수 있다.	중복 데이터 검색으로 인한 느려지는 처리 속도를 방지하려면 고속 데이터 스토리지가 필요하다. 고유 ID 전체를 저장하는 데 비용이 많이 들거나 성능이 저하될 수 있다. 별도의 데이터 스토리지를 필요로 한다.
최대한 신속하게 웨어하우스로 실시간 데이터를 전송하고, 최종 사용자가 필요할 때 애드혹 또는 스케줄 작업으로 분석을 수행할 수 있어야 한다.	실시간 파이프라인에서는 중복된 데이터를 허용하고, 데이터 레이크 계층에서 배치 중복 제거 작업을 실행하거나 데이터 웨어하우스에서 유사 작업을 수행해 중복 제거 세트를 생성한다.	배치 처리 방식 중복 제거 작업을 실행하는 데 시간이 오래 걸리거나 서버 리소스가 많이 필요할 수 있다.

연습문제 6.3

실시간 시스템에서 중복 데이터가 발생하는 주요 원인은?

1 실시간 스토리지는 빠르지만 신뢰성이 낮아서 지속성을 보장하기 위해 가끔 데이터를 반복적으로 기록해야 하기 때문이다.
2 데이터 중복의 모든 원인은 프로듀서 프로그램 버그 때문이다.
3 데이터 중복은 컨슈머 영역, 프로듀서 영역의 실패로 인해 발생할 수 있고, 네트워크와 같은 기본 컴포넌트의 장애로도 발생할 수 있다.

6.5.3 실시간 파이프 라인에서 메시지 포맷 변환

5장에서는 파일을 원래 포맷에서 아브로나 파케이 같은 바이너리 포맷으로 변환하는 방법을 다뤘다. 스테이징 영역에서는 여러 가지 데이터 처리 작업을 수행해야 하므로 스테이징 영역의 기본 파일 포맷으로 아브로가 적합하고, 프로덕션 영역에서는 복잡한 분석과 빠른 성능이 요구되므로 컬럼 기반 스토리지인 파케이가 적합하다고 설명했다.

그렇다면 실시간 시스템에도 동일하게 적용하면 될까? 여기에서 파일 포맷에 해당하는 것은 무엇일까? 실시간 시스템은 파일 기반이 아닌 메시지 기반에서 동작한다. 프로듀서들이 실시간 시스템에 메시지를 저장하면 컨슈머들이 그 메시지를 읽는다. 클라우드 실시간 시스템은 메시지 내용과의 의존성을 갖고 있지 않다. 시스템 관점에서 하나의 메시지는 바이트의 집합일 뿐이고, 실제로 이 바이트의 의미를 분석하고 해석하는 방법은 프로듀서와 컨슈머 간에 합의해야 할 사항이다.

메시지 스키마에 대한 프로듀서와 컨슈머의 합의점은 실시간 시스템에서 매우 중요한 부분이다. 스파크와 같은 배치 처리 프레임워크는 대량의 데이터를 스캔해서 데이터 스키마를 먼저 추론해볼 수 있지만, 실시간 시스템에서는 일반적으로 단일 메시지를 처리하는 상황이므로 스키마를 추론 방식으로 찾는 일은 비효율적일 수밖에 없다. 6장에서는 다양한 메시지 포맷의 특성을 중점적으로 다루며, 스키마 관리와 프로듀서, 컨슈머 간 메시지 스키마 합의 방법에 대해서는 7장과 8장에서 자세히 알아보도록 한다.

개발자들이 널리 사용하는 메시지 포맷으로는 JSON이 있다. 이 포맷은 다양한 곳에서 사용하며 적용하기 쉽다는 점에서 놀라운 일은 아니다. 그런데 사실상 JSON은 스키마 관리 기능을 갖고 있지 않고, 성능 측면에서도 최적화돼 있지 않다.

실시간 시스템은 네트워크를 통해 데이터를 능동적으로 전송하는 분산 시스템임을 6장 앞 부분에서 다루었다. 프로듀서와 컨슈머는 서로 지구 반대편에 위치할 수도 있고, 네트워크를 통해 동일기종 시스템 간 데이터 복제도 있을 수 있다. 이러한 상황을 고려해볼 때, 최적의 성능을 얻기 위해서는 메시지 크기가 작을수록 좋다. 그런데 JSON 메시지 포맷을 사용하게 될 경우, 메시지 크기를 작게 만드는 것은 쉽지 않다. JSON 포맷은 매우 장황한데, 일반 텍스트^{plain text} 형태로 메시지 속성명과 속성값들을 포함해야 하기 때문이다. 수십 개의 속성 또는 복잡한 중첩 데이터 구조를 가진 대용량 메시지의 경우 이 같은 오버헤드는 심각한 수준까지 커진다. 아직까지는 수킬로 바이트 정도의 메시지 크기를 예를 들고 있지만, 대량의 메시지들을 다룬다면 상당한 수준의 크기가 된다. 메시지 압축 기법을 사용해 JSON 메시지의 크기를 줄일 수 있지만 압축 알고리즘에 따라 "비슷한" 데이터가 많을수록 압축률이 높아진다. 단일 메시지를 압축할 경우 처리하는 시간이 더 걸릴 뿐, 기대한 만큼의 압축률이 나오지 않는다.

실시간 메시지에 아파치 아브로와 같은 바이너리 포맷을 사용하면 배치 파이프라인에서 사용할 때와 동일한 효과를 얻을 수 있다. 일반 텍스트 포맷을 바이너리 포맷으로 만들면 크기가 작아진다. 또한 아브로와 같은 포맷을 사용하면 스키마를 함께 보내지 않고도 아브로 인코딩 메시지를 보낼 수 있는데 이 경우 메시지 크기를 더 줄일 수 있다. 그런데 이 방법을 사용하려면 스키마 자체를 저장할 메타데이터 계층이 필요하고, 컨슈머는 이 메타데이터를 참조함으로써 수신된 바이너리 데이터를 일반 데이터로 디코딩할 수 있다. 스키마 교환 메커니즘 구현 방안에 대해서는 7장에서 설명한다.

파케이와 같은 컬럼 기반 포맷을 실시간 시스템에 적용하면 어떨까? 별로 효과가 없는데, 이유는 컬럼 기반 포맷은 대규모 데이터셋의 여러 컬럼을 스캔해야 하는 워크로드를 최적화하고자 할 때 효과가 있기 때문이다. 대체적으로 실시간 시스템은 한 번에 하나의 메시지를 처리하는 구조이므로 컬럼 기반 최적화 기법은 도움이 되지 않는다.

6.5.4 실시간 데이터 품질 체크

실시간 시스템에서 데이터 품질 점검을 위해 한 번에 하나의 메시지를 검사하도록 비교적 간단하게 구현할 수 있다. 먼저 메시지가 정상인지 비정상인지를 판단할 수 있는 규칙을 정의해야 한다. 사실 이 규칙을 만드는 것은 쉬운 일은 아니다. 소스 데이터 종류의 개수가 많거나 서로 다른 조직이 관여한다면 데이터 품질 점검 공통 규칙을 정의하는 일의 난이도도 함께 올라간다.

일단 규칙을 정하고 나면 6장 앞부분에서 설명했듯 메시지 라우팅 처리를 활용할 수 있다. 랜딩 토픽에서 보내오는 모든 데이터들을 규칙을 활용해서 검사한 후, 검사 결과에 따라 메시지를 스테이징 토픽으로 보내거나 실패용 토픽으로 보낸다. 그림 6.21의 예제에서 보면, order_total 값이 음수면 안 된다는 규칙을 기반으로 소스 ORDERS의 데이터를 확인한다.

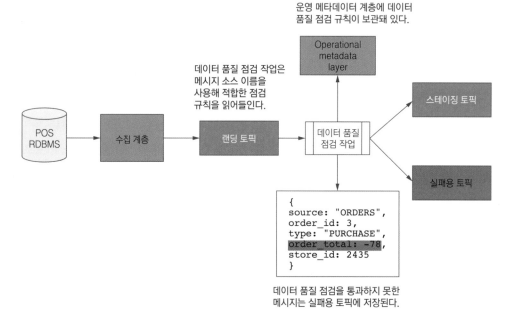

▲ **그림 6.21** 실시간 데이터 품질 점검을 위해서 메타 데이터 계층으로부터 해당 메시지 데이터 품질 점검 규칙 정보를 읽어들인다. 검사를 통과하지 못한 메시지는 실패용 토픽에 저장된다.

점검 기능을 실제로 구현하는 방법은 클라우드 실시간 시스템의 종류에 따라 달라진다. 대부분의 경우 메시지 내용의 분석을 위해 SQL과 유사한 언어를 지원하기에 메시지 속성 수준의 검사 기능을 쉽게 구현할 수 있다. 6장 뒷부분에서 다양한 클라우드 실시간 시스템과 그 기능에 대해 설명하겠다.

데이터 품질 점검 방법 중에는 한 번에 하나의 메시지를 검사하는 기법 외에 다른 기법도 있다.

예를 들어, 예시로 든 소매점 시스템에는 다음과 같은 검사 규칙이 있다고 하자. "최근 1시간 동안 발생한 ORDERS들 중에서 취소Cancelled 상태인 ORDERS는 10%가 넘어서는 안 된다." 1시간 동안 10% 이상 취소 상태가 발생한다면 POS 단말기의 문제나 네트워크 문제로 볼 수 있을 것이다.

개별 메시지 검사를 통한 품질 점검 방식을 활용해서 이 같은 요구사항을 충족할 수는 없다. 앞서 살펴본 데이터 중복 제거 방법에서 사용했던 타임 윈도우 개념을 여기에 적용하면 어떨까? 실시간 시스템에서 제공하는 윈도우 기능을 사용하면 관련 소스 시스템으로부터 최근 한 시간 동안 들어온 소스가 ORDERS인 메시지들을 그룹화할 수 있다. 그다음 ORDERS 전체 개수와 CANCELLED 유형의 ORDERS 개수를 계산해서 이 두 값의 백분율을 구하면 된다.

제약 사항도 데이터 중복 제거에서 나온 제약 사항과 거의 유사하다. 타임 윈도우 크기는 무한일 수 없고, 클라우드 공급 업체에서도 타임 윈도우 크기를 상당히 엄격하게 통제하고 있다. 만약 데이터 품질 점검을 주 단위, 월 단위, 연도 단위로 진행해야 하는 경우라면 실시간 시스템에서 클라우드 스토리지에 저장한 데이터를 활용해서 배치 처리 계층에 점검 작업을 구현해야 한다.

6.5.5 배치 데이터와 실시간 데이터 결합하기

실시간 데이터만 처리해야 하는 조직은 거의 없을 것이다. 기존 레거시 시스템이나 서드파티 소스로부터 받은 데이터가 파일 형태인 경우가 많기 때문에, 배치 방식으로 데이터를 추출해야 한다. 이러한 상황에서 실시간 스트림 데이터와 배치 방식의 데이터들을 결합하는 방법이 궁금할 것이다.

POS 시스템 예제로 돌아가서, 기존 ERPEnterprise Resource Planning 시스템에서 오프라인 상점에 대한 상세 정보를 CSV 파일로 내려받은 후 추출했다고 가정해보자. 이 데이터는 자주 변경되는 정보가 아니기에 실시간 스트림으로 수집할 이유가 거의 없다. 반면 POS 시스템의 실시간 스트림에는 각 상점을 식별하는 고유 번호인 store_id를 포함하고 있으나 나머지 상점 관련 정보는 갖고 있지 않다. 사업부서에서는 POS 데이터와 POS 데이터와 관련된 상점의 상세 정보도 같이 보기 원하기 때문에 두 종류의 데이터셋을 결합할 방법이 필요한 상황이다.

상점 정보 CSV 파일은 배치 처리 계층에서 처리되며 클라우드 스토리지에 저장한다. 이 파일을 읽어 메모리에 캐싱한 다음 상점 정보 검색 딕셔너리로 구성한다. 그림 6.22에서 설명하듯, POS 세일즈 거래 내역의 실시간 처리 과정에서 이 딕셔너리를 store_id와 매칭되는 상세 상점 정보를 읽어오는 용도로 활용하면 된다.

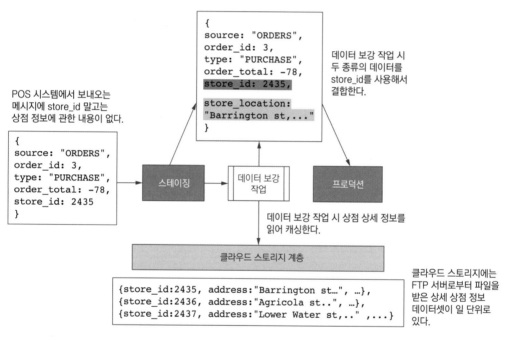

▲ **그림 6.22** 실시간 데이터 스트림 정보 보강을 위한 실시간 처리 작업 시 클라우드 스토리지의 배치 데이터를 딕셔너리로 활용하는 방식

이 방식의 주요 제약 사항은 배치 방식으로 메모리에 적재되는 데이터셋의 크기가 실시간 처리 작업을 실행하는 시스템의 메모리 사이즈에 맞게 최적화된 사이즈여야 된다는 점이다. 데이터 스트림의 규모가 클 경우 수십 대의 가상 서버를 병렬로 구성해서 실시간 작업

을 진행해야 되는데, 이때 딕셔너리용 배치 데이터도 각 가상 서버의 메모리로 복제돼야 한다.

클라우드 공급 업체에서 제공하는 서비스를 사용할 경우, 실시간 처리용 가상 서버의 스펙과 제약 사항이 어떤지 잘 모를 수 있다. 그럼에도 조회 딕셔너리용 배치 데이터셋의 크기가 수 MB 수준이라면 대부분의 클라우드 공급 업체 서비스를 활용해서 구성할 때 큰 문제가 없을 것이다. 제약 사항에 대해 면밀히 이해하려면 클라우드 공급 업체의 실시간 서비스에 관한 문서를 반드시 확인해야 한다.

배치 데이터셋이 너무 커서 메모리에 맞지 않을 경우, 데이터 레이크에서 스파크와 같은 툴을 활용한 배치 처리 방식으로 두 데이터셋의 결합을 시도할 수 있고, 아니면 클라우드 데이터 웨어하우스에서 두 데이터셋을 결합한 형태의 테이블이나 뷰를 제공하는 방안도 고려해볼 수 있다. 단, 이 방식은 우선적인 요구사항이 실시간 데이터 수집인 경우에만 사용할 수 있다.

6.6 실시간 데이터 처리용 클라우드 서비스의 종류

지금까지 오늘날 대부분의 실시간 시스템에서 활용 중인 실시간 처리 개념을 설명했다. 이번 절에서는 3대 퍼블릭 클라우드 공급 업체인 AWS, 애저, 구글 클라우드가 제공하는 실시간 서비스에 대해 간략히 설명하고자 한다. 클라우드 공급 업체에서는 6개월 정도마다 서비스 내용을 변경하거나 새로운 기능을 추가하고 있기에 이 절에서 설명하는 일부 기능이 향후 변경될 소지가 있다. 최신 정보를 얻으려면 항상 클라우드 공급 업체에서 제공하는 문서나 포털 가이드를 참조해야 한다.

각 클라우드 공급 업체에서는 실시간 처리를 위한 서비스를 관련 서비스 쌍으로 제공하고 있다. 하나는 아키텍처 상에서 볼 때 고속 스토리지 계층으로 매핑할 수 있는 실시간 스토리지 서비스이고, 다른 하나는 실시간 처리 서비스다. 이들 서비스는 밀접하게 통합된 형태로 제공되고 있기에 대부분의 경우 함께 사용하는 것이 좋다(표 6.4 참조). 그럼에도 경우에 따라서는 클라우드 공급 업체에서 제공하는 실시간 처리 서비스를 카프카와 같은 실시간 스토리지 서비스와 함께 사용하는 경우도 있다.

▼ 표 6.4. 클라우드 서비스 공급 업체의 실시간 스토리지 서비스와 실시간 처리 서비스

	실시간 스토리지	실시간 처리
AWS	키네시스 데이터 스트림즈(Kinesis Data Streams)	키네시스 데이터 애널리틱스(Kinesis Data Analytics)
구글 클라우드	펍/서브(Pub/Sub)	데이터플로우(Dataflow)스트림 애널리틱스 (Stream Analytics)
애저	이벤트 허브(Event Hubs)	스트림 애널리틱스(Stream Analytics)

6.6.1 AWS 실시간 처리 서비스

AWS는 실시간 처리 영역에서 2가지 서비스를 제공한다. 실시간 스토리지 서비스로 키네시스 데이터 스트림즈Kinesis Data Streams가, 실시간 처리 서비스로 키네시스 데이터 애널리틱스Kinesis Data Analytics가 있다.

키네시스 데이터 스트림즈는 각각의 데이터 스트림으로 분리 구성할 수 있는데 앞장에서 살펴본 토픽과 개념적으로 동일하다. 프로듀서들은 데이터 레코드를 생성해서 데이터 스트림에 메시지 형태로 저장하고, 컨슈머 또는 데이터 스트림 애플리케이션은 데이터 스트림에서 메시지를 읽어 처리한다. 데이터 스트림 애플리케이션은 키네시스 클라이언트 라이브러리Kinesis Client Library를 사용해서 구현할 수 있다. 키네시스 클라이언트 라이브러리가 현재 지원하는 언어는 자바, Node.js, .NET, 파이썬, 루비Ruby가 있다. 클라이언트 라이브러리는 데이터 레코드의 순차 번호를 추적하는 기능과, 키/밸류 저장소인 AWS 다이나모DBDynamoDB에 저장하는 기능과 같이 복잡한 기능 구현이 필요한 부분을 단순화시켜준다. 장애 발생 시 대량의 데이터를 재처리하는 경우를 없애기 위해 이러한 기능을 활용하면 좋지만, 6장에서 설명했던 제약 사항들도 함께 고려해야 한다. 각 레코드를 처리할 때마다 레코드 순차 번호를 저장하면 성능 한계를 빠르게 겪게 된다. 레코드를 배치 단위로 관리하면 장애 발생 시 동일한 레코드를 재처리할 가능성이 항상 있다.

AWS는 관리형 데이터 스트림 애플리케이션으로 키네시스 데이터 파이어호스Kinesis Data Firehose라는 서비스도 제공한다. 파이어호스는 데이터 스트림의 데이터를 읽어 다수의 데스티네이션 시스템이나 싱크sink로 저장하는 데 사용된다. 파이어호스를 사용한 데이터 수집 메

커니즘은 4장에서도 다뤘다.

키네시스 데이터 스트림즈^{Kinesis Data Streams}는 샤드^{shard}(혹은 파티션) 개념이 존재한다. 데이터 스트림을 구성할 때 몇 개의 샤드로 구성할지 정의해야 한다. 하나의 샤드로 처리할 수 있는 처리량에 제약이 있으며, 키네시스 데이터 스트림즈의 주요 확장성 단위로도 샤드를 사용한다. 현재 각 샤드는 1MB/sec의 데이터 쓰기와 2MB/sec의 데이터 읽기를 지원한다. 또한 키네시스 데이터 스트림즈는 리샤딩을 지원하므로 데이터 스트림의 샤드 수를 늘리거나 줄일 수 있다.

키네시스 데이터 스트림즈는 데이터 레코드의 포맷에 대해서는 제약을 두고 있지 않지만 다른 서비스들과 마찬가지로 데이터 레코드의 크기에는 제약이 있으며, 1MB까지의 메시지를 저장할 수 있다. 다른 클라우스 서비스 공급 업체에서 제공하는 유사 서비스들과 마찬가지로 키네시스 데이터 스트림즈에도 데이터 레코드가 데이터 스트림에 저장될 수 있는 시간에 관한 제약사항이 있다. 보존 기간의 기본값은 24시간이다. 즉, 이 시간 내에 레코드를 처리하지 않으면 레코드가 삭제되고 더 이상 사용할 수 없게 되며, 추가 비용을 지불하고 최대 7일까지 늘릴 수 있다. 아카이빙 용도로 고속 스토리지를 사용할 수는 없다. 실시간 데이터의 보관이 필요할 경우라면 장기 보관용 일반 클라우드 스토리지로 저장하기를 권고하는 이유다.

키네시스 데이터 스트림즈 애널리틱스는 실시간 처리 엔진이며, 키네시스 데이터 스트림즈에서 데이터를 읽어 실시간 데이터 처리 작업을 수행할 수 있도록 해준다. 키네시스 데이터 스트림즈 애널리틱스는 완전 관리형 서비스이므로 실시간 작업을 실행하기 위해 가상 머신을 프로비저닝하거나 구성할 필요가 없고, 서비스 자체만으로 수행이 가능하다.

키네시스 데이터 스트림즈 애널리틱스는 SQL과 자바 두 가지 API를 지원한다. SQL을 사용하면 실시간 데이터 스트림상의 데이터를 SQL 구문을 사용해 대화형이나 애드혹 쿼리 형태로 실행할 수 있다. SQL API는 CSV 형식이나 JSON 형식의 메시지만 지원한다. 성능과 스키마 관리상의 목적으로 바이너리 포맷의 메시지를 사용하려 할 경우 제약 사항이 커진다.

자바 API는 실시간 처리 프레임워크 오픈 소스인 아파치 플링크^{Apache Flink} 기반이며 메시지 포맷과 작업 동작 제어 측면에서 SQL API보다 유연성이 높다. 예를 들면 확인 메시지를 키네시스로 보내는 주기를 정하는 기능 등이 있다.

키네시스 데이터 스트림즈 애널리틱스는 데이터 중복 제거를 위한 메커니즘을 기본으로 제공하지 않기 때문에 AWS에서는 데이터 중복 제거 방안으로 고유 메시지 ID를 캐싱한 다음, 처리하는 동안 중복 여부를 계속 확인하도록 권고하고 있다. 관련된 내용을 6장 전반부에서 설명했다. 데이터 중복 제거를 위한 권장 방안으로 AWS에서 제시하는 다른 방안은 데이터 최종 목적지인 사용처에서 중복 제거를 수행하는 것이다. 앞서 언급했듯 이 접근 방식은 실시간 데이터 수집만 필요로 하는 경우에 적용할 수 있다.

6.6.2 GCP 실시간 처리 서비스

구글 클라우드의 실시간 처리 방식은 다른 클라우드 공급 업체의 것과는 차이가 있다. 현재 다른 클라우드 공급 업체의 서비스와 비교했을 때 구글 클라우드의 실시간 스토리지 서비스가 더 높은 수준의 관리 기능을 제공하며, 실시간 처리 서비스도 더 우수하다고 할 수 있다.

구글 클라우드의 실시간 스토리지 서비스의 이름은 클라우드 펍/서브^{Cloud Pub/Sub}다. 클라우드 펍/서브에는 토픽과 구독 개념이 존재한다. 토픽은 메시지를 그룹화하는 네임스페이스다. 클라우드 펍서브의 토픽은 AWS 키네시스의 데이터 스트림이나 아파치 카프카^{Apache Kafka}의 토픽보다는 역할의 중요성이 조금 덜한데, 구글 클라우드 펍/서브에서는 데이터를 명시적으로 토픽 단위로 분할하지 않기 때문이다. 구글 클라우드 내부에서는 파티션으로 분할하겠지만, 프로듀서의 관점에서 볼 때에는 아주 단순하다. 클라우드 펍/서브의 프로듀서는 메시지를 저장하는 데 파티션 키를 지정하거나 토픽에 몇 개의 파티션을 가져야 할지 고려할 필요가 없다.

클라우드 펍/서브에서 컨슈머가 데이터를 수신받으려면 하나 이상의 토픽을 구독^{subscription}해야 한다. 컨슈머가 다수인 경우 하나의 토픽에 여러 개의 구독이 있을 수 있다. 또한 클라우드 펍/서브에는 두 개 이상의 토픽의 데이터를 결합하는 구독도 가능하다. 이는 다른 클라우드 공급 업체가 제공하는 서비스에는 존재하지 않는 기능으로, 앞에서 설명한 메시지 라우팅 작업을 구현할 때 가능성을 제공해준다.

구독은 클라우드 펍서브의 확장 메커니즘 중 하나다. 하나의 구독으로 1MB/sec 속도로 데이터 저장과 2MB/sec 속도로 데이터 읽기가 가능하다. 개별 메시지 크기는 최대 10MB로 제한되며 최대 데이터 보존 기간은 7일이다.

클라우드 펍/서브를 사용할 경우, 컨슈머가 메시지 오프셋을 관리할 필요가 없기에 컨슈머 프로그램을 단순화시킬 수 있다. 클라우드 펍/서브에서는 오프셋 개념이 없기 때문에 컨슈머가 메시지에 다시 접근할 수 있는 개념을 제공한다. 예를 들어 구독의 스냅샷을 만들 수 있도록 하는 기능을 제공하는데, 이는 특정 시점 해당 구독의 형상을 보관하는 것을 말한다. 이를 활용해서 컨슈머는 스냅샷 생성 시점에서 처리되지 않은 메시지와, 해당 시점 이후 도착한 메시지들을 읽어서 처리할 수 있다. 스냅샷을 저장하려면 추가 비용을 지불해야 하며 구글 클라우드 프로젝트당 스냅샷의 개수는 5,000개로 제한하고 있다. 스냅샷 기능을 장애 복구 용도로 활용할 수는 있지만 자주 스냅샷을 생성할 수 없다는 한계점이 있다. 구글 클라우드에서는 계획 운영 중단이 필요할 때, 예를 들어 실시간 처리 코드를 각 시스템에 배포하고자 할 때 스냅샷 기능의 활용을 권장하고 있다. 스냅샷 외에도 특정 타임스탬프를 활용해서 메시지 처리 시작점을 찾는 방법도 있으나, 이 방법은 정확하지 않으며 동일한 메시지가 두 번 처리될 가능성이 높다.

클라우드 펍/서브 클라이언트 라이브러리는 설정 옵션이 많지 않으며 체크포인트를 관리할 필요가 없기 때문에 AWS의 서비스에 비해 더 단순하다. 현재 클라우드 펍/서브 클라이언트 라이브러리가 지원하는 언어는 C#, Go, 자바, Node.js, PHP, 파이썬, 루비가 있다.

구글 클라우드의 실시간 데이터 처리 서비스의 이름은 클라우드 데이터플로우Cloud Dataflow이고, 오픈 소스인 아파치 빔Apache Beam API를 기반으로 하는 완전 관리형 서비스다. 클라우드 데이터플로우의 차별점으로 배치 방식과 실시간 프로세싱을 모두 지원한다. 따라서 클라우드 아키텍처에서 두 개의 계층에 동일한 프로세싱 엔진을 활용할 수 있기에 두 개의 계층을 표준화된 처리 방식으로 설계할 수 있다. 클라우드 데이터플로우는 SQL뿐만 아니라 자바와 파이썬도 지원한다. SQL은 JSON 포맷 메시지만 지원하며 파이썬이나 자바에 비해 유연성이 떨어지지만 애드혹 분석 또는 간단한 ETL 파이프라인에 유용할 수 있다.

클라우드 데이터플로우는 다양한 데이터 소스 시스템과 데이터 싱크(데스티네이션) 시스템을 위한 지원 기능이 있다. 기본적으로 클라우드 펍/서브 토픽, 구글 클라우드 스토리지의 파일, 기타 소스 시스템으로 데이터를 읽을 수 있고, 클라우드 펍/서브의 다른 토픽, 구글 빅쿼리Google BigQuery, 구글 클라우드 스토리지의 파일로 저장할 수 있다. 아파치 빔 API를 사용하면 자체 데이터 소스와 데이터 싱크 구현도 가능하다.

클라우드 데이터플로우에는 클라우드 펍/서브에서 들어오는 데이터의 중복 제거를 위한 기능이 내장돼 있고, 클라우드 펍/서브의 내부 오류 때문에 발생할 수 있는 데이터 중복 문제도 해결하도록 설계돼 있다. 또한 메시지에 고유 ID가 있는 경우 프로듀서가 동일한 메시지를 여러 번 전송해 발생한 중복도 처리하는데, 중복 메시지가 10분 내에 도착할 경우에만 해당한다. 이외 6장 전반부에서 설명한 다양한 중복 제거 전략을 구현할 수 있다.

6.6.3 애저 실시간 처리 서비스

애저 이벤트 허브$^{Azure Event Hubs}$는 실시간 스토리지 서비스로 몇 가지 중요한 특징들이 있다. 첫 번째로 프로듀서를 위한 다양한 프로토콜, 예를 들어 AMQP[2], 카프카 및 사용자 정의 HTTPS를 지원한다는 점이다. AMQP와 카프카는 오픈 소스 형식으로 상당한 수의 클라이언트가 사용하는 개방형 산업 표준이다. 최종 사용자 관점에서 보면, AMQP 또는 카프카를 이미 사용하는 경우 클라우드 마이그레이션을 고려할 때 데이터를 생산하는 애플리케이션이나 데이터를 사용하는 애플리케이션들의 재작성을 고려할 필요성이 줄어든다는 것을 의미한다.

이벤트 허브 서비스는 AMQP를 사용할 경우 다수의 허브를 호스팅하는 여러 네임스페이스들로 구성하고, 카프카의 경우 여러 개의 토픽을 호스팅하는 네임스페이스들로 구성한다. 이벤트 허브는 명시적 데이터 파티셔닝을 사용하며, 각 토픽별로 2개에서 32개 사이의 파티션으로 구성할 수 있다(애저의 지원을 통해 파티션 수를 늘릴 수도 있음). 파티션 수는 미리 정의해야 하는데, AWS 키네시스와 달리 이 숫자는 나중에 변경할 수 없기 때문에 신중하게 계획해야 한다. 파티션은 이벤트 허브의 주요 확장 단위다. 각 파티션의 기본 처리량 유닛은 1MB/sec 또는 1,000개 메시지/sec의 수집 속도와 데이터 읽기 측면에서의 속도는 2MB/sec 또는 4,096개 메시지/sec다. 네임스페이스당 최대 20개의 처리량 유닛을 사전에 구입할 수 있으며, 이벤트 허브가 기존 파티션들에 이 유닛을 자동으로 할당한다. 이런 과정을 통해서 실시간 시스템의 성능을 보장할 수 있게 된다. 이벤트 허브의 메시지 크기 제한은 1MB다.

AWS 키네시스나 카프카와 마찬가지로 이벤트 허브는 파티션에 있는 메시지의 오프셋 번호를 표시한다. 이 숫자는 토픽으로 메시지를 다시 받을 때 사용할 수 있다. 이벤트 허브의

---

2 Advanced Message Queuing Protocol의 약어로서, AMQP는 메시지지향 미들웨어를 위한 개방형 표준 응용 계층 프로토콜이다. - 옮긴이

데이터 보존 기간은 최대 7일이다. 다른 클라우드 공급 업체의 것과 비교했을 때 이벤트 허브의 차이점은 컨슈머가 직접 오프셋을 저장하고 체크포인트 프로세스를 관리해야 한다는 점이다. 이에 비해 AWS는 다이나모DB^{DynamoDB} 키/밸류 스토리지를 사용하고, 카프카는 체크포인트 오프셋을 카프카 자체에 저장한다. 이벤트 허브 클라이언트 라이브러리는 애저 블롭 스토리지^{Azure Blob Storage} 오프셋 스토리지를 지원하는 기능을 제공하지만 고속 스토리지를 사용하려면 직접 구현하거나 오픈 소스에서 찾아야 한다. 다른 실시간 스토리지와 마찬가지로 컨슈머의 체크포인트 주기 결정은 신뢰성과 성능 간의 트레이드오프를 하는 것이다. 이벤트 허브 클라이언트 라이브러리가 제공하는 언어는 .NET 과 파이썬이지만 다른 언어 지원이 필요할 경우 오픈소스를 활용할 수 있다.

이벤트 허브에는 실시간 스토리지의 데이터를 주기적으로 애저 블롭 스토리지^{Azure Blob Storage}로 저장할 수 있는 이벤트 허브 캡처^{Event Hubs Capture}라는 지원 서비스가 있다. 키네시스 파이어호스^{Kinesis Firehose}와 유사하지만 현재 애저 블롭 스토리지만 지원하고 있다.

실시간 데이터 처리 관점에서 애저가 제공하는 서비스는 애저 스트림 애널리틱스^{Azure Stream Analytics}다. 서비스 형태로 보면 AWS나 구글 클라우드의 완전 관리형 서비스와 유사하다. 애저 스트림 애널리틱스는 SQL 구문만 지원하며 다른 언어로 된 고급 API는 제공하지 않고 있다. C#이나 자바스크립트 사용자 정의 함수를 사용해 SQL 쿼리를 확장할 수 있다. 또한 애저 스트림 애널리틱스는 윈도윙^{windowing 3} 설정 지원, 윈도우 조인^{window join}, 데이터 딕셔너리 데이터 조회 등과 같은 실시간 분석을 위한 다양한 SQL 확장 기능을 제공한다. 그리고 애저 스트림 애널리틱스는 애저 시냅스^{Azure Synapse}, 애저 SQL Database 등 결과를 저장할 수 있는 다양한 데이터 수신 시스템들을 지원한다.

조금 더 정교한 방식으로 실시간 처리할 프로그램이 필요하거나 SQL보다는 코드 구성 패턴을 활용하려면 아파치 스파크 스트리밍^{Apache Spark Streaming} API를 사용해볼 수 있다. 6장 전반부에서 마이크로 배치에 대해 설명한 부분을 참조하기 바란다. 애저 데이터브릭스^{Azure Databricks} 서비스는 이벤트 허브와도 완벽하게 통합되며 스파크 작업을 관리하는 데 활용할 수 있다.

이벤트 허브와 애저 스트림 애널리틱스는 데이터 중복 제거 메커니즘을 갖고 있지 않다.

---

3   빅데이터 스트림 처리에서 특정 시간에 해당하는 데이터를 모아서 분석하기 위한 데이터 시간 간격이다. – 옮긴이

애저의 권장사항은 애저 시냅스^Azure Synapse와 같은 데이터 데스티네이션에서 데이터 중복 제거를 수행하는 것이다.

요약

- 처리 계층은 데이터 플랫폼 구현의 핵심이며, 필요한 모든 비즈니스 로직이 적용되는 계층이고, 데이터 검증과 데이터 변환을 수행한다.

- 데이터 플랫폼 맥락에서 "실시간" 또는 "스트리밍"이라는 용어의 의미가 사람마다 다를 수 있으며, 데이터 플랫폼의 두 계층인 수집 계층 및 처리 계층과 관련이 있다. 실시간 수집 혹은 스트리밍 수집은 소스 시스템으로부터 스토리지나 데이터 웨어하우스와 같은 데스티네이션 시스템으로 데이터를 스트리밍하는 파이프라인을 구축해야 가능하다. 반면 "실시간 데이터 분석" 혹은 "실시간 처리"라는 용어는 스트리밍 데이터를 복잡하게 처리하거나 분석하는 애플리케이션을 의미한다.

- 실시간 수집이나 실시간 처리를 선택하거나 둘 다 선택하는 것은 요구사항에 달려 있다. 실시간 관련 요구사항으로, 분석할 데이터를 최대한 빨리 준비해야 하지만 분석 자체는 필요성에 따라 자유롭게 진행하면 되는 경우에는 실시간 수집 방식으로 구현하면 된다. 반면 분석 자체를 실시간으로 수행하고, 그 결과를 실시간으로 다른 시스템으로 전달해 결과에 따른 조치를 취하게 만드는 요구사항이라면 실시간 수집과 실시간 처리가 둘 다 필요한 경우다.

- 배치 시스템은 파일 단위로 처리한다. 파일은 여러 개의 데이터 행으로 구성돼 있다. 실시간 시스템은 개별 행이나 메시지 단위로 처리한다. 여기서 메시지란 실시간 스토리지에 데이터를 쓰고 읽을 수 있도록 정의된 데이터 단위를 말한다. 메시지들을 구조화하기 위해 토픽을 활용하는데, 파일 시스템의 폴더에 비유할 수 있다. 메시지 프로듀서가 실시간 스토리지에 메시지를 저장하면 메시지 컨슈머가 메시지를 읽어 처리한다. 실시간 시스템에서는 프로듀서, 컨슈머 양쪽 다 일종의 애플리케이션으로 간주할 수 있다. 프로듀서는 토픽에 메시지를 저장하고, 컨슈머는 토픽에서 메시지를 읽는다.

- 실시간 시스템(또는 현대화된 데이터 처리 시스템)은 하나의 물리적 시스템이나 가상 머신에서만 실행하도록 구성해서는 안 된다. 오늘날 요구되는 확장성을 확보하기 위해서는 다중 분산된 클러스터 환경에 실시간 시스템이 실행되도록 구성해야 한다.

- 실시간 처리 시스템을 구축할 때 몇 가지 해결해야 할 과제와 제약이 존재한다. 데이터 중복 문제는 실시간 처리 시스템 구축에서 자주 고려하는 사안이며 이를 처리하는 방법도 다양하다. 그런데 이러한 방안 모두 추가 비용을 필요로 하며, 성능에 부정적인 영향을 준다.

- 메시지 형식과 관련해 실시간 메시지에 아파치 아브로와 같은 바이너리 포맷을 공통 형식으로 사용하면 배치 파이프라인에서 아파치 아브로를 사용할 때 얻을 수 있는 이점들과 유사한 결과를 얻을 수 있다. 바이너리 포맷은 동일한 내용을 가진 일반 텍스트 형식보다 크기가 작다. 또한 아브로와 같은 포맷을 사용하면 스키마 없이 아브로 인코딩 메시지를 보낼 수 있는데, 이 경우 메시지 크기를 훨씬 더 줄일 수 있지만 스키마 자체를 저장하기 위한 메타데이터 계층이 필요하다. 컨슈머가 바이너리 데이터를 디코딩할 때 메타데이터 계층에 있는 스키마 정보를 사용한다.

- 아파치 카프카 실시간 시스템은 매우 널리 사용되고 있는 실시간 처리용 오픈 소스 툴이지만 주요 퍼블릭 클라우드 공급 업체에서도 유사한 실시간 처리 서비스를 제공하고 있다.

6.7 연습문제 해답

연습 문제 6.1

2- 실시간 데이터 수집과 실시간 처리

사용자의 휴대폰으로부터 데이터를 실시간으로 수집해야 하며 사용자와 친구들의 데이터를 비교하는 실시간 파이프라인이 있어야 한다. 지연이 몇 분 이상 지속되면 데이터의 정확도에 문제가 된다.

연습 문제 6.2

1- 시스템에 문제가 발생해 재실행하거나 재기동해야 할 때, 컨슈머에게 적절한 방법을 제공하기 위함

연습 문제 6.3

3- 프로듀서 영역이나 컨슈머 영역에 실패가 발생할 경우나 네트워크 같은 주요 장애가 발생하면 데이터 중복이 발생할 수 있다. 프로듀서 영역에 장애가 발생하면 동일한 데이터가 두 번(또는 그 이상) 기록될 수 있고 컨슈머 영역에 장애가 발생하면 동일한 데이터가 여러 번 처리되기도 한다. 프로듀서와 컨슈머 간 네트워크 장애가 발생하며, 메시지 오프셋 값 저장에 문제가 생기거나 데이터가 중복 처리될 수 있다.

7
메타데이터 계층 아키텍처

7장에서 다루는 내용

- 데이터 플랫폼의 기술 메타데이터와 비즈니스 메타데이터의 이해
- 메타데이터를 활용한 데이터 플랫폼 관리 단순화
- 메타데이터 계층 아키텍팅 최적화
- 도메인별 메타데이터 모델 설계
- 메타데이터 계층 구현 옵션 이해
- 상용 및 오픈 소스 메타데이터 옵션 평가

7장에서는 데이터 플랫폼 내부 메타데이터의 의미와 이 메타데이터가 데이터 플랫폼 운영 시 중요한 이유를 명확히 이해할 수 있도록 설명한다.

데이터 플랫폼의 복잡성 증가 사례들을 통해 설정configuration 메타데이터와 처리 내역 activity 메타데이터의 차이점, 각 메타데이터의 사용 방법을 알아본다. 또한 데이터 엔지니어 와 고급 데이터 사용자가 데이터 플랫폼을 활용할 때 메타데이터 계층을 주요 인터페이스로 사용해야 하는 이유를 설명한다.

그다음 4가지 도메인(파이프라인 메타데이터, 데이터 품질 검사, 파이프라인 처리 내역, 스키마 레지스트리)을 관리하기 위한 메타데이터 모델을 설명한다. 여러 기업에서 사용 중인 메타데이터 모델 기반이며, 보편화 시킬 수 있는 부분만 강조해서 표현했다.

클라우드 데이터 플랫폼 메타데이터를 어떻게 구조화해야 하는지, 주요 메타데이터 엔터티의 종류와, 각 엔터티별 공통 속성은 어떤 것들이 있는지를 살펴본 후 실제 프로젝트에 적용하는 방법을 알아보도록 한다. 복잡도에 따른 세 가지 메타데이터 계층 구현 옵션을 제시하고, 가장 간단한 옵션부터 시작해 옵션별로 필요한 시점을 설명한다.

마지막으로 메타데이터와 관련된 기존 오픈 소스 및 클라우드 서비스를 개괄적으로 설명하고, 이 장에서 다룬 메타데이터 모델과 이들 서비스에서 제공하는 모델과의 차이점을 간단히 살펴본다.

7.1 메타데이터의 의미

메타데이터는 간단히 말해 "다른 데이터에 대한 정보를 제공하고 설명하는 데이터의 집합"이다. 데이터 플랫폼과 데이터 관리 영역에서의 메타데이터는 자체 데이터를 더 잘 관리하는데 도움이 되는 정보라 할 수 있다. 데이터 플랫폼에는 두 가지 유형의 메타데이터가 있다. 비즈니스 메타데이터와 데이터 플랫폼 내부 메타데이터로, 데이터 플랫폼 내부 메타데이터는 파이프라인 메타데이터라 부르기도 한다.

7.1.1 비즈니스 메타데이터

데이터 관리 측면에서의 메타데이터란 일반적으로 비즈니스 메타데이터를 의미한다. 비즈니스 메타데이터는 데이터의 발생 조직(세일즈 부서, HR, 엔지니어 팀), 데이터의 소유자, 생성 일자 및 시간, 파일 크기, 데이터의 용도, 데이터셋의 품질 등급 등을 설명하는 정보 또는 "태그tag"를 말한다. 메타데이터는 데이터 자체에는 존재하지 않는 데이터이기에 파일 병합을 수행할 때 중요하게 고려해야 할 중요한 정보다. 해당 파일의 맥락context이나 "가정assumption"이 병합할 때 손실될 수 있기 때문이다. 예를 들어, 북미 지역 세일즈 실적 통합을 위해 미국 세일즈 실적 데이터는 RDBMS에서 받고, 캐나다 세일즈 실적 데이터는 CSV 파일로 수집되고 있는 상황을 고려해보자. 각 데이터셋에는 국가 코드가 들어 있지 않을 가능성이 높은데, RDBMS에 저장된 세일즈 실적 정보는 당연히 미국 지역의 것이라 가정하고 있을 것이고, CSV 파일로 수집된 캐나다 세일즈 실적 정보도 캐나다 지역임을 가정하고 있기 때문이다. 그러나 단일 데이터 플랫폼으로 이 데이터를 통합하려 하면 수집되는 데이터에는 국가 컨텍스트가 존재하지 않기 때문에 이 둘을 구별할 수 있는 메타데이터를 추가해야 한다.

비즈니스 메타데이터의 주요 역할은 최종 사용자에게 데이터 검색을 용이하게 하는 것이다. 비즈니스 사용자가 특정 데이터셋이나 보고서를 찾고자 할 때 수백 개로 나눠져 있는 각각의 데이터셋에서 일일이 검색하는 형태를 원하지 않는다. 그보다는 "Sales Q1 2020 Canada+US quality= high"와 같은 형태로 한 번에 검색해 이러한 태그가 할당된 데이터셋과 보고서들을 받기를 원한다.

데이터 관리 도메인에서 과거 수년간은 비즈니스 메타데이터만이 메타데이터 영역에서의 주요 관심사였다. 이는 최종 사용자들이 데이터 활용성을 높여 효율적으로 작업할 때 비즈니스 메타데이터와 메타데이터 관리 툴이 많은 기여를 해왔기에 특이한 사항은 아니다. 데이터 플랫폼이 구축되기 시작하면서 데이터셋 수도 기하급수적으로 증가했고, 데이터 검색과 데이터 분류에 관련된 요구사항들이 오늘날까지 계속되고 있다.

기업에서는 데이터 태깅, 데이터 검색과 관련된 비즈니스 메타데이터 관리 문제를 해결하고자 다양한 툴들을 도입했다. 이러한 문제를 구체적으로 해결하는 상용 메타데이터 소프트웨어 제품으로는 얼래이션[Alation], 콜리브라[Collibra], 인포메티카[Informatica]가 있다. 또한 탤런드[Talend] 및 인포메티카와 같은 ETL 오버레이 툴들은 데이터 카탈로그라는 메타데이터 관리 기능도 함께 제공하고 있다. 퍼블릭 클라우드 공급 업체에서도 구글 클라우드 데이터 카탈로그, 애저 데이터 카탈로그, AWS 글루 데이터 카탈로그가 이 분야의 서비스를 제공하고 있다.

7.1.2 파이프라인 메타데이터(데이터 플랫폼 내부 메타데이터)

비즈니스 메타데이터만큼 관심을 받지는 못하지만 데이터 플랫폼이 동작하는 데 필수적인 또 다른 유형의 메타데이터가 있다. 이러한 메타데이터를 데이터 플랫폼 메타데이터 또는 파이프라인 메타데이터라 한다. 파이프라인 메타데이터는 각각의 데이터 파이프라인에 대한 설명, 각 파이프라인에 연결된 데이터 소스[1] 목록과 데이터 소스에 대한 상세 정보를 관리한다. 무엇보다도 파이프라인이 성공적으로 실행된 시점이 언제인지, 만약 실패했다면 어떤 오류로 실패했는지와 같은 관련 정보를 제공하는 역할을 한다. 또한 정상이었던 데이터들이 갑자기 모두 불량으로 처리되는 상황이 발생했을 때, 파이프라인 메타데이터를 활용해 관련 데이터의 품질 점검표를 누가 언제 변경했는지 확인할 수도 있다.

파이프라인 메타데이터는 자동화, 모니터링, 설정 관리configuration management 시 필수 요소다. 데이터 플랫폼의 파이프라인과 데이터 소스가 복수 개만 되더라도 파이프라인 메타데이터 없이 운영하는 것은 쉽지 않을 뿐더러 악몽 같은 일이 발생할 수도 있다.

이 책 전반과 7장에서는 파이프라인 메타데이터에 초점을 맞출 것이다. 비즈니스 메타데이터보다 파이프라인 메타데이터가 더 중요하기 때문은 아니다. 둘 다 각 영역에서 중요한 역할을 담당한다. 데이터 플랫폼 내부 메타데이터는 데이터 엔지니어링과 데이터 운영 도메인 요구사항에 맞춰져 있으며 이를 통해 데이터 플랫폼을 더욱 원활하게 관리하는 것이 주요 목적이다. 비즈니스 메타데이터 관리를 위한 툴, 제품, 관련 지식 정보는 많은 반면, 데이터 플랫폼 내부 메타데이터 관리를 위한 정보들은 희박한 상황이다.

7.2 파이프라인 메타데이터의 장점

데이터 플랫폼의 진화 과정을 단순화시켜보자. 데이터 플랫폼의 첫 번째 사례로, 배치 데이터 소스가 하나인 구조며 이를 FTP 서버로 올리는 형태로 돼 있었다. 이때 파이프라인은 하나로 구성됐는데, 이 파이프라인의 역할은 데이터 품질 검사를 샘플링해 수행하고, 클라우드 데이터 웨어하우스로 데이터를 보내는 일을 한다. 그림 7.1에서 이러한 단일 파이프라인 플랫폼을 설명하고 있다.

지나치게 단순화시킨 것처럼 보일 수 있지만, 사실 많은 데이터 플랫폼이 이와 같은 간단한 사용 사례로 시작했다. 하나의 파이프라인에서 수집 기능, 데이터 품질 검사 기능, 기초적

---

1   이 장에서 소스(Source)란 데이터 소스를 지칭하며 파이프라인이나 플랫폼에서 처리해야 하는 입력 데이터들의 집합 혹은 저장
     소를 말한다. 데스티네이션(Destination)은 데이터 데스티네이션을 지칭하는데, 파이프라인이나 플랫폼에서 처리한 결과를 보낼
     데이터들의 집합 혹은 저장소를 말한다. – 옮긴이

인 수준의 데이터 포맷팅 기능을 수행하는 경우라면 파이프라인 설정이나 파이프라인 메타데이터가 거의 필요하지 않다. 모든 것이 한곳에 있으며 코드 베이스도 하나다. 만약 소스 시스템 정보, 소스 데이터 정보, 데스티네이션 데이터 정보를 변경하려 하면 수집 영역 설정값만 수정하면 되므로 복잡하지 않다.

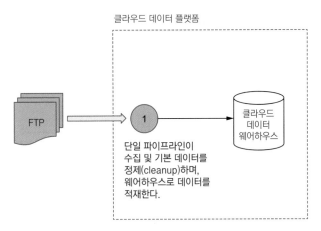

▲ **그림 7.1** 단일 파이프라인 플랫폼은 모든 로직이 하나의 수집 파이프라인에 저장되는 형태이므로 설정 방법이 비교적 단순하다.

| **참고** | 7.1 사례의 경우 파이프라인 코드에 관한 설정값이 거의 필요하지 않을 수 있지만 클라우드 스토리지 계정, 데이터 웨어하우스와 같은 플랫폼 인프라의 설정값들은 별도로 관리되도록 구성해야 한다. 인프라 메타데이터를 수집해 사용할 수도 있지만, 인프라 구성 정보는 잘 변경되지 않는 경향이 있기 때문에 파이프라인 메타데이터에서 제외된다. 반면 데이터 플랫폼이 진화 발전해가면서 파이프라인 코드는 빠르게 추가 및 변경되므로 메타데이터화시킬 필요성이 대두된다. 또한 클라우드 인프라 설정값의 경우, 다양한 코드형 인프라스트럭처(Infrastructure-as-code)[2] 관리 툴을 활용할 수 있다.

---

2   코드형 인프라스트럭처(Infrastructure as code, IaC)는 물리적 하드웨어 구성이나 인터페이스 구성 도구가 아닌 기계가 읽을 수 있는 정의 파일들을 통한 컴퓨터 데이터 센터의 관리 및 프로비저닝 과정이다. 이를 통해 관리되는 IT 인프라스트럭처는 베어 메탈 서버 같은 물리 장비와 가상 머신 및 관련 구성 리소스를 모두 구성한다. 이 정의는 버전 관리 시스템에 속할 수 있다. 수동 프로세스가 아닌 스크립트나 선언형 정의를 사용할 수 있으나 이 용어는 선언적 접근을 제고하기 위해 사용되는 일이 더 많다. IaC 접근방식은 클라우드 컴퓨팅을 위한 고도화된 방식이며 서비스형 인프라스트럭처(IaaS)로 마케팅되기도 한다. IaC는 IaaS를 지원하지만 그 둘은 구별된다. 출처: ko.wikipedia.org/wiki/코드형_인프라스트럭처 – 옮긴이

따라서 이 데이터 플랫폼을 모니터링하기 쉬우며 운영하기도 용이하다. 데이터가 데이터 웨어하우스로 전달되지 않는 장애가 발생했을 때, 문제 분석을 위해 조사해봐야 할 영역은 파이프라인 한곳뿐이다.

실제 현장 경험상으로는, 이 플랫폼은 머지않아 다른 데이터 소스를 추가하는 식의 확장을 해야 하는 경우가 생긴다. 이번에도 AWS S3 스토리지에 파일이 있다고 가정해보자. 그림 7.2는 데이터 플랫폼에 두 번째 데이터 소스를 추가했을 때 변경되는 내용을 보여주고 있다.

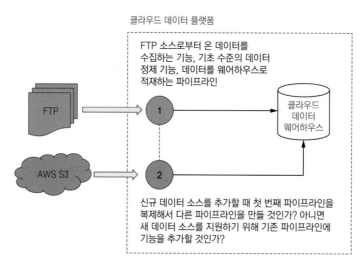

▲ **그림 7.2** 새로운 데이터 소스(2)를 추가해야 할 경우 두 가지 옵션으로 새로운 데이터 소스를 지원하기 위한 새로운 파이프라인을 만들거나, 혹은 기존 파이프라인에 로직을 추가하는 방법이 있다.

배치 파일과 같은 다른 데이터 소스를 추가하려 할 때 결정해야 할 한 가지 난제가 있다. 단순하게 기존처럼 수집 파이프라인을 하나로 유지하기를 원할 경우에는 기존 파이프라인 코드에 AWS S3 스토리지 연결 기능, 거기에서 데이터를 복사해 오는 기능, 관련 데이터 유효성 검사 기능 등의 로직을 추가해야 한다. 이 방법은 효과가 있을 수 있다. 그런데 만약 데이터 소스를 점점 더 많이 추가해야 된다면 어떻게 될까? 데이터 소스 중에는 배치 파일 유형과는 상당히 다른 형태도 있다. 예를 들면 데이터베이스의 실시간 변경 데이터 캡처[CDC] 스트림 같은 것일 수 있다. 추가적인 데이터 소스가 늘어나는데도 하나의 파이프라인을 유지하려 하면 파이프라인 코드가 복잡해지므로 유지 관리하기 힘들어질 것이다.

모니터링하고 운영하는 것은 구조적으로는 단순해 보이지만, 데이터 파이프라인의 로직들이 증가하면서 까다로워지기 시작한다. 만약 AWS로부터 와야 할 데이터가 제때 오지 않은 경우, 지연의 원인은 무엇일까? 지연은 이 AWS 내부 문제일 수도 있고, 이와는 상관없는 FTP 연결 오류일 수도 있다. 이러한 간단한 예제에서도 문제의 근본 원인을 밝혀 내기가 쉽지 않다.

데이터 소스를 추가하는 또 다른 접근 방식은 기존 수집 파이프라인을 복제한 후, 신규 AWS S3 소스에 맞게 해당 소스를 변경하는 방법이다. 이 경우 고려해야 할 이슈는 중복 코드로 인한 문제점이다. 중복 코드는 파이프라인 변경을 매우 어렵게 만드는 요인이다. 예를 들어 비즈니스 요구사항 변경을 수용하기 위해 데이터 품질 검사 영역의 코드를 변경해야 할 경우를 가정해 보자. 파이프라인이 여러 개라면 파이프라인 수만큼 수정해야 한다.

이 책 전반에 걸쳐 "설정 방식의 파이프라인" 구축 필요성을 다루고 있다. 즉, 유사한 성격의 다양한 소스 유형(파일 또는 데이터베이스)으로부터 데이터 수집, 데이터 변환, 데이터 품질 검사 수행 기능을 동일한 파이프라인 코드로 관리하는 것이다. 데이터 소스 이름과 소스 시스템마다 별도 파이프라인을 구성하지 않고 하나의 파이프라인 코드로 구성하되, 데이터 소스와 소스 시스템 관련 정보는 설정값 형태로 추상화하고, 코드 외부에서 설정값 형태로 관리되도록 설계한다. 이렇게 구축할 경우, 데이터 소스가 계속 추가되는 상황에서도 상당히 유연하게 대처할 수 있다. 신규 파이프라인을 추가하거나 기존 파이프라인에 로직을 추가하지 않아도 된다. 즉, 파이프라인 코드는 건드리지 않고 파이프라인 설정값만 업데이트하면 된다.

데이터 플랫폼 예제를 더 자세히 살펴보기 위해, 그림 7.3에서 각 소스로부터 수집되는 데이터를 변환하기 위한 데이터 변환 파이프라인(3번과 4번)과, 그 다음으로 두 소스를 함께 조인해서 데이터 웨어하우스로 적재하는 과정(5번)을 보여주고 있다. 예제를 통해 이해할 수 있는 것은, 복잡해지는 처리 과정을 효과적으로 관리하기 위해 파이프라인 코드로 구현할 영역과, 외부 설정값, 즉 메타데이터로 관리할 영역을 분리해야 된다는 점이다.

메타데이터 관리 계층과 설정 파일을 통해 각 파이프라인의 실제 수행 작업 정보, 수집해야 할 데이터의 위치 정보, 처리 결과 저장 위치 정보와 같은 메타데이터 정보를 관리하게 되면 파이프라인 동작 방식을 쉽고 빠르게 변경할 수 있다. 즉, 파이프라인 코드를 변경하지 않고 메타데이터 계층의 특정 설정 파일만 업데이트하면 된다. 유사하게 메타데이터 계층의 특정 설정값 업데이트를 통해 데이터 플랫폼의 크기도 쉽게 확장할 수 있다.

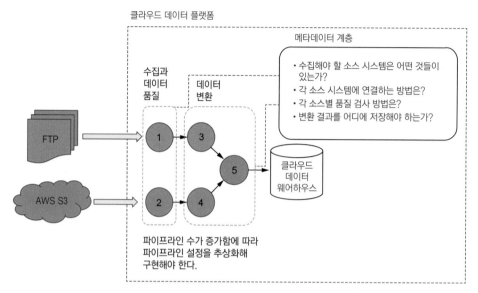

▲ **그림 7.3** 소스 시스템이 추가되고 이에 따른 데이터 변환 로직도 계속 늘어나게 되면서, 파이프라인 설정을 관리하기 위한 새로운 계층의 필요성이 커진다.

| **참고** | 4장에서 보았듯이, 수집 파이프라인의 구현 세부 사항은 데이터 소스 유형에 따라 달라질 수 있다. 즉, RDBMS, 플랫(flat) 파일, 실시간 스트림 등과 같이 소스 유형이 다르면 수집 파이프라인도 이에 따라 달라질 가능성이 높다. 데이터 플랫폼 운영자가 일관된 인터페이스를 사용해서 이러한 파이프라인 설정을 관리하고자 할 때 데이터 저장소로 메타데이터 계층을 활용하기도 한다.

메타데이터 계층이 파이프라인 설정 저장소로만 활용되는 것은 아니다. 실제로 기술 기반의 회사인 링크드인LinkedIn이 이 계층을 위해 구현한 기능 중 하나를 "링크드인 데이터허브 LinkedIn Datahub 프로젝트"라 부른다. 이를 분석해보면 메타데이터 계층이 어떤 책임을 갖고 있는지 알 수 있다. 여기에는 데이터 소스 정보, 저장 위치 정보, 데이터 처리 방법, 각 단계를 처리하는 데 걸리는 시간, 처리에 문제가 있는지 여부, 그 외 유용한 세부 사항 정보가 저장돼 있다.

아키텍처 관점에서 볼 때 메타데이터 계층은 세 가지 주요 기능이 존재한다.

- 모든 파이프라인 설정 정보를 관리하기 위한 중앙 스토리지 기능
- 각 파이프라인의 실행 상태를 추적하기 위한 메커니즘과 파이프라인 실행 내역에 관한 다양한 통계 정보
- 스키마 저장소

7장에서는 앞의 두 항목과 메타데이터 사용을 극대화하는 방법을 중점적으로 다루고, 스키마 저장소는 8장에서 자세히 설명한다.

간단히 말해 데이터 엔지니어와 고급 데이터 사용자가 데이터 플랫폼을 사용할 때, 메타데이터 계층은 이들이 사용하는 기본 인터페이스가 돼야 한다. 다음은 데이터 플랫폼 사용자가 파이프라인 메타데이터를 유용하게 활용한 사례들이다.

데이터 엔지니어가 FTP 서버의 소스 파일 위치를 변경해야 한다면, 파이프라인 코드를 직접 수정하지 않고 메타데이터 계층에서 이 소스와 관련된 설정값을 수정한다.

데이터 엔지니어가 특정 변환 파이프라인의 장애 경고(처리 내역activity)를 받았을 경우, 원인 분석을 위해 서로 다른 서버에 위치한 로그 파일들을 모두 볼 필요가 없다. 대신 메타데이터 계층에서 상세한 상태 정보를 갖고 있으므로 메타데이터 계층에 최신 파이프라인 상태를 요청해서 받으면 된다. 경고 메커니즘도 이 메타데이터 계층 기반 위에 구축하면 된다. 장애, 데이터 수집 속도, 실시간 스트림의 중복 항목 수와 같은 정보가 메타데이터 계층에 기록되기 때문에 어떤 유형의 모니터링이나 경고 알림 기능을 구축할 수도 있다.

데이터 사용자가 데이터 레이크 기능을 최대한 활용하기 위해 자체 변환 파이프라인을 구축한다고 가정해보자. 이때 데이터 사용자는 특정 파이프라인의 입력물과 출력물에 관한 정보에 대해 궁금해할 필요가 없는데, 메타데이터 계층에 해당 정보가 모두 있기 때문이다.

연습문제 7.1

이 책에서 설명하고 있는 메타데이터 계층의 기능이 아닌 것은?

1. 모든 데이터 소스를 위한 스키마 저장소 기능
2. 최종 사용자를 위한 간편한 데이터 검색 기능
3. 파이프라인 구성 정보 스토리지 기능
4. 파이프라인 처리 내역 추적 기능

7.3 메타데이터 모델

메타데이터와 관련해서 직면하게 되는 주요 문제점 중 하나는 메타데이터 모델에 대한 업계 표준이 없다는 것이다. 관계형 데이터베이스 기술을 사용해서 운영 데이터베이스를 설계하고자 할 때에는 테이블에 데이터 구성 방법들, 옵션별 장단점 비교 등과 같은 수많은 정보를 찾을 수 있다. 메타데이터 도메인에는 이와 같은 내용이 아직까지는 거의 없는 실정이다. 링크드인LinkedIn과 리프트Lyft와 같은 일부 대형 인터넷 회사들의 작업물이 현재 오픈 소스로 제공되며 7장 뒷부분에서 논의하겠지만, 이러한 사용 가능한 메타데이터 구현조차도 특정 회사의 데이터 엔지니어링 접근 방식, 비즈니스 도메인 등의 세부 사항들과 밀접하게 연관돼 있다. 이러한 사례들이 대체로 보편적이지 않다 보니 다른 기업에서 적용하기가 쉽지 않다.

이 절에서는 여러 다른 기업에서 보편적으로 사용하고 있는 메타데이터 모델 하나를 소개한다. 다소 보편적으로 보이는 측면만 표현하고 있기에 다소 유연한 메타데이터 모델로 간주할 수 있다. 데이터 플랫폼 메타데이터 구성 방법에 대한 일반적인 개념을 이해한 후에, 이 모델을 조직 요구사항에 맞춰보면서 모델의 확장 여부를 결정하면 된다.

7.3.1 메타데이터 도메인

메타데이터 항목들은 네 가지 도메인, 즉 파이프라인 메타데이터 도메인(설정), 파이프라인 처리 내역 도메인(처리 내역), 데이터 품질 검사 도메인(설정), 스키마 레지스트리(설정)으로 그룹화할 수 있다. 그림 7.4는 이 네 가지 도메인과 각 도메인과의 관계를 보여준다.

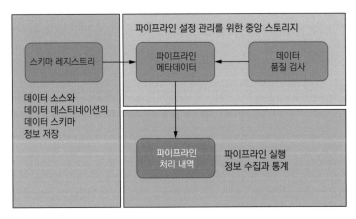

▲ **그림 7.4** 주요 메타데이터 도메인과 각 도메인 간의 관계

파이프라인 메타데이터 도메인에는 데이터 소스 정보, 데이터 데스티네이션 정보, 수집 파이프라인 정보, 변환 파이프라인 정보들이 존재한다. 스키마 레지스트리 도메인에는 데이터 소스와 데이터 데스티네이션의 데이터 스키마 정보가 있다. 스키마 레지스트리 도메인에 대한 내용은 8장에서 자세히 다루도록 한다. 데이터 품질 검사 도메인에는 데이터 품질 검사 정보들이 저장되고, 데이터 품질 검사는 수집 파이프라인, 변환 파이프라인 등을 필요에 따라 각각 다르게 적용 가능하다. 마지막으로 파이프라인 처리 내역 도메인에는 각 파이프라인에서의 실행 내역들을 추적할 수 있도록 성공 또는 실패 상태, 처리 시간, 읽기/쓰기 데이터 양과 같은 통계 정보들을 저장한다. 데이터 플랫폼 파이프라인을 애플리케이션으로 비유하면 파이프라인 메타데이터는 애플리케이션 설정값으로 볼 수 있고, 파이프라인 처리 내역은 애플리케이션 로그 파일이나 메트릭으로 생각할 수 있다.

파이프라인 메타데이터

데이터 플랫폼 아키텍처 중앙에 파이프라인 메타데이터가 있다. 여기에는 데이터가 어디서 왔으며, 어떻게 처리해야 하는지에 대한 정보를 담고 있다. 파이프라인 메타데이터 도메인의 주요 컴포넌트를 쉽게 이해할 수 있도록 한 가지 예를 들고자 한다.

세 가지 수집용 데이터 소스로 구성된 데이터 플랫폼을 구축한다고 가정해보자. 첫 번째 데이터 소스는 파일로 된 세일즈 데이터이고, 두 번째 소스는 RDBMS 기반의 세일즈 데이터, 세 번째 소스는 API 방식으로 연계되는 인사 데이터다. 세일즈 데이터와 인사 데이터의 액세스 권한 관리가 용이하도록 이 두 종류의 데이터를 플랫폼에서 별도로 분리 보관하려 한다.

그림 7.5에서 본 예제와 관련된 파이프라인 메타데이터의 모델을 보여주고 있다. 파이프라인 메타데이터의 최상위 레벨에는 네임스페이스가 있다. 네임스페이스를 사용해 파이프라인, 데이터 소스, 데이터 플랫폼의 기타 다른 요소들을 논리적으로 분리할 수 있다. 그림 7.5에는 세일즈와 인사라는 두 가지 네임스페이스가 있다. 네임스페이스마다 각각의 데이터 소스와 파이프라인들이 정의돼 있다. 네임스페이스는 파이프라인 이름, 클라우드 스토리지의 폴더 이름, 실시간 시스템의 토픽명 등을 정의하는 데에도 활용할 수 있다. 이를 통해 네임스페이스 기반으로 클라우드 리소스 사용 권한을 할당할 수 있다.

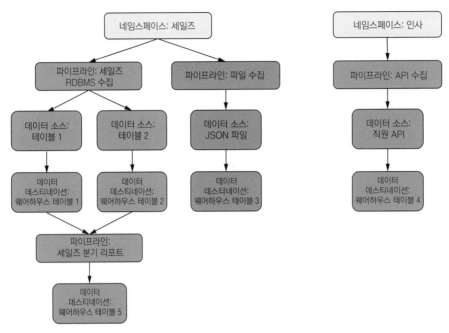

▲ **그림 7.5** 두 개의 도메인(세일즈와 인사)을 가진 데이터 플랫폼의 파이프라인 메타데이터 레이아웃 사례

메타데이터 데이터 모델에서 네임스페이스의 필수 속성값은 다음과 같다.

- **ID** – 네임스페이스의 고유 식별자
- **이름**Name – 클라우드 리소스 이름이며 가능한 짧은 이름으로 정의한다.
- **설명**Description – 네임스페이스에 대한 자세한 설명
- **생성 타임스탬프** – 네임스페이스를 만든 일시 정보
- **최종 수정 타임스탬프** – 네임스페이스를 마지막으로 수정한 일시 정보

하나의 파이프라인 메타데이터 객체object에는 수집 파이프라인, 변환 파이프라인 모두에 관한 정보가 존재한다. 예를 들면 "세일즈 RDBMS 수집" 파이프라인이나 "세일즈 분기 리포트" 파이프라인과 같다. 데이터 소스는 파이프라인의 입력물input이며, 파이프라인의 출력물output은 데이터 데스티네이션으로 표현하고 있다. 본 메타데이터 모델 사례에서 "세일즈 RDBMS 수집" 파이프라인의 출력물은 "세일즈 분기 보고서" 파이프라인의 입력물로 사용되고 있다(그림 7.6).

| 참고 | 그림 7.6에서 "세일즈 분기별 보고서" 파이프라인은 웨어하우스 테이블을 입력으로 사용하고 있다. 그러나 웨어하우스 테이블을 입력으로 사용한다 해서 클라우드 데이터 웨어하우스의 데이터를 물리적으로 읽는다는 것을 의미하지는 않는다. 변환 파이프라인을 생성할 때 클라우드 데이터 웨어하우스도 한 가지 옵션일 수 있다. 클라우드 플랫폼의 데이터 데스티네이션에는 일반적으로 웨어하우스의 테이블과 클라우드 스토리지의 파일의 묶음이라는 적어도 두 가지 형태가 있다. 데이터 처리 관점에서 데이터 웨어하우스와 데이터 레이크의 장단점은 5장에서 다뤘다.

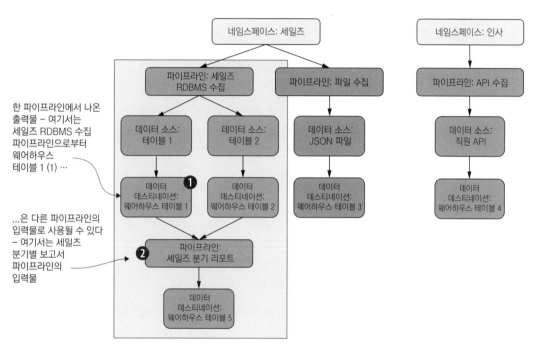

▲ **그림 7.6** 파이프라인 관점에서 볼 때 데이터 소스와 데이터 데스티네이션은 교체가 가능하다. 한 파이프라인의 출력물은 다른 파이프라인에 대한 입력물로 사용될 수 있다.

파이프라인 메타데이터 객체에는 다음과 같은 속성이 있다.

- **ID** – 네임스페이스의 고유 식별자
- **이름**Name – 클라우드 리소스 이름이며 가능한 짧은 이름으로 정의한다.
- **설명**Description – 네임스페이스에 대한 자세한 설명
- **유형**Type – 파이프라인 유형을 말하며 수집 파이프라인인지 변환 파이프라인인지 선택한다.

- **속도**^{Velocity} – 파이프라인이 배치^{batch} 파이프라인인지 실시간 파이프라인인지 선택한다.

- **소스와 데스티네이션** – 데이터 소스와 데이터 데스티네이션 간 매핑 정보다. 소스와 데스티네이션 정보는 메타데이터 모델에서 별도의 객체이며, 이 속성에는 소스 ID와 데스티네이션 ID만 허용된다. 수집 파이프라인의 경우 일반적으로 소스와 데스티네이션 정보가 일대일 관계로 매핑된다. 변환 파이프라인의 경우 입력물은 복수 개인 경우가 많으나, 데이터 출력물은 하나가 생성된다.

- **데이터 품질 검사 ID** – 파이프라인의 데이터 소스와 데이터 데스티네이션의 데이터 품질을 점검하는 데 사용하는 품질 검사 목록이다. 데이터 소스/데이터 데스티네이션별로 검사 항목들을 추가할 수 있다. 한 파이프라인은 여러 데이터 소스들을 조인하는 방식으로 구성할 수 있는데, 이때 품질 검사는 조인된 데이터셋 기반에서도 진행 가능하다. 조인된 데이터셋 기반에서 품질 검사를 할 경우, 개별 소스별로 검사했을 때는 하기 어려웠던 점검이 가능한 경우도 있다.

- **생성 타임스탬프** – 파이프라인을 만든 일시 정보

- **최종 수정 타임스탬프** – 파이프라인을 마지막으로 수정한 일시 정보

- 생성 타임스탬프와 최종 수정 타임스탬프는 파이프라인이 처음 만들어진 시기와 변경된 시점을 알려주므로 문제를 해결하는 데 매우 유용하다.

- **연결 세부 정보**^{Connectivity Details} – 수집 파이프라인에는 데이터 소스 연결 정보가 있어야 한다. 예를 들어 소스 RDBMS, FTP 서버, 카프카^{Kafka} 클러스터 등의 호스트 이름/IP 주소 정보를 말한다.

> **참고** 메타데이터 계층에 소스 시스템의 아이디/패스워드(username/password)와 같은 중요한 정보를 저장해서는 안 된다. 애저 키볼트(Azure Key Vault), AWS 시크릿 매니저(Secrets Manager) 또는 구글 클라우드 시크릿 매니저(Google Cloud Secrets Manager)와 같은 전용 클라우드 서비스를 사용할 것을 권장한다.

데이터 소스란 플랫폼으로 가져오고자 하는 데이터들의 집합을 말한다. 한 데이터 소스를 다른 데이터 소스와 구분하고자 주로 소스 스키마^{schema}를 사용한다. 예를 들어 RDBMS

의 한 테이블은 하나의 데이터 소스가 될 수 있다. 또한 실시간 시스템의 토픽^{topic}도 데이터 소스이고, FTP 서버에 동일한 스키마를 가진 CSV 파일들도 하나의 데이터 소스라 할 수 있다.

소스 메타데이터 객체는 다음과 같은 속성을 가진다.

- **ID** – 데이터 소스의 고유 식별자
- **이름** – 테이블 이름이나 토픽 이름, 파일 이름을 의미한다.
- **스키마 ID** – 특정 데이터 소스의 스키마 정보를 가진 스키마 레지스트리에 대한 링크
- **데이터 품질 검사 ID** – 데이터 소스의 데이터 품질을 점검하는 데 사용하는 품질 검사 ID 목록
- **유형**^{Type} – 데이터 소스 유형을 말하며 "테이블", "파일", "실시간 토픽" 등이 될 수 있다.
- **생성 타임스탬프** – 데이터 소스를 처음 등록했을 때의 일시 정보
- **최종 수정 타임스탬프** – 소스 메타데이터를 마지막으로 업데이트했을 때의 일시 정보

파이프라인 여정^{journey}은 데이터 데스티네이션^{Destination}에서 끝난다. 클라우드 데이터 플랫폼 아키텍처에서 데이터 데스티네이션은 클라우드 데이터 웨어하우스의 테이블, 실시간 시스템의 토픽, 고속 애플리케이션 액세스를 위한 키/밸류^{key/value} 저장소 등이 될 수 있다. 메타데이터 계층에서 명시적으로 설명할 필요가 없는 암묵적 데이터 데스티네이션^{destination}도 있다. 예를 들어, 각 파이프라인은 클라우드 스토리지에 데이터를 저장하도록 설계돼 있다. 이를 통해 한 파이프라인의 출력물을 다른 파이프라인의 입력물로 활용할 수 있도록 변환 파이프라인 체인을 만들 수 있다. 이 경우 일부 파이프라인에는 명시적 데이터 데스티네이션 정보가 없을 수 있다.

데스티네이션 객체는 데스티네이션 유형 목록을 제외하고는 소스 객체와 유사하다.

- **ID** – 데이터 데스티네이션의 고유 식별자
- **이름** – 테이블 이름, 토픽 이름, 키/밸류 저장소의 컬렉션^{collection} 정보 등
- **스키마 ID** – 특정 데이터 데스티네이션의 스키마 정보를 가진 스키마 레지스트리에 대한 링크

- **데이터 품질 검사 ID** – 데이터 데스티네이션의 데이터 품질을 점검하는 데 사용하는 품질 검사 ID 목록
- **유형**Type – 데이터 데스티네이션 유형을 말하며 "웨어하우스 테이블", "실시간 토픽" 등이 될 수 있다.
- **생성 타임스탬프** – 데이터 데스티네이션을 처음 등록했을 때의 일시 정보
- **최종 수정 타임스탬프** – 데스티네이션 메타데이터를 마지막으로 업데이트했을 때의 일시 정보

데이터 품질 검사

데이터 품질 검사Data Quality Checks란 플랫폼에서 사용하는 데이터에 비즈니스 룰들을 적용하는 것이다. 주 목적은 정의된 파라미터에 부합되지 않는 데이터의 식별이다. 그림 7.7에서 네임스페이스(여기서는 인사 정보와 세일즈 정보)별 데이터 소스(직원 API)나 파이프라인(파일 수집과 API 수집)에 데이터 품질 검사를 적용하는 방법을 보여준다.

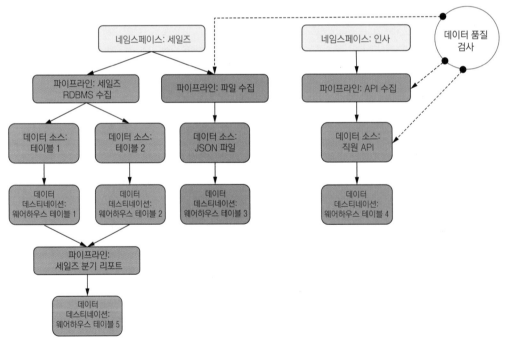

▲ **그림 7.7** 데이터 품질 검사는 파이프라인이나 데이터 소스에 비즈니스 규칙을 적용하는 것이며, 메타데이터 영역에 설정값 형태로 저장된다.

데이터 품질 검사에는 일반적으로 예방적proactive 검사와 후향적retrospective 검사 두 가지 유형이 있다.[3] 예방적 데이터 품질 검사는 주로 수집 파이프라인에서 수행되는 검사로, 테스트를 통과하지 못한 데이터가 데이터 플랫폼으로 들어오는 것을 방지한다. 예방적 데이터 품질 검사는 일반적으로 컬럼 단위나 행 단위로 진행된다. 반면, 후향적 검사에서는 기존 아카이브 데이터를 분석해 데이터가 여전히 논리적 무결성과 일관성을 유지하는지 확인한다. 예방적 검사는 플랫폼에 유입되는 "불량" 데이터를 방지하는 필터라 생각할 수 있다. 후향적 검사는 감사 보고서audit report로도 비유할 수 있는데, 신규 데이터가 기존 데이터에 추가된 후 이 데이터셋이 기업 품질 규칙을 위반하지 않도록 보장하기 위한 품질 검사 방식이다. 그림 7.8에서 예방적 검사와 후향적 검사 간의 차이를 설명하고 있다.

일반적으로 예방적 검사는 데이터의 컬럼 형식 준수 여부, NULL값 점검, 데이터값 유효성 검증을 주로 수행한다. 예를 들어 생년월일 컬럼은 음수 값을 가질 수 없거나, 성과 이름 컬럼은 NOT NULL이어야 한다와 같은 것들이다. 예방적 검사는 수집 중에 수행하고, 일반적으로 플랫폼에 있는 데이터는 액세스하지 않기 때문에 여러 데이터 소스의 데이터를 조인하는 방식을 활용하지는 않는다. 조인하지 않는 이유는 순전히 기술적인 한계 때문만은 아니다. 예를 들어, 4장에서 배치 방식의 중복 데이터 제거 방식을 설명했는데, 이때 데이터 중복 식별을 위해 기존 데이터와 수신 데이터를 조인해야 했다. 이렇게 하면 수집 과정에서 대량의 데이터셋을 조인할 경우 수집 파이프라인 성능이 상당히 느려지기 때문에 이 같은 방식의 점검은 주의해서 활용해야 한다.

후향적 검사는 일정 계획에 맞춰 주기적으로 실행될 수 있기에 예방적 검사 방식보다는 유연하다. 후향적 검사는 실제 데이터를 수정하는 기능은 없는 데이터 변환 파이프라인으로 보면 된다. 후향적 검사를 통해 데이터 품질 보고서와 같은 데이터셋을 생성할 수도 있고, 이력 데이터에 액세스하고 데이터 소스들을 조인해서 데이터의 일관성을 점검할 수 있다. 예를 들어 직원 데이터셋을 부서 데이터셋과 조인하는 후향적 검사를 통해 직원이 없는 부서 데이

---

3   proactive, retrospective는 과학연구, 사회 여러 분야에서 널리 사용하는 단어로, proactive는 '긍정적', '적극적', '진취적', '앞서감', '전향적'이라는 의미다. 여기서는 데이터가 들어올 때 예방적으로 점검한다는 맥락이므로 '예방적'으로 번역함. retrospective는 기존에 있는 기록이나 기억을 통해 문제와 리스크를 분석한다는 의미로, 애자일에서는 회고라는 말로 번역한 용어이고, 과학 분석 논문에는 후향적이라는 말로 많이 사용된다. 여기서는 모인 데이터의 정합성 무결성 품질을 포괄적으로 점검한다는 개념으로 사용하고 있기에 '후향적'으로 번역했다. https://www.kci.go.kr/kciportal/ci/sereArticleSearch/ciSereArtiView.kci?sereArticleSearchBean.artild=ART002011312 참조 – 옮긴이

터 유무를 점검해볼 수 있다. 일반적으로 정기 데이터 품질 점검 보고서를 생성해 데이터 소유자에게 보내는 데 후향적 검사를 활용하기도 한다. 데이터 소유자는 이를 기반으로 적절한 조치 방안을 결정한다. 이 경우 소스 측에서 데이터 정제 작업을 수행해거나, 데이터 플랫폼 내에서 데이터를 수정해야 할 수도 있다.

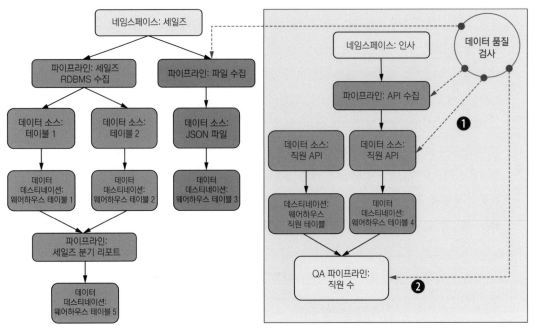

1. 예방적: 파이프라인의 모든 날짜 필드가 동일한 형식을 따르는지 확인한다.
   예방적: 모든 직원의 이름과 성 필드 정보가 비어 있지 않은지 확인한다.

2. 후향적: 직원이 없는 부서가 존재하는지 확인한다.

▲ **그림 7.8** 예방적 검사(1)는 수집하는 과정에 수행하며 수집 파이프라인별 혹은 데이터 소스별로 수행한다. 후향적 검사(2)는 변환 파이프라인과 유사한 별도의 파이프라인으로 보면 되며, 변화 파이프라인과의 차이점은 검사한 데이터를 수정하지 않는다는 점이다.

메타데이터 관리 관점에서 볼 때 예방적 데이터 검사와 후향적 데이터 검사는 데이터를 점검하는 데 사용하는 규칙들의 모음이다. 파이프라인의 품질 검사 적용 방법에 따라 데이터 품질 검사, 메타데이터 속성, 메타 데이터 구조가 결정된다. 데이터 품질 관리에 사용할 수 있는 다양한 방법과 제품들이 이미 많이 나와 있다. 예를 들어 품질 검사를 위한 SQL 쿼리를 만들 수 있는데, 품질 메타데이터에 이 쿼리를 설명과 함께 저장할 수 있다. 데이터 품질 검사 기능을 자체 도메인 언어^{Domain-Specific Language, DSL}를 사용해서 구현하는 곳도 있다. 이때 메타데이터 저장소에 DSL 설정값들을 저장하고 파이프라인별로 필요한 설정값들을 읽어와서 검사에 활용한다.

다음은 데이터 품질 메타데이터로 사용하는 일반 속성들이다.

- **ID** – 데이터 품질 검사 고유 식별자
- **이름** – 데이터 품질 검사 이름
- **심각도**^{Severity} – 영향도는 데이터 품질 문제에 따라 다르다. 데이터 플랫폼에 절대로 허용돼서는 안 되는 컬럼 기준도 있다. 예를 들면 직원^{employees} 테이블의 급여^{salary} 컬럼에 음수 값이 들어오는 경우다. 이 같은 데이터 오류는 보고서 생성이나, 다음 처리 단계 파이프라인에 심각한 영향을 줄 수 있으므로 분석을 위해 격리시켜야 한다. 그리 심각하지 않은 문제들이라면 데이터 수집까지 막을 필요는 없다. 단, 문제가 발생할 시 데이터 엔지니어에게 통보해야 하며, 데이터 엔지니어는 문제의 근본 원인을 분석해볼 수 있다. 일반적으로 데이터 품질 검사 심각도는 "정보^{info}", "경고^{warning}", "심각^{critical}"의 세 가지 유형이 있다. "정보" 유형의 경우 데이터 수집이 정상 진행되며 작업 메타데이터에 기록하며, 경고는 발생시키지 않는다. "경고" 유형의 경우에도 데이터 수집은 정상 진행되며, 메타데이터에 로그가 기록되면서 경고를 발생시킨다. "심각" 유형은 검사를 통과하지 못했기 때문에 데이터가 수집되지 않는다.
- **규칙** – 이 속성에는 품질 검사 로직을 저장한다. 앞에서 설명한 대로 SQL 쿼리, DSL 설정값을 입력한다.
- **생성 타임스탬프** – 검사 항목을 처음 등록했을 때의 일시 정보
- **최종 수정 타임스탬프** – 검사 항목을 마지막으로 업데이트했을 때의 일시 정보

파이프라인 처리 내역 메타데이터

지금까지 파이프라인 설정 메타데이터를 다루면서 데이터 흐름을 설정하는 방법을 설명했다. 파이프라인 설정 메타데이터와 달리 파이프라인 처리 내역 메타데이터는 데이터 처리 과정에서 발생하는 중요 정보들을 수집한다.

파이프라인 처리 내역 메타데이터Pipeline Activity Metadata는 파이프라인 실행 결과 데이터를 수집하므로 이 정보를 사용하면 잠재적 문제 발생 포인트를 파악할 수 있다. 파이프라인이 정적static 상태로 있지 않기 때문에, 매 실행 결과를 수집한다는 것은 중요한 일이다. 데이터 수집을 한 번만 하거나, 데이터 변환 작업을 한 번만 수행하는 경우는 거의 없다. 배치 수집, 변환 파이프라인은 하루에 한 번, 혹은 여러 번 실행되도록 계획하기도 한다. 실시간 파이프라인에는 시작 시간, 중지 시간 개념이 없기에 항상 연속적으로 실행 된다.

여러 파이프라인들이 실행되다 보면 상황이 변경될 수 있다. 특정 데이터베이스에 일정 기간 접속이 안 되거나, 매일 특정 파일을 올리던 업체에서 해당 파일을 잘못 올려 놓는 경우도 발생할 수 있다. 그림 7.9와 같이 파이프라인 처리 내역에는 처리 행 수, 파이프라인 실행 시간 등과 같은 파이프라인 실행 관련 다양한 통계 정보뿐만 아니라, 파이프라인의 상태(성공, 실패)에 대한 정보도 수집한다. 이는 배치 파이프라인, 스트리밍 파이프라인 모두 동일하다.

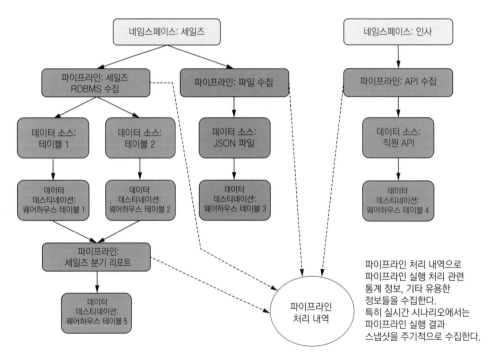

▲ **그림 7.9** 파이프라인 처리 내역으로 파이프라인 실행 처리 관련 통계 정보, 기타 유용한 정보들을 수집한다. 특히 실시간 시나리오에서는 파이프라인 실행 결과 스냅샷을 주기적으로 수집한다.

파이프라인을 배포해 실행하기 시작하면 지속적으로 파이프라인 처리 내역이 수집되며, 이 정보는 삭제하지 않는 것이 일반적이다. 이 파이프라인 처리 내역 이력 정보들은 다양한 운영 문제를 트러블슈팅^{troubleshooting}하는 데 매우 유용하다고 입증됐으며, 플랫폼 동작을 전반적으로 분석하고자 할 때에도 필요한 정보다.

다양한 속성들을 파이프라인 처리 내역 메타데이터로 수집할 수 있지만, 여기서는 여러 기업에서 유용하다고 여기는 몇 가지 속성만 설명한다. 파이프라인 처리 내역 메타데이터를 생각해보면 데이터베이스의 로그 파일이나 테이블로 시각화하는 것이 유용하다. 7장 뒷부분에서 실제 구현 방법에 대해 설명하겠다.

다음은 파이프라인 처리 내역으로 수집하는 몇 가지 주요 속성값이다.

- **처리 내역**^{Activity} **ID** – 처리 내역 고유 식별자. 처리 내역 메타데이터에 저장되는 각 입력 값들은 고유한 ID를 가져야 한다.
- **파이프라인 ID** – 메타데이터가 수집되는 파이프라인 ID로, 이 ID를 활용하면 파이프라인 메타데이터에서 파이프라인에 대한 자세한 정보를 얻을 수 있다.
- **시작 시간** – 파이프라인 실행이 시작된 시점의 일시 정보
- **중지 시간** – 파이프라인이 완료된 시점의 일시 정보
- **상태**^{Status} – 성공, 실패 또는 기타 상태
- **오류 메시지** – 파이프라인에 장애가 발생한 경우 정확히 어떤 문제가 발생했는지에 대한 세부 정보다. 이를 활용하면 다양한 로그 파일을 검색하기 위해 사용하는 시간을 절약할 수 있다. 이 오류 메시지는 전체 파이프라인에 대한 것이므로 특정 행 관련 오류가 여러 개 있을 경우에는 다수의 오류 메시지가 수집될 수 있다.
- **소스 및 데스티네이션 ID** – 파이프라인이 읽어 처리할 수 있는 데이터 소스는 복수 개며, 결과를 보내야 할 데스티네이션도 여러 개가 될 수 있기 때문에 어떤 소스와 어떤 데스티네이션들과 관련 있는지 정확히 표현해야 한다. 수집 파이프라인의 경우 일반적으로 소스 하나와 데스티네이션 하나로 구성한다. 변환 파이프라인의 경우에는 복수 개 소스, 단일 데스티네이션으로 구성한다.
- **읽은 행 수** – 파이프라인이 데이터 소스에서 읽은 행의 개수
- **저장한 행 수** – 파이프라인이 데이터 데스티네이션에 저장한 행의 개수. 수집 파이프

라인의 경우 저장한 행 수는 읽은 행 수와 일치할 것으로 예상할 수 있겠지만, 데이터 중복 제거를 수행하거나 데이터 품질 검사를 기반으로 일부 데이터를 필터링하는 경우에는 그렇지 않을 수 있다.

- **읽은 바이트 수** – 데이터 소스에서 읽은 데이터의 양이다. 파일 처리 시 전체 파일이 처리됐는지 확인하는 데 유용한 정보다.

- **저장한 바이트 수** – 데이터 데스티네이션에 저장된 데이터의 양이다. 파일 형식 변환과 같은 처리 때문에 읽은 바이트 수 값과는 차이가 난다. 주로 모니터링에 사용되기도 하는데, 읽은 바이트 수 값이 0이 아닌 경우 이 값도 0이 아니어야 한다.

- **추가**Extra – 여러 속성들이 있으며, 배치 ID, 배치 파이프라인이 데이터를 저장하는 클라우드 스토리지 전체 경로, 실시간 토픽 데이터 저장 위치 정보, 실시간 파이프라인 시간 간격 등을 많이 사용한다.

연습문제 7.2

다음 중 파이프라인 처리 내역 속성 중 추가(Extra) 속성에 속하지 않는 것은?

1 배치 파이프라인에서 배치 ID
2 JSON, CSV, XML 파일을 파싱할 때 발생하는 경고(warnings)
3 데이터 소스의 전체 필드 목록
4 데이터 입출력을 위한 클라우드 스토리지 전체 경로

파이프라인 처리 내역 메타데이터는 배치 파이프라인과 실시간 파이프라인 모두에 사용되므로 일부 속성은 이중적인 의미를 갖고 있다. 예를 들어 배치 파이프라인에서는 시작 시간과 중지 시간이 명확히 존재하므로 두 속성값을 지정하면 된다. 반면 실시간 파이프라인의 경우에는 시작 시간과 중지 시간이 명확히 존재하지 않다 보니 정의한 시간 간격에 맞춰 통계를 수집할 수 있다. 5분마다 실시간 통계를 가져오도록 설정한다면 이 파이프라인의 시작 시간과 중지 시간은 5분 간격으로 설정된다. 이러한 방법은 행 읽기, 행 쓰기 등과 같은 시간 관련 속성들에도 적용할 수 있다. 시간 간격 값은 아카이브 목적으로 실시간 데이터를 클라우드 스토리지에 플러시flush하는 빈도값과 맞추는 것이 좋다. 통계 및 수집 관점에서 볼 때, 이렇게 하면 실시간 파이프라인이 마치 일련의 배치 파이프라인으로 분리돼 실행되는 것과 같이 보인다.

다음은 파이프라인 처리 내역 정보 수집이 중요하다는 점을 강조하기 위해 들 수 있는 몇 가지 질문 사례들이다.

- 특정 파이프라인의 실행 결과가 "성공"으로 완료된 가장 최근 시점은? 처리 내역 메타데이터로부터 "성공" 상태면서 시작 시간이 가장 최근인 항목을 찾으면 된다.
- 특정 파이프라인의 평균 실행 시간은? 이 질문은 배치 파이프라인에만 적용된다. 이 질문에 답하려면 특정 파이프라인 ID, 상태가 "성공"인 전체 처리 내역들의 시작 시간과 중지 시간 차이를 합해야 한다. 상태가 실패인 처리 내역들은 제외한다. 실시간 파이프라인의 경우는 통계가 수집되는 고정 시간대가 있기 때문에 해당하지 않는다.
- 특정 파이프라인의 평균 처리 건 수는? 이 질문은 특정 파이프라인이 정상 상태로 보이는 기준점을 설정하고자 할 때 유용하다. 배치 파이프라인과 실시간 파이프라인에 모두 사용할 수 있다. 이 질문에 답하려면 "성공" 상태인 특정 파이프라인 ID들을 읽은 행 수와 저장한 행 수들을 집계해야 한다.
- 특정 RDBMS 테이블에서 매일 수집되는 데이터의 양? 특정 데이터 소스 ID에서 읽은 처리 내역과, 성공 상태면서 읽은 행 수의 일별 합을 구하면 된다.

이와 같이 파이프라인 처리 내역을 활용하면 파이프라인 수행 작업 가시성을 높일 수 있다. 파이프라인 처리 내역은 특정 상황 발생 시 접근해서 트러블슈팅할 때 사용할 수 있을 뿐만 아니라, 클라우드 데이터 플랫폼의 상시 모니터링 영역에도 이러한 분석 방법들을 쉽게 적용해볼 수 있다. 예를 들면 특정 지표가 비정상적으로 작동할 때 관련 경고를 보내도록 구성한다.

7.4 메타데이터 계층 구현 옵션

7.3절에서는 클라우드 데이터 플랫폼 메타데이터 구조화 방법, 주요 메타데이터 엔터티, 각 엔터티별 주요 속성들을 설명했다. 메타데이터의 개념과 사용법을 이해했으면 그다음 "실제 프로젝트에서 메타데이터를 어떻게 구현하는가?" 하고 질문할 수 있다.

먼저 실망스러운 상황부터 논의하고자 한다. 7장 앞부분에서 언급한 바와 같이, 메타데이터 계층으로 도입할 업계 표준 오픈 소스나 상용 제품이 아직 없다는 점이다. 7장 후반부에서 검토할 솔루션들을 활용해볼 수는 있겠지만 각 기업의 요구사항에 맞게 이 솔루션들을 적용하려면 솔루션을 변경하는 데 상당한 노력이 필요할 것이라 판단된다.

이 말은 곧 각 기업의 요구 사항을 충족시킬 수 있는 메타데이터 계층을 구축하기 위해서는 솔루션 구매보다는 직접 구축해야 한다는 의미가 된다. 메타데이터 계층을 직접 구축^{do-it-yourself}해야 한다는 것이 부담이 될 수 있다. 소프트웨어 컴포넌트를 처음부터 만들려면 많은 시간과 노력이 필요하다. 메타데이터 계층은 클라우드 데이터 플랫폼의 중요한 컴포넌트며, 이 계층이 없으면 파이프라인이 어디에서 데이터를 읽어야 하고 결과를 어디에 저장해야 하는지 알 수 없기 때문에 플랫폼 운영자가 자신이 지원하는 플랫폼에서 실제로 어떤 일이 벌어지고 있는지 전혀 모르는 상태에서 운영 관리 중인 상태가 될 수 있다.

그렇다고 낙담할 필요는 없다. 여러 사례를 기반으로 볼 때 효율적으로 잘 관리되는 메타데이터 계층도 처음에는 아무 기반도 없는 데서 시작했다는 점이다. 메타데이터 계층의 복잡도 관점에서 볼 때 운영 관리 조직 규모도 몇 안 되고, 데이터 소스와 파이프라인의 수도 많지 않은, 비교적 간단한 구조를 가진 데이터 플랫폼의 메타데이터를 구축하고자 할 때에는 그리 많은 노력이 필요하지 않다. 반면 운영 관리 조직 규모도 크고, 수백 개의 데이터 소스, 수천 개의 파이프라인을 가진 데이터 플랫폼 메타데이터 계층을 구축하려면 얘기가 달라진다. 메타데이터 계층이 훨씬 복잡해지기 때문에 이 복잡도를 유연하게 관리할 수 있어야 한다. 이 절에서는 데이터 플랫폼 구조의 복잡도 관점, 즉 가장 간단한 구조, 조금 복잡한 구조, 아주 복잡한 구조일 때의 메타데이터 계층 구현 방식이 어떤지 자세히 살펴보고자 한다.

7.4.1 설정 파일의 모음인 메타데이터 계층

7.3절에서 두 가지 유형의 메타데이터에 대해 설명했다. 파이프라인 메타데이터는 파이프라인 설정을 위한 메타데이터로, 네임스페이스, 파이프라인, 데이터 소스, 데이터 데스티네이션, 스키마 레지스트리, 데이터 품질 검사가 있다. 또한 파이프라인이 실행되는 처리 내역 정보를 수집하는 파이프라인 처리 내역도 포함한다.

파이프라인 메타데이터를 구현하는 가장 간단한 방법은 설정 파일 방식을 활용하는 것이다. 애플리케이션 개발 세상에서는 애플리케이션 설정값들을 저장하기 위해 설정 파일 방식을 널리 사용하고 있다. 데이터 플랫폼을 구축할 때에도 유사한 접근 방식을 채택할 수 있다. 네임스페이스, 파이프라인, 데이터 소스, 데이터 데스티네이션, 데이터 품질 검사 정보를 별도의 설정 파일로 관리한다. 스키마 레지스트리 구현 방법은 8장에서 다룬다. 사용할 수 있는 설정 파일 포맷으로는 JSON, YAML을 사용하거나, 각 기업에서 사용 중인 익숙한 포맷을 사용해도 된다. 이 절에서는 YAML 포맷을 사용해 설명한다.

다음은 네임스페이스 설정 파일 사례를 보여주고 있다.

리스트 7.1 namespace.yaml 설정 파일 사례

```
---                     모든 네임스페이스는
                        하나의 파일에 저장된다.
namespaces:   ◄
sales:   ◄── 이름 속성이다.          나머지 네임스페이스 속성들은 중첩된(nested)
  id: 1234                           키/밸류 구조로 돼 있다.
  description: This namespace contains data from sales data sources
  created_at: 2020-03-10 08:17:52
  modified_at: 2020-03-15 14:23:05
hr:
  id: 1235
  description: This namespace contains sensitive data from HR data sources.
  created_at:   2020-03-01 10:08:40
  modified_at: 2020-03-01 10:08:40
```

YAML 설정 파일은 운영자 관점에서 가독성이 좋으며, 파이프라인 프로그램에서 YAML 라이브러리를 활용하면 쉽게 파싱할 수 있다. 이와 같이 파이프라인, 데이터 소스 등과 같은 파이프라인 메타데이터 도메인 정보를 설정 파일로 관리할 수 있다.

이러한 방식의 장점 중 하나는 설정 파일이 텍스트 형태의 파일이기에 다른 애플리케이션 코드처럼 형상 관리(코드 버전 관리) 툴에 저장할 수 있다는 점이다. 깃Git, 머큐리얼Mercurial, SVN 등과 같은 코드 버전 관리 툴을 사용하면 애플리케이션 코드를 변경 추적하는 방식과 동일하게 설정 파일 변경 내용을 추적할 수 있다.

그림 7.10에서는 설정 파일을 클라우드 로그 집계 서비스와 함께 사용해 메타데이터 계층 구현 방법을 보여주고 있다. 메타데이터 설정 파일은 코드 저장소에 저장해 버전을 관리

한다. 파이프라인용 애플리케이션 코드 관리용 코드 저장소를 같이 사용할 수도 있고, 설정 파일만을 위한 전용 저장소를 사용할 수도 있다. 설정 파일이 변경되면 CI/CD^Continuous Integration/Continuous Delivery 프로세스가 가동돼서 코드 저장소로부터 최신 버전의 설정 파일을 클라우드 스토리지의 배포 대상 공간으로 복사하게 된다. 이 책에서는 CI/CD 파이프라인을 상세히 다루지 않겠지만 간단하게 설명하자면, 데이터 엔지니어가 설정 코드를 변경한 후 실행하는 스크립트 형태일 수도 있고, 젠킨스^Jenkins 같은 CI/CD 툴 중 하나를 사용해 자동화된 방식일 수도 있다.

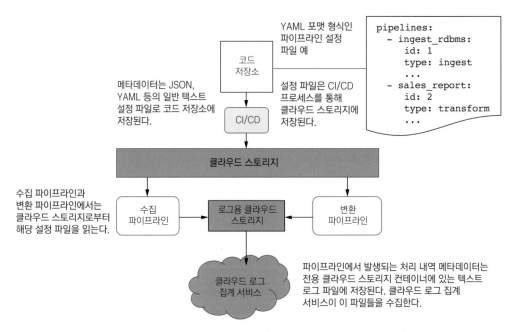

▲ **그림 7.10** 설정 파일은 코드 저장소에 저장되며, 변경될 때마다 CI/CD 프로세스를 통해 클라우드 스토리지로 배포된다. 파이프라인에서 이 설정 파일을 읽고 그에 따라 동작 방식을 조정한다. 클라우드 로그 집계 서비스에서는 파이프라인의 처리 내역 메타데이터들을 저장한다.

클라우드 스토리지 설정 파일의 위치는 구축 환경에 맞게 정하면 된다. 별도의 스토리지 컨테이너를 만들어 설정 파일 저장 위치로 사용할 수 있고, 아니면 실제 데이터가 저장되는 컨테이너에 별도 폴더를 생성한 후, 해당 폴더를 설정 파일 저장 위치로 사용할 수도 있다.

배치 수집 파이프라인과 변환 파이프라인에서 설정 파일을 읽고 그에 따라 동작을 조정

한다. 실시간 파이프라인의 경우 파이프라인이 계속 실행 중인 상태이므로 설정 파일이 변경
됐는지 여부를 주기에 맞춰 폴링polling해 체크하도록 구현해야 한다.

설정 파일은 파이프라인 동작behavior을 결정하는 메타데이터로 활용하기에 효과적이다.
파이프라인 처리 내역 메타데이터는 어떠한가? 설정 데이터는 정적인 반면, 처리 내역 메타
데이터는 정적이지 않다. 파이프라인들에서는 처리 내역과 로그들을 계속해서 처리 내역 메
타데이터에 저장한다. 이 부분에서 애플리케이션 개발할 때와 유사한 점이 있다. 애플리케이
션 로그 파일은 상당히 오래전부터 사용했으며, 텍스트 파일에 "애플리케이션 처리 내역" 로
그를 계속 추가append하는 방식이 일반적이다. 로그 파일 기능 구현은 어려운 일은 아니며,
대부분의 범용 프로그래밍 언어는 로깅 프로세스를 쉽게 구현할 수 있도록 라이브러리를 제
공하고 있다.

로그 파일 방식에는 한 가지 문제점이 있다. 전문 툴 없이 이를 분석하기 쉽지 않다는 것
이다. 파이프라인의 수가 수십 개이고, 파이프라인마다 각각 상태 정보를 각각의 로그 파일
에 저장한다고 가정해보자. 원하는 로그 파일들로부터 원하는 정보를 찾고자 할 때, 만약 수
작업으로 검색해야 한다면 상당한 시간과 노력이 필요할 것이다. 이 같은 문제를 해결하고자
등장한 툴들이 있으며, 상용 툴도 있고 오픈 소스 툴도 있다. 데이터 플랫폼을 클라우드상에
구축하고자 할 경우에는 이를 지원하는 툴을 클라우드 공급 업체에서 서비스 형태로 제공하
기에 별도 설치 없이 구축 가능하다. 파이프라인 로그는 구조화된 로깅 원칙을 따르는 것이
좋다.[4] 로그 형식과 각 로그의 속성들의 의미를 명확히 상세하게 정의하고, 로그 형식에 맞춰
로깅을 하면 로그 검색과 분석 작업이 훨씬 용이할 것이다.

그림 7.10에는 클라우드 로그 집계 서비스를 보여주고 있다. 이 서비스는 파이프라인에
서 생성하는 로그 파일을 주기적으로 가져와 파싱해서 저장하는 기능과, 사용자가 로그 탐색
과 분석을 할 수 있도록 사용자 UI를 제공한다. 이 UI를 통해 사용자는 특정 키워드 검색, 특
정 시간 대 로그 파일 검색, 상호 참조 검색 등을 수행할 수 있다. 애저Azure에서는 애저 모니
터Azure Monitor와 로그 애널리틱스Log Analytics, 구글 클라우드에서는 클라우드 로깅Cloud
Logging, AWS에서도 동일한 목적으로 엘라스틱서치Elasticsearch 서비스를 제공한다.

---

4 구조화된 로깅(structured logging)은 애플리케이션 로그가 단지 텍스트만 생성하지 않고, 데이터 집합으로 처리될 수 있도록 미
   리 정의한 메시지 형식에 맞춰 일관성을 유지하는 방식을 말한다. 구조화된 로깅의 목적은 텍스트 문자열로 전달되는 애플리케
   이션 로그를 가져와 더 쉽게 검색하고 분석할 수 있도록 데이터 집합 간의 관계성을 확보하는 것이다. – 옮긴이

이 책에서는 이러한 서비스에 대한 자세한 내용은 다루지 않는다. 간단히 개념을 설명하면 각 파이프라인은 파이프라인 처리 내역Pipeline Activities에 기정의된 속성에 맞춰 텍스트 로그 파일을 생성한다. 전용 클라우드 스토리지 컨테이너에 이 텍스트 로그 파일이 저장되면 클라우드 로그 집계 서비스가 자동으로 이 파일의 내역을 읽는다. 파이프라인 로그들을 검색하기 위해서는 클라우드 공급 업체가 제공하는 관련 서비스 UI 나 툴을 사용해 필요한 쿼리를 실행한다.

7.4.2 메타데이터 데이터베이스

파이프라인 메타데이터를 설정 파일 형태로 관리하는 방식은 소규모 데이터 플랫폼에서는 잘 동작한다. 그러나 클라우드 데이터 플랫폼이 커지고 복잡해지면 필요한 정보를 설정 파일에서 식별해 내기 어려워진다. 데이터 소스 개수가 수백 개, 파이프라인 개수가 수십 개, 또 각 파이프라인마다 데이터 품질 검사 항목의 수도 여러 개인 경우를 예로 들어보자. 이러한 경우, 설정 파일들 안에 기록된 항목의 수를 합하면 수천 개 수준이 될 것이다. 어떤 설정 파일은 입력값을 넣으면 자동으로 생성하는 방식을 사용할 수 있다. 예를 들면 특정 데이터베이스 테이블 목록을 입력해서 정해진 형식의 데이터 소스 설정 파일을 생성하도록 스크립트를 작성하는 경우다. 이렇게 하더라도 관리해야 할 내용들이 늘어나면 플랫폼 운영 업무는 더 어려워진다.

어느 날 여러 데이터 소스 영역에서 한 데이터 품질 검사 항목과 관련된 오류 메시지가 발생하기 시작했다고 가정해보자. 이때 이 검사 항목과 연결된 모든 데이터 소스를 찾으려 한다. 설정 파일에 쿼리를 해볼 수도 없고, 여러 파일들 안에 들어 있는 수천 개 항목을 수동으로 검색하기도 쉽지 않다. 이 문제를 해결하려면 설정 파일을 일종의 쿼리 언어를 지원하는 데이터 저장소에 적재해 쿼리 작업이 가능하게 하면 된다. 그림 7.11에서 메타데이터 데이터베이스 개념을 설명하고 있는데 설정 파일들을 클라우드 데이터베이스에 체계적으로 관리하는 방식을 보여준다.

메타데이터 데이터베이스 방식은 설정 파일이 클라우드 스토리지에 저장되지 않고 파싱돼 한 데이터베이스에 적재된다는 점을 제외하고는 파일 방식과 크게 차이가 있어 보이지 않는다. 사용하는 데이터베이스는 관계형 데이터베이스일 수도 있고 도큐먼트 방식document-

^{oriented} 키/밸류 저장소일 수도 있다. 설정 데이터를 관리하기에는 관계형 데이터베이스보다는 도큐먼트 데이터 저장소가 더 적합한데, 이는 메타데이터 구조가 계속 추가/변경되기에 도큐먼트 데이터 저장소가 스키마 변경에 유연하기 때문이다. 클라우드 공급 업체에서는 관계형 데이터베이스와 키/밸류 저장소를 관리형 서비스^{managed service}로 제공하고 있다. 메타데이터 데이터베이스 방식을 위해 구글 클라우드 데이터스토어, 애저 코스모스DB, AWS 다이나모DB를 사용한 성공 사례들이 있다.

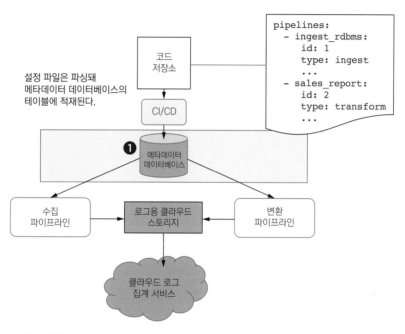

▲ **그림 7.11** 설정 파일을 클라우드 스토리지에 텍스트 파일로 저장하는 대신 데이터베이스에 저장하면 설정값들을 쿼리 방식으로 검색할 수 있다.

그림 7.11에서는, 텍스트 기반 설정 파일을 코드 저장소에서 관리 중인 것을 볼 수 있다. 메타데이터를 코드로 간주하고 모든 변경 사항에 대한 버전을 관리해야 하기 때문에 텍스트 기반 설정 파일 관리도 함께 진행한다. 새 속성을 추가하는 등 파이프라인 코드를 변경하게 되면 메타데이터 구조도 함께 변경해야 할 수 있다. 이 경우 새 버전의 파이프라인과 설정 업데이트 릴리즈를 동기화해야 할 수 있는데, 두 파일을 코드 저장소에 저장하면(꼭 하나로 저장할 필요는 없음) 도움이 된다.

설정 데이터를 메타데이터 데이터베이스에 적재하려면 설정 파일 포맷을 파싱하고, 설정값을 추가, 업데이트, 삭제할 수 있는 툴이 필요하다. 메타데이터 도메인 설계에 맞춰서 데이터베이스를 구성하며, 메타데이터 데이터베이스 테이블은 파이프라인, 네임스페이스와 같은 각 메타데이터 유형에 따라 생성한다. 설정 파일을 데이터베이스에 적재하는 툴은 파일에 있는 데이터를 확인하고, 데이터베이스에 있는 데이터와 비교한다. 비교할 결과에 따라 새 설정값을 추가하거나 기존 설정값을 업데이트할 수도 있고, 데이터베이스에 더 이상 존재하지 않는 설정값은 해당 파일에서 삭제하기도 한다.

수집 파이프라인과 변환 파이프라인은 메타데이터 데이터베이스에서 직접 정보를 읽으며, 설정 파일에 비해 변경 작업 시 드는 노력이 많지 않다. 문제 발생 시 문제 해결을 위해 설정값을 찾아봐야 한다면, 설정 파일로 관리하는 경우라면 설정 파일 안에 있는 수백 개의 설정값들을 읽어 내려가야 하지만, 메타데이터 데이터베이스를 활용 중이라면 쿼리 언어를 사용할 수 있다. 대부분 데이터 엔지니어에게 익숙한 SQL이나 SQL과 유사한 언어들이다. 클라우드 공급 업체들은 쿼리를 실행하고 결과를 탐색할 수 있는 기본 UI를 제공하고 있는데, 메타데이터 관련 업무 처리 환경을 개선하는 데 상당한 도움이 된다.

7.4.3 메타데이터 API

데이터베이스를 활용해서 메타데이터를 관리하는 방식은 어느 정도의 규모의 운영 조직에 적합한 방식이지만 확장성에 한계가 있다. 클라우드 데이터 플랫폼을 개발, 유지, 관리하는 조직 규모가 한 팀 이상인 경우, 여러 팀들이 해당 메타데이터 데이터베이스 작업을 함께하면서 어려움이 발생한다. 여기서의 문제는 대규모 애플리케이션 개발 프로젝트에서 겪는 문제점들과 유사하다. 예를 들어 여러 팀에서 메타데이터 관리를 위해 동일 데이터베이스를 활용하고 있다고 하자. 각 팀에서는 각 팀에서 영역별 파이프라인들과 툴들을 구축 및 운영하고 있다. 각 파이프라인과 툴은 데이터베이스 구조와 커플링이 높은 상태다. 한 팀에서 메타데이터 엔티티 중 일부를 변경해야 하거나 엔티티를 신규로 추가해야 할 경우, 다른 팀들에게 영향을 주게 된다. 규모가 있는 모노리틱 애플리케이션을 여러 팀에서 개발 및 관리하는 프로젝트에서 대규모 업데이트를 해야 하는 상황을 겪어본 담당자라면, 여러 팀들이 하나의 메타데이터 데이터베이스에 직접 접근해 관리하는 상황이 쉬운 일이 아님을 알고 있다.

규모가 큰 데이터 플랫폼을 관리하고자 API 계층을 활용하는 방법으로, 메타데이터 데이터베이스 내부의 직접적인 접근을 막고 API로만 메타데이터 접근을 할 수 있도록 한다. 메타데이터 API는 주로 REST 방식으로 제공하는데, HTTP request를 통해서 메타데이터 설정값 검색, 추가 업데이트, 삭제를 한다. API는 버전 관리가 가능하기에 메타데이터 데이터베이스 내부 구조 변경이 필요할 때에도 유연하게 변경이 가능하다. 그림 7.12에서 메타데이터 계층에 API 계층을 포함하는 방법을 보여준다. 파이프라인, 툴, 최종 사용자는 메타데이터 API를 활용해서만 메타데이터 접근이 가능하고, 메타데이터 데이터베이스 내부 구조로 직접적인 접근이 불가능하다. 따라서 데이터베이스 구조를 변경할 때에도 파이프라인과 툴에 미치는 영향을 최소화시킬 수 있다.

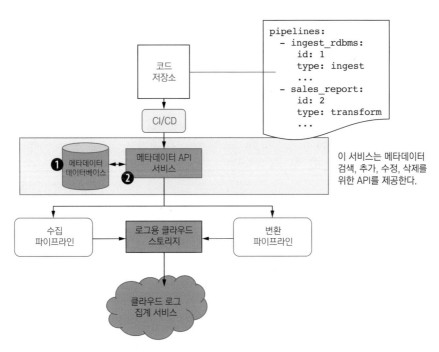

▲ **그림 7.12** 파이프라인, 툴, 최종 사용자는 메타데이터 API를 활용해서만 메타데이터 접근이 가능하고, 메타데이터 데이터베이스로 직접적인 접근이 불가능하다.

클라우드 기반 REST API 서비스 구현 방법은 본 책에서 다루지 않는다. 클라우드 공급업체는 이러한 서비스를 완벽 관리형 형태로 다양하게 제공한다. REST API 서비스 구현 방법에 대한 자세한 내용은 매닝^{Manning}에서 출판한 The Design of Web APIs(Arnaud Lauret, 2019)를 참조하기 바란다.

메타데이터 흐름 관점에서 볼 때 유일한 변경 사항은 데이터베이스에 연결해 직접 데이터를 쓰는 대신, CI/CD 또는 기타 자동화 도구가 해당 메타데이터 API 엔드포인트로 HTTP call을 수행해 필요한 변경을 수행한다. 이때 파이프라인에서 데이터베이스로 직접 연결하는 방식이 아닌 HTTP 호출 방식으로 변경해야 한다.

클라우드 데이터 플랫폼의 규모와 성숙도 수준을 신중하게 평가하는 것은 매우 중요한데, 이는 적절한 구축 방식을 선택하는 데 도움이 되기 때문이다. 일단 필요한 요구사항만을 충족시킬 수 있는 수준으로 구축하며, 필요 사항들의 변경에 맞춰 솔루션을 발전시켜 나가는 것이 좋다. 바로 API 방식으로 구축하길 원할지도 모르나 API를 구현하려면 상당한 엔지니어링 노력이 필요하며, 실제 데이터 사용자의 요구도 무시될 수 있다.

표 7.1에서 데이터 플랫폼과 데이터 엔지니어링 팀 규모에 적합한 구현 방식을 설명하고 있다.

▼ **표 7.1** 데이터 플랫폼과 데이터 엔지니어링 팀 규모에 적합한 메타데이터 구현 옵션을 선택한다.

메타데이터 구현 옵션	데이터 소스 수	데이터 엔지니어링 팀 규모
옵션 1. 일반 설정 파일 사용	1-5	1-3
옵션 2. 데이터베이스 사용	5-10	3-5
옵션 3. 데이터베이스 기반 API 계층 사용	10개 이상	5팀 이상, 여러 팀

경험상 처음에는 간단한 방식으로 시작한 후, 점진적으로 메타데이터 아키텍처를 발전시켜 나가는 것이 좋다. 예를 들어, 표 7.1의 구현 방식 옵션을 보자. 옵션 1에서 옵션 2로 전환하고자 할 때 완전히 새롭게 옵션 2를 구축하는 것이 아니다. 설정 파일로 작업하는 방식 위에 데이터베이스를 추가하므로 설정 파일 구조를 변경할 필요도 없다. 이렇게 한 옵션에서 다음 옵션으로 점진적으로 이동해 나갈 수가 있다.

7.5 기존 솔루션 개요

앞에서 설명한 바와 같이 파이프라인 메타데이터 수집 및 유지 관리에 관한 주제는 그리 많이 논의되는 주제는 아니다. 클라우드 공급 업체는 비즈니스 메타데이터 툴 공급에 집중하는데, 이 툴들은 사용자에게 다양한 클라우드 데이터셋을 카탈로그화하고 검색할 수 있는 기능을 제공한다. 이 서비스들은 유용하기는 하지만 파이프라인 설정 내용을 설명해 주는 서비스는 아니다. 성숙도 수준이 높은 데이터 플랫폼을 보유한 기업들은 대체로 해당 플랫폼에 적합한 메타데이터 계층 솔루션도 갖고 있다. 이 메타데이터 솔루션의 일부 기능들은 오픈 소스 프로젝트로 공개돼 있다. 이 절에서는 메타데이터에 관한 클라우드 서비스의 개괄적으로 알아본 후, 앞 절에서 다루었던 메타데이터 모델과의 차이점 및 오픈 소스 파이프라인 메타데이터 프로젝트도 살펴본다.

7.5.1 클라우드 메타데이터 서비스

AWS, 애저, 구글 클라우드에서는 7장에서 설명한 메타데이터 계층 모델에 적합한(최소한 부분적으로라도 적합한) 여러 서비스들을 제공하고 있다. 데이터 플랫폼 파이프라인 메타데이터 관련 문제를 완벽하게 해결해줄 수 있는 클라우드 네이티브 서비스는 안타깝게도 아직까지는 존재하지 않는다. 일부 클라우드 서비스는 성숙도 수준이 높기는 하지만, 대부분 데이터 검색 부분에 과하게 집중돼 있는 서비스들이다.

기존 클라우드 서비스 중에서 AWS 글루 데이터 카탈로그^{AWS Glue Data Catalog}는 7장에서 설명하는 메타데이터 계층 개념과 가장 잘 일치한다. 글루 데이터 카탈로그에는 데이터 소스와 데이터 데스티네이션에 대한 정보뿐만 아니라 파이프라인 실행 내역 정보, 기타 통계 정보가 저장된다. 카탈로그에 있는 데이터 관리를 위해 API 방식을 제공하며 스키마 레지스트리Schema Registry 역할도 가능하다.

AWS 글루 데이터 카탈로그의 가장 흥미로운 기능 중 하나는 크롤러crawler다. 크롤러는 일종의 예약 방식 프로세스로, 데이터 소스에 연결해서 데이터 소스를 스캔한 후, 이전 스캔 결과와 비교해서 새롭게 발견한 파일 테이블이 있을 경우 해당 테이블에 관한 메타데이터를 추가하는 기능이다. 또한 크롤러는 각 데이터 소스에 대해 스키마 검색을 수행하는 기능도 있는데, 스키마는 데이터 카탈로그에 저장 및 관리된다. 이 방식은 7장에서 다뤘던 파이프라인 메타데이터/스키마 레지스트리 도메인 개념과 잘 맞는다.

AWS 글루 데이터 카탈로그에는 ETL 작업 관련 메타데이터도 있는데, 데이터베이스 테이블 별 HWM, 파일 기반 소스인 경우 마지막으로 처리된 파일 등이 있다.[5] 이를 글루에서는 잡 북마크job bookmark라 한다. 글루에는 잡 북마크 외에도 처리된 행 수와 같은 잡Job 통계 정보도 존재한다.

글루 데이터 카탈로그의 한계점 중 하나는 유연성이다. AWS 글루 데이터 카탈로그는 독립 실행형 서비스가 아니라 AWS 글루 ETL 서비스의 한 컴포넌트다. 즉, 데이터 카탈로그를 제대로 사용하려면 글루를 사용해 ETL 작업을 작성하고 스케줄링해야 한다는 의미다. 만일 모든 파이프라인들이 배치 방식이고 글루가 지원하지 않는 데이터 소스가 없다면(예를 들면 REST API), 글루를 활용해서 대부분의 메타데이터와 데이터 처리 계층을 구축할 수 있을 것이다.

만약 보유 중인 데이터 소스 유형을 글루에서 지원하지 않는다면 또 다른 방법을 활용해서 메타데이터를 관리해야 한다. 이 경우 메타데이터를 글루 관리 부분과, 글루 관리 대상이 아닌 부분으로 나눌 수 있는데 이는 유지보수와 운영 측면에서 문제가 될 수 있다.

애저와 구글 클라우드에서 제공하는 서비스는 비즈니스 메타데이터와 데이터 검색에 더 중점을 두고 있다. 애저 데이터 카탈로그를 사용하면 데이터 소스 위치를 등록할 수 있다. 예를 들면 특정 데이터베이스의 테이블 정보, 각 컬럼에 대한 설명과 관련 문서 정보들을 등록

---

5 High Water Mark(HWM) 테이블에서 데이터가 저장돼 있는 최상위 위치. 직역하면 고수위 마크 – 옮긴이

및 관리할 수 있다.[6] 이 작업은 API를 활용하거나 수작업으로 진행하기도 한다. 데이터 소스들이 데이터 카탈로그에 추가되면 데이터 사용자는 카탈로그 UI를 사용해 해당 데이터 소스를 쉽게 검색할 수 있다. 데이터 검색은 데이터 플랫폼의 셀프 서비스 기능을 향상시키는 데 매우 중요한 역할을 한다. 셀프 서비스 기능이 강화되면 "데이터 엔지니어만이 실제 데이터가 어디에 있는지 알 수 있다"는 기존의 문제점들을 해결할 수 있으며 최종 사용자들이 더 수월하게 데이터 관련 작업을 수행할 수 있는 환경을 만들 수 있다. 애저 데이터 카탈로그는 파이프라인 메타데이터 스토리지 역할로는 적절하지 않다. 데이터 수집과 변환 작업을 프로그래밍하는 데 필요한 기능들, 예를 들면 ETL 작업에 필요한 속성들을 수집하는 기능이 없다. 즉, 애저 데이터 카탈로그는 데이터 파이프라인을 구축 및 관리하는 사람들보다는 데이터를 활용하는 사람들의 니즈에 맞춰 구성돼 있기 때문이다.

구글 클라우드 데이터 카탈로그도 애저 데이터 카탈로그와 매우 유사하다. 데이터 사용자가 관심 있는 데이터를 검색할 수 있는 중앙 허브 역할을 하도록 설계됐지만 파이프라인에 특화된 메타데이터 속성을 거의 수집하지 않으므로 앞서 설명했듯 메타데이터 계층으로 사용하기에는 적절하지 않다.

그렇다면 구글 클라우드 데이터 카탈로그와 애저 데이터 카탈로그 같은 비즈니스지향 데이터 카탈로그 서비스는 데이터 플랫폼 설계에서 어느 위치에 적합한지, 그리고 7장에서 설명한 메타데이터 계층과 어떻게 다른지 살펴보고자 한다. 그림 7.13는 3장에서 다뤘던 플랫폼 계층 다이어그램에서 데이터 플랫폼과 데이터 소비자 사이에 데이터 카탈로그 박스를 추가한 그림이며, 데이터 카탈로그는 데이터 소비자가 데이터를 찾고 액세스를 돕는 역할을 한다.

그림 7.13에서 데이터 카탈로그(애저와 구글 클라우드 상에 구현한 방식)가 클라우드 데이터 플랫폼과 데이터 소비자 사이에 있는 별도의 컴포넌트임을 보여주고 있다. 주요 역할은 사용자로 하여금 데이터 액세스 및 검색을 도와주지만 데이터 수집 파이프라인, 변환 파이프라인을 자동화하거나 모니터링하는 것과는 거리가 멀다.

---

6 메타데이터에는 데이터가 나타내는 내용에 대한 일종의 설명을 포함해야 한다. 일부 사람들은 테이블과 열 이름이면 충분하다고 생각하겠지만, 대부분의 경우 설명, 관련 문서들도 포함해야 한다. 유지보수, 추가 개발을 위한 정책, 룰, 이력이 있어야 하며, 감사나 리포팅을 할 때 근거 자료로 활용할 수 있기 때문이다. - 옮긴이

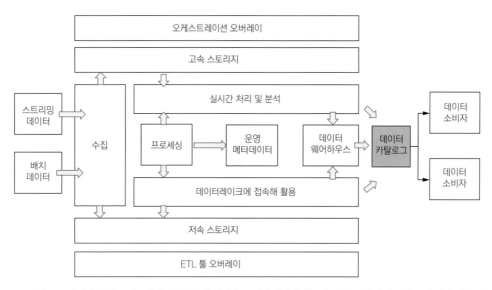

▲ **그림 7.13** 데이터 카탈로그는 데이터 플랫폼과 데이터 소비자 사이에 있으며, 최종 사용자가 플랫폼 자체의 기술적 세부 정보를 모르더라도 셀프 서비스 방식으로 플랫폼을 사용하도록 하기 위해 사용된다.

7.5.2 오픈 소스 메타데이터 계층

메타데이터 계층을 구축하는 기반 기술로 사용할 수 있는 오픈 소스 프로젝트들이 있다. 경험상 메타 데이터 계층 구현에 바로 사용할 수 있는 오픈 소스는 없다. 각자의 요구 사항과 기술적 엔지니어링 역량에 맞춰 오픈 소스로부터 필요 기능을 찾거나, 유용한 소스 코드를 찾아 메타데이터 계층을 구축하는 기반 기술로 활용하는 방식으로 접근하는 것이 좋다.

오픈 소스 목록 중 첫 번째는 아파치 아틀라스[7]다. 아틀라스는 두 가지 컴포넌트가 합해진 형태다. 첫 번째 컴포넌트는 메타데이터 스토리지 역할로 API를 제공한다. 두 번째 컴포넌트는 최종 사용자가 데이터 검색을 수행할 수 있는 UI를 제공한다. 개념적으로 볼 때 아틀라스는 클라우드 데이터 카탈로그 서비스들이 제공하는 기능을 가지며, 또한 파이프라인 정보를 저장 관리하기 위한 유연한 메타데이터 시스템도 제공하고 있다.

파이프라인 메타데이터와 관련해 아틀라스는 타입/엔티티type/entity라는 매우 유연한 시스템을 제공한다. 아틀라스 용어인 타입types은 앞에서 설명한 메타데이터 항목을 의미한다. 예

---

7   https://atlas.apache.org/

를 들어 모델의 데이터 소스, 데이터 데스티네이션은 아틀라스 타입으로 설명할 수 있다. 타입은 기본적으로 속성들의 집합이다. 아틀라스는 리치rich 타입 시스템도 지원한다. 숫자나 문자열과 같은 기본primitive 메타 타입뿐만 아니라, 배열 형식의 메타 타입도 지원한다. 배열은 특정 파이프라인이나 데이터 소스에 데이터 품질 검사를 첨부할 때 유용하다. 또한 아틀라스는 타입과 타입 간 관계를 표현할 수 있는 참조reference 메타 타입도 지원한다. 그림 7.14에 나타낸 메타데이터 모델을 보면, 특정 파이프라인에 연결된 데이터 소스와 데스티네이션을 표현하는 것처럼 참조 메타 타입을 메타데이터 항목들을 다양한 방식으로 링크하는 데 사용할 수 있다.[8]

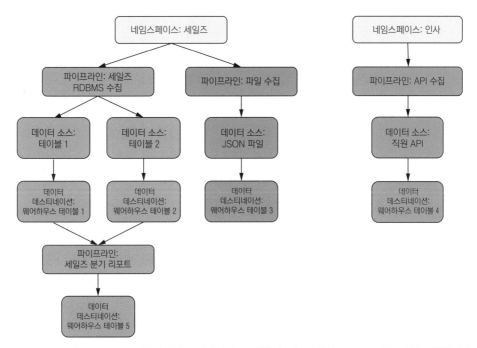

▲ **그림 7.14** 아파치 아틀라스는 타입과 타입 간 연결 관계를 표현할 수 있도록 참조(reference) 메타 타입을 지원한다. 특정 파이프라인에 연결된 데이터 소스, 데이터 소스에 연결된 데이터 품질 검사, 네임스페이스에 연결된 파이프라인들을 정의하는 데 참조 메타 타입을 사용할 수 있으므로 메타데이터 모델에 적용하기에 유용하다.

---

8 아틀라스의 '타입'은 특정 유형의 메타데이터 개체를 저장하고 액세스하는 방법에 대한 정의다. 타입은 메타데이터 개체에 대한 속성들의 집합이고, 객체 지향 프로그래밍 언어 관점에서 보면 '클래스' 정의 또는 관계형 데이터베이스 관점에서는 '테이블 스키마' 정의와 유사하다고 보면 된다. 타입은 각 속성들의 메타 타입을 가진다. Atlas는 boolean, byte, short, int, long, float, double, biginteger, bigdecimal, string, date 같은 기본 메타 타입, Enum, array, map, Entity, Struct, Classification, Relationship 등 같은 메타 타입도 지원한다. – 옮긴이

아파치 아틀라스 엔터티Apache Atlas Entity는 타입의 구체적인 표현이다. 각 타입에는 타입에 맞는 속성들이 정의돼 있다. 예를 들어 한 타입이 파이프라인 정의일 경우, 엔터티는 특정 파이프라인을 기술해 놓은 것이다. 객체지향 프로그래밍 개념을 잘 알고 있는 사람이라면 타입은 클래스, 엔터티는 객체와 유사하다고 생각할 수 있다.

아파치 아틀라스의 경우, 타입과 엔터티를 정의할 수 있도록 REST API와 사용자 UI를 지원한다. 타입/엔터티 시스템이 유연하다는 점과 필요한 타입 정의와 타입 간 관계를 정의할 수 있도록 아틀라스가 제공하는 기능 때문에, 7장에서 다루는 메타데이터 모델을 구축하는 데 아틀라스 활용을 고려해볼 수 있다. 두 번째 영역으로 아틀라스는 비즈니스 메타데이터를 추가, 검색, 전파하는 기능을 제공하므로 데이터 플랫폼 자동화와 데이터 검색/셀프 서비스 구축 모두에 유용한 투인원Two-in-One 제품이다.

아틀라스가 가진 제약사항은 하둡Hadoop 플랫폼과 함께 동작하도록 만들어졌다는 점이다. 이 말은, 아틀라스의 많은 기능들이 하둡 컴포넌트들과 밀접하게 연결돼 있는데, 실제 클라우드 데이터 플랫폼에는 하둡 컴포넌트를 고려하지 않았다는 점이다. 예를 들어 아틀라스에는(API나 UI를 사용해 타입과 엔터티를 만드는 방식이 아닌) 메타데이터를 자동으로 가져올 수 있는 내장 데이터 소스들이 있다. 예를 들면 하이브Hive, HBase와 같은 하둡 또는 하둡 에코 시스템 컴포넌트들이다.

아파치 아틀라스의 단점 중 하나로 메타데이터를 각각 저장하고 인덱싱/검색하기 위해 HBase와 Solr 컴포넌트가 필요하다. HBase와 Solr는 모두 오픈 소스 프로젝트이므로 클라우드 환경 어디서든 다운로드하고 구성할 수 있다. PaaS 옵션 대신 오픈 소스를 사용하면 상당한 운영 오버헤드가 발생할 수 있다 보니 이 책에서는 최대한 클라우드 관리형 서비스를 사용하기를 권장하고 있다. 운영 환경에서 HBase를 설치하고 운영 관리해본 경험이 많지 않다면 HBase로 시작하기를 권유하지 않는다.

요약하자면 아파치 아틀라스는 매우 유연한 타입/엔터티 시스템을 제공하기에 메타데이터 모델을 구축하는 데 활용할 수 있다. 또한 클라우드 데이터 카탈로그 툴과 유사한 비즈니스 메타데이터 편집과 검색 기능도 제공한다. 반면에 아틀라스는 메타데이터 검색을 위한 하둡 전용 플러그인만 제공하므로 상대적으로 복잡한 인프라가 필요하다. 필자가 아파치 아틀라스 커뮤니티에 바라는 점은 아틀라스를 클라우드 네이티브로 만들고 HBase와 Solr 외에도, 관련 클라우드 서비스들과 연계되도록 만들어달라는 것이다. 한편으로는 이러한 변경 사항을 여러분의 프로젝트에 적용해보는 방법도 있다. 이 경우 아틀라스는 결국 오픈 소스이기에 커뮤니티에 기여하는 일로 이어질 것이다. :)

메타데이터 관리 분야에서 사용할 수 있는 오픈소스 중 두 번째로 소개할 프로젝트는 링크드인Linkedin 엔지니어링 팀에서 개발한 데이터허브DataHub[9]다. 링크드인은 성숙도 수준이 높은 데이터 플랫폼과 메타데이터 관리 설계 및 구축 자산을 보유하고 있는데, 처리해야 하는 데이터 규모, 데이터 엔지니어링의 규모, 데이터 사용자 커뮤니티의 규모가 상당히 크기 때문이다. 제공 기능 측면에서 데이터허브는 아파치 아틀라스와 유사한데 데이터 소스, 해당 위치 등에 대한 정보를 관리할 수 있는 기능과, 최종 사용자를 위한 데이터 검색 기능도 제공하고 있다.

데이터허브를 사용하면 요구사항에 맞는 메타데이터 엔터티를 생성할 수 있기에 메타데이터 모델을 구축할 때 활용하기 용이하다. 그러나 데이터허브를 사용해서 메타데이터 시스템을 구축하고자 할 때 단점은 아직까지 데이터허브 설명서가 매우 빈약하기 때문에 신속하게 진행하기 어렵다는 점이다. 제대로 작동하게 하려면 추가 인프라 구축이 필요하다는 점에서 데이터허브도 아파치 아틀라스와 유사한 단점을 가진다. 데이터허브는 데이터 소스로부터 메타데이터를 수집하기 위해서 카프카 클러스터를 필요로 한다. MySQL 데이터베이스를 기본 메타데이터 저장소로 사용하고 엘라스틱서치Elasticsearch 및 Neo4j 그래프 데이터베이스를 사용해 데이터 사용자에게 검색 기능을 제공한다. 이러한 기술은 모두 오픈 소스 기술이기에 운영 환경에서 배포하고 관리하는 데 상당한 운영 오버헤드를 필요로 한다.

마지막으로 위워크WeWork 엔지니어가 개발한 마르케즈Marquez 프로젝트[10]다. 마르케즈는 데이터 카탈로그 기능을 제공하지 않는다는 점에서 아파치 아틀라스와 데이터허브와는 차이가 있다. 주요 목적은 데이터 소스 정보, 해당 데이터 소스를 처리하는 파이프라인 정보를 수집하고 추적하는 것이다. 최종 사용자들은 이 정보를 시각화하거나, 데이터 계보data lineage 정보 형태로 검색할 수 있게 된다. 데이터 계보는 데이터에 대한 가계도와 같다. 데이터 플랫폼의 각 데이터셋에 대해 데이터 계보는 각 데이터셋이 만들어지기까지 어떤 파이프라인과

---

9   https://github.com/linkedin/datahub
10 https://github.com/Marquez Project/marquez

데이터 소스가 관여했는지, 원 데이터셋의 출처는 어디인지와 같은 정보를 제공한다.

데이터 계보 기능이 매우 유용하기는 하지만 여전히 대부분 데이터 검색 목적으로 마르케즈를 사용하고 있다. 마르케즈는 메타데이터 모델을 구축하기 위해 필요한 기능이 아직까지는 충분하지 않다. 예를 들어 기정의된 메타데이터 엔터티 외에 신규 메타데이터 엔터티를 추가할 수 없다. 마르케즈의 메타데이터 모델은 매우 단순하며 데이터셋과 작업Job(파이프라인) 엔터티로만 구성돼 있다. 각 작업Job이 실제 파이프라인 코드 버전과 각 데이터셋이 작업에 연결된 정보를 갖고 있기 때문에 데이터셋별 데이터 계보 추적이 가능하다. 이 기능은 메타데이터 모델 구축 시 처리 내역activity 추적 기능 영역을 구현하는 데 활용할 수도 있다. 또한 작업 실행 과정에서 발생하는 진행 내역을 마르케즈 데이터 저장소에 저장할 수 있도록 자바와 파이썬 라이브러리도 제공한다. 파이프라인 로그를 생성하고, 클라우드 로그 집계 서비스로 로그를 보내는 영역에도 적용해볼 만한데, 이를 위해서는 마르케즈 코드 자체를 변경해야 한다.

운영 및 인프라 관점에서 보면 마르케즈는 비교적 단순한데, PostgreSQL 데이터베이스를 설치하고 주 메타데이터 저장소로 구성하면 된다. 운영 영향도를 최소화하기 위해서는 클라우드 공급 업체 PostgreSQL 관리형 서비스도 활용할 수 있어야 한다.

요약

- 데이터 플랫폼에는 두 가지 유형의 메타데이터가 있다. 비즈니스 메타데이터와 파이프라인 메타데이터로, 파이프라인 메타 데이터는 데이터 플랫폼 내부 메타데이터라고도 부른다. 비즈니스 메타데이터는 비즈니스 사용자를 위한 목적이고, 데이터 플랫폼 메타데이터 혹은 파이프라인 메타데이터는 데이터 파이프라인 관리 목적이다.

- 데이터 플랫폼 메타데이터는 자동화, 모니터링, 설정 관리, 기타 운영 관리에 필수적이다. 데이터 플랫폼 메타데이터 없이 데이터 플랫폼을 운영하기란 쉬운 일이 아니다. 특히 데이터 소스나 파이프라인의 수가 늘어나는데 메타데이터가 없다면 운영 및 관리하는 일이 상당히 번거로워질 것이다.

- 메타데이터 계층은 세 가지 기능 역할을 한다.

- 파이프라인 설정 관리를 위한 공통 스토리지 역할
- 각 파이프라인의 실행 상태와 파이프라인에 대한 다양한 통계를 추적하는 메커니즘 역할
- 스키마 저장소 역할

- 파이프라인 메타데이터에는 파이프라인 설정[Configuration] 관리를 위한 메타데이터와 파이프라인 실행 처리 결과 정보를 캡처하는 메타데이터[Activity], 두 가지 유형이 있다.

- 메타데이터 항목은 다음과 같은 네 가지 도메인으로 그룹화할 수 있다.
  - 파이프라인 메타데이터(설정) – 데이터 소스 정보, 데이터 데스티네이션 정보, 수집 파이프라인 정보, 변환 파이프라인 정보
  - 파이프라인 처리 내역들activities – 각 파이프라인에서의 실행 내역들이 추적될 수 있도록 성공 또는 실패 상태, 처리 시간, 읽기/쓰기 데이터 양과 같은 통계 정보들을 저장
  - 데이터 품질 검사(설정) – 수집 파이프라인과 변환 파이프라인에 적용되는 품질 검사 정보
  - 스키마 레지스트리(설정) – 데이터 소스와 데이터 데스티네이션의 데이터 스키마 정보가 있으며 8장에서 다룬다.

- 데이터 엔지니어는 파이프라인 코드를 직접 수정하지 않고 메타데이터 계층의 설정 값을 업데이트하면 되므로 플랫폼 확장이 용이하다. 엔지니어는 메타데이터 계층의 파이프라인 최신 처리 내역과 상태 정보를 활용해서 파이프라인 장애를 분석할 수 있다. 또한 데이터 플랫폼 기능을 최대한 활용하기 위해, 데이터 사용자는 특정 파이프라인의 입력물 혹은 출력물 저장 위치 정보를 메타데이터를 활용해 쉽게 확인해볼 수 있다.

- 데이터 엔지니어와 고급 데이터 사용자가 데이터 플랫폼을 사용할 때, 메타데이터 계층이 이들이 사용하는 기본 인터페이스가 돼야 한다.

- 여러 가지 방법으로 메타데이터 계층을 설계할 수 있다. 설정 파일을 클라우드 스토리지에 저장하거나 혹은 전용 데이터베이스를 사용할 수도 있으며, REST API를 사용

하거나 사용하지 않을 수도 있다. 지금 직면한 요구사항에 알맞는 가장 간단한 방식을 선택한 후, 요구사항의 변경에 맞춰 솔루션도 발전시켜 나가는 것이 좋다.

- 아직까지 파이프라인 메타데이터 모델에 대한 업계 표준은 없으며, 지금까지 나와 있는 대부분의 소프트웨어나 클라우드 서비스도 7장에서 다루는 요구사항들을 다 수용하지 못하는 상태다. 아마존, 구글, 애저 클라우스 공급자들도 메타데이터 서비스를 제공 중이며, 몇 가지 오픈 소스 메타데이터 솔루션(예: 아파치 아틀라스Apache Atlas, 데이터허브DataHub, 마르케즈Marquez)도 있는데 이들 역시 제약이 존재한다. 그럼에도 이들을 잘 활용하면 메타데이터 구축을 가속화하는 데 도움이 될 것이다.

7.6 연습문제 답안

연습문제 7.1:

2 – 최종 사용자를 위한 간편한 데이터 검색 기능

연습문제 7.2:

3 – 데이터 소스의 전체 필드 목록

연습문제 7.3:

2– 여러 팀이 메타데이터와 상호작용할 수 있는 공통 인터페이스를 제공한다.

8

스키마 관리

8장에서는 데이터 시스템에서 소스 데이터가 변경될 때마다 접하게 되는 스키마 변경 관리의 오래된 문제를 설명한다. 이와 더불어 SaaS와 같은 서드파티 데이터 소스의 활용 증가와, 스트리밍 데이터의 사용도 증가하는 상황이 이 문제를 어떻게 가중시키는지 알아보고자한다.

클라우드 데이터 플랫폼 설계에서 이러한 문제를 해결하는 방법으로 7장에서 소개된 메타데이터 계층의 스키마 레지스트리 도메인 활용을 먼저 살펴보고자 한다. 그리고 스키마 레지스트리에서 다양한 스키마 변경 방식들, 즉 "동작이 중단될 때까지 기다리는" 방식, 스키마를 계약으로 다루는 방식schema-as-a-contract, 스마트한 파이프라인 구축 방법을 설명한다.

클라우드 데이터 플랫폼 구축의 최종 목표는 수백 개 이상이 되는 데이터 변환 파이프라인과 리포트를 유지 관리하고, 다운스트림의 데이터 소비자에게 최대한 문제없이 서비스하는 것이므로 안정적인 스키마 변경 관리가 상당히 중요하다. 스키마 변경 시 이전 버전과의 호환성 유지 방식과 이후 버전과의 호환성 유지 방식을 논의하고, 나아가서 스키마 변경 유형별 잠재적 영향도에 대해서도 살펴본다.

또한 클라우드 데이터 플랫폼에서 스키마 레지스트리 구현 방법에 대해서도 논의한다. 예를 들면 공통 스키마 포맷으로 아브로Avro를 사용하는 법, 수신 데이터로부터 스키마를 추론하는 법, 스키마를 저장 및 관리하는 영역에 대해 다룬다. 또한 AWS, 애저, 구글의 PaaS 데이터 카탈로그 제품을 사용하는 옵션을 설명하고, 데이터베이스와 API 계층을 사용해 스키마 레지스트리를 구현하는 세 가지 옵션도 검토한다.

마지막으로, 사용자가 데이터를 소비하는 주요 방식은 데이터 웨어하우스를 활용하는 것이다. 데이터 플랫폼에서 관련 데이터 세트의 스키마를 변경할 경우 벌어지는 일을 알아보고, 이때 데이터 웨어하우스 테이블 스키마를 최신 상태로 유지해야 할 역할은 데이터 플랫폼의 어느 부분에서 담당해야 하는지도 살펴본다.

8.1 스키마 관리가 필요한 이유

입력 데이터 소스의 스키마를 다루는 것은 데이터 웨어하우스 자체만큼이나 오래된 문제다. 기존 데이터 웨어하우스는 관계형 데이터베이스 기술을 기반으로 한다. 즉, 데이터가 적재되기 전에 데이터 구조(컬럼명, 타입 및 순서)를 미리 정의해야 한다. 그리고 신규 컬럼 추가과 같은 데이터 소스 스키마의 변경 작업을 미리 계획하고 데스티네이션 영역으로 해당 내용을 공유해야 한다. 그래야만 데스티네이션 영역에서도 소스 스키마 변경에 맞춰 관련 스키마와 ETL 파이프라인을 적절하게 변경할 수 있다.

기존 관계형 시스템 기반 데이터 웨어하우스는 스키마 변경 프로세스를 완료하는 데 몇 시간이 걸리는 경우도 많은데, 신규 스키마에 맞게 기존 데이터를 재구성해야 하기 때문이다. 예방책 및 계획을 잘 세운 조직에서는 소스 데이터 시스템의 스키마 변경이 포함된 작업이 있을 경우, 사전 예방 차원으로 데이터 웨어하우스 스키마 업데이트를 위한 "변경 요청 change request" 프로세스에 따라 진행한다. 대기업에서 스키마 업데이트 작업을 계획하는 데 몇 주 또는 몇 달이 걸리는 것은 드문 일이 아니다.

일반적으로 일부 소규모 조직에서 진행하는 방식은 다소 다르다. 즉, 내버려두다가 문제가 발생할 때 조치를 취하는 방식이다. 이 경우 데이터 소스에 대한 업스트림 변경이 무작위로 발생하므로, 스키마 변경으로 인해 시스템이 중단되면 데이터 엔지니어링 팀에서 ETL 파이프라인을 수정해야 한다. 사전 예방 차원 방식으로 진행하면 때때로 번거롭기도 하다. 그러나 내버려두다가 문제가 발생할 때 조치를 취하는 방식은 사용자 불만을 크게 초래할 수 있다. 왜냐하면 일반적으로 스키마 변경 이후에 데이터 문제를 인지하고 보고하는 사람들이 사용자일 때가 많기 때문이다. 어떤 스키마 변경 처리 방식을 선택하든 관계없이, 스키마 변경으로 인한 영향은 무시할 수 없으며 상당한 수준의 수작업을 필요로 한다. 다음 절에서는 필요한 수작업 변경에 대해 더 자세히 설명한다.

8.1.1 기존 데이터 웨어하우스 아키텍처의 스키마 변경

그림 8.1에서 보여주는 간단한 사례를 살펴보자. 여기에는 단일 파일 기반 데이터 소스를 사용하는 전형적인 데이터 웨어하우스 아키텍처가 있다. 이러한 전통적 데이터 웨어하우스에서는 소스 파일에서 데이터를 읽어 랜딩 테이블에 먼저 적재한다. 데이터 웨어하우스 용어에서 랜딩 테이블은 데이터 변환이 데이터에 적용되기 전에 소스에서 신규 데이터를 수집하는 용도로만 사용되는 테이블이다. 랜딩 테이블은 소스 데이터 세트의 스키마와 유사하게 만들기 때문에 수집 프로그램도 간단히 만들 수 있다.

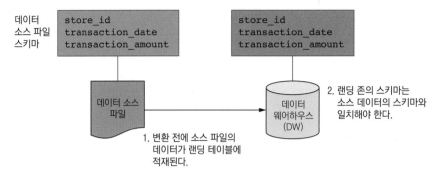

▲ **그림 8.1** 전통적인 데이터 웨어하우스 랜딩 테이블에 데이터를 적재하려면 해당 스키마가 소스 파일 스키마와 일치해야 한다.

그림 8.1에서 보듯이 랜딩 테이블은 transaction_amount 및 transaction_date와 같이 동일한 컬럼명을 가져야 한다. 예를 들어, transaction_amount에서 transaction_total로 소스 파일의 컬럼명을 변경하면 그림 8.2와 같이 수집 프로세스가 다음 실행 시 중단될 수 있다.

이 시점에서 데이터 엔지니어가 원인을 파악하고 랜딩 테이블 정의를 수정한 후 프로세스를 재개시키면 다음 스키마 변경 시까지 동작하게 된다.

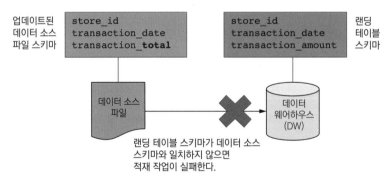

▲ **그림 8.2** 업스트림 데이터 소스 스키마 변경으로 인한 수집 중단

8.1.2 스키마 온 리드 방식

하둡이 데이터 분석 솔루션으로 등장했을 때 "스키마 온 리드schema-on-read"라는 개념이 도입됐다. 아이디어는 간단하다. 하둡은 하둡 분산 파일 시스템HDFS이라는 자체 파일 시스템과

함께 제공된다. 데이터 웨어하우스에서 모든 컬럼과 해당 타입을 미리 정의해야 하는 랜딩 테이블을 사용하는 대신 하둡에서는 파일을 HDFS에 있는 그대로 저장해 수집 프로세스를 단순화시킬 수 있다. HDFS는 다른 파일 시스템과 마찬가지로 파일 자체의 내부 구조에 신경 쓰지 않기 때문에 수집 프로세스가 업스트림 스키마 변경에 대한 회복력을 갖고 있다. "온 리드on-read"라 부르는 이유는 HDFS에서 데이터를 처리하기 시작할 때 작동하기 때문이다. 앞에서 다룬 예제를 하둡 클러스터로 구현하는 방법을 살펴보겠다. 그림 8.3은 SQL에 간단한 데이터 변환 단계를 추가해 모든 매장의 일별 총 판매액을 계산한다.

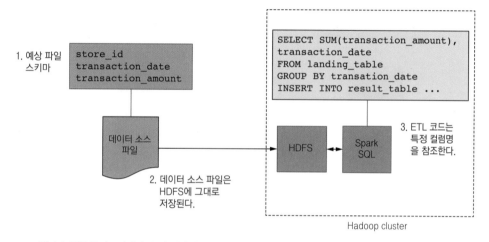

▲ **그림 8.3** 하둡 클러스터에서, 수신 데이터는 스키마를 확인할 필요 없이 HDFS에 파일 형식으로 바로 저장된다.

그림 8.3과 같이 이제 수집 프로세스가 실제 파일 스키마와 독립적으로 동작한다. 그러나 ETL 파이프라인처럼 표현된 SQL 문을 자세히 살펴보면 여전히 특정 컬럼명을 참조해야 한다는 것을 알 수 있다. 즉, 스키마 온 리드 방식은 스키마 변경으로 발생할 수 있는 문제점을 파이프라인 아래로 내려보낸다. 예를 들면 수집 파이프라인이 아닌 데이터 변환 파이프라인에서 문제가 발생할 수 있다. 그림 8.4는 업스트림 파일의 컬럼명 변경으로 수집 프로세스가 중단되지 않고 ETL 프로세스에서 중단되는 것을 보여주고 있다.

그림 8.4 예제를 좀 더 자세히 살펴보자. 최종 사용자에게 필요 데이터를 액세스할 수 있게 하려면, 데이터 웨어하우스나 다른 데이터 저장소에 해당 데이터가 적재돼야 한다는 것을 알 수 있다. 이러한 데이터 저장소에는 스키마 정의가 필요할 수 있기에 데이터 소스 스키마

변경 시 영향을 받을 수 있다. 그렇다면 왜 하둡이 클라우드 데이터 플랫폼 설계와 관련이 있을까? 그 이유는 데이터 플랫폼 아키텍처에서 랜딩 영역으로 사용하는 클라우드 스토리지가 HDFS처럼 동작하기 때문이다. 여기서 HDFS^{Hadoop Distributed File System}은 스키마 개념이 없는 분산 파일 스토리지다. 그렇기에 많은 데이터 아키텍트가 클라우드 데이터 플랫폼에서 스키마 온 리드 방식을 채택하고 있다.

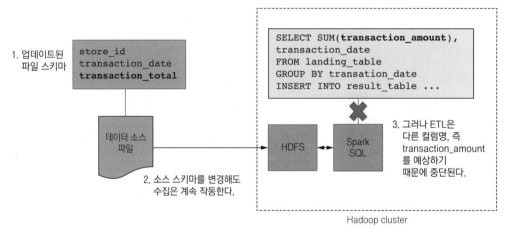

▲ **그림 8.4** 스키마 온 리드 방식은 스키마 관리 문제를 수집 단계에서 다음 단계 파이프라인인 데이터 변환 단계 파이프라인으로 내려보낸다.

요약하자면, 스키마 온 리드 방식은 데이터 파이프라인의 수집 영역에서 스키마에 대해 걱정하지 않아도 데이터 플랫폼의 스토리지 계층에 신규 데이터를 쉽게 저장할 수 있도록 하지만 스키마 관리 문제를 원천적으로 해결해주지는 않는다. 데이터를 수집하면 불가피하게 데이터 변환을 수행한 후 데이터를 다른 시스템에 적재해야 한다. 여기가 해당 스키마 정보를 필요로 하는 지점이다.

다음 절에서 스키마 온 리드 방식의 대안들을 다룬다.

연습 문제 8.1

다음 중 스키마 온 리드 방식을 가장 잘 설명한 것은 무엇인가?

1. 스키마 온 리드는 데이터 플랫폼에서 스키마에 대한 사전 정의가 필요하다.
2. 스키마 온 리드는 데이터 처리 파이프라인에서 사용되는 스키마 정의를 자동으로 조정한다.

3 스키마 온 리드를 사용하면 스키마가 있는 데이터를 데이터 플랫폼으로 수집할 수 있지만 데이터 처리를 위해서는 여전히 최신 스키마를 유지해야 한다.

4 스키마 온 리드는 데이터 소스별 스키마를 저장하는 중앙 저장소를 제공한다.

8.2 스키마 관리 방식

클라우드 데이터 플랫폼에서의 메타데이터 계층은 7장에서 소개했다. 메타데이터 계층은 스키마 변경 관리를 기존의 데이터 웨어하우스 아키텍처보다 쉽게 가능하도록 도와주는 역할을 한다. 그림 8.5와 같이 4개의 메타데이터 계층 도메인 중 하나가 스키마 레지스트리다.

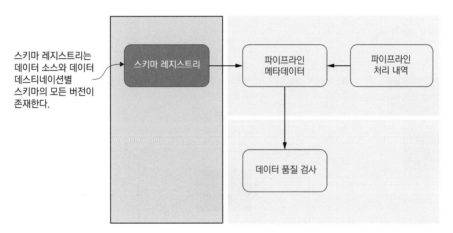

스키마 레지스트리는
데이터 소스와 데이터
데스티네이션별
스키마의 모든 버전이
존재한다.

▲ **그림 8.5** 스키마 레지스트리는 데이터 소스와 데이터 데스티네이션의 스키마 정보 저장용 메타데이터 계층 컴포넌트다.

스키마 레지스트리는 스키마 저장소며, 데이터 소스별 전체 스키마의 모든 버전을 포함한다. 데이터 변환 파이프라인이나 특정 데이터 소스 스키마 정보가 필요하다면 레지스트리에서 최신 버전을 가져올 수 있다. 또한 특정 데이터 소스의 변화 과정을 분석하기 위해 스키마의 모든 이전 버전을 탐색할 수도 있다.

그렇다면 스키마 정보를 레지스트리에 기록하는 방법은 무엇이며, 스키마 변경에 따른 스키마 버전은 누가 업데이트해야 하는가?

8.2.1 스키마를 계약으로 다루는 방식

이전 절에서 언급했듯, 스키마 온 리드 방식에서 자주 사용하는 "동작이 중단될 때까지 기다리는" 방식이 최선의 방법이 아니라고 판단한다면 스키마 변경 문제를 사전에 대비할 수 있는 두 가지 대안이 있다. 스키마를 하나의 계약으로 다루는 방식과 플랫폼에서 스키마 관리를 수행하는 방식이다.

스키마를 계약으로 다루는 방식schema as a contract은 애플리케이션 개발자가 애플리케이션에서 생성하는 데이터의 스키마 관리를 책임지도록 한다. 이 방식에서는 스키마가 애플리케이션 개발자와 데이터 소비자 간의 계약contract이라 간주한다. 데이터 소비자는 데이터 플랫폼, 애플리케이션, 마이크로서비스 등이 될 수 있다. 그림 8.6에서 보듯, 이 방식에서 애플리케이션 개발자는 애플리케이션이 생성하는 모든 데이터에 대한 스키마를 중앙 저장소인 스키마 레지스트리에 게시한다. 소비자는 같은 스키마 레지스트리에서 최신 스키마 버전을 가져와 사용한다.

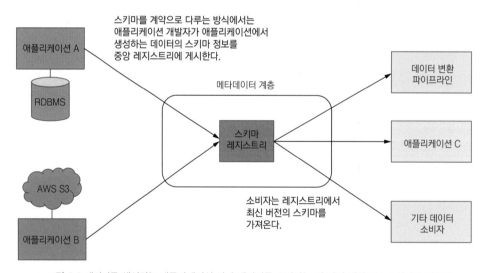

▲ **그림 8.6** 데이터를 생성하는 애플리케이션 팀과 데이터를 소비하는 팀 간의 계약으로 스키마를 다룬다.

스키마 변경은 이전 버전 스키마와 호환되는 경우에만 허용된다는 것도 이 계약의 일부다. 이전 버전과의 호환성이란 데이터 소비자가 최신 버전의 스키마를 사용하더라도 스키마 변경 전 생성된 데이터를 포함한 기존의 모든 데이터를 처리할 수 있음을 의미한다. 예를 들어 스키마에 신규 컬럼을 추가한다면 이전 버전과 호환되는 변경이라 할 수 있는데, 신규 스키마를 사용해도 이전 데이터를 계속 읽을 수 있으며, 추가된 신규 컬럼에는 디폴트^{default} 값을 사용하면 되기 때문이다. 반면에 컬럼명 변경은 이전 버전과 호환성을 유지하지 못한다. 스키마 호환성에 대해서는 8장 뒷부분에서 더 자세히 설명한다.

스키마를 애플리케이션 개발자와 다운스트림 데이터 소비자 간의 계약으로 다루는 방식은 데이터 생산자와 데이터 소비자의 업무를 명확하게 구분하고 둘 간의 결합도를 줄여주므로 이상적이라 할 수 있다. 예를 들어 데이터 소비자를 추가하려면 데이터 구조를 이해해야 한다. 이때 레지스트리에 있는 스키마 정보를 활용하면 데이터 소비자를 추가하기 용이해진다. 그러나 이 방식을 활용해 성공적으로 구현하기 위해서는 두 가지 전제 조건이 있다. 첫째, 높은 수준의 개발 프로세스 성숙도가 필요하며, 둘째로 서드파티^{third-party} 데이터 소스의 데이터 소유자가 누구인지 명확해야 한다.

이 두 가지 요구 사항을 자세히 살펴보자. 스키마를 계약으로 다루는 방식을 구현하기 위해서는 모든 스키마 변경 사항이 있을 때마다 상호 호환성을 확인해야 하는데, 이 역할은 개발자가 수행해야 한다. 따라서 개발 관행이 이를 지원할 수 있는지 확인해야 한다. 이 의미는 실제로 개발자가 프로세스를 따르고 스키마 변경 사항을 레지스트리에 게시할 능력이 있는지 확인하는 것뿐만 아니라 이러한 변경 사항이 이전 버전과 호환되면서 다운스트림 소비자의 작업을 방해하지 않도록 하기 위해 자동화된 검사와 보호를 수행하는지를 확인해야 한다는 것이다. 이러한 보장 체계를 위해서는 높은 수준의 자동화와 성숙한 테스트 인프라가 필요하다. 또한 CI/CD(지속적 통합/지속적 배포) 프로세스에 관한 고도의 자동화가 필요하다. 만약 개발자가 코드 변경 사항을 프로덕션에 배포하기 위해 복잡한 다단계 프로토콜을 수행해야 하는 등 시간이 많이 걸리는 경우라면 스키마 관리 일관성이 없을 가능성이 높다.

스키마를 계약으로 다루는 방식에 대한 두 번째 전제 사항으로 모든 서드파티 데이터 소스에 대한 데이터 소유자가 있어야 한다. 여기에는 현 조직에서 사용 중인 모든 SaaS 솔루션과 공급 업체, 파트너 등으로부터 받는 각종 데이터를 포함한다. SaaS 서비스를 이용하는 기업이나 조직에서 해당 데이터를 생성하는 SaaS 애플리케이션의 소유권을 갖고 있지 않기에 관련 개발 팀이 이러한 데이터 소스에 대한 스키마 관리를 담당하도록 하는 것은 어려운 일이다. 애플리케이션 관리 통제권이 없는 상황에서는 스키마 변경에 대한 책임을 가져가기 힘들다.

물론 이 정도 수준의 개발 프로세스 성숙도는 달성할 수 있다. 그러나 실제로는 데이터 플랫폼을 설계하고 구현하는 임무를 맡은 조직에서 해당 기업의 개발 관행과 개발 표준에 대한 통제권을 갖고 있지 않은 경우를 자주 본다. 이것이 의미하는 바는 데이터 플랫폼을 구축하려는 기업의 개발 프로세스 성숙도 수준에 차이가 있음을 가정해야 한다는 점이다. 그리고 대부분의 경우 기업에서 데이터 플랫폼 구축을 통해 기존 데이터 소스를 모두 통합하려 시도하는 경우가 처음일 것이라는 점도 유의해야 한다. 즉, 데이터 플랫폼을 구축하고자 하기 전까지는 스키마 관리를 문제점으로 다루지 않았을지도 모른다. 이 경우 데이터 아키텍트와 데이터 엔지니어가 스키마 관리 책임을 담당하고, 앞 절에서 설명했던 형태의 관행으로 일을 하게 된다. 즉 데이터 수집은 스키마 온 리드 방식으로 진행하고, 스키마 변경 때문에 파이프라인 동작이 중단되면 그때 파이프라인을 수정한다.

8.2.2 데이터 플랫폼의 스키마 관리

"스키마 온 리드 / 동작이 중단될 때까지 기다리는" 방식은 사전에 스키마 관리를 하지 않는 비통제 방식이다. 반면 데이터 소스에서 스키마를 통제하거나 스키마를 계약으로 다루는 방식은 완전한 통제 방식이다.

실제 사례에서 보면, 다양한 기업에서 순조롭게 진행 중인 스키마 관리 방식은 대체적으로 "비통제"와 "완전 통제" 스펙트럼 사이에 위치하는 경우가 있다. 이 경우 스키마 관리의 역할과 책임은 데이터 플랫폼 소유자에게 있다. 이렇게 말하는 이유는 다음 두 가지가 있다.

- 데이터 플랫폼은 내부 데이터 소스와 서드파티 데이터 소스의 통합 지점이므로 스키마를 중앙에서 관리할 수 있는 유일한 장소다.
- 스키마 변경 시 호환성에 문제가 있을 경우, 데이터 변환 파이프라인이 가장 먼저 중단되는 지점인 경우가 많다. 따라서 데이터 플랫폼은 중앙 스키마 저장소를 호스팅하고 스키마를 최신 상태로 유지 관리할 수 있는 논리적인 장소가 된다.

| 참고 | 개발 팀에서 내부 데이터 소스의 일부 또는 전체에 대한 스키마를 관리하고 데이터 플랫폼에서 서드파티 데이터 소스 스키마를 관리하는 하이브리드 방식도 있다. 하이브리드 방식은 데이터 소스가 실시간일 때 일반적으로 사용한다. 관련 내용을 8장 뒷부분에서 좀 더 다루도록 한다.

데이터 플랫폼 자체에서 스키마 관리를 수행하면 다음과 같은 이점을 얻을 수 있다.

- 회복력 있는 ETL을 구현할 수 있다. 예를 들어 ETL 파이프라인에 장애가 발생하기 전에 스키마 변경을 감지함으로써 대처 가능하다.
- 스키마 세부 정보가 포함된 스키마 카탈로그를 최신화할 수 있다. 이 정보는 데이터 검색과 셀프 서비스 유스 케이스에서 중요하다.
- 주어진 데이터 세트에 대한 스키마 변경 이력을 확보할 수 있다. 이를 통해 컬럼 추가 시점, 삭제 시점과 같은 변경 사항을 추적할 수 있기에 데이터 플랫폼에 아카이브된 데이터의 처리도 가능케 한다. 뿐만 아니라 시간이 지나면서 스키마 변경 이력을 정확히 알 수 있으므로 파이프라인 디버깅과 트러블슈팅 작업을 간소화할 수 있다.

데이터 플랫폼 자체 내에서 스키마 관리 수행 방식을 살펴보자. 이를 위해 7장의 단순화된 데이터 플랫폼 아키텍처를 다시 살펴봐야 한다. 두 개의 데이터 소스(하나는 RDBMS이며 다른 하나는 AWS S3에 저장돼 있는 플랫 파일)로부터 데이터를 수집하는 플랫폼이 있다고 하자. 이 두 데이터 소스를 결합한 후, 결과 데이터를 데이터 웨어하우스에 게시한다. 그림 8.7은 이를 설명하기 위해 단순화시킨 아키텍처를 보여주고 있다.

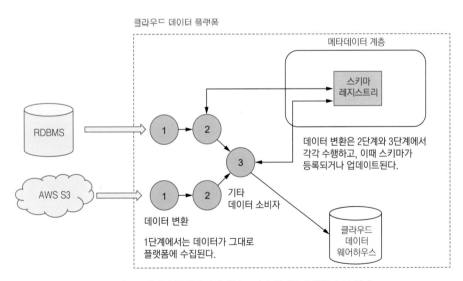

▲ **그림 8.7** 데이터 플랫폼 자체에서 스키마 관리를 수행할 수도 있다.

경험상 스키마 관리 단계는 공통 데이터 변환 파이프라인의 첫 번째 단계로 구현해야 한다. 그림 8.7에서 1단계는 데이터 수집 계층이며 데이터를 있는 그대로 플랫폼으로 가져온다. 2단계는 공통 데이터 변환 파이프라인이고, 3단계는 사용자 정의 데이터 변환으로 두 데이터 소스를 조인하는 과정이다. 3단계에서는 신규 데이터 세트를 생성한 후 이에 대한 스키마를 유지 관리해야 한다. 다음은 모든 데이터 변환 파이프라인에서 사용할 수 있는 공통 스키마 관리 모듈에 대해 설명한다.

스키마 관리 모듈

5장에서는 공통 데이터 변환 파이프라인에서 수행하는 전형적인 절차를 설명했다. 즉, 데이터 타입 변환, 데이터 중복 제거, 데이터 품질 검사가 있다. 이제 이 절차에 스키마 관리를 추가해야 한다. 5장에서 다룬 파이프라인 개념에 새로운 스키마 관리 모듈을 추가한 것을 그림 8.8에 나타냈다.

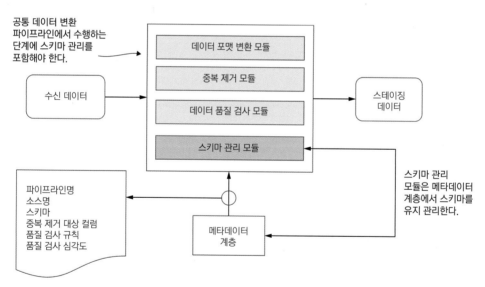

▲ **그림 8.8** 공통 데이터 변환 파이프라인에 스키마 관리 모듈을 추가하면 데이터 변환 작업 초기 단계에 스키마 관리 작업도 수행할 수 있다.

스키마 관리 모듈이 수행하는 절차는 다음과 같다. 먼저 데이터 소스에 대한 스키마가 스키마 레지스트리에 존재하는지 확인한다. 존재하지 않는다면 이전에 해당 데이터 소스가 존재하지 않았음을 의미한다. 이 시나리오에서 스키마 관리 모듈이 수행하는 절차는 다음과 같다.

1. 수신 데이터에서 스키마를 추론한다(8장 뒷부분에서 자세히 설명).
2. 레지스트리에 이 데이터 소스의 스키마 버전 1을 등록한다.

스키마가 이미 있는 경우에는 절차가 약간 달라진다.

1. 레지스트리로부터 현재 버전 스키마를 가져온다.
2. 수신 데이터로부터 스키마를 추론한다.
3. 추론된 스키마를 스키마 레지스트리의 현재 스키마와 비교한다. 이전 버전과의 호환성 유지backward-compatible 방식으로 스키마 버전을 만든다(8장 뒷부분에서 자세히 설명).
4. 다른 파이프라인에서 사용할 수 있도록 신규 스키마 버전을 레지스트리에 게시한다.

두 시나리오에서 "스키마 추론" 단계를 공통적으로 수행한다. 이것이 무엇을 의미하는지 살펴보자. 이 책 전반에 걸쳐 데이터 변환을 위한 프레임워크로 아파치 스파크를 사용하고 있다. 스파크에는 스키마 추론schema inference이라는 기능이 있는데, 스파크가 데이터를 읽고 이 데이터에 해당하는 스키마 정의를 자동으로 생성하려 시도함을 의미한다. 이는 플랫 CSV 파일뿐만 아니라 고도로 중첩된 JSON 데이터에서도 잘 작동한다.

아파치 스파크의 스키마 추론

한 가지 예를 들어보자. 다음 리스트는 https://www.json-generator.com/을 사용해 생성한 샘플 JSON 문서다.

리스트 8.1 중첩 속성이 있는 샘플 JSON 문서

```
[
  {
    "_id": "5f084f4ba8de96c3a6df5f1e",
    "index": 0,
    "guid": "d776db8c-90a4-4cc7-a136-35e09e8d7fb5",
    "isActive": false,
    "balance": "$1,702.05",
```

"picture": "http://placehold.it/32x32",
"age": 23,
"eyeColor": "blue",
"name": "Doyle Page",
"gender": "male",
"company": "STELAECOR",
"email": "doylepage@stelaecor.com",
"phone": "+1 (826) 572-2118",
"address": "190 Coventry Road, Riverton, South Dakota, 2701",
"about": "Et Lorem Lorem in aliqua irure nulla nostrud laborum veniam. Aute
cillum occaecat ad non velit eiusmod culpa id. Mollit veniam ut mollit
consequat dolore Lorem aute voluptate ea aliquip sint anim labore eu. Aliqua
qui cillum proident ad.\r\n",
"registered": "2014-11-08T02:38:13 +04:00",
"latitude": 60.913309,
"longitude": -81.07079,
"tags": [
  "velit",
  "duis",
  "et",
  "deserunt",
  "velit",
  "incididunt",
  "Lorem"
],
"friends": [
  {
    "id": 0,
    "name": "Terrell Donaldson"
  },
  {
    "id": 1,
    "name": "Freida Brooks"
  },
  {
    "id": 2,
    "name": "Lisa Cole"
  }
],

```
    "favoriteFruit": "strawberry"
} ]
```

이 문서에는 가상 인물의 프로필 정보가 들어 있으며 **tags, friends**와 같은 여러 중첩 필드들도 포함돼 있다. 이 샘플 문서에는 21개의 필드가 있다. 이렇게 간단한 예에서도 스키마를 수작업으로 표현하려면 시간이 많이 걸린다. 실제 응용 프로그램의 경우에는 속성값이 수백 개 이상 되는 경우도 있다.

> **|참고|** 여기서는 샘플 JSON 문서를 읽기 쉽도록 포맷을 지정했지만, 실제 스파크가 문서를 제대로 파싱하려면 문서의 각 개별 항목을 한 줄로 표현해야 한다.

다행히 스파크는 이 문서에서 스키마를 자동으로 추론할 수 있다. 다음 리스트 8.2에서는 스파크 셸Spark Shell을 사용한다. 전체 프로그램을 컴파일할 필요 없이 스파크 명령을 입력하면 해당 출력을 즉시 확인할 수 있는 대화형 커맨드 라인 툴이다. 스파크 명령은 scala> 프롬프트로 시작하며, 그 뒤에 출력 정보를 적는다.

리스트 8.2 스파크 스칼라 API를 사용해 JSON을 읽어 추론된 스키마 결과

```
scala> val df = spark.read.json("/data/sample.json")   ◄─────────┐
df: org.apache.spark.sql.DataFrame = [_id: string, about: string ... 19 more
➡ fields]
                                              로컬 파일의 JSON 문서에서
                                              스파크 데이터프레임으로
                                              읽어들임
scala> df.printSchema   ◄─┤ 추론된 스키마를 표시
root
 |-- _id: string (nullable = true)
 |-- about: string (nullable = true)
 |-- address: string (nullable = true)        스파크는 실제 데이터 기반으로
 |-- age: long (nullable = true)   ◄──────     컬럼 유형을 식별한다.
 |-- balance: string (nullable = true)
 |-- company: string (nullable = true)
 |-- email: string (nullable = true)
 |-- eyeColor: string (nullable = true)
 |-- favoriteFruit: string (nullable = true)      friends 속성이 배열로
 |-- friends: array (nullable = true)   ◄──────    올바르게 추론됨
 |        |-- element: struct (containsNull = true)
```

```
|        |         |-- id: long (nullable = true)
|        |         |-- name: string (nullable = true)
|-- gender: string (nullable = true)
|-- guid: string (nullable = true)
|-- index: long (nullable = true)
|-- isActive: boolean (nullable = true)
|-- latitude: double (nullable = true)
|-- longitude: double (nullable = true)
|-- name: string (nullable = true)
|-- phone: string (nullable = true)
|-- picture: string (nullable = true)
|-- registered: string (nullable = true)
|-- tags: array (nullable = true)
|        |-- element: string (containsNull = true)
```

> **│참고│** 이 예제에서 스파크 스칼라 API를 사용하고 있는데, 파이썬과는 약간의 구문적 차이만 있다.

리스트 8.2에서 알 수 있듯, 스파크는 실제 JSON 데이터에서 컬럼명과 해당 타입을 올바르게 식별하는 작업을 정확하게 수행했다. 이 예제에는 하나의 문서로 진행했지만, 여러 개의 문서에 대해서도 동일한 방식을 적용하면 된다. 스파크의 스키마 추론 기능을 사용할 때 염두에 둬야 할 몇 가지 중요한 사항이 있다.

- 스파크는 레코드의 샘플 데이터를 사용해 스키마를 추론한다. 예를 들어 수신 배치에 백만 개의 JSON 문서가 있는 경우 기본적으로 스파크는 스키마를 추론하기 위해 1,000개의 문서 샘플만 사용한다. 이렇게 하는 이유는 추론 성능을 향상시키기 위함이다. 문서의 구조가 매우 다양하면 추론된 스키마가 배치의 전체 문서와 일치하지 않을 가능성이 높다. 샘플 크기를 크게 늘리거나(read 함수에서 sampleSize 옵션을 설정해서) 배치가 충분히 작거나 성능에 문제가 되지 않는다면 샘플 크기를 전체 배치로 설정하는 것이 좋다. 각 데이터 소스에 대한 스키마 정확도와 성능 사이의 스위트 스팟sweet spot[1]을 식별하기 위해 데이터를 실험해봐야 한다. 예를 들어, RDBMS에서 가

---

1 스포츠에서 테니스 클럽, 야구 배트 혹은 탁구 라켓 등에 공이 맞았을 때 가장 멀리 날아가는 부분을 의미하는 스포츠 용어다. 여기서는 어떤 조건에 따른 결과가 극대화하는 지점을 의미한다. – 옮긴이

져온 데이터는 주어진 테이블의 모든 행에 대해 항상 동일한 스키마를 가지므로 샘플 크기가 작아도 문제없이 작동한다.

- 스파크는 데이터 파일의 컬럼명에 의존한다. JSON 문서의 경우 스파크는 실제 속성 명을 사용한다. CSV의 경우 컬럼명이 있는 헤더 행을 포함해야 한다. 그렇지 않으면 스파크는 c0_, c1_ 등과 같은 이름을 컬럼명으로 지정한다.

- 다른 문서에 서로 다른 데이터 타입을 가진 속성이 있는 경우 스파크는 모든 값과 일치하는 일반화된 타입을 사용하려 시도한다. 예를 들어 문서의 절반에서 "age" 속성이 숫자며 나머지 반은 문자열인 경우 스파크는 문자열 타입을 사용한다. 숫자는 항상 문자열로 변환될 수 있지만 그 반대는 불가능할 수도 있기 때문이다. 어떤 경우에는 스파크가 데이터 타입을 전혀 지정할 수 없기도 하다. 예를 들어 "age" 속성이 일부 문서에서는 숫자^{number}이고 다른 문서에서는 중첩 구조^{nested}로 돼 있다고 하자. 이러한 경우 스파크는 변환할 수 없는 행을 _corrupt_record라는 특수 필드에 둔다. 이 필드를 활용해서 문제의 행을 검사하고 데이터 소스 소유자와 협업해 해당 속성을 두 개의 다른 속성으로 분할할지, 모든 문서에 동일한 데이터 타입을 사용할지를 결정한다.

리스트 8.2의 스키마에는 스파크 내부 타입이 사용되고 있으며 스파크 프레임워크에서만 인식된다. 해당 스키마를 그대로 레지스트리에 저장할 수도 있겠지만, 여기서는 다양한 툴을 지원할 수 있는 데이터 플랫폼을 설계하고 있기 때문에 스파크 스키마를 레지스트리에 저장하기 전에 아브로^{Avro} 스키마로 변환하기로 한다. 7장에서 아브로 파일 형식에 대해 설명했으며, 8장 뒷부분에서도 아브로 스키마에 대해 더 자세히 설명한다.

스파크 스키마 추론은 정말 강력한 기능이다. 다양한 클라우드 공급 업체에서 스파크를 광범위하게 지원하고 있는데, 예를 들면 AWS 글루^{Glue}는 스파크 스키마 추론 기능 기반 위에 새롭게 추가한 기능을 제공한다. 애저 데이터브릭스$^{Azure Databricks}$와 애저 시냅스$^{Azure Synapse}$ 서비스 또한 아파치 스파크를 기본 데이터 변환 프레임워크로 사용하고 있다. 그러나 스파크 파이프라인 내에서 스키마 관리 단계를 구현할 수 없는 경우도 있다. 첫 번째 시나리오는 데이터 처리 프레임워크가 스키마 추론을 지원하지 않는 경우다. 예를 들어 구글의 클라우드 데이터 플로우$^{Cloud Data Flow}$ 서비스에서 사용하는 아파치 빔$^{Apache Beam}$은 데이터로부터 스키마를 추론하는 기능을 지원하지 않는다. 즉, 파이프라인 외부에서 수작업으로 스키마를 유지 관리해야 한다. 두 번째 시나리오는 실시간 데이터 파이프라인이다.

실시간 파이프라인에서의 스키마 관리

실시간 파이프라인에서는 통계적으로 상당한 양의 데이터를 살펴보고 이 데이터에 어떤 스키마가 있는지 결정해야 하므로 스키마를 추론하기 어렵다. 스파크는 데이터 배치로부터 스키마를 추론할 때 기본적으로 샘플 데이터를 사용하는데, 기본 샘플 사이즈로 1000개의 행을 사용한다. 실시간 데이터 파이프라인에서는 한 번에 하나의 메시지를 처리하도록 하는 제약이 있다. 단일 메시지로부터 스키마를 추론할 수 있지만 다음 메시지가 동일한 스키마를 가질 것이라는 보장이 없기 때문에 각 개별 메시지에 대한 스키마를 어떻게든 맞추는 작업을 진행해야 한다. 이는 계산 비용이 많이 드는 프로세스로, 결과적으로 매우 많은 양의 스키마 버전이 생성될 것이다.

실시간 파이프라인에서 스키마 관리와 관련해서 두 번째로 고려해야 할 점은 더 나은 성능을 달성하기 위해 개발자들이 프로토버프^{Protobuf} 또는 아브로와 같은 바이너리 형식을 사용해 개별 메시지의 크기를 최소화해야 한다. 각 메시지의 크기를 최소화하기 위해 개발자가 메시지 자체에서 아브로 스키마 정의를 제거하기도 한다(대부분의 경우 스키마 크기는 실제 메시지 크기보다 클 수 있음). 이 경우 메시지는 카프카와 같은 실시간 저장소에 바이트 배열^{byte array}로만 전달되기 때문에 이 바이트 배열만 사용해서는 스키마를 추론할 수 없게 된다. 이러한 경우에는 스키마가 반드시 레지스트리에 저장돼 있어야 하며, 애플리케이션 개발 팀에서 유지 관리해야 한다.

스키마 추론 방식과 수작업 스키마 관리 방식은 쉽게 혼합해 사용할 수 있다. 배치 데이터 소스는 스키마 추론 방식을 사용할 수 있고, 실시간 소스는 수작업 스키마 관리 방법을 사용할 수 있는데 이 때 개발 팀이 스키마를 레지스트리에 게시하는 역할을, 변경이 발생했다면 스키마 버전을 업데이트하는 역할을 담당한다.

8.2.3 스키마 변경 모니터링

매번 파이프라인 작동이 멈출 때마다 파이프라인 문제 해결에 시간을 낭비하고 싶지 않다면, 스키마 변경에 자동으로 대처할 수 있는 회복력 있는 데이터 파이프라인을 구축하는 것이 중요하다. 또한 스키마 변경이 발생할 때마다 알려주는 경보 메커니즘을 확보하도록 한다.

스키마 변경의 문제는 데이터 구조가 변경돼도 계속 작동하는 파이프라인을 구축할 수 있음에도, 특정 스키마를 변경하면 다운스트림 리포트 또는 데이터 산출물에 논리적 오류가 발생할 수 있다는 점이다. 예를 들면 데이터 소스에서 컬럼이 삭제되거나 컬럼명이 바뀌는 경우다. 데이터 수집 파이프라인이나 데이터 변환 파이프라인을 구축할 때 누락된 컬럼 대신 디폴트값을 사용하는 것도 해결 방법이 될 수 있다. 8.4절의 "스키마 진화 시나리오"에서 이를 해결할 수 있는 방법을 설명하겠지만, 비즈니스 사용자가 사용하는 리포트가 특정 컬럼과 관련이 있는 경우 특정 컬럼을 모두 디폴트값으로 채운다면, 이 리포트의 로직은 어느 순간 깨진 것이다.

앞의 예제로 돌아가서, transaction_amount 컬럼명을 transaction_total으로 변경했다고 하자. 그리고 transaction_amount 컬럼을 찾을 수 없을 때 디폴트값 "0"을 세팅해서 회복력 있는 파이프라인을 구축했다고 가정해보자. 특정 시점에 리포트에서 일일 총 판매액을 계산하면 판매액이 0으로 표시되기 시작할 것이며 이는 분명한 논리적 오류다. 왜냐하면 이 경우 해당 데이터가 다른 컬럼(변경된 컬럼명인 transaction_total)에 분명히 들어오고 있었기 때문이다.

위 예제에서 볼 수 있듯 스키마 변경 처리를 자동화할 수 없는 경우가 있다. 그렇기에 스키마 변경으로 인해 다운스트림 파이프라인에 문제가 발생할 수 있음을 알려주는 경보 메커니즘이 필요하다. 이러한 메커니즘을 마련해 놓지 않으면 비즈니스 사용자가 이러한 문제를 발견하게 될 것이고, 데이터 플랫폼에 대한 신뢰와 데이터 품질 문제를 크게 악화시킬 것이다.

7장에서 메타데이터 계층의 다양한 도메인에 대해 살펴봤다. 이러한 도메인 중 하나는 파이프라인 처리 내역이다. 파이프라인 처리 내역은 파이프라인이 실행 중 발생한 일에 대한 정보를 캡처한다. 예를 들면 읽은 데이터의 양, 어떤 오류가 있었는지 등과 같은 정보다. 이러한 이벤트를 모니터링하려면 스키마 변경 이벤트를 파이프라인 처리 내역으로 캡처하는 것이 매우 중요하다. 그림 8.9는 공통 데이터 변환 파이프라인이 스키마 변경 이벤트를 메타데이터 계층에 어떻게 등록하는지를 보여주고 있다.

공통 스키마 관리 모듈은 스키마 변경을 감지하고 신규 버전의 스키마를 메타데이터 계층의 레지스트리로 게시할 수 있다. 또한 이 모듈은 메타데이터 계층의 파이프라인 처리 내역 도메인에도 변경 사항이 발생했음을 기록할 수 있다. 구현 관점에서 보면, 이는 클라우드 로그 관리 솔루션으로 집계되는 로그 파일일 수 있다. 이를 활용해서 수집된 로그 데이터를 분석하거나, 스키마 변경 시 데이터 플랫폼 관리 팀에 알리는 경보 메커니즘을 구축할 수 있다.

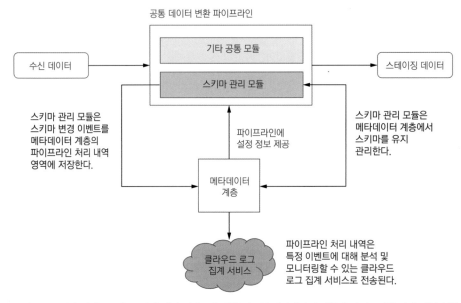

▲ **그림 8.9** 스키마 관리 모듈은 스키마 변경 이벤트에 대한 정보를 메타데이터 계층의 파이프라인 처리 내역 영역에 게시하고, 클라우드 로그 집계 서비스로 보낸다.

데이터 플랫폼 규모가 작고 파이프라인과 리포트 수도 많지 않은 경우라면, 스키마 변경의 영향을 받는 리포트를 빠르게 식별할 수 있기에 리포트 데이터의 유효성 여부를 최종 사용자에게 알려줄 수 있다. 게다가 파이프라인 변경 시 관리할 양도 많지 않을 것이다. 이러한 방식이 가능하다면 사용자가 스스로 문제를 발견하고 해당 관리 팀에 데이터의 오류를 알려주는 경우보다 훨씬 더 나은 사용자 경험을 제공한다 할 수 있다. 그럼에도 최종 사용자가 전혀 감지하지 못하는 미묘한 로직 오류도 있을 수 있다.

데이터 플랫폼을 확장하며 점점 더 많은 파이프라인과 리포트를 추가함에 따라 어떤 리포트가 영향을 받는지 수작업으로 파악하려면 상당한 시간이 필요하거나, 혹은 불가능한 경우도 있다. 이 경우 메타데이터 계층의 파이프라인 설정 도메인을 활용할 수 있다. 7장을 다시 참고해보면 파이프라인 설정에는 어떤 데이터 소스가 어떤 데이터 변환 파이프라인에서 사용되는지에 대한 정보를 포함한다. 스키마 변경의 영향을 받는 데이터 소스를 알고 있으면 영향을 받는 모든 다운스트림 변환 작업과 리포트를 쉽게 식별할 수 있다.

8.3 스키마 레지스트리 구현

클라우드 데이터 플랫폼에서 스키마 레지스트리 구축 옵션에 대해 설명하기 전에 실제로 스키마를 표현하고 저장하는 방법을 살펴봐야 한다. "스키마 레지스트리"는 데이터 처리 분야에서 일반적인 개념이 아니다. 관계형 데이터베이스는 스키마를 사용하지만 각 공급 업체마다 서로 다른 타입을 사용하는 등 테이블 스키마를 설명하는 고유한 방법이 있다. CSV와 JSON 파일은 속성명만 포함하고 타입 정보는 포함하지 않으므로 스키마가 부분적으로만 표현된다. 다양한 소스에서 가져온 데이터로 작업이 가능하려면 스키마가 필요한데 속성명, 해당 타입, 디폴트값을 포함해야 한다.

8.3.1 아파치 아브로 스키마

5장에서 아파치 아브로^{Apache Avro}[2]를 데이터 플랫폼의 모든 데이터에 대한 공통 파일 형식으로 사용하는 것에 대해 설명했다. 자체 스키마가 존재하는 아브로는 자체 스키마를 사용해 데이터를 표현한다. 데이터 플랫폼에서 단일 데이터 형식으로 표준화하려 하기 때문에, 아브로 스키마를 공통 스키마 형식으로 채택하는 것도 타당한 방법이라 할 수 있다. 아브로 스키마는 가장 널리 사용하는 기본 데이터 유형을 지원한다. 예를 들면 strings, integers, floats, null 등이다. 또한 records, arrays, enums과 같은 복잡한 데이터 유형도 지원한다. 이러한 아브로의 특성을 활용하면 RDBMS로부터 수신하는 대부분의 기본 유형을 사용하는 데이터

---

2 https://avro.apache.org/

부터 복잡한 중첩 속성을 사용하는 다양한 JSON 문서에 이르기까지 모든 종류의 데이터 소스를 표현할 수 있다.

다음 리스트는 앞 예제에서 사용한 샘플 JSON 문서에 대한 아브로 스키마 정의 예시다.

리스트 8.3 샘플 JSON 문서에 대한 아브로 스키마 정의

```
{
    "type":"record",
    "name":"sampleUserProfile",
    "fields":[                                        ◀── 아브로 스키마 정의에는 문자열,
      { "name":"_id", "type":["string","null"]},           정수 등과 같은 기본 유형을
      { "name":"about", "type":["string","null"]},          가진 컬럼을 포함할 수 있다.
      { "name":"address", "type":[ "string","null"]},
      { "name":"age", "type":["long", "null"]},
      …
      {
        "name":"friends",                             ◀── 이 예제에서 "friends" 속성은 배열이며,
        "type":[{"type":"array","items":[                 이는 여러 값을 포함할 수 있음을 의미한다.
            {
              "type":"record",                        ◀── "friends" 배열의 각 항목은 타입이 record다. 이
              "name":"friends",                            는 중첩된 값을 설명하는 데 사용된다.
              "namespace":"sampleFriendsRecord",
              "fields":[{"name":"id","type":["long","null"]},   ◀──
                        {"name":"name","type":["string","null"]}]
            },                                             "friends" 배열의 각 항목에는
            "null"                                         기본 유형인 두 속성이 있는
          ]                                                레코드를 포함한다.
        },
        "null"
      ]
    },
    …
```

아브로 스키마 정의는 사람이 읽을 수 있다. 즉, 스키마 추론 방식을 사용할 수 없는 데이터 소스의 스키마를 수작업으로 정의할 수 있다.

8.2.2절에서 살펴봤듯 스파크에서 스키마 추론 방식을 사용하는 경우 스파크 스키마를 아브로 스키마로 변환해야 한다. 리스트 8.4처럼, 스파크는 스칼라 API에서 이를 수행하는

편리한 방법을 제공한다.

```
import org.apache.spark.sql.avro.SchemaConverters   ◀──── 스키마 변환을 수행하기 위해
val df = spark.read.json("/data/sample.json")  ◀────         헬퍼(helper) 객체를 가져온다.
                                                        샘플 JSON 문서를 읽어
                                                        스파크 dataFrame에 넣는다.
val avroSchema = SchemaConverters.toAvroType(df.schema, false,
➡ "sampleUserProfile")                             ◀────  "toAvroType" 메서드를
avroSchema: org.apache.avro.Schema = {"type":"record","name":   사용해 스파크 스키마를
➡ "sampleUserProfile","fields":[{"name":"_id","type":["string","null"]} …   아브로 스키마로 변환
```

예제에서 볼 수 있듯 **toAvroType** 메서드의 출력은 org.apache.avro.Schema 형식이며
앞에서 보았던 예제 아브로 스키마와 동일하게 보인다. 간단히 하기 위해 이 리스트에서 전
체 스키마 출력을 생략했지만 스파크 셸을 사용해 직접 실행해보면 전체 아브로 스키마 정의
를 볼 수 있다.

아브로는 스키마 정의의 공통 포맷으로 사용하는 것 외에도 스키마의 진화를 지원한다.
데이터 소스의 스키마는 항상 변경되므로, 시간에 따른 스키마의 변경 이력을 추적할 수 있
으면 매우 도움이 된다. 8장 뒷부분에서 스키마 진화의 예시를 자세히 알아본다.

아브로 스키마를 준비했으면 다음으로 해야 할 일은 아브로 스키마를 특정 위치에 저장
하는 일이다. 그러면 다른 파이프라인, 작업자, 모니터링 툴에서 필요할 때 아브로 스키마를
읽어 가져갈 수 있으며, 그 장소가 스키마 레지스트리다. 스키마 레지스트리는 기본적으로
스키마 정의를 저장, 가져오기, 업데이트할 수 있는 데이터베이스다. 앞의 예제에서 보았듯
아브로 스키마 정의는 속성, 속성 타입 등을 설명하는 텍스트일 뿐이다. 실제로 아브로 스키
마 정의 자체는 유효한 JSON 문서다. 즉 어떤 데이터베이스든 JSON 데이터를 저장할 수 있
으면 스키마 레지스트리로 활용할 수 있다.

8.3.2 스키마 레지스트리 솔루션

클라우드에서 자체 스키마 레지스트리를 구현하는 방법을 설명하기 전에 기존 솔루션을 살
펴봐야 한다. 7장에서 파이프라인 메타데이터 저장 방법에 대해 논의할 때 다음 클라우드 서
비스들을 "데이터 카탈로그" 범주에 넣어 설명했다.

- AWS 글루 데이터 카탈로그^{AWS Glue Data Catalog}
- 애저 데이터 카탈로그^{Azure Data Catalog}
- 구글 클라우드 데이터 카탈로그^{Google Cloud Data Catalog}

위 서비스들은 다양한 데이터 소스의 스키마를 저장할 수 있는 기능을 어느 정도 제공하지만 경험상 이 솔루션 모두 스키마 게시, 스키마 버전 관리, 스키마 검색의 기능에서는 상당한 제약이 있었다. 애저 데이터 카탈로그와 구글 클라우드 데이터 카탈로그는 둘 다 기존 데이터 소스의 자동 검색에 중점을 두고 있어 최종 사용자에게 데이터 검색을 위한 검색 인터페이스를 제공한다. 예를 들어 애저 데이터 카탈로그를 사용하면 데이터 소스뿐만 아니라 기존 리포트도 등록할 수 있으므로 데이터 검색 툴로서 유용하다. 이러한 데이터 카탈로그 솔루션에는 스키마 버전 관리 기능 및 아브로와 같은 공통 스키마 포맷을 사용하는 기능이 없다. AWS, 애저, 구글 클라우드는 스키마 업데이트를 위한 API를 제공하지만 버전 정보가 없으며 각 데이터 카탈로그 솔루션은 자체적인 고유한 방식으로 스키마를 표현한다. 이는 스파크 스키마를 아브로 포맷으로 변환이 필요함을 의미한다. 클라우드 스토리지에 파일을 저장하기 위해 컴팩트 바이너리 포맷을 사용하는 경우도 마찬가지이며, 또한 아브로 포맷인 스키마 정보를 데이터 카탈로그 툴의 스키마 표현 방식으로도 변환해야 한다.

이 세 가지 데이터 카탈로그 솔루션 중에서 AWS 글루 데이터 카탈로그가 스키마 레지스트리 역할을 할 수 있는 가장 가까운 솔루션이다. 글루 데이터 카탈로그는 JSON과 아브로와 같은 일반적인 파일 형식으로 된 스키마 검색과 API를 통한 스키마 업데이트를 지원한다. 그러나(적어도 현재 버전에서는) 이전 버전의 스키마 검색은 지원하지 않고 있다. 7장에서 언급했듯 AWS 글루 데이터 카탈로그는 AWS 글루 서비스를 사용해 전체 변환 계층을 구축하고자 할 경우 적절한 방법이다. 만일 데이터 카탈로그 부분만 사용하고 아파치 스파크나 다른 데이터 처리 프레임워크를 사용해 파이프라인을 직접 구축하고자 할 때에는 제약 사항들을 명확하게 식별할 수 있다.

스키마 레지스트리에 대한 기존 오픈 소스 솔루션은 거의 찾을 수가 없다. 조사한 바에 따르면 컨플루언트 스키마 레지스트리^{Confluent Schema Resigstry}[3]가 스키마 레지스트리에 관한

---

3 http://mng.bz/7V5m

대부분의 기능을 가진 유일한 솔루션이다. 버전 관리, 아브로 스키마 형식 지원, 적절한 API 등을 지원하고 있으며 스키마 변경 시 기존 파이프라인이 손상되지 않도록 하는 스키마 진화 규칙도 지원한다.

컨플루언트 스키마 레지스트리를 활용하고자 할 때 고려해야 할 문제점 하나는 카프카를 같이 설치해야 한다는 점이다. 컨플루언트 스키마 레지스트리는 실시간 처리 유스케이스를 충족하기 위한 목적이므로, API를 사용해 모든 유형의 데이터 소스에 대한 스키마를 등록할 수는 있지만 카프카 클러스터를 실행한 상태여야 한다. 따라서 데이터 플랫폼에 아직 실시간 성 컴포넌트가 없는 경우 AWS 키네시스^{Kinesis}, 구글 클라우드 펍/서브^{Google Cloud Pub/Sub}와 같은 클라우드 공급 업체에 특화된 실시간 스토리지 서비스를 사용 중이라면 이 도구를 사용할 수 없다. 애저 이벤트 허브^{Azure Events Hub}는 카프카와 호환되는 API를 제공하므로 컨플루언트 스키마 레지스트리를 사용할 수 있다.

컨플루언트 스키마 레지스트리는 컨플루언트 자체 커뮤니티 라이선스에 따라 배포된다는 점도 중요하다. 이 라이선스는 아파치 v2 또는 MIT 등과 같은 일반적인 오픈 소스 라이선스와는 다르다.

8.3.3 메타데이터 계층의 스키마 레지스트리

7장에서 메타데이터 계층 구축 옵션에 대해 설명했다. 메타데이터 계층에서는 파이프라인 설정, 파이프라인 처리 내역 정보 등을 관리한다. 관리를 위한 세 가지 솔루션에 대해서도 살펴봤다.

- 버전 관리를 위해 일반 텍스트^{Plain-text} 파이프라인 설정 파일과 코드 저장소를 사용한다.
- 파이프라인 설정과 기타 메타데이터 저장을 위해서 키/밸류 방식이나 관계형 데이터베이스를 사용한다.
- 플랫폼의 모든 툴이 일원화된 인터페이스를 사용할 수 있도록 데이터베이스 기반 위에 REST API 계층을 추가한다.

스키마 레지스트리도 메타데이터 계층의 논리적 영역 중 하나이기에 7장에서 설명한 것과 동일한 방식으로 구현하는 것이 좋다. 앞에서 설명한 바와 같이 스키마 레지스트리는 스키마 정보와 스키마 버전 정보를 관리하는 데이터베이스다. 위에서 설명한 세 가지 옵션을 반복해서 설명하지는 않지만 데이터베이스와 그 위에 API 계층이 있는 마지막 옵션에 초점을 맞춘다. 스키마 레지스트리를 필요로 하는 툴이 얼마 되지 않거나 관리 팀도 많지 않다면 API 계층 없이 데이터베이스만 계속 사용할 수도 있다. 텍스트 파일과 코드 저장소를 사용해 스키마를 저장하는 방식(가장 간단한 파이프라인 설정 방식과 유사한 방식)은 여기에 적용하기 적절하지 않다. 왜냐하면 본 설계에서 스키마는 파이프라인 자체에서 자동으로 업데이트되기 때문이다. 그림 8.10은 다양한 툴들과 스키마 레지스트리 간 상호작용하는 방식을 보여주고 있다.

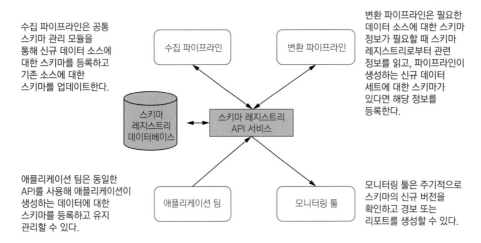

▲ **그림 8.10** API 레이어를 제공하는 스키마 레지스트리는 데이터 플랫폼 내부 파이프라인들, 외부 팀, 외부 툴 모두에서 사용할 수 있다.

실제 스키마 레지스트리로 활용할 수 있는 데이터베이스는 7장에서 설명한 바와 같이 키/밸류 서비스들로 애저 코스모스DB^Azure CosmosDB, 구글 클라우드 데이터스토어^Google Cloud Datastore, AWS 다이나모DB^DynamoDB 등이 있다. 사실 과거에 스키마 레지스트리를 구현할 때에는 파이프라인 메타데이터와 스키마 레지스트리에 동일한 데이터베이스를 사용하는 경우가 많았다. 경우에 따라서는 파이프라인 메타데이터 관리와, 스키마 관리 용도별로 별도의 데이터베이스 인스턴스(코스모스DB, 클라우드 데이터스토어, 다이나모DB 동일)를 사용할 수도 있다. 예를 들어 해당 데이터 소스의 스키마 중 일부는 데이터 플랫폼에서 관리하고, 일부는 애플리케이션 팀에서 관리하는 하이브리드 시나리오를 생각해보자. 이때 애플리케이션 팀에게 파이프라인 설정 데이터 액세스 권한은 주지 않고, 해당 스키마 데이터 액세스 권한만 부여할 필요성이 있을 수 있기 때문이다. 다행히 클라우드를 사용하면 이러한 데이터 저장소의 인스턴스를 쉽게 여러 개 만들 수 있으며, 이에 대한 세분화된 접근 권한도 설정할 수 있다.

스키마 레지스트리 작업은 다음과 같이 요약할 수 있다. 데이터베이스에서 직접 수행하든 API 계층을 통해 구현하든 결과는 동일하다.

- 데이터 소스의 현재 스키마 버전을 가져온다.
- 해당 스키마의 현재 버전이 존재하지 않는 경우 데이터 소스에 대한 신규 스키마를 생성한다. 신규 스키마는 새로운 데이터 소스를 등록하는 데에도 사용된다.
- 기존 데이터 소스에 대한 신규 버전의 스키마를 추가한다.

7장에서 메타데이터 계층의 각 엔터티별로 가져야 하는 속성들에 대해 설명했다. 예를 들면 네임스페이스, 파이프라인, 데이터 소스 등과 같은 속성들이다. 스키마 레지스트리에 저장해야 하는 속성들에는 다음과 같은 속성들을 추가로 포함해야 한다.

- **ID** – 스키마의 식별자다. 이 ID에서 메타데이터 계층의 소스 엔터티들이 데스티네이션 엔터티들과 연결된다.
- **버전** – 해당 스키마의 버전을 나타내는 숫자다. ID 속성과 함께 사용해서 고유 스키마 키를 형성한다.
- **스키마** – 아브로 스키마 정의를 저장하는 텍스트 속성
- **생성 타임스탬프** – 해당 스키마를 만든 일시 정보
- **최종 수정 타임스탬프** – 스키마를 마지막으로 수정한 일시 정보

동일한 스키마가 여러 버전 있을 수 있으므로 여기에서 ID는 고유값이 아니다. 앞서 논의한 바와 같이 데이터 소스의 스키마는 지속적으로 변경되고 있다. 각 버전의 스키마로 생성된 데이터를 처리하려면 스키마의 버전별 개별 수정 사항을 캡처해야만 가능하다. 뿐만 아니라 디버깅과 트러블슈팅을 위해서도 시간이 지남에 따라 스키마의 변경 이력을 아는 것이 중

요하다. 각 스키마 버전에 신규 ID를 할당하지 않는다. 신규 ID를 할당하게 되면 메타데이터 계층의 모든 소스 엔터티와 데스티네이션 엔터티를 모두 찾아 신규 ID로 업데이트해야 하기 때문이다.

8.4 스키마 진화 시나리오

지금까지 수신 데이터의 스키마를 추론하는 방법과 스키마 레지스트리에 스키마 신규 버전을 저장하는 방법을 살펴봤다. 이제 스키마 진화Schema evolution에 대한 가장 일반적인 시나리오를 알아보자. 스키마 진화는 데이터를 처리하는 프로그램이 데이터 구조 변경을 어떻게 다루는지를 설명할 때 일반적으로 사용되는 용어다. 데이터 플랫폼에서 특정 데이터 소스의 스키마가 변경될 경우, 데이터 파이프라인이 작동할 때와 작동하지 않을 때의 메커니즘을 이해해야 한다. 다음은 스키마 변경의 가장 일반적인 예다.

- 신규 컬럼 추가
- 기존 컬럼 삭제
- 컬럼명 변경
- 컬럼 타입 변경

스키마 진화에 대해 살펴볼 때는 더 큰 맥락을 염두에 두는 것이 중요하다. 스키마 진화를 다룰 때 신규 버전의 스키마를 활용해서 데이터를 읽을 수 있게 만들며, 잠재적으로 수백 개 이상의 기존 데이터 변환 파이프라인과 리포트를 유지하면서, 다운스트림 데이터 소비자에게 끼칠 수 있는 방해 요소를 최소화해야 한다.

스키마 변경에는 이전 버전 호환성 유지형과 이후 버전 호환성 유지형, 두 가지 유형이 있다. 이전 버전 호환성 유지형 스키마 변경은 데이터 변환 파이프라인이 레지스트리로부터 최신 버전의 스키마를 읽어서 사용하면 플랫폼에 저장돼 있던 모든 데이터를 읽을 수 있어야 함을 의미한다. 즉 이전 버전의 스키마를 사용해 작성된 데이터라 하더라도 읽을 수 있어야 한다. 그림 8.11에서 이 프로세스를 설명하고 있다.

예제에서는 단일 데이터 소스를 활용하고 있고, 두 개의 컬럼으로 구성된 초기 스키마 (V1) 형태다. 수집 파이프라인은 일정 기간 동안 작동했으며, V1 스키마를 사용하는 데이터가 이미 일부 아카이빙된 상태라 가정해보자. 이제 특정 시점에 이 데이터 소스에 신규 컬럼이 추가되면서 V2 스키마가 만들어졌고 이 버전을 사용한 데이터를 저장하기 시작했다.

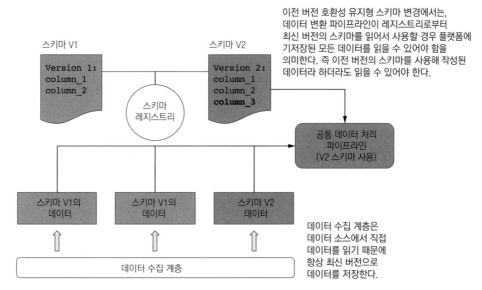

▲ **그림 8.11** 이전 버전 호환성 유지형 스키마 변경은 스키마 V2를 사용할 때 스키마 V1로 작성된 데이터를 처리할 수 있음을 의미한다.

5장에서 두 가지 유형의 데이터 처리 파이프라인, 즉 공통 데이터 처리 파이프라인과 사용자 정의 데이터 처리 파이프라인을 소개했다. 되짚어보면 공통 데이터 처리 파이프라인은 다음 사항과 관련이 있다.

- 파일 포맷 변환
- 데이터 중복 제거
- 데이터 품질 검사

이번 예제와 다음 예제에서는 데이터 처리 파이프라인이 일반적인 파이프라인이라 가정한다. 왜냐하면 데이터 소스로부터 들어오는 다양한 스키마를 처리할 수 있어야 하지만, 고객 비즈니스 로직을 실제로 적용할 필요는 없기 때문이다. 사용자 정의 데이터 처리 파이프라인과 스키마 변경을 처리하는 방법은 8장 뒷부분에서 설명한다.

또한 데이터 처리 파이프라인이 레지스트리로부터 각 소스에 대한 최신 버전의 스키마를 자동으로 선택한다고 가정해보겠다. V2 스키마를 사용해 V1 스키마로 작성된 데이터를 재처리해야 하는 경우 어떻게 될까?

8.4.1 스키마 호환성 규칙

스키마에 대한 이전 버전 호환성^{backward-compatibility} 규칙 적용에 대해 알아보자. 아브로 포맷은 스키마를 이전 버전과 호환되도록 하는 몇 가지 규칙을 정의한다. 이 예제에서 스키마의 V2에 추가한 신규 컬럼 column_3에 디폴트값이 정의돼 있는 경우 이 스키마 변경은 이전 버전과 호환된다. V2 스키마를 사용해 column_3이 없는 V1 스키마를 사용해 작성된 아카이브 데이터를 읽으면 아브로는 자동으로 column_3에 디폴트값을 사용한다. 빈 값 또는 널^{null} 값을 디폴트값으로 사용하지만 컬럼 타입과 일치하도록 값을 정의해서 사용할 수 있다. 사용자 프로필 JSON 문서에 대한 아브로 스키마 예제를 되짚어보면 아브로에서 디폴트값이 사용되는 방식을 확인할 수 있다. `{"name":"age", "type":["long", "null"]}`의 경우, `"age"` 컬럼은 `"long"` 유형이고 `"null"`로 정의된 디폴트값을 볼 수 있다.

아브로가 지원하는 스키마 진화의 또 다른 사례는 이후 버전 호환성^{forward-compatibility} 시나리오다. 이전 버전 스키마를 사용해 이후 버전 스키마로 작성된 데이터를 처리할 수 있는 경우, 이를 이후 버전 호환성 유지형 스키마 변경이라 한다. 앞의 예제에서 데이터 처리 파이프라인은 레지스트리로부터 항상 최신 버전의 스키마를 읽어서 사용했다. 그림 8.12에서 파이프라인이 현재 버전의 스키마를 사용해 새로운 수신 데이터를 처리할 경우 어떤 일이 발생하는지 살펴보자.

앞의 예제와 마찬가지로 스키마 V2 버전에 신규 컬럼을 추가했고, 일부 아카이브 데이터는 V1 버전으로 작성했다. 파이프라인은 V2 스키마로 바로 전환하지 않고 V1 스키마를 계속 사용한다. 이때 파이프 라인은 문제없이 아카이브 데이터를 재처리할 수 있다. 왜냐하면 저장된 데이터와 동일한 스키마 버전을 사용하고 있기 때문이다. 파이프라인이 신규 컬럼이 포함된 새로운 수신 배치 데이터를 처리하려면 어떻게 될까?

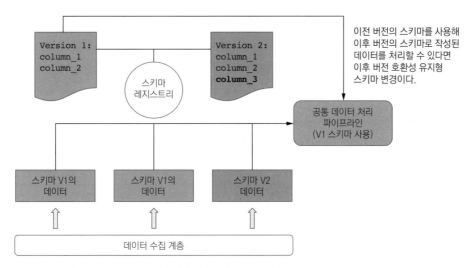

▲ **그림 8.12** 이후 버전 호환성 유지형 스키마 변경은 스키마 V1을 사용해 스키마 V2로 작성된 데이터를 처리할 수 있음을 의미한다.

아브로에서 스키마에 컬럼을 추가하는 것은 이후 버전 호환성 유지형 변경 사항이다. V1 스키마를 사용하는 데이터 처리 파이프라인은 새롭게 추가된 컬럼을 무시하고 신규 컬럼이 없는 것처럼 데이터를 계속 읽는다. 아브로의 이러한 호환성 기능은 스키마 변경에 직면했을 때 기존 파이프라인을 계속 실행하는 데 도움이 되며 데이터 엔지니어링 팀이 파이프라인을 조정해 나중에 신규 스키마를 사용하도록 할 수 있다.

> **│참고│** 8장 앞부분에서 설명했지만 파이프라인 처리 내역 로그를 사용해 스키마 변경 사항을 모니터링하는 것이 매우 중요하다. 파이프라인이 신규 컬럼을 무시하고 필요한 조정을 할 때까지 계속 동작할 수 있다. 하지만 데이터 사용자는 신규 컬럼이 가능한 한 빨리 추가되기를 기대할 수 있다. 사용자보다 한발 앞서 변경 사항을 인지한 후, 사용자에게 변경 사항을 인지했음을 알리고 다운스트림 데이터 세트에서 신규 컬럼을 사용할 수 있는 예상 시점을 제공하는 것이 좋다.

지금까지 컬럼 추가 및 삭제에 대해 설명했다. 스키마 변경의 또 다른 일반적인 유형은 기존의 컬럼명 변경으로, 컬럼명 변경 시 신규 컬럼을 추가하고 기존 컬럼은 삭제하는 것처럼 동작한다. 아브로에서 이름 변경에 대한 이전 버전 및 이후 버전과의 호환성 규칙은 컬럼 추가 및 삭제가 결합된 규칙과 동일하다. 디폴트값이 있는 컬럼명을 변경하면 변경 사항은 이전 버전과 이후 버전 모두와 호환된다. 디폴트값이 없는 컬럼명을 변경하면 변경 사항은 이전 버전이나 이후 버전 모두 호환되지 않는다.

스키마 변경의 마지막 유형은 컬럼 타입 변경이다. 기본적으로 아브로는 특정 데이터 타입을 호환 가능한 다른 데이터 타입으로 "승격"하도록 지원한다. 여기서 핵심 요구 사항은 어떤 데이터든 손실되면 안 된다는 점이다. 예를 들어 아브로는 int 타입을 long, float, double 타입으로 승격할 수 있지만 그 반대는 불가능하다. 64비트 정수인 long을 32비트 정수인 int로 변환할 경우 int 타입에 맞지 않는 값이 있을 수 있기 때문이다. 다른 데이터 타입으로 자동 승격될 수 있는 아브로 데이터 타입의 전체 목록을 http://mng.bz/mgRP에서 찾을 수 있다.

아브로가 자동화된 방식을 지원하지 않는(코드 작성이 불필요한) 데이터 타입 변환 시나리오들이 있다. 그런데 이 시나리오는 앞서 설명한 공통 스키마 관리 모듈에서 비교적 쉽게 구현할 수 있다. 예를 들어, 임의의 숫자는 문자열로 표시될 수 있고(반대는 성립되지 않음), 단일 데이터 포인트는 한 엘리먼트의 배열로 표시될 수 있다. 이처럼 더 많은 예들이 있으며, 처한 환경과 가장 자주 접하는 스키마 변경의 유형에 따라 추가적인 데이터 타입 변환 구현이 필요한지 결정할 수 있다. 경험상 아브로가 제공하는 자동 데이터 타입 변환을 고수하는 편이 좋다. 왜냐하면 사용자 정의 타입 변환을 구현하면 다운스트림 데이터 처리 파이프라인이 부가적으로 복잡해지기 때문이다.

8.4.2 스키마 진화와 데이터 변환 파이프라인

스키마 변경은 다운스트림 데이터 처리 파이프라인, 리포트, 사용자들이 데이터 플랫폼에서 수행하는 기타 유형의 분석에 상당한 영향을 미칠 수 있다. 이제 데이터 변환 파이프라인에서 아브로 스키마 호환성 규칙이 의미하는 바를 논의하고자 한다.

이전의 스키마 호환성 예제에서 다룬 파이프라인은 파일 포맷 변환, 중복 제거 등 모든 데이터 소스에 공통적으로 적용하는 공통 데이터 변환 파이프라인이다. 물론 이러한 파이프라인은 최신 데이터와 아카이브 데이터(재처리의 경우)를 읽고, 스키마 변경을 처리할 수 있어야 한다. 그러나 공통 데이터 변환 파이프라인에서는 특정 컬럼을 필요로 하거나 이러한 컬럼에 특정 타입을 필요로 하는 비즈니스 로직은 수행하지 않는다. 즉, 이러한 설계 규칙을 통해 스키마 변경 시 영향을 크게 받지 않도록 함으로써 회복력 있는 공통 데이터 변환 파이프라인 구축이 더 용이해진다.

> **| 참고 |** 여기에서 예외는 특정 컬럼에 대한 데이터 중복 제거다. 해당 컬럼이 삭제되면 중복 제거 프로세스를 조정해야 한다.

실제로 비즈니스 로직을 구현하는 데이터 변환 파이프라인의 경우에는 상황이 다소 복잡하다. 그림 8.13에서와 같이, 앞의 예제를 수정해 단순 집계를 사용하는 데이터 변환 파이프라인을 만들어보자.

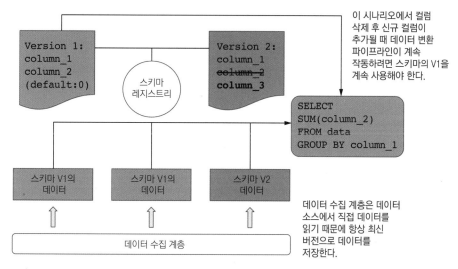

▲ **그림 8.13** 특정 컬럼에 대해 실제 계산을 수행하는 데이터 변환 파이프라인의 경우, 동작이 중단되지 않도록 하기 위해서는 이전 버전의 스키마를 계속 사용해야 한다.

이 예제에는 column_1의 고유값별로 column_2 값의 합계를 계산하는 데이터 변환 파이프라인이 있다. 스키마 V2에서 새로운 column_3을 추가한 후 column_2를 제거한다고 가정해보자. column_2의 이름이 column_3으로 변경됐기에 동일한 스키마가 생성됐다고도 할 수 있다. 그러면 파이프라인은 어떻게 될까?

데이터 변환 파이프라인이 최신 버전의 스키마를 사용하도록 변경하면 장애가 발생한다. 즉, 새로운 수신 데이터에는 column_2가 포함되지 않기 때문에 파이프라인에서 오류가 발생한다. 데이터 변환 파이프라인이 이전 버전의 스키마를 계속 사용하는 경우 column_2에 디폴트값이 정의돼 있는지 여부에 따라 결과가 달라진다. column_2에 디폴트값이 정의돼 있는 경우, 파이프라인은 누락된 컬럼 대신 디폴트값을 사용하므로 계속 작동하게 된다. column_2에 디폴트값이 없는 경우, column_2가 스키마의 V1에 선언돼 있으나 신규 데이터에는 누락돼 있으며, 또한 사용할 디폴트값이 없기 때문에 파이프라인 오류로 인한 장애가 발생한다.

표 8.1은 스키마 변경 유형에 따른 이전 버전 호환성 유지형과 이후 버전 호환성 유지형의 특성을 보여주고 있다.

▼ **표 8.1** 스키마 변경 유형별 이전 버전 호환성 유지형과 이후 버전 호환성 유지형의 특성

스키마 변경	이전 버전 호환성 유지	이후 버전 호환성 유지	변환에 대한 안전성 여부
디폴트값이 있는 컬럼 추가	예	예	예
디폴트값이 없는 컬럼 추가	아니요	예	예
디폴트값이 있는 컬럼 삭제	예	예	예, 이전 스키마 버전을 사용하는 경우
디폴트값이 없는 컬럼 삭제	예	아니요	아니요
디폴트값이 있는 컬럼명 변경	예	예	예, 이전 스키마 버전을 사용하는 경우
디폴트값이 없는 컬럼명 변경	아니요	아니요	아니요
컬럼 타입 변경	때때로	때때로	때때로

앞의 표에서 볼 수 있듯 디폴트값이 있는 신규 컬럼 추가가 가장 안전한 스키마 변경 작업이다. 기존 파이프라인은 계속 작동하며 파이프라인 로직을 변경할 때까지는 신규 컬럼을 무시한다. 디폴트값이 있는 컬럼 삭제도 대체로 안전한 작업이다. 하지만 변환 파이프라인이 이전 버전의 스키마를 사용하는지 확인해야 한다. 컬럼명 변경은 컬럼에 디폴트값이 있는 경우에만 안전하다. 그렇지 않으면 디폴트값이 없는 컬럼 추가 후 디폴트값이 없는 컬럼을 삭제하는 것과 같은 특성을 갖는다. 마지막으로 앞에서 설명한 대로 컬럼 타입 변경은 실제 컬

럼 타입에 따라 다르다.

파이프라인을 최신 버전의 스키마로 변경해야 좋을까? 아니면 이전 버전을 계속 사용해야 좋을까? 표 8.1의 내용과 필자의 경험에 따르면 이전 버전의 스키마를 계속 사용하는 편이 좋다. 신규 버전 전환은 파이프라인에 필요한 모든 변경이 이뤄진 후에 하는 것이 좋다. 이 경우 파이프라인은 이후 버전 호환성 유지 스키마 변경 사항에 대해서는 계속 작동하게 된다. 데이터 소스 소유자와 논의를 통해, 이후 버전 호환성 유지 스키마 변경만 수행하는 데 합의하면 안전하고 회복력 있는 파이프라인이 완성된다.

> | **참고** | 스파크의 스키마 추론 기능을 사용하면 모든 컬럼의 디폴트 값은 "널(null)"(비어 있음)이다. 이렇게 하면 호환되지 않는 스키마 변경으로 인해 파이프라인이 중단될 가능성이 줄어든다. 파이프라인에 비즈니스 로직을 더 잘 반영하기 위해 특정 컬럼의 디폴트값을 수작업으로 업데이트해야 할 수도 있다.

스키마 변경으로 인한 데이터 변환 파이프라인의 논리적 오류

스키마 변경에 대한 회복력 있는 파이프라인 구축은 스키마가 변경되는 경우 파이프라인에 오류와 장애가 발생하는 것이 아니라 실행이 계속 유지됨을 의미한다. 특정 스키마를 변경하면 데이터 변환 파이프라인의 비즈니스 로직에 영향을 미치거나 잘못된 결과를 생성할 수도 있다. 이 문제를 설명하기 위해 앞의 예제를 살펴보겠다. 그러나 이제 추상적인 column_1 및 column_2 컬럼 대신 리테일 시나리오를 사용하고자 한다. 유통그룹사 각 매장의 일일 판매 정보는 특정 RDBMS 테이블에 저장돼 있다. 이 테이블로부터 데이터를 수집한다고 가정해 보자. 각 고유 store_id당 총 판매액이 포함된 리포트를 생성하는 데이터 변환 파이프라인이 실행 중이다. 특정 시점에 애플리케이션 개발 팀은 일일 판매 숫자가 포함된 컬럼명을 변경하기로 결정한다. 그림 8.14는 스키마 변경 예를 보여준다.

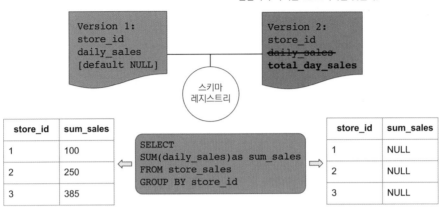

```
SELECT
SUM(daily_sales)as sum_sales
FROM store_sales
GROUP BY store_id
```

2. 신규 데이터를 읽을 때 daily_sales 컬럼에 NULL 값을 사용하므로 변환 파이프라인이 계속 작동한다. 그러나 SQL에서 NULL이 아닌 값에 NULL 값을 추가하면 결과가 NULL이기 때문에 리포트는 sum_sales에 대해 NULL을 표시하기 시작한다.

▲ **그림 8.14** daily_sales 컬럼명을 변경하면 정확하지 않거나 최소한 예상치 못한 리포트 결과가 발생할 수 있다.

회복력 있는 파이프라인을 구축하기 위한 모든 모범 사례를 적용했다고 가정하자. 아브로를 파일 포맷으로 사용하고, 스키마 레지스트리를 업데이트할 때까지 파이프라인이 스키마의 이전 버전을 계속 사용하도록 한다. 이 경우 V1 스키마의 **daily_sales** 컬럼의 디폴트값은 NULL(빈 값)이다. 스키마 변경 시 새로 들어오는 모든 데이터에는 **daily_sales** 컬럼이 삭제되고 **total_day_sales** 열이 추가되는 V2 스키마가 있다. 신규 데이터를 읽을 때 **daily_sales** 컬럼에 NULL 값을 사용하기 때문에 변환 파이프라인이 계속 작동한다. 그러나 SQL에서 NULL이 아닌 값에 NULL 값을 추가하면 결과가 NULL이기 때문에 리포트는 **sum_sales**에 대해 NULL을 표시하기 시작한다. 비즈니스 사용자는 총 판매액에 대해 빈 값을 표시하는 리포트를 보고 당황할 것이다. "0"을 디폴트값으로 사용하면 **sum_sales** 컬럼에 NULL이 표시되지 않지만 신규 데이터가 도착하더라도 기존 숫자가 변경되지 않으므로 신규 판매량이 없는 것처럼 보일 것이다.

예제에서 볼 수 있듯, 스키마 변경 시 파이프라인이 계속 작동하더라도 파이프라인의 비즈니스 로직에 오류가 발생할 수 있다. 아쉽지만 이 문제에 대한 해결책은 간단하지 않다. 앞서 논의한 바와 같이 스키마 변경이 발생했음을 즉시 알려주는 알림을 설정하는 것이 중요하다. 그럼으로써 신속하게 기존 파이프라인을 검토하고 필요한 경우 변경 작업을 진행해야 하며, 동시에 사용자에게는 특정 리포트가 정확하지 않을 수 있음을 알려야 한다.

> **연습 문제 8.2**
>
> 스키마 변경 시 이전 버전과 호환성을 유지하도록 하는 것은 무엇인가?
>
> 1. 신규 컬럼을 추가하는 스키마 변경의 경우 이전 버전과 호환성이 유지된다.
> 2. 모든 스키마 버전에서 동일한 컬럼명을 사용하는 경우 스키마 변경 시 이전 버전과 호환성이 유지된다.
> 3. 최신 버전의 스키마를 사용해 이전 버전의 스키마로 작성된 데이터를 읽을 수 있으면 스키마 변경은 이전 버전과 호환성이 유지된다.
> 4. 가장 오래된 스키마 버전을 사용해 최신 버전의 스키마로 작성된 데이터를 읽을 수 있으면 스키마 변경은 이전 버전과 호환성이 유지된다.

8.5 스키마 진화와 데이터 웨어하우스

지금까지 데이터 변환 파이프라인에서 스키마 변경을 처리하는 방법에 대해 살펴봤다. 그러나 데이터 플랫폼 아키텍처에서 사용자가 데이터를 소비하는 주된 방법은 데이터 웨어하우스를 활용하는 방법이다. 새로운 수신 데이터나 변환 결과를 데이터 웨어하우스 테이블에 적재할 때, 데이터 세트의 스키마를 변경하면 일어날 일을 고려해야 한다.

스키마 변경과 관련해 클라우드 데이터 웨어하우스별로 작동하는 방식에는 차이가 있으며 이에 대해서는 후술하겠지만 데이터 변환 파이프라인과 데이터 웨어하우스 간의 스키마 관리 방식에도 차이가 있다.

이 책에서 다루는 데이터 변환 파이프라인은 실시간 파이프라인이 아닌 한, 대부분 파일을 처리하는 방식이다. 아브로를 파일 포맷으로 사용하면 각 파일과 함께 스키마 정의도 함께 저장된다는 이점이 있다. 즉, 클라우드 스토리지에 스키마 버전이 다른 파일들을 저장할 수 있게 한 후, 파이프라인은 호환성 규칙에 의존해 이러한 다양한 버전의 스키마들을 다루도록 할 수 있다.

그런데 데이터 웨어하우스는 다르게 작동한다. 클라우드 공급 업체에서 제공하는 서비스들도 마찬가지다. 데이터 웨어하우스는 모든 데이터를 테이블에 저장하는데, 이러한 테이블에는 스키마를 사전에 정의해야 한다. 동일한 테이블에는 여러 버전의 스키마가 있을 수 없다. 이는 스키마 진화 시나리오에서 다음 두 가지 결과로 이어진다.

- 데이터 소스나 데이터 결과물의 스키마가 변경되면 데이터 웨어하우스에서 해당 테이블 스키마를 조정해야 한다.
- 데이터 웨어하우스 테이블 스키마는 시점 변경 사항을 모두 누적해야 하며 되돌릴 수 없는 변경 사항은 적용하지 않아야 한다.

데이터 웨어하우스 솔루션들은 외부 스키마 레지스트리와 통합되지 않는다. 즉, 스키마 추론을 사용해 레지스트리에 신규 버전의 스키마를 저장하지만, 데이터 파이프라인이 작동하려면 데이터 웨어하우스 테이블 스키마도 별도로 변경해야 한다. 예를 들어 일부 데이터 소스에 신규 컬럼을 추가한 후, 이 컬럼을 데이터 웨어하우스에서 사용할 수 있게 하려면 해당 컬럼을 데이터 웨어하우스에도 추가해야 한다.

또한 컬럼 삭제나 컬럼명 변경과 같은 변경 사항과 관련해 데이터 웨어하우스 테이블에 스키마 변경 사항을 다르게 처리해야 한다. 컬럼이 소스 테이블에서 삭제된 경우, 데이터 웨어하우스 테이블에는 이력 데이터를 포함한 모든 데이터가 포함돼 있으므로 데이터 웨어하우스 테이블에서 삭제하면 안 된다. 즉, 데이터 웨어하우스 스키마에 대한 변경 사항이 누적돼야 한다. 신규 컬럼을 추가하거나 컬럼 타입을 변경할 수 있지만 컬럼을 삭제해서는 안 된다.

> | 참고 | 스키마 변경은 새로운 수신 데이터에만 영향을 미치므로 클라우드 스토리지에 저장하는 데이터에는 문제가 없다. 컬럼 삭제 시 기존 아카이브 데이터는 수정하지 않아야 한다.

그러나 데이터 웨어하우스 테이블 스키마를 최신 상태로 유지하려면 데이터 플랫폼의 어느 부분에서 그 역할을 담당해야 할까? 분명히 수작업으로 하고 싶지는 않다. 앞에서 설명한 대로, 공통 데이터 변환 파이프라인의 일부로서 스키마 관리 모듈을 사용해 데이터 웨어하우스 스키마 변경을 관리할 수 있다.

스키마 레지스트리에 이전 버전과 현재 버전의 스키마가 있으므로 데이터 웨어하우스 테이블 정의를 업데이트할 SQL 문을 자동으로 생성하도록 만들 수 있다. 컬럼명 변경의 예를 다시 살펴보겠다. 그림 8.15는 스키마 관리 모듈을 사용해 데이터 웨어하우스의 테이블 정의를 유지 관리하는 방법을 보여준다.

이 예제에서 컬럼명이 column_2에서 column_3으로 바뀐다. 스키마 변경 측면에서 column_2를 삭제하고 column_3을 새로 생성하는 것처럼 보일 수도 있다. 데이터 웨어하우스 테이블에서 기존 컬럼을 삭제하지 않는다는 점을 기억하자. 해당 컬럼에는 여전히 가치가 있는 이력 데이터가 있을 수 있기 때문이다. 삭제 부분은 생략하고 새로운 column_3을 테이블에 추가하는 SQL 문을 생성한다.

데이터 웨어하우스에서 스키마 변경의 자동화란, 아브로 데이터 타입을 데이터 웨어하우스의 데이터 타입에 매핑하는 사용자 정의 코드를 스키마 관리 모듈안에 개발해야 함을 의미한다. 데이터 웨어하우스별로 스키마 변경 실행 명령의 구문이 다를 수 있으므로 이를 고려해야 한다.

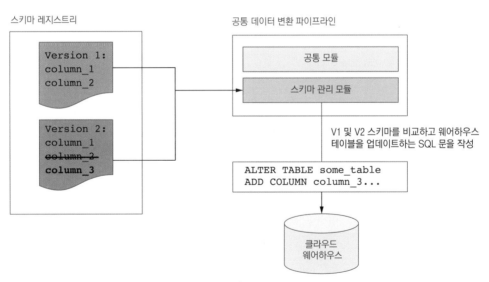

▲ **그림 8.15** 스키마 관리 모듈은 V1 스키마와 V2 스키마를 비교하고, 데이터 웨어하우스 테이블 정의를 업데이트하는 데 필요한 SQL 명령을 자동으로 생성할 수 있다.

때때로 데이터 웨어하우스의 테이블에 대한 스키마 관리 프로세스를 단순화하고 싶을 수 있다. 또한 사용 중인 기존 테이블을 변경하는 대신 기존 테이블을 삭제하고 신규 스키마로 신규 테이블을 생성한 후, 클라우드 스토리지의 모든 이력 데이터를 다 적재하고 싶어 할 수도 있다. 이 방식은 재구축에 많은 시간이 걸리지 않는 작은 테이블에는 적합하다.

테이블 스키마를 변경할 때 클라우드 데이터 웨어하우스가 어떻게 작동하는지 이해하는 것도 중요하다. 기존의 대다수 데이터 웨어하우스는 스키마를 변경하는 동안 테이블에 쿼리가 동작할 수 없게 만든다. 즉, 데이터 웨어하우스에 쿼리를 실행하는 리포트나 사용자는 해당 스키마 변경을 마칠 때까지 기다려야 한다는 의미다. 테이블의 크기와 변경 시 복잡도에 따라 변경을 실행하는 데 몇 분 또는 몇 시간이 걸릴 수도 있다. 다음 절에서는 AWS 레드시프트, 구글 클라우드 빅쿼리, 애저 시냅스의 스키마 관리 기능에 대해 간략히 살펴보겠다.

8.5.1 클라우드 데이터 웨어하우스의 스키마 관리 기능

기존 클라우드 데이터 웨어하우스의 특성은 제품마다 상이하며, 스키마 변경에 대해서도 다른 방식을 제공한다. 안타깝게도 클라우드 공급 업체에서는 데이터 웨어하우스의 내부 작동에 대한 충분한 상세 정보를 게시하는 경우가 거의 없기 때문에, 스키마 변경 기능의 동작 방식을 완전히 이해하기 힘들다. 따라서 기존 문서를 기반으로 추정만 할 수밖에 없다.

AWS 레드시프트^{Redshift}와 애저 시냅스^{Azure Synapse}는 모두 전통적인 관계형 데이터베이스 기술에 뿌리를 두고 있다. 레드시프트는 PostgreSQL RDBMS 기반이며, 애저 시냅스는 마이크로소프트의 병렬 데이터 웨어하우스 기술을 기반으로 한다. 이는 스키마 관리와 관련해 AWS 레드시프트와 애저 시냅스 양쪽 모두 관계형 데이터베이스 기술 기반 특성과 유사함을 의미한다.

우선, 데이터를 적재하기 전에 테이블의 스키마를 미리 정의해야 한다. AWS 레드시프트는 아브로 파일에서 직접 데이터를 적재하도록 지원하지만 스키마가 각 아브로 파일에 포함돼 있음에도 자동화된 스키마 추론 기능은 제공하지 않는다. 본서 집필 시점에 확인된 내용에 따르면, 애저 시냅스는 CSV, ORC, 파케이 파일의 데이터 적재만 지원한다. 또한 자동화된 스키마 추론 툴을 제공하지 않으며 아브로/파케이 스키마를 애저 시냅스 테이블 스키마에 매핑하려면 몇 가지 변환 툴을 사용해야 한다.

초기 테이블을 생성하면 앞에서 설명한 원칙에 따라 이를 최신 상태로 유지해야 한다. AWS 레드시프트와 애저 시냅스는 SQL ALTER TABLE 명령을 통해 신규 컬럼 추가, 기존 컬럼 삭제, 컬럼 타입 변경 등의 테이블 수정 기능을 제공한다. ALTER TABLE 명령은 테이블 락lock을 하기 때문에, 이 명령을 실행하는 동안에는 해당 테이블의 읽기와 쓰기 쿼리가 불가능하게 된다. 즉, 스키마 수정 시간이 오래 걸리는 경우 해당 테이블이 그 시간 동안 오프라인 상태가 되므로 액세스를 시도하는 모든 데이터 소비자가 사용 불가한 상태가 된다. 다행히 레드시프트와 시냅스는 모두 컬럼 기반columnar 데이터 웨어하우스이므로 대규모 데이터 세트에서도 컬럼 추가 및 삭제가 빠른 편에 속한다. 컬럼 타입을 변경하면 데이터 변환 작업도 수행되며 데이터 크기에 따라 시간이 오래 걸릴 수 있다.

구글 클라우드 빅쿼리는 데이터 웨어하우스 아키텍처가 레드시프트나 애저 시냅스와는 다르며, 스키마 관리도 다른 방식을 취한다. 빅쿼리는 관계형 데이터베이스 기술을 기반으로 하지 않는다. 빅쿼리의 특징으로는 아브로, 파케이, JSON을 비롯한 특정 파일 포맷에서 스키마를 자동으로 추론할 수 있다는 점이다. 즉, 데이터를 적재하기 전에 테이블 스키마를 미리 정의할 필요가 없다.

스키마 진화와 관련해 빅쿼리는 기존 테이블에 신규 컬럼 추가만 지원한다. 이 작업은 기존 파일의 스키마를 기반으로 자동으로 수행된다(빅쿼리에서 제공하는 API 또는 커맨드 라인command-line 툴을 통해 수동으로 수행할 수도 있다). 즉, 데이터 소스와 데이터 플랫폼의 새로운 수신 아브로 파일에 신규 컬럼이 추가된 경우, 이 신규 데이터를 빅쿼리 데이터 웨어하우스에 적재할 때 빅쿼리가 신규 컬럼을 인식하고 테이블에 신규 컬럼을 자동으로 추가한다. 따라서 신규 컬럼 추가만 다루는 경우라면 스키마 변경 자동화가 매우 간단해진다.

반면 빅쿼리는 SQL ALTER TABLE 명령을 지원하지 않으며 기존 컬럼명을 변경하거나 삭제, 컬럼 타입 변경을 할 수 없다. 이 경우 가능한 방법은 기본적으로 원하는 스키마로 신규 테이블을 만들고, 원래 테이블에서 신규 테이블로 데이터를 적재한 다음, 원래 테이블은 삭제하는 것이다. 이 방식은 작은 테이블에서는 잘 작동하지만 큰 테이블의 경우 시간이 오래 걸리고 신규 테이블의 크기에 따라 상당한 빅쿼리 비용이 발생할 수 있다. 왜냐하면 빅쿼리는 읽은 데이터의 양에 따라 요금을 청구하기 때문이다.

요약

- 전통적인 데이터 웨어하우스는 관계형 기술을 기반으로 한다. 즉, 데이터 적재 전에 데이터 구조, 컬럼명, 컬럼 타입, 순서를 미리 정의해야 한다. 신규 컬럼 추가와 같은 데이터 소스 스키마의 변경 사항은 데스티네이션 스키마와 및 ETL 파이프라인이 해당 변경 사항을 수용하도록 신중하게 계획해야 한다. 계획에 없는 변경을 진행하면 ETL 작업이 중단됨으로써 데이터 소비자가 만족하지 못하는 상황이 발생할 수 있다.

- 스키마 변경의 일반적인 예로는 신규 컬럼 추가, 기존 컬럼 삭제, 컬럼명 변경, 컬럼 데이터 타입 변경이 있다.

- 데이터를 생성하는 애플리케이션을 통제할 수 있는 경우라면 스키마 변경 관리를 능동적으로 할 수 있다. 서드파티 SaaS 데이터와 같이 통제할 수 없는 데이터를 수집하고 사용하기 시작하면 스키마 변경 관리 시 상황이 훨씬 더 복잡해질 수 있다.

- 데이터 플랫폼에서 스키마 관리를 수행할 수도 있다. 데이터 플랫폼은 다음을 가능하게 한다.

  (1) ETL 파이프라인에 장애가 발생하기 전에 스키마 변경을 미리 감지하고 완벽한 대응력과 회복력 있는 ETL 구축

  (2) 스키마 세부 정보가 포함된 최신 스키마 카탈로그를 유지하면서 데이터 검색과 셀프 서비스에도 사용할 수 있게 함

  (3) 활용 데이터의 스키마 변경 이력을 관리함으로써 데이터 플랫폼에 아카이브된 데이터도 처리할 수 있음은 물론, 파이프라인 디버깅 및 문제 해결도 단순화할 수 있다.

- 잘 설계된 클라우드 데이터 플랫폼의 메타데이터 계층에는 데이터 소스 전체 스키마의 모든 버전을 관리하는 스키마 레지스트리가 있다. 특정 데이터 소스의 스키마 정보가 필요하다면 데이터 변환 파이프라인이 레지스트리에서 최신 버전을 가져오거나, 스키마의 모든 이전 버전을 탐색해 특정 데이터 소스의 시간에 따른 변경 내용을 추적할 수 있다.

- 클라우드 데이터 플랫폼에서는 데이터 변환 파이프라인의 공통 단계(데이터 타입 변환, 중복 제거, 데이터 품질 검사)에 스키마 관리를 추가할 수 있다. 파이프라인의 스키마 관

리 모듈은 데이터 소스에 대한 스키마가 스키마 레지스트리에 이미 존재하는지 확인한다. 스키마가 존재하지 않으면 스키마 관리 모듈은 수신 데이터에서 스키마를 추론하고 레지스트리에 스키마 버전 1로 등록한다.

- 스키마가 이미 존재하는 경우 스키마 관리 모듈은 레지스트리에서 스키마의 현재 버전을 가져와 수신 데이터에서 스키마를 추론하고, 추론된 스키마를 스키마 레지스트리의 현재 스키마와 비교한다. 이전 버전 호환성 유지 방식으로 신규 스키마 버전을 정의하고, 다른 파이프라인에서 사용할 수 있도록 신규 스키마 버전을 레지스트리에 게시한다.

- 스키마 추론은 배치 환경에서는 잘 작동한다. 그러나 실시간 데이터 파이프라인에서는 실현하기가 어려운데 단일 메시지에 대한 스키마를 추론할 수는 있지만 다음 메시지가 동일한 스키마를 가질 것이라는 보장이 없기 때문이다. 각 개별 메시지에 대한 스키마 조정은 계산 비용이 많이 들고 수많은 스키마 버전이 생성될 수 있다.

- 배치 데이터 소스는 스키마 추론 방식을 사용할 수 있으나, 실시간 소스는 수작업 관리 방식에 의존해야 한다. 실시간 소스의 스키마 변경 업무는 주로 개발 팀에서 담당하는데, 수작업으로 스키마를 레지스트리에 게시하고 변경 시 스키마 버전을 업데이트한다.

- 스키마 변경 처리를 자동화할 수 없는 경우도 있다. 이 경우 스키마 변경으로 인해 다운스트림 파이프라인에 문제가 발생할 수 있음을 알려주는 경보 메커니즘이 필요하다. 메타데이터 계층의 파이프라인 설정 정보에는 어떤 데이터 소스를 어떤 데이터 변환 파이프라인에서 사용하는지에 대한 정보가 있으므로 스키마 변경의 영향을 받은 데이터 소스를 알고 있으면 영향을 받는 모든 다운스트림 변환과 리포트를 쉽게 식별할 수 있다.

- 스키마 레지스트리 구축을 위해 기존 솔루션(AWS 글루 데이터 카탈로그, 애저 데이터 카탈로그, 구글 클라우드 데이터 카탈로그)을 활용할 수는 있지만 기능에 제약이 있다. 점점 증가하는 복잡성을 지원하기 위한 옵션으로는 다음과 같다. (1) 버전 관리를 위해 일반 텍스트Plain-text 파이프라인 설정 파일과 코드 저장소를 사용한다. (2) 파이프라인 설정과 기타 메타데이터 저장을 위해서 키/밸류 방식이나 관계형 데이터베이스를 사

용한다. (3) 플랫폼의 모든 툴이 일원화된 인터페이스를 사용할 수 있도록 데이터베이스 기반 위에 REST API 계층을 추가한다.

8.6 연습문제 답

연습문제 8.1:

3번 – 스키마 온 리드를 사용하면 모든 스키마가 있는 데이터를 데이터 플랫폼으로 수집할 수 있지만 데이터 처리를 위해서는 여전히 최신 스키마를 유지해야 한다.

연습문제 8.2:

3번 – 최신 버전의 스키마를 사용해 이전 버전의 스키마로 작성된 데이터를 읽을 수 있으면 스키마 변경 시 이전 버전과 호환성이 유지된다.

9

데이터 액세스 방법과 보안

9장에서 다루는 내용

- 데이터 플랫폼에 있는 데이터 활용 방법 검토
- 클라우드 네이티브(cloud native) 데이터 웨어하우스 서비스 비교
- 애플리케이션이 클라우드 네이티브(cloud native) 데이터 서비스를 활용하는 방법
- 머신러닝 생애 주기 단순하게 만들기
- 클라우드 보안 모델 이해

데이터 플랫폼을 개발하는 주된 목적은 데이터 소비자가 비용 효율적이고 안전하게 데이터를 사용할 수 있도록 하기 위함이다. 데이터 플랫폼을 이 책 전반에 걸쳐 다루면서 데이터 플랫폼 내부에는 데이터 웨어하우스가 포함돼 있다고 설명했다. 데이터 웨어하우스에 비즈니스 인텔리전스 툴business intelligence tool을 활용하거나 직접 SQL 쿼리로 데이터를 액세스하는 것은 데이터를 활용하는 방법 중 하나다.

데이터 저장소에 보관된 원시 데이터를 활용하는 사용자, 특히 데이터 과학자들의 수가 늘고 있고, 또한 데이터 저장소의 데이터를 활용해서 개발되는 애플리케이션들도 증가하고 있는 추세다. 이 책에서 설명한 레이어 설계 패턴을 통해 이러한 다양한 데이터 소비자들의

수요를 지원할 수 있다.

데이터 웨어하우스는 정형화된 리포트나 애드혹^{ad hoc} 데이터 분석용으로 지금까지 가장 널리 사용하고 있는 방법이기에, 클라우드 서비스 제공업체에서 제공하는 데이터 웨어하우스 플랫폼 서비스^{platform as a service}의 종류를 검토하고 주요 차이점과 유사점 관점에서 살펴보겠다. 또한 데이터 기반^{data driven} 애플리케이션을 구현하기 위해서 클라우드 RDBMS나 키/밸류 서비스 같은 고속 데이터 저장소를 활용하는 방법에 대해 설명하고, 데이터 사이언스 팀이 머신러닝 모델을 개발하는 데 필요한 대량의 데이터 활용 방법도 다룬다.

데이터 소비자 유형이 다양하며 이들이 사용할 수 있는 데이터 플랫폼의 다양성도 크게 늘어남에 따라 데이터 사용 권한 및 보안성 측면 반영이 매우 중요한 사안이 됐다. 9장 후반부에서는 클라우드 보안의 기본 사항에 대해 다룬다.

9.1 데이터 소비자 유형

데이터 플랫폼을 구축하는 이유는 데이터 소비자에게 데이터를 제공하기 위해서다. 아무도 데이터를 활용할 수 없거나 번거로운 과정을 통해서만 활용할 수 있다면, 아키텍처를 아무리 정교하게 만들고 여러 데이터를 수집 및 처리, 저장한 상태라 하더라도 무용지물일 것이다.

보편적으로 데이터 웨어하우스 중심적^{data warehouse-centric}인 솔루션이 제공하는 데이터 액세스 방식은 하나다. 거의 대부분의 솔루션이 BI 툴^{Business Intelligence tool}이나 리포팅 툴^{reporting tool}을 활용하는 방법을 제공하는데, 이러한 솔루션은 사용이 용이해 널리 쓰이지만 다양한 요구사항을 충족하기 위해 이 방법을 활용하기에는 제약사항이 무척 많다.

오늘날 데이터 소비자 유형이 다양하게 늘어나고 있으며 보안, 속도, 안정성이라는 데이터 활용 요구사항이 증대되고 있다. 이러한 상황에서 웨어하우스의 단일 데이터 액세스 방법으로는 이러한 요구사항 전부를 충족할 수 없다. 여기서 데이터 소비자 유형을 두 가지 범주로 구분해보면 다음과 같다.

- **인간 사용자** – 데이터 플랫폼 사용자로, BI 툴^{Business Intelligence tool}을 사용해 보고서를 열람하거나 SQL 쿼리를 실행해야 원하는 결과를 조회하지만, 데이터 사이언스 팀과

같은 사용자들은 가설을 확인하기 위해 원시 데이터 파일을 직접 액세스해서 분석하기도 한다.

- **애플리케이션** – 오늘날 데이터 분석의 목적은 데이터를 기반으로 의사결정을 내릴 수 있도록 지원하는 데 국한하지 않는다. 애플리케이션들이 "데이터 기반data driven" 화되면서, 최종 사용자의 경험을 향상시키기 위해 애플리케이션을 설계할 때 데이터 분석 기술들을 활용하고 있다. 예를 들어 고객이 관심을 가질 법한 제품을 추천하거나 문제 발생을 예방하기 위해 장비 유지보수 시점을 예측하는 등을 위한 다양한 기계 학습ML 애플리케이션 같은 것들이 분석 기술에 해당한다.

데이터 웨어하우스 솔루션만으로는 이러한 데이터 소비자의 필요를 충족시키지 못한다. 데이터 웨어하우스의 경우 인간 사용자가 BI 툴Business Intelligence tool이나 SQL을 사용해서 데이터에 액세스하는 방법은 있지만, 애플리케이션이 데이터 웨어하우스에 직접 연결할 수 있는 방법은 거의 제공하지 않는다. 그리고 응답 속도 측면에서도 애플리케이션이 요구하는 성능을 클라우드 기반 데이터 웨어하우스를 활용해서 확보하기란 거의 불가능하다. 또한 클라우드 사용 비용도 항상 염두에 둬야 한다. 이전까지는 데이터 사용자 계층이 기업 내 몇 명 되지 않았지만, 요즈음은 애플리케이션을 활용해서 데이터에 액세스하려는 수요가 늘어나고 있기 때문에 잠재적인 데이터 사용자 계층이 전 세계 기준으로 수천에서 수백만 명까지 확대됐다고 할 수 있다. 9장에서 다루는 대부분의 클라우드 서비스는 사용량 기반 비용 지불 방식이므로 개별 쿼리 사용 횟수별, 시스템으로 오고 나간 데이터의 양 등에 따라 비용이 청구된다.

이 같은 내용들은 이미 책 전반에 걸쳐 클라우드 데이터 플랫폼 설계 고려사항으로 다뤘다. 계층화된 아키텍처를 활용하면 다양한 기술과 다양한 데이터 스토리지 유형들을 활용할 수 있기에 데이터 소비자의 필요 사항을 충족할 수 있다. 그림 9.1은 데이터 플랫폼 계층 구조상에서 데이터 소비자 유형에 따른 몇 가지 액세스 패턴을 보여주고 있다.

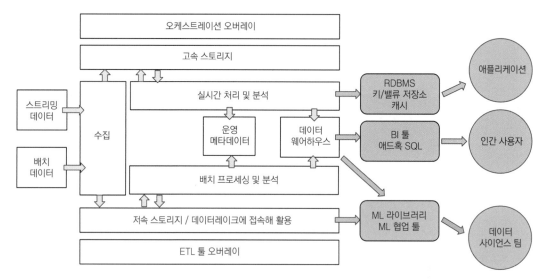

▲ 그림 9.1 클라우드 데이터 플랫폼의 계층 아키텍처를 활용해서 데이터 소비자 유형에 따라 자신의 데이터 액세스 패턴에 가장 적합한 계층을 사용할 수 있다.

연습문제 9.1

다양한 유형의 사용자들이 클라우드 데이터 플랫폼을 활용하고 있다는 사실이 중요한 이유는?

1 사용자 유형 모두 동일한 데이터 접근으로 인한 경합 이슈 때문에
2 사용자 유형별로 데이터 액세스 요구사항이 다르기 때문에
3 클라우드 데이터 플랫폼 사용자 유형은 다양하지 않다.

9.2 클라우드 데이터 웨어하우스

책 첫부분에서 먼저 두 가지 아키텍처를 비교해봤다. 그중 하나는 데이터 처리와 데이터 서비스 환경의 중심이 데이터 웨어하우스인 아키텍처와, 다른 하나는 데이터 웨어하우스가 유연성 높은 계층형 데이터 플랫폼의 한 컴포넌트인 아키텍처다. 그럼에도 데이터 처리 파이프라인의 결과를 액세스할 수 있는 가장 일반적인 방법은 아직까지 데이터 웨어하우스라 할 수 있다. 여기에는 여러 가지 이유가 있다. 먼저 데이터 웨어하우스는 SQL 언어 표준을 완벽하

게 지원한다. 또한 SQL은 여전히 가장 널리 사용되는 데이터 액세스 및 데이터 처리 언어다. 널리 사용되는 BI 툴은 모두 SQL 기반이며, 대부분의 파워 데이터 유저에게는 리포팅 툴reporting tool이나 BI 툴Business Intelligence tool보다 SQL 쿼리로 작성하는 것이 훨씬 빠르고 쉬운 일이다.

> | **참고** | 대부분의 클라우드 데이터 웨어하우스는 SQL ANSI 표준을 지원하지만 자체 확장 기능을 SQL 언어에 포함하므로 한 웨어하우스 기반에서 작성된 쿼리가 다른 웨어하우스에서는 작동하지 않을 수도 있다.

대부분의 클라우드 웨어하우스는 기본적으로 관계형이다(구글 빅쿼리 제외). 이 말은 기존 데이터 웨어하우스에서 사용했던 BI 툴, 리포팅 툴, 기타 툴들이 클라우드 데이터 웨어하우스에도 쉽게 호환될 것이라는 의미가 된다. 기존 리포팅 툴이나 레거시 리포팅 기능이 없는 경우, 새로운 데이터 플랫폼을 구축해야 되는 경우를 제외하고는 변화 관리상 사용자에게 친숙한 툴을 제공해야 하므로 호환성 측면 검토는 매우 중요하다.

다음 절에서는 3대 클라우드 제공업체인 AWS, 애저(Azure), 구글에서 제시하는 클라우드 데이터 웨어하우스 오퍼링에 대해 간략히 설명한다.

9.2.1 AWS 레드시프트

AWS 레드시프트Redshift는 분산 관계형 클라우드 데이터 웨어하우스다. 이름이 의미하는 바를 각 단어별로 분리해서 설명하면 먼저 "분산"이란 레드시프트가 대용량 데이터셋을 여러 시스템(노드)에 분산시켜서 각각의 시스템의 CPU와 메모리 자원을 활용해 해당 데이터 쿼리를 병렬로 실행할 수 있음을 의미한다. 그리고 "관계형"이란 레드시프트의 기반 기술이 관계형 데이터베이스라는 의미다. 레드시프트가 오픈 소스인 PostgreSQL 기반으로 만들어졌기 때문에, PostgreSQL에 익숙한 사용자라면 레드시프트의 명령어와 동작 형태가 여러 유사점이 있다는 것을 알 것이다. 마지막으로, 클라우드 데이터 웨어하우스의 의미는 웨어하우스의 운영 관리를 AWS가 수행하며, 운영 관리는 최종 사용자가 모르게 한다는 의미다. 분산 시스템을 직접 관리한다는 것은 쉬운 일이 아니다. 예를 들어 서로 다른 노드 간 데이터 복제 방안에 대해 고민해야 하며, 네트워크 문제 발생 시 수행할 작업 등을 고려해야 하기 때문이다.

그림 9.2에서 레드시프트 클러스터의 개념 아키텍처를 설명하고 있다.

| 참고 | 이 절에서 표현하는 다이어그램들은 서비스 기반이 되는 실제 아키텍처를 표현한다기보다는 개념적 수준이다. 클라우드 제공업체에서 제공하는 문서 기반으로 작성했기에 구현 세부 사항에 대한 설명을 포함하지 않은 경우가 많다.

레드시프트 클러스터는 여러 개의 노드로 구성된다. 리더 노드leader node는 클라이언트와 커넥션을 관리하고, 쿼리 구문을 분석해서 컴퓨트 노드로 쿼리를 분배하는 역할을 담당한다. 또한 새 데이터가 데이터 웨어하우스로 들어올 때 어떤 노드가 새 데이터를 받을지 결정하는 것도 리더 노드의 몫이다. 레드시프트가 노드 간에 데이터를 분배하는 다양한 방법에 대해서 이 절 뒤에서 자세히 설명한다. 테이블 목록 가져오기, 사용자 권한 확인 등의 시스템 작업에 관한 특정 쿼리는 컴퓨트 노드로 분배하지 않고 리더 노드가 처리한다.

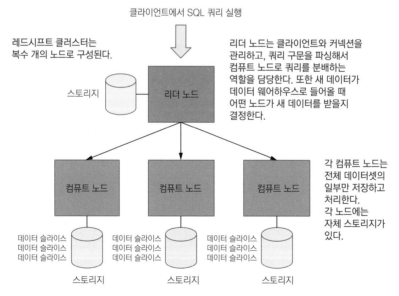

▲ **그림 9.2** AWS 레드시프트는 리더 노드와 복수의 컴퓨트 노드로 구성되며, 각각의 컴퓨트 노드로 분배된 데이터와 워크로드가 처리된다. 노드마다 자체 스토리지가 있다.

각 컴퓨트 노드는 데이터 웨어하우스의 전체 데이터셋 중 일부만 갖고 있다. 그림 9.2 다이어그램에는 하나의 리더 노드와 컴퓨트 노드 3개로 구성돼 있지만 컴퓨트 노드 클러스터 크기는 조절 가능하다.

레드시프트 내부 구조를 보면 각 컴퓨트 노드는 "슬라이스"로 다시 나눌 수 있으며, 각 슬라이스별로 노드 컴퓨트 자원 일부와 스토리지 용량 일부를 갖는다. 새 컴퓨트 노드를 추가하는 방식의 이러한 아키텍처를 통해 레드시프트 클러스터의 크기를 변경 가능하게 한다.

새 노드가 추가되면 레드시프트는 데이터 슬라이스를 재조정해야 하기에 일부 슬라이스를 새 노드로 복사해야 한다. 이 프로세스는 백그라운드에서 실행되지만 사용자 쿼리 실행 성능에 부정적인 영향을 준다. 따라서 사용자에게 미치는 영향을 최소화되도록 확장 작업을 신중하게 계획해야 한다.

레드시프트에서 테이블 생성 시에 컴퓨트 노드로 데이터를 분배하는 방식을 결정할 수 있다. 테이블별 분배 방식^{distribution style}은 DISTSTYLE 속성값에 따라 결정되며, 속성값은 다음과 같다.

- ALL– 각 컴퓨트 노드가 해당 테이블 전체 복사본을 가지게 한다. 이 분배 방식은 큰 테이블들과 자주 조인^{join}해야 하는, 사이즈가 작은 테이블들에 적용하면 효과적이다. 컴퓨트 노드에 테이블 복사본이 존재하면 노드 간 네트워크로 인한 속도 저하 문제를 없앨 수 있다.

- EVEN – 해당 테이블의 데이터가 컴퓨트 노드들로 고르게 분배된다. 각 노드는 거의 동일한 수의 데이터 행을 가진다.

- KEY – 특정 컬럼의 값에 따라 테이블 데이터를 분배한다. 분배 기준이 되는 컬럼명을 DISTKEY 속성에 지정한다. 키값이 동일한 데이터 행은 지정한 컴퓨트 노드로 할당된다. 사이즈가 큰 테이블 2개를 자주 조인^{join}해야 하는 경우, 조인^{join}는 동일한 KEY를 분배 기준을 지정해 분산시키면 성능을 크게 향상시킬 수 있다. 왜냐하면 공통 키가 있는 데이터 행들이 동일한 컴퓨트 노드에 있으므로 네트워크를 통한 노드 간 데이터 전송 필요성이 없어지기 때문이다.

- AUTO – 처음에는 분배 방식이 ALL이었다가 테이블 크기가 커지면서 자동으로 EVEN 방식으로 전환된다.

적절한 테이블 분배 방식^{distribution style} 적절하게 설정은 레드시프트의 가장 중요한 성능 최적화 기법이다.

| 참고 | 테이블 분배 방식 설정 방법, 관련 모범 사례 정보는 AWS 문서를 참조한다.

테이블에 **SORT KEY**를 지정해 지정한 컬럼을 기준으로 테이블을 물리적으로 정렬되도록 할 수도 있다. 예를 들어 일자 칼럼^{date column}방식으로 정렬된 결과를 얻고자 하는 쿼리의 경우, 이 방법을 적용하면 성능을 향상시킬 수 있다.

레드시프트는 컬럼 기반^{columnar} 데이터 웨어하우스로서 행 기준이 아닌 컬럼 기준으로 데이터가 구조화돼 저장된다. 5장에서 행 기준과 컬럼 기준의 차이점에 대해 설명했다. 레드시프트에서 컬럼 기반 스토리지를 사용하면 컬럼별로 다양한 압축 알고리즘을 사용할 수 있다.

예를 들어 국가 이름 컬럼, 상태 값 관리용 컬럼 같이 한정된 값을 갖는 컬럼이라면 "바이트 딕셔너리^{byte dictionary}" 인코딩을 지정할 수 있다. 이렇게 하면 디스크의 데이터 크기를 크게 줄일 수 있고 쿼리 성능도 향상시킬 수 있다. 레드시프트의 컴퓨트 노드는 스토리지, 메모리, CPU 용량이 고정돼 있다. 노드를 시스템에 추가할 수 있지만 전체 시스템 비용을 고려해야 한다. 그렇기에 노드를 추가하는 방법 대신 특정 컬럼을 인코딩해서 데이터 크기를 최적화하는 방법을 고려해봐야 한다. 레드시프트는 다양한 인코딩 방식을 지원하며, 인코딩 사용 방법에 대한 자세한 설명은 레드시프트 문서를 참조하면 된다.

레드시프트가 지원하는 데이터 유형은 관계형 데이터베이스 기반이다. 레드시프트는 Integer, string, date 같은 기본 데이터 유형만 지원한다. 배열, 중첩된 데이터 구조와 같은 유형은 지원하지 않으므로 JSON 형태의 데이터를 사용할 경우 번거로운 과정을 거쳐야 한다. 먼저 JSON 데이터는 문자열로 저장해야 하고, JSON 파싱 함수를 사용해서 JSON 내부의 개별 컬럼값을 추출해야 한다. 소규모 데이터셋에는 적용할 수 있겠지만, 대부분의 데이터가 JSON 문서일 경우 혹은 JSON 문서를 string 유형의 한 컬럼에 저장해야 한다면, 레드시프트의 최적화 기능들, 즉 KEY값별로 분배한다거나 컬럼 인코딩 적용 같은 기능을 전혀 활용하지 못하게 된다.

레드시프트는 AWS S3 스토리지에 저장된 데이터를 직접 쿼리할 수 있는 스펙트럼 Spectrum이라는 기능도 제공한다. 스펙트럼을 사용하려면 레드시프트에 테이블 생성 시 "external"로 표기하고 S3 데이터 경로를 지정해야 한다. 레드시프트 컴퓨트 노드에 저장된 테이블을 쿼리할 때의 성능과 스펙트럼 쿼리 성능을 비교하면 대체적으로 스펙트럼 쿼리 성능이 느린데, 이유는 앞에서 설명한 레드시프트 최적화 기능들을 활용할 수 없기 때문이다. 우리가 계속 논의해왔던 데이터 플랫폼 아키텍처에서 스펙트럼을 활용할 수 있는 영역은 데이터 탐색 작업data exploration[1]을 하거나 데이터 웨어하우스에서 특정 워크로드를 오프로드하고자 할 경우다. 그림 9.3은 레드시프트 분산 아키텍처에서 스펙트럼을 활용하는 사례를 보여준다.

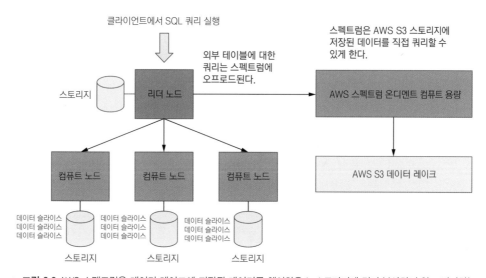

▲ **그림 9.3** AWS 스펙트럼은 데이터 레이크에 저장된 데이터를 웨어하우스 스토리지에 먼저 복사하지 않고 쿼리하는 데 사용할 수 있다. 또한 스펙트럼은 온디맨드 컴퓨팅 모델을 사용해 웨어하우스에서 일부 처리 작업을 오프로드할 수 있다.

여기서 신규 데이터와 아카이빙 데이터 모두 S3 계층에 저장돼 있기 때문에 스펙트럼을 사용해 쉽게 쿼리를 할 수 있다. 스펙트럼을 사용하면 S3의 데이터 대상으로 쿼리를 실행해 볼 수 있고, 레드시프트에 저장된 데이터와도 조인이 가능하다. 이런 방법으로 데이터 탐색

---

1 데이터 탐색 작업이란 새로운 데이터셋의 특성을 이해하기 위해 초기에 수행하는 분석 작업 – 옮긴이

을 해볼 수 있는데 신규 데이터셋을 데이터 웨어하우스로 가져올지 여부 혹은 이 데이터셋에 적합한 레드시프트 테이블 구조를 결정할 수 있다.

레드시프트 웨어하우스가 포함된 데이터 플랫폼이 있다고 가정해보자. 영업 부서에서는 사업 추진에 필요한 다양한 리포트와 대시보드를 제작하기 위해 웨어하우스에 있는 관련 데이터를 활용하는 중이다. 그러던 중 새로운 고객 관련 통계 분석 정보가 포함된 데이터 소스를 확보했다. 사업 부서 사용자가 사업 관련 결정을 내리는 데 이 데이터가 도움이 될 것으로 생각하지만 효용성 측면에서 100% 확신하지는 못하는 상황이다. 이 데이터셋을 레드시프트에 적재한 후 실험 쿼리들을 실행해볼 수 있으나, 이 경우 데이터 웨어하우스 스토리지와 컴퓨팅 리소스를 사용한다. 만약 웨어하우스의 처리 용량이 이미 어느 수준까지 다다른 상황이라면 레드시프트 클러스터에 새 노드를 추가해야 할 수도 있다. 따라서 그전에 레드시프트에 외부external 테이블을 생성하고, 스펙트럼을 활용해 레드시프트 외부에서 필요한 쿼리를 실행해볼 수 있다. 만약 사용자가 도움이 되지 않는다고 판단할 경우 데이터셋을 바로 삭제하면 되기 때문에 데이터 웨어하우스에 미치는 영향을 최소화시킬 수 있다.

스펙트럼을 사용하더라도 레드시프트에 외부 테이블을 생성해야 한다. 실제로 웨어하우스에 물리적인 데이터를 생성하거나 복제하지는 않지만 생성된 테이블로 인해, 특히 여러 사람이 외부 테이블을 만들 수 있도록 허용돼 있을 경우, 잘 설계된 웨어하우스가 지저분해질 수 있다. 외부 테이블은 전용 데이터베이스로 그룹화하고 더 이상 필요하지 않은 테이블을 주기적으로 정리하는 것이 좋다.

스펙트럼은 일부 처리 작업을 레드시프트 데이터 웨어하우스로부터 오프로드할 때에도 활용할 수 있다. 예를 들어 쿼리해야 하는 데이터의 규모가 큰 경우, 레드시프트에 적재하려면 컴퓨트 노드를 더 추가해야 하므로 데이터 웨어하우스 비용이 증가한다. 쿼리 성능이 큰 문제가 되지 않는다면 이 데이터를 S3에서 레드시프트로 적재하기보다는 스펙트럼을 활용해서 직접 쿼리하는 방법을 선택해도 된다.

데이터 플랫폼 아키텍처에서 스펙트럼의 활용은 선택 사항이다. 스펙트럼 외에도 S3 스토리지상의 데이터를 조회하기 위해 스파크Spark 작업을 하거나, 스파크 SQL 쿼리를 직접 실행해도 동일한 결과를 얻을 수 있기 때문이다. 결국 중요한 것은 최종 사용자의 기호다. 스파크나 스파크 관련 툴이 친숙한지, 혹은 데이터 웨어하우스 활용만 선호하는지에 따라 방법을 결정하도록 한다.

9.2.2 애저 시냅스

애저 시냅스는 마이크로소프트의 분산 클라우드 데이터 웨어하우스 서비스로, 마이크로소프트 PWD^{Parallel Data Warehouse} 제품 기반이자 관계형 기술 기반의 서비스다. 따라서 AWS 레드시프트와 마찬가지로 애저 시냅스도 관계형 데이터베이스 기반이므로 RDB 기반의 다양한 리포팅 툴 및 BI 툴과의 호환성을 기본적으로 제공한다.

애저 시냅스의 개념 아키텍처는 레드시프트와 유사하지만 몇 가지 차이점이 있다. 그림 9.4는 애저 시냅스 아키텍처를 보여준다.

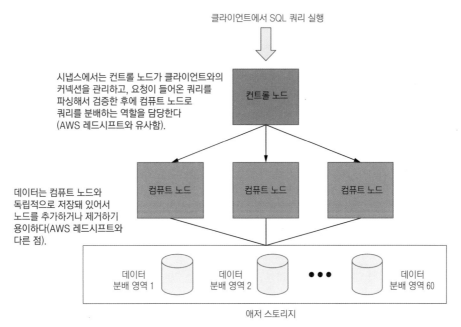

▲ **그림 9.4.** 애저 시냅스 클러스터는 컨트롤 노드와 복수 개의 컴퓨트 노드로 구성된다. 컴퓨트 노드와 데이터 스토리지는 완전히 분리 구성된다.

AWS 레드시프트와 마찬가지로 시냅스 클러스터는 컨트롤 노드와 컴퓨트 노드로 구성된다. 컨트롤 노드는 클라이언트와의 커넥션을 관리하고, 들어오는 쿼리를 파싱 및 검증한 다음 실행할 컴퓨트 노드에 해당 쿼리를 보낸다. 시냅스와 레드시프트의 주요 차이점 중 하나로 시냅스의 경우 스토리지 계층과 컴퓨팅 계층이 분리돼 있다는 점이다. 시냅스는 애저 스토리지를 60개의 데이터 분산 영역으로 나누고, 각 컴퓨트 노드와 분산 영역을 연결하는 방식으로 돼 있다. 컴퓨트 노드 자체는 스토리지를 갖고 있지 않다. 이러한 아키텍처로 인한 효과로 레드시프트와 비교했을 때 클러스터 확장을 간단하고 빠르게 할 수 있다. 새 컴퓨트 노드를 추가하거나 컴퓨트 노드를 제거할 때, 시냅스는 데이터를 복제하거나 재분배하는 작업이 필요 없어지고, 컴퓨트 노드와 데이터 분산영역과의 매핑 정보만 변경하면 된다.

시냅스 클러스터를 확장하려면 현재는 오프라인에서 작업을 해야 한다. 즉, 실행 중인 쿼리를 모두 완료하거나 취소시켜야 하고 확장 작업을 진행하는 동안에는 새 쿼리를 받아들이지 않는다. 따라서 시냅스는 실제로 탄력적 확장성을 제공하지 않으며, 확장 작업을 위해서는 사용자에게 영향을 미치지 않도록 작업 계획을 신중하게 수립해야 한다.

시냅스 아키텍처의 또 다른 특징은 모든 컴퓨터 작업을 완전히 일시 중지했다가 나중에 다시 시작하고자 할 때 데이터를 이동하거나 복제할 필요가 없다는 점이다. 데이터 웨어하우스가 24x7 온라인 상태가 아니어도 되는 경우, 야간에 일시 중지하고 다음 날 아침에 바로 재기동하게 할 수 있다. 혹은 주말에 일시 정지시켜 놓을 수도 있다. 시냅스는 컴퓨팅 사용료와 스토리지 사용료를 별도로 청구한다. 컴퓨팅 사용료가 스토리지 사용료보다 훨씬 비싸기 때문에 이를 통해 클라우드 비용을 상당히 절감할 수 있게 된다.

애저 시냅스에서는 클러스터의 컴퓨트 노드 유형과 노드 수를 직접 지정할 수 없다. 신 DWU(데이터 웨어하우스 유닛)라는 단위를 사용해 전체 클러스터 용량을 표기하는데, DWU는 CPU와 메모리 용량의 조합으로 구성된다. 경험상, 최적화된 DWU 수를 찾으려면 해당 워크로드를 여러 다양한 크기의 클러스터에서 실행해봐야 한다. 이러한 여러 번의 시도와 보정 단계를 거쳐서 가격 대비 성능이 최적인 조합을 찾을 수 있다.

Redshift와 마찬가지로 시냅스에서도 각 테이블을 여러 데이터 분배 영역으로 분할하는 방법을 지정할 수 있으며, 다음 세 가지 옵션이 있다.

- HASH – 이름을 지정해야 하며, 이 컬럼의 모든 데이터 행이 동일한 데이터 분배 영역에 저장된다.
- ROUD ROBIN – 해당 테이블의 데이터가 각 데이터 분배 영역으로 고르게 분배된다.
- REPLICATE – 각 데이터 분배 영역에 테이블의 복제본이 존재하며, 동일한 내용이 저장된다.

테이블 분배 옵션은 AWS 레드시프트의 옵션과 거의 유사하다. 테이블에 대한 올바른 분배 방법 설정이 주요 성능 최적화 기법이기에, 최종 사용자가 웨어하우스에서 가장 많이 사용하는 데이터 쿼리 방법을 고려해서 테이블별로 최적의 분배 방법을 결정해야 한다. 또한 테이블 생성 시 지정된 컬럼들을 기준으로 사용해 테이블을 물리적으로 정렬하도록 할 수 있다. 이 방법을 적용하면 특정 컬럼에 대해 정렬된 결과를 얻고자 하는 쿼리의 성능을 향상 시킬 수 있다.

> | **참고** | 시냅스 테이블 설계에 대한 상세 내용과 관련 모범 사례 정보는 애저 문서를 참조한다.

애저 시냅스는 컬럼 기반 데이터 저장 방식을 사용하므로 각 컬럼 개별적으로 압축 여부를 적용할 수 있다. 레드시프트와 달리 각 컬럼에 대해 사용자가 압축 알고리즘을 지정할 수 없는데, 시냅스의 경우 시냅스 서비스 내부에서 최적의 알고리즘 옵션을 찾아 적용하는 방식이기 때문이다.

시냅스는 Integer, string, date 같은 기본 데이터 유형만 지원하고 배열, 중첩된 데이터 구조와 같은 유형은 지원하지 않는다. 특정 테이블의 문자열 컬럼에서 JSON 데이터를 읽어 이를 파싱하고, JSON 문서 내의 특정 속성에 액세스하는 데 사용할 수 있는 내장built-in된 다양한 JSON 파싱 기능을 제공한다. 레드시프트와 마찬가지로 시냅스도 JSON을 처리할 때에는 컬럼 기반 최적화columnar optimizations 기능을 활용하지 않기 때문에 최적의 성능을 제공하지 않는다.

앞서 AWS 레드시프트를 설명할 때, 데이터를 웨어하우스로 적재하지 않고 AWS S3 스토리지에 저장된 데이터를 직접 쿼리할 수 있는 스펙트럼 기능에 대해 설명했다. 애저 시냅스도 풀pools 개념의 유사한 기능을 제공하고 있다. 현재 애저 시냅스 풀에는 SQL 풀, SQL 온디맨드 풀, 스파크 풀, 이렇게 세 가지 유형이 있다.

SQL 풀은 시냅스 기반 아키텍처에 해당하며 프로비저닝된 데이터 분배 영역들과 컴퓨트 노드들을 가진다. 기존 클라우드 데이터 웨어하우스 모듈로 보면 되는데, SQL 쿼리를 하려면 먼저 웨어하우스 테이블에 필요한 데이터가 모두 적재돼 있어야 한다. SQL 온디맨드 풀을 사용하면 서버리스Serverless 방식으로 애저 블롭 스토리지Azure blob storage에 저장돼 있는 파케이^{Parquet}, CSV, JSON 유형의 데이터를 쿼리할 수 있다. SQL 온디멘드 풀에 쿼리를 실행하면 애저는 쿼리를 처리하기 위해 필요한 컴퓨트 노드를 프로비저닝하고, 쿼리를 마치면 해당 컴퓨트 노드를 제거한다. 이 기능은 데이터 탐색 작업^{data exploration}을 하거나 데이터 웨어하우스에서 특정 워크로드를 오프로드하고자 할 경우에 유용하다.

애저 시냅스는 SQL 온 디맨드 외에도 아파치 스파크^{Apache Spark} 풀을 지원한다. 스파크 작업은 동일한 시냅스 인터페이스를 사용해서 블롭 스토리지에 있는 데이터를 처리한다. SQL 온디맨드 풀은 실행 후 리소스를 제거하는 반면 스파크 풀은 항상 사용할 수 있는 최소 3개의 컴퓨트 노드가 필요하다. 스파크 풀은 자동 확장^{autoscaling}을 지원하므로 애저에서 작업 실행을 위해 추가 노드가 필요할 때 자동으로 추가 노드를 프로비저닝하고, 처리를 마치면 원래 설정된 크기로 조절된다.

9.2.3 구글 빅쿼리

3대 클라우드 공급 업체 중 구글 클라우드 데이터 웨어하우스 서비스가 두드러진다. 빅쿼리^{BigQuery}는 레드시프트나 시냅스와 달리 기존 관계형 데이터베이스 기술 기반이 아니며, 구글 클라우드가 존재하기 전에 구글 내부 사용 용도로 개발된 서비스다 보니 빅쿼리만의 독특한 특성을 제공한다.

먼저, 빅쿼리(그림 9.5 참조)는 레드시프트나 시냅스보다 완전 관리형 서비스에 가깝다. AWS와 애저에서도 분산 데이터 웨어하우스 작업에 필요한 많은 유지보수 업무와 운영 업무를 담당하지만, 적절한 노드 유형을 선택한다거나(AWS), 클러스터의 필요 용량을 계획하는 일(AWS와 애저)은 여전히 사용자의 몫이다. 빅쿼리 서비스는 이런 부분이 필요 없다. 구글 클라우드에서는 쿼리에 맞춰 필요한 클러스터 용량을 즉시 프로비저닝한다. 빅쿼리는 매우 큰 하드웨어 리소스 풀(수만 개의 노드)을 사용하는데, 여러 구글 클라우드 고객들이 공유하게 돼 있다. 이 때문에 빅쿼리는 신규 노드를 프로비저닝하는 방법(어느 정도 시간이 소요됨)을 사용하지 않고, 쿼리별로 필요한 처리용 리소스(구글 클라우드 용어로는 슬롯^{slots})를 바로 할당할 수 있다. 최종 사용자의 관점에서 볼 때 진정한 탄력적 확장성을 보여주는 데이터 웨어하우스다.

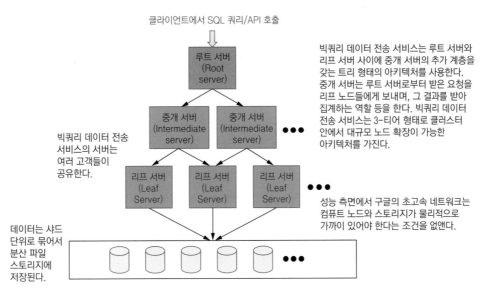

클라이언트에서 SQL 쿼리/API 호출

루트 서버
(Root
server)

중개 서버
(Intermediate
server)

중개 서버
(Intermediate
server)

● ● ●

리프 서버
(Leaf
Server)

리프 서버
(Leaf
Server)

리프 서버
(Leaf
Server)

● ● ●

빅쿼리 데이터 전송 서비스는 루트 서버와 리프 서버 사이에 중개 서버의 추가 계층을 갖는 트리 형태의 아키텍처를 사용한다. 중개 서버는 루트 서버로부터 받은 요청을 리프 노드들에게 보내며, 그 결과를 받아 집계하는 역할 등을 한다. 빅쿼리 데이터 전송 서비스는 3-티어 형태로 클러스터 안에서 대규모 노드 확장이 가능한 아키텍처를 가진다.

빅쿼리 데이터 전송 서비스의 서버는 여러 고객들이 공유한다.

성능 측면에서 구글의 초고속 네트워크는 컴퓨트 노드와 스토리지가 물리적으로 가까이 있어야 한다는 조건을 없앤다.

데이터는 샤드 단위로 묶어서 분산 파일 스토리지에 저장된다.

● ● ●

▲ **그림 9.5** 빅쿼리는 대규모 공유 리소스 풀을 사용해 탄력적인 확장성을 제공한다. 초고속의 구글 내부 네트워크를 통해 데이터와 컴퓨팅 노드가 분리돼 있더라도 성능 이슈가 없도록 한다.

빅쿼리는 트리 형태의 아키텍처 구조로, 루트 노드와 리프 서버 사이에 중개 서버를 추가 계층으로 집어넣은 형태다. 중개 서버는 특정 리프 노드로 작업 전송, 리프 노드에서 결과 수집, 집계 등을 담당한다. 레드시프트와 시냅스에서 보았던 2-티어 아키텍처 대신 3-티어 아키텍처이므로 클러스터에 훨씬 많은 노드 수를 확장할 수 있다.

빅쿼리 아키텍처의 또 다른 중요한 특성은 진정한 탄력적 확장성을 위해 데이터 인접성 data locality 확보에 의존하지 않도록 설계돼 있다는 점이다. 분산 시스템의 데이터 인접성이란 데이터를 처리하는 컴퓨트 노드는 처리할 데이터에 최대한 빠르게 액세스할 수 있어야 함을 의미한다.

컴퓨팅 노드에 직접 하드 드라이브HDD나 SSD와 같은 로컬 스토리지를 설치하는 것이 가장 빠른 방법이지만, 데이터가 복제될 때까지 기다려야 하기 때문에 데이터를 한 노드에서 다른 노드로 옮기는 비용이 높아진다. 또 다른 옵션으로 컴퓨팅 노드에 일종의 네트워크 스토리지를 연결하는 방법이 있다. 클러스터를 재조정해야 할 경우에는 노드 연결 설정만 변경하도록 하는 개념이다. 전체를 복제하는 것보다는 빠르지만 여전히 시간이 걸린다. 빅쿼리는 이 문제를 구글 내부 네트워크를 사용해 해결한다. 즉 구글 내부 네트워크를 사용해서 데이터 인접성이 크게 중요하지 않을 만큼 충분한 처리량과 짧은 지연 시간을 제공한다. 이를 통해 빅쿼리의 리프 노드는 데이터가 로컬 서버에 있는지, 노드에 직접 연결됐는지 고려하지 않고 스토리지에서 데이터를 읽을 수 있다.

빅쿼리는 드레멜Dremel이라는 구글 내부 데이터 처리 시스템 기반이다. 드레멜은 원래 다양한 대용량 로그 파일을 분석할 수 있도록 개발된 시스템이다. 로그 파일에는 테이블을 조인하는 데에 필요한 테이블 과 키 관계 구조 정보가 정의돼 있지 않다. 또한 로그 파일은 JSON 문서와 같은 중첩 데이터 구조도 포함할 수 있어서 매우 다양한 데이터를 저장할 수 있다. 빅쿼리는 주요 공급 업체 3개 중에서 유일하게 중첩 데이터 구조를 기본native으로 지원하는 클라우드 데이터 웨어하우스다. 빅쿼리는 네스티드 속성을 가진 JSON 데이터뿐만 아니라 배열array 형태의 속성도 지원한다. 여기서 기본으로 지원한다는 말은 태생적native으로 설계에 반영된 형태라는 의미다. 레드시프트나 시냅스는 한 컬럼에 JSON을 문자열로 저장하는 반면, 빅쿼리는 JSON 파일 내 속성들을 별도의 컬럼에 저장한다는 의미다. 이렇게 하면 쿼리 성능이 크게 향상되고 쿼리를 편집하기가 훨씬 쉬워진다.

마지막으로, 빅쿼리는 쿼리가 실제로 처리한 데이터 양에 대해서만 지불하는 사용량 기반 과금 모델을 사용한다. 반면 애저나 AWS에서는 시스템에서 실행된 쿼리 수 보다는 프로비저닝된 시스템의 크기에 따라 비용을 지불하는 방식이다. 빅쿼리는 스토리지 사용료에 별도 요금을 지불하지만, 대체적으로 컴퓨팅 비용에 비해 미미한 수준이다. 사용자 관점에서 볼 때 이 가격 모델은 장단점이 있다. 분석 쿼리가 많지 않은 소규모 조직의 경우, 다른 클라우드 제공 업체의 서비스나 기존 데이터 웨어하우스에 비해 빅쿼리가 상당히 비용 효율적일 수 있지만, 데이터와 쿼리 수가 증가할 경우에는 빅쿼리의 총 비용을 예측하기가 매우 힘들어진다. 정확한 예측을 위해서는 모든 실행 쿼리와 이 쿼리가 읽을 데이터 양을 알아야 한다.

| 참고 | 구글 클라우드는 기업 고객을 위한 빅쿼리 정액 요금제도 제시하고 있는데 이 요금제는 비용을 예측하기가 다소 쉬워진다.

빅쿼리는 레드시프트 및 시냅스만큼 다양한 튜닝 옵션을 제공하지 않는다. 예를 들어 노드별 테이블 분산 방법을 선택할 수 없는데, 빅쿼리에는 이러한 개념이 존재하지 않기 때문

이다. 또한 데이터를 최적화하기 위해 압축 알고리즘을 선택하는 옵션이 없기 때문에, 빅쿼리 컬럼 기반 스토리지columnar storage의 내장 기능에 맡길 수밖에 없다. 빅쿼리 튜닝 옵션은 데이터 파티셔닝 영역과 클러스터링 영역, 두 가지가 있다.

데이터 파티셔닝은 특정 컬럼값을 사용해 빅쿼리 스토리지의 데이터를 물리적으로 분할한다. 예를 들어 데이터 컬럼의 월 값을 사용해 테이블을 분할할 수 있다. 추후 지정된 달의 데이터만 쿼리할 경우 빅쿼리는 해당 달의 파티션에 있는 데이터만 읽게 된다. 이는 전체 테이블의 데이터를 읽은 후, 주어진 월에 해당하는 데이터만 필터링하는 방식보다 훨씬 빠르고 저렴하다. 빅쿼리에서 파티셔닝 튜닝이 중요한 이유는 성능을 최적화하는 수단이면서도 클라우드 사용 비용을 통제하는 수단이 되기 때문이다.

빅쿼리 테이블을 클러스터링한다는 의미는 하나 이상의 컬럼에 따라 테이블이나 파티션의 데이터를 물리적으로 구조화하고 정렬하는 것이다. 이는 성능 최적화 기술의 하나로, 특정 컬럼에 따라 데이터를 정렬하거나 집계해야 하는 쿼리의 성능을 개선할 수 있다. 성능 튜닝을 위해서 파티셔닝과 클러스터링을 결합하는 것도 가능하다.

빅쿼리는 관계형 기술 기반이 아니다. 이로 인해 발생하는 문제점 중 하나는 기존 데이터 시각화 툴이나 리포팅 툴과의 호환성이 레드시프트나 시냅스만큼 원활하지 않다는 것이다. 빅쿼리는 REST API 방식으로 클라이언트의 요청을 받고, 처리한 결과도 REST API 방식으로 보낸다. 빅쿼리용 JDBC/ODBC 드라이버들이 다양하게 있지만, 이러한 네이티브 네트워크 프로토콜을 사용하는 것보다는 REST API 호출 방식으로 변환해서 진행하는 경우도 많다. 이 때문에 빅쿼리에서 대량의 데이터를 BI 툴로 쿼리하려는 경우 성능 문제가 발생할 수 있다. 호환성에 관한 또 다른 문제점으로는 기존의 리포팅 툴이나 BI 툴의 상당수가 데이터 간의 관계성, 즉 여러 테이블과 조인하는 관계형 형식 기반에서 동작한다는 것이다. 이 도구들은 중첩nested 방식이나 배열array로 구성된 JSON 데이터를 처리하지 못하는 경우가 많다. 빅쿼리의 인기가 높아짐에 따라 더 많은 BI 제공업체가 이러한 호환성 문제를 해결할 것으로 예상한다. 그럼에도 기업 내에서 보편적으로 사용 중인 리포팅 툴이 있다면 BigQuery와의 호환성 확인이 중요하다.

빅쿼리는 외부 테이블을 지원하는데, 예를 들면 구글 클라우드 스토리지와 클라우드 빅테이블Cloud Bigtable, Cloud SQL과 같은 다양한 소스의 데이터를 쿼리할 수 있다. 레드시프트 및 시냅스와 달리, 빅쿼리는 쿼리별로 추가 리소스 용량을 할당할 필요가 없으며, 기존 빅쿼리 워크로드의 슬롯과 동일한 슬롯을 사용하면 된다. 외부 테이블의 가격 정책도 빅쿼리 내부 테이블을 사용할 때와 동일하다. 데이터 레이크의 데이터를 빅쿼리를 사용해 직접 쿼리하면서도, 데이터 웨어하우스에서 실행 중인 다른 워크로드 정보와 비용도 알아야 한다.

2020년에 출시된 빅쿼리 옴니$^{BigQuery\ Omni}$ 기능이 있는데, 옴니를 사용하면 AWS 또는 애저와 같은 다른 클라우드 공급 업체의 VM에 빅쿼리 소프트웨어를 설치할 수 있다. AWS나 애저에서 구글 클라우드로 데이터를 복사하려면 시간도 많이 소요되고 비용이 많이 들 수 있다. 빅쿼리 옴니를 활용하면 AWS나 애저로부터 데이터를 복제할 필요 없이, 빅쿼리의 기능을 대부분 사용할 수 있다. 옴니에서도 클라이언트로부터 쿼리 요청을 받거나, 사용자 UI를 제공하려면 엔드포인트 구성이 필요한데, 구성을 위해서는 구글 빅쿼리의 배포를 필요로하지만 실제로는 데이터를 AWS S3나 애저 블롭 스토리지에 그대로 두고 외부 테이블로 링크를 만들어두면 된다.

빅쿼리 옴니가 최근에 출시된 서비스라서, 실제로 사용한 사례는 그렇게 많지 않은 것 같다. 빅쿼리 엔진 내부를 보면 기본적으로 수만 개 이상의 노드가 연결된 구조다. 옴니 서비스의 경우 그 정도 규모의 확장성까지 기대할 수는 없겠지만, 클라우드 공급 업체 간 데이터를 마이그레이션할 필요 없이 빅쿼리 서비스를 사용할 수 있다는 것은 상당히 매력적인 장점이라 여긴다.

9.2.4 적합한 데이터 웨어하우스 선정하기

지금까지 살펴보았듯 클라우드 데이터 웨어하우스 서비스는 클라우드 공급 업체별로 차이점이 있다. 여기서 "어떤 공급 업체에서 제공하는 서비스가 현 비즈니스 유스케이스와 요구사항에 적합한가?"라는 질문이 자연스럽게 떠오를 수 있다. 경험에 비춰보면, 클라우드 데이터 웨어하우스 선택과 클라우드 공급 업체 선택은 분리해서 결정하기보다는 항상 같이 고려하는 사안이다. 대기업의 경우 각 사업부서별 특성에 맞추어 다른 클라우드 공급 업체를 사용하는 것이 의미가 있다. 이를 통해 공급 업체에 종속되지 않고 각 공급 업체와의 거래 협상에서 최대한 조건을 이끌어낼 수 있기 때문이다. 중소기업의 경우 멀티 클라우드 접근 방식을 실제로 실현하기에는 오히려 오버헤드와 추가 엔지니어링 비용이 상당히 더 들 수 있다.

지금까지 살펴본 유스케이스 중에는 한 클라우드 공급 업체 환경에 애플리케이션 자산을 배치하고 다른 공급 업체 환경에 데이터 분석 및 머신 러닝 워크로드를 배치하는 경우도 있었다. 이러한 경우에는 공급 업체 간 데이터 전송 비용을 고려해야 한다.

클라우드 데이터 플랫폼에 사용할 데이터 웨어하우스 선택은 대체로 어떤 클라우드 공급 업체를 선택하느냐에 따라 달라진다. 표 9.1에 AWS, 애저, 구글 클라우드의 주요 웨어하우스의 특징들을 요약 비교했다.

▼ **표 9.1** 데이터 웨어하우스 주요 특징 비교

	AWS 레드시프트	애저 시냅스	구글 빅쿼리
관계형 데이터베이스 기술 기반인가?	예	예	아니요
중첩 데이터 구조를 지원하는가?	제한적으로(JSON 파싱 기능 사용)	제한적으로(JSON 파싱 기능 사용)	기본 기능(native support)
스케일 업/다운 방법은?	수작업	수작업	자동
요금제 방식은?	프로비저닝된 리소스 기반 요금제	프로비저닝된 리소스 기반 요금제	사용량 기반 요금제(프로비저닝된 리소스 기반도 옵션으로 가능)

연습문제 9.2

관계형 데이터베이스 기술 기반이 아닌 서비스는?

1 AWS 레드시프트(Redshift)
2 애저 시냅스(Azure Synapse)
3 구글 빅쿼리(Google BigQuery)
4 답 없음

9.3 애플리케이션 데이터 액세스

지난 몇 년 동안 데이터 주도 애플리케이션 구현 추세가 점점 더 증가하고 있다. 웹 사이트를 보면, 사용자에게 권장하는 기능, 사용자별 취향, 즉 사용자가 좋아하거나 사용자에게 유용하다고 판단되는 것들을 제공하는 개인화 기능 등이 늘어나고 있음을 알 수 있다. 이러한 애

플리케이션에서 활용하는 데이터의 특성을 살펴보면 과거에는 데이터 웨어하우스를 통해서만 활용할 수 있었거나, 리포팅이나 애드혹ad hoc 분석을 통해 취득할 수 있었던 데이터들이다.

애플리케이션에서 바로 클라우드 데이터 웨어하우스에 액세스하도록 구현할 수는 있겠지만 해결해야 할 몇 가지 과제가 있다. 먼저 쿼리 성능 관점에서 볼 때 클라우드 웨어하우스는 대규모 데이터셋에 대해 합리적이고 일관된 성능을 발휘하도록 설계됐으나, 접근 시 짧은 지연 시간의 관점에서 설계돼 있지는 않다. 클라우드 데이터 웨어하우스의 쿼리 실행 시간은 대체적으로 몇 초에서 몇 분 수준인 반면, 대부분의 애플리케이션은 보통 밀리 초milliseconds 단위의 빠른 응답 시간을 요구한다.

> | **참고** | 이 절에서는 다양한 유스케이스를 설명하기 위해 "애플리케이션"을 사용한다. 다양한 유스케이스들의 공통적인 요구사항은 다음과 같다.
>
> - 인터넷이나 대규모 사용자 커뮤니티에 노출돼야 한다.
> - 대화형(interactive)이어야 한다.
> - 데이터 저장소는 빠른 응답 시간을 제공해야 한다.
> - 데이터 플랫폼에서 생성한 데이터를 활용해야 한다.

동시 처리 능력 관점에서 볼 때, 클라우드 데이터 웨어하우스는 기본적으로 수백 개의 쿼리를 동시에 쉽게 처리할 수 있는데, 이는 대규모 조직에서 리포팅과 분석 유스케이스를 수행하는 데 충분하다. 반면 애플리케이션은 보통 수만에서 수십만 수준의 사용자가 접속할 수 있기 때문에 동시 처리 능력 요구사항이 훨씬 높다. 만약 애플리케이션이 데이터 웨어하우스로 직접 접속해 서비스하도록 구성됐다면, 애플리케이션 접속자 수가 조금만 늘어나도 데이터 웨어하우스의 처리 용량이 감당하지 못하는 상황이 발생할 것이다.

보안 관점에서 볼 때, 인터넷에 노출된 애플리케이션이 데이터 웨어하우스에 직접 접속하는 구조일 경우 보안에 취약해지는 문제가 있다. 데이터 웨어하우스에서 다루는 데이터 중에는 보안을 요구하는 예민한 데이터들이 있을 수 있기 때문에 내부 사용자로만 제한해야 되는 경우가 많다. 이 때문에 클라우드 데이터 웨어하우스를 별도의 클라우드 가상 네트워크 내에 배치하기도 하고, 별도 망을 구축해서 사용자를 제한하기도 한다. 만약 애플리케이션 액세스를 위해 데이터 웨어하우스를 열어 놓은 상태에서 이 애플리케이션에 보안 문제가 발생할 경우, 데이터가 유출될 개연성이 높아지게 된다.

애플리케이션을 위한 데이터 저장소로 사용할 수 있는 몇 가지 대안이 있다. 즉, 데이터 웨어하우스를 활용할 때 나타나는 한계점을 해결할 수 있는 대안들이다. 애플리케이션에 전용 데이터 저장소를 사용하게 되면 데이터 검색 시간을 단축시킬 수 있고 동시 요청 처리 성능이 높아질 뿐만 아니라 이를 통해 데이터 웨어하우스를 직접 액세스하지 않고 해당 애플리케이션에 필요한 데이터만 적재할 수 있는 환경 구성도 가능하다.

연습문제 9.3

애플리케이션을 데이터 웨어하우스에 직접 연결하지 않아야 되는 이유는 무엇인가?

1 높은 동시 처리 요구사항 수용을 위해 잠재적으로 사용 가능한 모든 용량을 사용할 수 있기 때문이다.
2 데이터 웨어하우스가 제공할 수 있는 응답 시간보다 빨라야 하기 때문이다.
3 애플리케이션에 보안 문제가 발생하면 잠재적으로 데이터가 유출될 수 있기 때문이다.
4 위 세 가지 전부 다 해당한다.

다음 절에서는 애플리케이션 데이터 저장소로 주요 클라우드 공급 업체에서 제공하는 서비스들에 대해 간략히 살펴보려고 한다.

- 관계형 데이터베이스
- 키/밸류 데이터 저장소
- 텍스트 검색 시스템
- 인메모리 캐시In-memory caches

9.3.1 클라우드 관계형 데이터베이스

관계형 데이터베이스는 애플리케이션에 빠르고 안정적인 데이터 저장소를 제공하는 확실한 방법이다. 관계형 데이터 모델링은 이해하기 쉽고, 또 모델링의 완성도가 높다면 시스템이 매우 유연해질 수 있다. 기존 애플리케이션을 클라우느로 마이그레이션하는 경우에도 클라우드 기반 관계형 데이터베이스를 선택하는 것이 좋다. 주요 클라우드 공급 업체 대부분이 관계형 데이터베이스의 관리형 서비스를 적어도 하나 이상 보유하고 있다. 이전에는 인프라 운영 담당자들이 직접 처리해야 했던 일상적인 작업을 관리형 서비스를 구독하면 클라우드 공급 업체에서 관리해준다. 여기에는 백업 자동화, 복제, 운영체제 패치 적용, 업데이트 등이 포함된다. 데이터 플랫폼에서 사전 처리된 특정 데이터셋만 이러한 데이터 저장소에 적재되므로, 애플리케이션 데이터 저장소에 대한 확장성 요구사항은 일반적으로 데이터 플랫폼의 확장성 요구사항보다는 훨씬 규모가 작다.

AWS가 제공하는 RDS^{Relational Database Service}의 기반 기술은 PostgreSQL, MySQL, MariaDB, Oracle, SQL Server가 있다. RDS의 경우 기본적으로 크기가 1TB 미만인 데이터 셋에서는 튜닝이나 최적화 작업을 하지 않아도 원만하게 잘 동작한다. 훨씬 더 큰 데이터셋을 수용할 수는 있지만, 이를 위해서는 추가 계획과 작업을 필요로 한다. AWS에서는 분산 데이터베이스 서비스인 오로라^{Aurora}도 있는데 MySQL 기반을 선택할 수도 있고 PostgreSQL 기반을 선택할 수 있다. 오로라는 읽기 및 쓰기 작업을 모두 확장해야 하는 대규모 데이터셋과 애플리케이션, 혹은 여러 지역에 서버 사용자들이 분포돼 있는 고객들을 타깃으로 하고 있다.

구글이 제공하는 구글 클라우드 SQL^{Google Cloud SQL}의 기반 기술은 MySQL, PostgreSQL, SQL Server 데이터베이스가 있다. 구글 클라우드 스패너^{Google Cloud Spanner}는 여러 지역 간 원활한 복제를 제공하는 대규모 분산 데이터베이스다. 스패너는 다른 지역으로도 데이터를 가용하게 할 수 있는데, 이는 키/밸류 데이터 저장소에서 흔히 볼 수 있는 최종 일관성^{eventual consistency} 이슈 없이 가능하다는 특징이 있다.

애저에서 제공하는 관리형 RDBMS으로는 MySQL, PostgreSQL, MariaDB, SQL Server용 애저 SQL 데이터베이스를 지원한다. 애저는 마이크로소프트의 주력 데이터베이스 제품인 SQL Server 기반의 클라우드 버전에 대한 다양한 옵션을 제공하고 있는데, 완전 관리형 Azure SQL 데이터베이스와 하이브리드 관리형 인스턴스^{Managed Instance} 서비스로 크게 나눌 수 있다. 관리형 인스턴스 서비스는 SQL Server가 실행되는 가상 시스템 환경을 더 효과적으로 관리할 수 있고, 온프레미스 버전의 SQL Server와도 호환성이 높다. 대규모 애플리케이션을 위해서는 하이퍼스케일^{HyperScale} 버전의 애저 SQL 데이터베이스가 있다. 단, 하이퍼

스케일은 SQL Server 기반의 서비스에서만 가능하다.[2]

9.3.2 클라우드 키/밸류 데이터 저장소

키/밸류 데이터 저장소, 또는 NoSQL 데이터 저장소는 데이터 모델이 단순하며 확장하기 쉬운 특성 으로 관계형 데이터베이스의 대안으로 자리잡아왔다. NoSQL 데이터 저장소의 종류에 따라 데이터 모델이 조금씩 다르지만 일반적으로 행에 대한 고유 식별자(키)와 키에 관련된 컬럼(밸류Value)으로 구성된다. 이 같은 종류의 데이터 저장소는 키의 값 데이터를 가져오거나 쓸 때 걸리는 지연 시간이 상당히 짧다. 또한 키/밸류 데이터 저장소는 스키마 변경이용이하기에 그린필드 애플리케이션[3] 개발용으로 많이 사용되고 있다.

AWS의 기본 키/밸류 서비스는 다이나모DB DynamoDB로, 주요 특징 중 하나는 데이터 규모에 상관없이 일관된 성능을 갖는다. 다이나모DB 서비스에는 두 가지 가격 모델이 있다. 사용자당 과금 방식과 프로비저닝된 용량에 따른 과금 방식이다. 사용량에 따른 과금 방식은 워크로드가 적은 경우, 혹은 워크로드가 어느 시점에만 높은 경우 경제적이다.

구글 클라우드의 키/밸류 데이터 저장소로는 클라우드 빅테이블Cloud Bigtable과 데이터스토어Datastore 서비스가 있다. 구글 클라우드 데이터스토어Google Cloud Datastore는 데이터 모델 관점에서 볼 때 다이나모DB와 유사하지만 사용량에 따른 과금 방식만 있다. 읽기 및 쓰기 작업이 많은 트랜잭션일 경우 비용이 높아질 수 있다. 클라우드 빅테이블은 구글 클라우드 데이터스토어보다 데이터 모델이 단순하다. 예를 들어, 클라우드 빅테이블의 컬럼 정의에는 데이터 유형에 관한 개념이 없고 모든 컬럼은 바이트 어레이byte array로 표시된다. 그렇기에 클라우드 빅테이블에는 거의 모든 유형의 데이터를 저장할 수 있지만, 애플리케이션 코드에서 데이터 유형을 추적해야 하기 때문에 애플리케이션을 개발하는 데 어려움이 있을 수 있다. 확장성 측면에서 볼 때 클라우드 빅테이블은 구글 클라우드 데이터스토어보다 훨씬 큰 규모로 확장이 가능하다. 클라우드 빅테이블의 가격 정책은 프로비저닝된 용량에 따른 과금

---

2   클라우드 서비스가 빠르게 진화하고 있기 때문에, 본 원서 출간 시점의 서비스와 기능이 다른 경우가 있을 것이다. Azure database for PostgreSQL의 경우 하이퍼스케일을 지원하고 있다. – 옮긴이

3   그린필드 애플리케이션이란, 기존 작업이나 기존 프로그램의 종속 없이 완전히 새롭게 처음부터 개발하는 애플리케이션을 일컫는다. 참고로 브라운필드 개발(Brownfield development)은 기존의 소프트웨어 애플리케이션/시스템이 존재하는 상황에서 새로운 소프트웨어 시스템의 개발과 배치가 필요한 경우에 사용하는 용어다. – 옮긴이

방식만 존재한다. 클라우드 빅테이블 클러스터에는 최소 3개의 노드가 필요하므로 소규모 애플리케이션에 적용할 경우 비용 면에서 비효율적이다. 클라우드 빅테이블 유스케이스 중 가장 많이 볼 수 있는 사례는 기존 사내 하둡 클러스터에서 운영 중인 아파치 HBase 애플리케이션을 구글 클라우드로 마이그레이션하는 것이다. 아파치 HBase와 클라우드 빅테이블은 API 레벨에서 호환되므로 최소한의 변경으로 기존 아파치 HBase 애플리케이션을 클라우드 빅테이블로 포팅할 수 있다.

애저의 키/밸류 데이터 저장소로는 코스모스DB^{Cosmos DB}가 있다. 다른 제품들과 비교했을 때 코스모스DB의 독특한 특징 중 하나는 다양한 API를 지원한다는 점이다. 예를 들어 코스모스DB를 몽고DB^{MongoDB}, 카산드라^{Cassandra}, SQL, 그래프^{graph} API를 지원하도록 설정값을 지정할 수 있다. 사용할 API를 먼저 지정한 후에 코스모스DB 데이터베이스를 생성하면 된다. 몽고DB 클라이언트 라이브러리나 카산드라 클라이언트 라이브러리를 코스코스DB와 함께 사용할 수 있기에 기존 애플리케이션 포팅 작업이 간단해질 수 있다.

9.3.3 전문 검색 서비스

애플리케이션이 처리해야 하는 데이터 중에는 잘 구조화되지 않은 형태가 많다. 예를 들어 판매 금액 같은 수치 단위나 다양한 계산 값들을 읽어서 집계해야 하는 경우다. 애플리케이션이 텍스트 데이터를 처리하고 검색 기능도 필요한 경우 전문 검색^{full-text search} 데이터 저장소가 좋은 대안이 될 수 있다. 예를 들어, 사용자가 찾고자 하는 검색 요청에 대해서 자연어 시멘틱 분석방법을 사용해 검색 항목과 100% 매칭은 되지 않지만, 검색 항목과 매우 유사한 항목을 찾아 응답하는 방식이다. 예를 들면 호텔 객실 설명이나 제품 설명 내용 등에 검색하고자 하는 문자가 의미하는 유사 내용을 포함하면 결과값으로 전달하는 경우다.

아파치 솔라^{Apache Solr}나 엘라스틱서치^{ElasticSearch}가 전문 검색 데이터 저장소에서 가장 널리 사용되고 있다. 둘 다 아파치 루씬^{Apache Lucene}이라는 오픈 소스 검색 라이브러리를 기반으로 한다. 애플리케이션 개발자의 관점에서 전문 검색 데이터 저장소를 사용하려면 JSON 문서를 데이터 저장소에 먼저 적재한 후 해당 데이터에 대한 검색 작업을 수행한다. 검색 데이터 저장소는 문서^{document}의 모든 속성을 인덱싱하거나 사용자가 인덱싱할 속성을 지정할 수 있다. 검색 옵션은 해당 속성 유형에 맞게 사용하면 된다. 예를 들어 수치 값을 가진 속성의 경우 equals, less than, greater than 등과 같은 조회 식별 수식자^{qualifier} 등을 주로 사용하며, 텍스트 속성의 경우에는 검색 데이터 저장소를 사용해 완전 일치 항목 검색, 유사 항목 검색, 자동 완성 항목 권장 등의 작업을 수행할 수 있다. 전문 검색 데이터 저장소는 서로 다른 문서 간의 조인^{join}을 지원하지 않으므로 전문 검색에 사용할 문서들을 조인 필요성이 없는 방식으로 구성해야 한다.

AWS가 제공하는 전문 검색으로는 관리형 서비스인 클라우드서치^{CloudSearch}가 있다. 애저^{Azure}의 전문 검색 서비스는 애저 서치^{Azure Search}가 있으며, 클라우드서치와 유사한 기능을 제공한다. 구글 클라우드는 전문 검색 관리 서비스를 제공하지 않고 있다(2021년 초 기준). 구글 서치^{Google Search}라는 제품이 있기는 하지만 기업 내 내부 워드 문서, 이메일 등을 인덱싱하고 검색할 수 있는 기능을 제공하는 데 중점을 두고 있으나 애플리케이션 데이터 저장소 서비스로는 활용되지는 않는다.

9.3.4 인메모리 캐시

레디스^{Redis} 및 멤캐시드^{Memcached}와 같은 인메모리 캐시^{In-memory cache}를 제공하는 오픈 소스 솔루션이고, 애플리케이션 데이터를 액세스하는 데 밀리초^{millisecond} 미만의 빠른 응답시간을 얻고자 하는 데 활용되고 있다. 레디스 및 멤캐시드는 반도체 메모리에 데이터를 저장하므로 관계형 데이터베이스나 키/밸류 데이터베이스보다 훨씬 빠른 응답 시간을 제공할 수 있다. 데이터 영속성^{persistence}이 없기 때문에 데이터 저장소는 캐시로만 사용된다. 즉, 관계형 데이터베이스나 키/밸류 데이터 저장소가 데이터 원천 소스 역할을 하면서, 장애나 기타 문제가 발생할 경우 이 데이터베이스로부터 필요 데이터를 캐시 형태로 다시 적재할 수 있게 구축하는 방식을 의미한다. 인메모리 캐시를 사용하는 주요 방법은 애플리케이션이 먼저 캐시에서 필요한 데이터를 찾고, 데이터가 없거나 활용하기에 적절한 상태가 아닌 경우 관계형 데이터베이스나 키/밸류 데이터 저장소 같은 영구성 데이터 저장소^{persistent data store}에서 데이터를 찾도록 한다.

애플리케이션에서 데이터 플랫폼의 데이터를 활용하고자 할 때에도 인메모리 캐시를 활용하면 매우 빠른 응답시간을 확보할 수 있다. 이 경우 데이터 플랫폼은 퍼시스턴스 계층

persistent layer[4] 역할을 하며, 주기적으로 데이터를 캐시로 적재해서 최신 데이터로 유지하도록 구축하면 된다. 캐시는 키/밸류 저장소처럼 데이터 모델이 단순하며 복잡한 쿼리나 조인 join을 지원하지 않는다.

AWS에는 멤캐시드와 레디스 기반의 관리형 서비스인 엘라스틱캐시ElastiCache가 있다. 구글은 메모리스토어Memorystore 서비스에서만 멤캐시드를 지원하며 애저는 애저 캐시 포 레디스Azure Cache for Redis라는 관리형 서비스를 제공하고 있다.

지금까지 설명한 내용에 따르면, 애플리케이션에서 사용할 수 있는 데이터 저장소로 여러 옵션이 있음을 알 수 있다. 어떤 데이터 저장소를 선택할지는 애플리케이션 개발자의 솔루션 사용 경험 등에 따라 좌우되는 경우가 많다. 데이터 플랫폼 설계자로 과업을 원활하게 추진해 나가기 위해서는 다양한 액세스 패턴과, 활용 가능한 클라우드 서비스들과 그 특성들을 잘 이해하는 것이 중요하다.

다음 절에서는 실제 프로젝트에서 점점 더 사용사례들이 많아지고 있는 또 다른 데이터 액세스 패턴인, 클라우드 데이터 플랫폼에서의 머신러닝에 대해 설명한다.

9.4. 데이터 플랫폼에서의 머신러닝

ML Machine Learning 워크로드는 몇 가지 고유한 특성과 특징이 있다. ML 모델을 개발하려면 해당 모델에 어떤 종류의 데이터가 필요한지 파악한 후, 목적에 가장 적합한 알고리즘이나 라이브러리를 여러 실험 과정을 통해서 선택해야 한다. 그다음 트레이닝 과정이 필요한데, 트레이닝용 데이터셋을 활용해 모델의 정확도가 목표값 내로 들어올 때까지 파라미터 값을 변경하면서 측정하는 반복 과정이다. 트레이닝을 마치면, 실제로 모델이 트레이닝용 데이터셋이 아닌 다른 데이터에 대해서도 예상되는 결과를 생성하는지 검증해야 한다. 검증 과정이 모두 끝나면 해당 모델을 활용해서 사용자에게 서비스를 시작하게 되는데, 대략적으로 신규 데이터 수집, 처리 단계, 결과 산출 단계 과정을 거치게 된다.

이 프로세스를 적용하기 위해서는 충분한 규모의 데이터에 액세스할 수 있어야 하고, 어떤 종류의 데이터를 다루는지, 이 데이터를 통해 어떤 문제를 해결할 수 있는지 파악할 수 있

---

4   퍼시스턴스 계층이란 데이터의 영속성을 유지하기 위한 기능을 지원해 주는 소프트웨어 계층을 말한다. – 옮긴이

어야 한다. 트레이닝 프로세스를 진행하려면 상당한 컴퓨트 자원이 필요하며, 수백에서 수천 번 반복해야 할 수도 있다. 데이터를 트레이닝용 데이터셋과 검증용 데이터셋으로 분할할 수 있는 방법도 필요한데, 수작업을 최소화하도록 간단하게 분할할 수 있어야 한다. 이 과정에서 팀원들 간의 소통과 협업도 매우 중요하다. 데이터 사이언스팀 구성원이 자신의 컴퓨터에서 데이터 관련 작업을 할 경우 진행 결과를 팀 구성원과 공유하거나 조율하기 어려울 수 있다.

이러한 특성 때문에 클라우드 데이터 플랫폼이 머신러닝 워크로드 처리를 위한 이상적인 환경으로 제시되고 있다. 첫 째로 데이터 플랫폼에는 해당 기업의 대부분의 데이터를 저장하고 있다. 종류별로 예를 들면 아카이빙 처리된 과거 이력 데이터에서부터 소스 시스템에서 바로 수집된 원시 데이터, 이 데이터를 조직 표준과 목적에 맞추어 정제 및 정리된 데이터 등으로 구분할 수 있을 것이다.

클라우드 데이터 플랫폼 대부분이 다양한 데이터 액세스 방법을 제공하고 있다. 예를 들면 SQL, 아파치 스파크, 기존 파일 액세스 방법 등이다. 데이터 액세스 방법의 다양성 확보가 중요한 이유는 ML 도구나 ML 라이브러리마다 데이터 작업 방식이 다를 수 있기 때문이다. 만약 어떤 데이터 플랫폼이 데이터 액세스 방법을 한 가지만 제공한다면(예: 데이터 웨어하우스의 SQL 쿼리), 데이터 사이언스 팀에서 작업할 수 있는 툴에 제약이 발생하면서 각자 본인의 컴퓨팅 환경에서 모델을 자체적 방식으로 개발하려 할 수 있다.

클라우드 데이터 플랫폼의 데이터 처리 계층은 컴퓨팅 플랫폼의 확장성이 제공되므로 과거의 PC나 전용 VM 환경보다 비교할 수 없을 만큼 대규모의 데이터셋을 모델 트레이닝 과정에 활용할 수 있다. 또한 대부분의 클라우드 제공업체에서 ML 모델 트레이닝 과정 시 속도를 크게 향상시킬 수 있도록 강력한 그래픽 처리 장치GPU를 갖춘 VM 서비스도 제공하고 있다.

ML 모델 개발을 위해서는 이해관계자들 간 원활한 프로세스와 협업이 중요하기에 클라우드 공급 업체에서는 데이터 과학자들 및 관련 구성원, 주요 이해관계자 간 실험을 진행한 후 결과를 공유 및 토론할 수 있는 다양한 협업 툴을 제공하고 있다. 협업 툴은 클라우드 데이터 플랫폼과의 통합이 쉬워야 하며, 다음과 같은 클라우드 환경이 있어야 한다.

- 모든 기업 데이터에 액세스할 수 있음

- 컴퓨팅 환경의 확장성
- 실험 환경 및 협업 도구 제공

9.4.1 클라우드 데이터 플랫폼에서의 머신러닝 모델 라이프사이클

머신 러닝 라이프사이클은 일반적으로 다음과 같은 단계를 거친다.

- 데이터셋 수집 및 준비
- 모델 트레이닝 / 검증 루프
- 모델을 프로덕션 환경에 배포해서 최종 사용자에게 결과 제공

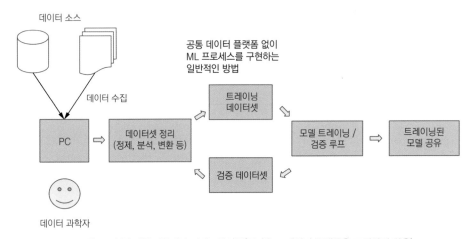

▲ **그림 9.6** 일반적인 머신러닝 라이프사이클(클라우드 데이터 플랫폼을 고려하지 않음)

먼저 공통 데이터 플랫폼 없이 ML 프로세스를 구현하는 일반적인 방법을 살펴보자. 그림 9.6에서 이 프로세스를 간략히 설명하고 있다.

첫째 단계로, 데이터 과학자가 기존 데이터 소스에서 자신의 컴퓨터로 데이터를 수집(복사)한다. 나머지 ML 프로세스도 이 컴퓨터를 활용해 진행할 수 있다. 두 번째 단계는 ML 도구가 이해할 수 있는 포맷으로 변환하는 단계인데, 이때 데이터 정제가 필요할 수도 있으며, 원천 소스의 데이터가 다양한 형태의 포맷이라면 이들을 단일 포맷으로 변환해야 한다. 그런 다음 데이터 과학자는 데이터셋의 일부 데이터를 활용해 데이터 의 종류를 파악하면서, 모델

트레이닝 프로세스에 영향을 줄 만한 기타 속성이나 특이사항이 있는지 점검해야 한다.

여러 연구에 따르면, ML 모델 개발 프로세스에서 처음 두 단계인 데이터 수집과 데이터셋 정리 단계를 수행하는 데 전체 수행 시간의 최대 80%의 시간을 차지한다고 한다. 8장에서 살펴본 바와 같이, 데이터를 수집하고 소비하기 위해 준비하는 과정은 복잡다단한 일이기 때문에 그리 놀랄 만한 사실은 아니다.

다음 단계는 데이터 과학자들이 트레이닝/검증 루프를 반복적으로 진행하는 단계다. 선택한 모델을 트레이닝하려면 현재 가진 데이터를 트레이닝용 데이터셋과 검증용 데이터셋 두 그룹으로 분할해야 한다. 분할된 트레이닝 데이터셋은 모델 트레이닝 프로세스에 활용한다. 트레이닝 프로세스는 반복적으로 진행되는 과정인데, ML 모델의 파라미터 값을 점진적으로 조정하면서 필요한 정확도의 결과가 나올 때까지 동일한 트레이닝 데이터셋을 반복적으로 읽고 처리한다. 대규모 데이터셋을 활용해서 이 프로세스를 진행하게 되는 경우, 컴퓨팅 비용이 많이 들 수 있다. 컴퓨터 한 대에서 실행하게 되면 또한 오랜 시간이 걸릴 수도 있다.

> | **참고** | 여기서는 몇 가지 단순화를 통해 ML 라이프사이클을 쉽게 설명하려 했다. 실제로는 이 프로세스와 관련된 세부 내용, 예를 들면 지도학습(supervised learning)에 적용하기 위한 데이터셋 라벨링 등, 관련 상세 절차와 작업해야 할 내용들이 상당히 많다.

트레이닝 프로세스가 완료되면 데이터 과학자는 해당 모델을 검증용 데이터셋에 적용해 모델이 예상하는 정확성을 가진 결과를 만들어내는지 검증하는 단계를 진행한다. 이 단계를 통해 모델의 파라미터가 트레이닝용 데이터셋에는 매우 적합한 결과를 만들어 내지만 다른 데이터가 사용될 때에는 부정확한 결과를 생성하는 문제, 즉 오버피팅overfitting을 방지할 수 있다. 여기서는 데이터를 트레이닝용과 검증용 데이터셋으로 분할하는 방식이 큰 역할을 한다. 즉 검증용 데이터셋을 프로덕션에 배포한 해당 모델이 실제로 처리해야 하는 데이터라는 의미로 최대한 활용한다.

트레이닝 프로세스가 완료되면 데이터 과학자는 모델을 동료와 공유하거나 운영 팀에 넘긴다. 운영 팀에서는 실제 프로덕션에 해당 모델을 배포한다. 이 단계에서 주로 발생되는 이슈 중 하나는 개인용 컴퓨터에서 개발한 코드가 프로덕션 환경과 잘 통합되지 않는 경우가 있다는 점이다. 예를 들면, 프로덕션 환경에서 애플리케이션을 실행하는 데 필요한 로깅, 에러 핸들링, 모니터링 기능이 일부 포함돼 있지 않은 경우다. 사실 데이터 과학자가 실제 프로덕션 환경이나 테스트 환경과는 격리된 상황일 수 있다. 이 경우 모델 코드를 배포하기 전, 필요한 로깅 로직과 에러 핸들링 로직을 추가해야 하므로 모델 코드를 크게 변경해야 할 수도 있다.

지금부터는 클라우드 데이터 플랫폼을 ML 모델을 개발하기 위한 환경으로 활용해 이러한 단계를 단순화할 수 있는 방법을 살펴보고자 한다. 그림 9.7은 공유 플랫폼에서의 ML 라이프사이클을 간략히 설명하고 있다.

앞에서 언급했듯이, 데이터 과학자들은 특정 데이터 소스에서 데이터를 수집하는 방법을 찾거나 데이터셋을 공통 포맷으로 변환하는 작업을 수행하는 데 상당한 시간을 할애해야 할 수 있다. 이러한 작업은 엄밀히 말해서 ML 모델을 설계하고 트레이닝하는 일과는 직접적인 관련이 없는 일들이다. 클라우드 데이터 플랫폼을 활용한다면 수집 단계와 공통 데이터 변환 단계에서 이러한 작업들을 처리하게 된다.

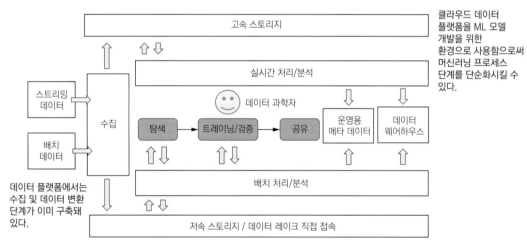

▲ **그림 9.7** ML 모델을 개발하고 테스트하기 위한 환경으로 클라우드 데이터 플랫폼을 사용하면 데이터 수집, 데이터 정리와 같은 시간이 많이 소요되는 작업을 상당히 간소화시킬 수 있다.

데이터 과학자들은 데이터를 자신의 컴퓨터에 가져올 필요 없이 기존 클라우드 스토리지나 데이터 웨어하우스를 사용해서 데이터를 검색하고 탐색 및 분석을 진행할 수 있다. 트레이닝/검증 루프 단계의 경우 기존 아카이브 데이터를 대규모 트레이닝용 데이터셋으로 활용하고, 최근 데이터를 검증용 데이터셋으로 활용할 수 있다. 또한 클라우드 스토리지에 ML 트레이닝과 검증 전용 영역을 만들고 필요한 데이터셋을 복사한 후, 여러 가지 방식으로 데이터를 분할할 수도 있다. 클라우드 스토리지는 확장 가능하고 비용이 저렴하기에 데이터 사이언스 팀이 원하는 방식으로 데이터를 다양하게 분할해서 실험하는 데 많이 사용한다.

모델 트레이닝 프로세스를 진행하는 데 컴퓨팅 비용이 많이 든다는 내용을 이미 언급했다. 트레이닝 환경으로는 크게 두 가지 옵션이 있다. 첫 번째 옵션은 아파치 스파크와 같은 배치 처리 프레임워크를 사용해 모델을 트레이닝하는 방식으로, 배치 처리 프레임워크의 확장성이 제공되고 아파치 스파크는 기본적으로 다양한 ML 모델을 지원한다. 두 번째 옵션은 GPU와 대량의 메모리를 갖춘 전용 클라우드 VM을 사용하는 방식이다. 분산 방식으로 트레이닝할 수 없는 일부 모델에 적용하기에 적절하다. 이와 같이 클라우드 데이터 플랫폼을 활용한다면 탄력적인 클라우드의 확장성 활용이 가능하고, 다른 사용자에게 주는 영향도를 최소화할 수 있다.

마지막으로 협업 관점에서 볼 때의 장점은 데이터 사이언스팀의 모든 구성원들이 동일한 플랫폼에서 작업하므로 작업의 최종 결과뿐만 아니라 동일한 트레이닝용 데이터셋, 검증용 데이터셋으로 분할해서 동일하게 활용하고 협업할 수 있다는 것이다. 이를 통해 피드백 주기를 크게 단축시키며 생산성을 상당히 높일 수 있다. ML에서 활용할 수 있는 실제 데이터가 활용 가능한 상태에 있다면 프로덕션에 배포하기 전이라도 실제 데이터셋을 활용해 최종 모델을 테스트할 수 있다. 이렇게 진행할 경우 로컬에서 개발한 모델이 프로덕션 배포에 적절한 상태가 아닐 때 발생하는 다양한 이슈들을 방지할 수 있다.

다음 절에서는 클라우드 제공 업체가 제공하는 ML 협업 도구와 생산성 도구에 대해 설명한다.

9.4.2 ML 클라우드 협업 툴

데이터 플랫폼과 같은 공유 클라우드 환경은 데이터 과학자들이 모델 개발 중에 협업하고 실험할 수 있는 완벽한 환경이다. 주요 클라우드 제공 업체 모두 이러한 협업 프로세스를 단순화시키고, 다른 클라우드 컴포넌트와 통합할 수 있는 툴을 제공하고 있다.

마이크로소프트 서비스의 경우, 애저 ML은 분석에서부터 프로덕션 배포까지의 엔드 투 엔드end-to-end 모델 라이프사이클 관리 기능을 제공하고 있다. 애저 ML은 데이터 과학자가 모델을 만들거나 파이썬Python 또는 R과 같은 프로그래밍 언어로 코드를 작성할 수 있게 비주얼 에디터를 제공한다. 애저 ML은 애저 블롭 스토리지나 애저 시냅스Azure Synapse와 같은 애저 데이터 서비스들과 통합돼 있다. 또한 애저 ML은 검증된 모델을 웹 서비스, 배치 처리 파이프라인, 실시간 데이터 처리 파이프라인 등으로 배포해서 운용할 수 있도록 지원한다.

AWS는 세이지메이커SageMaker라는 서비스가 있으며, 모델 개발과 트레이닝을 위한 통합 개발환경IDE을 제공하고 있다. 데이터 과학자들이 실험하고 동료들과 결과를 공유할 수 있는 노트북 서비스를 지원한다. 세이지메이커 노트북을 기존 EMR(엘라스틱 맵 리듀스Elastic Map Reduce) 클러스터에 연결해 기존 클라우드 데이터 플랫폼 컴퓨팅 서버를 활용함으로써 모델 트레이닝과 모델 검증 작업을 수행할 수 있다.

구글 클라우드는 AI 플랫폼을 제공하며, ML 모델 개발에서 프로덕션 환경에 배포까지의 작업을 단순화할 수 있는 서비스들로 구성돼 있다. AI 플랫폼은 텐서플로우TensorFlow와 케라스

Keras와 같이 널리 사용하는 ML 라이브러리와 프레임워크를 지원한다. 노트북을 협업하고 실험하는 데 활용할 수 있지만 노트북과 기존 스파크 클러스터가 통합돼 있지는 않다(2021년 초).

9.5 비즈니스 인텔리전스와 리포팅 툴

데이터 플랫폼에서 데이터를 활용하는 가장 일반적인 방법은 데이터 웨어하우스 기반에 BI(비즈니스 인텔리전스)와 리포팅 툴reporting tool을 사용하는 것이다. 데이터 플랫폼으로 기업 내 모든 데이터를 통합하는 초기 원동력으로 기존의 이러한 유스케이스를 적용하고, 애플리케이션 및 머신러닝 유스케이스는 그 이후에 진행하는 경향이 있다.

9.5.1 BI 툴과 클라우드 데이터 플랫폼 통합

다양한 유형의 BI 툴Business Intelligence tool이 기존 데이터 웨어하우징 기술만큼 오랫동안 존재해왔으며, 오늘날 시장에 출시된 모든 툴이 AWS 레드시프트, 구글 빅쿼리, 애저 시냅스와 같은 관계형 클라우드 데이터 웨어하우스와 쉽게 통합될 수 있다는 점은 놀라운 일이 아니다. 데이터 웨어하우스가 관계형 데이터베이스 기반임은 BI 툴 설계에서 중요한 특징이며(여기서는 테이블로 구성된 데이터가 서로 조인join할 수 있다는 의미), 다음과 같은 경우를 가정하고 있다.

- 데이터는 평면적 구조로 돼 있다(즉, 중첩 데이터 유형 없음).
- 데이터를 여러 가지 방법으로 목적에 맞게 분할하고 세분화할 수 있다. 예를 들어, 사용자에게 드릴다운drill down하는 기능을 제공하는데, 이를 통해서 사용자들은 요약된 집계 보고서로부터 집계 보고서에 사용한 계산식에 관한 상세 수준의 세부 데이터로 내려갈 수 있다.

클라우드 데이터 플랫폼 초기에는 많은 BI 툴이 구글 빅쿼리와 통합하는 데 어려움을 겪었는데, 그 이유는 빅쿼리가 완전한 관계형 데이터베이스 기반이 아니었기 때문이다. 예를 들어 BI 툴은 사용자 정보와 사용자 주소 상세 정보가 두 개의 테이블에 저장되고 테이블 간 관계가 정의돼 있을 것이라 가정하는 반면, 빅쿼리의 경우 사용자 테이블 내부에 주소 데이터를 최적화된 중첩nested 형태로 구성하고 있기 때문이다. BI 툴들 중에는 중첩된 데이터 유형의 데이터를 처리하는 기능이 없거나 어레이 유형, JSON 데이터를 인식하지 못하는 경우가 많다.

최근 몇 년간 BI 툴 분야에도 많은 변화가 있었으며, 태블로Tableau와 같은 BI 툴 주요 업체들은 현재 빅쿼리를 완전히 지원하고 있다. 만약 데이터 플랫폼 기반으로 구글 클라우드를 채택할 계획이라면, 반드시 점검해야 할 부분 중 하나는 기존에 사용 중인 BI 툴이나 리포팅 솔루션이 빅쿼리를 지원하는지 여부다.

BI 툴을 데이터 플랫폼의 데이터 레이크 계층에 직접 연결할 수 있는지 묻는 질문을 이따금 받는다. 가능하다고 대답하긴 하지만 사실 추천하는 해결책은 아니라 말한다. 최근 들어 BI 툴이나 리포팅 툴들이 아파치 스파크와의 연계를 지원하고 해당 SQL API도 지원하므로 기술적으로 BI 툴을 사용해서 데이터 레이크로부터 직접 데이터를 쿼리하고 시각화하거나 데이터 탐색 작업을 수행할 수 있다. 그러나 많은 사용자들이 BI 툴로부터 기대하는 것은 대화형 형태의 편의성과, 응답 속도 측면이다. 그래서 이 방식을 적용하려 할 때 편의성 측면과 응답성 측면에서의 이슈들이 발생할 수 있다. 사용자들이 스파크 SQL 쿼리가 끝날 때까지 수백 초에서 몇 분을 기다려야 한다면 상당한 불만을 가질 가능성이 높다. 클라우드 데이터 웨어하우스는 이러한 대화형 환경을 제공하는 데 훨씬 더 적합한 솔루션이다. 이 때문에 데이터 웨어하우스를 데이터 플랫폼 설계의 표준 구성 요소로 포함하는 이유이기도 하다.

9.5.2 BI 툴로 엑셀 사용하기

엑셀은 지구상에서 가장 인기 있는 데이터 처리 및 분석 도구 중 하나로, 호불호가 갈리지 않는다.

비즈니스 사용자들 중에는 엑셀에 매우 능숙해서 엑셀을 활용해 복잡한 분석과 시각화를 구축할 수 있는 사람들도 많다. 이 때문에 엑셀이나 이와 유사한 툴을 데이터 웨어하우스에 연결할 수 있는지 여부를 묻는 질문을 많이 받는다. 실제로, 엑셀은 JDBC/ODBC 커넥터를 지원하므로 당연히 클라우드 데이터 웨어하우스에 연결할 수 있다. 또한 구글 클라우드의 경우에는 구글 시트(엑셀 대체안)를 빅쿼리와 연결해 사용할 수 있다.

데이터 웨어하우스에 대한 분석 툴로 엑셀을 사용할지를 결정하고자 할 때 몇 가지 유의해야 할 사항이 있다. 우선, 사용자 컴퓨터에서 실행되는 엑셀은 BI 솔루션 전용 서버가 처리할 수 있는 데이터 크기의 일부만 처리할 수 있다는 점이다. 수백만 개의 행이 있는 데이터셋을 주기적으로 작업해야 할 경우 엑셀을 사용하는 옵션은 성능 측면에서 부정적이다. 또한 사용자 컴퓨터 기반에서 분석 작업을 하면 서버 기반의 솔루션 기반 작업과는 다른 보안 이슈가 발생할 수 있다. 클라우드 데이터 플랫폼의 데이터 보호에 대해서는 다음 절에서 자세히 설명하겠지만, 전반적으로 여러 사용자가 사용자 컴퓨터에서 데이터 웨어하우스로 직접 액세스할 수 있도록 하는 것은 권장하는 보안 정책이 아니다.

9.5.3 클라우드 공급 업체 서비스에 포함돼 있지 않은 BI 툴

지금까지 단일 클라우드 공급 업체의 툴과 서비스, 그리고 오픈 소스 솔루션을 결합해서 클라우드 데이터 플랫폼을 구축하는 방법을 설명했다. 사실 BI 및 리포팅 툴의 경우에는 이 툴을 어디에서 실행하는지는 크게 중요하지 않다. 사내에 구축된 BI 툴을 활용해 클라우드 데이터 웨어하우스에 접속한다거나, 한 클라우드 공급 업체상에 구축된 BI 툴을 활용해서 다른 클라우드 공급 업체 상의 데이터 웨어하우스에 접속하는 경우를 자주 볼 수 있다. 이 경우 특정 도구에 대한 내부 경험과 조직 내부 사용률이 기술 세부 사항보다 훨씬 더 중요하다. 클라우드 공급 업체를 복수 개 활용해서 솔루션을 구축해야 하는 경우 한 가지 유의해야 할 점은 데이터 전송 비용이다. 모든 클라우드 공급 업체는 본인들의 클라우드 환경에서 네트워크를 통해 나가는 데이터data egress에 대해 비용을 청구하기에 데이터 볼륨이 클 경우 비용이 상당할 수 있다. 일반적으로 리포팅 솔루션을 사용할 때는 비용은 큰 문제가 되지 않지만, 쿼리 수행 자체가 데이터 웨어하우스 내에서 실행되며 결과값만 반환하면 되기 때문이다. 그럼에도 클라우드 요금 문제가 발생하지 않도록 유스케이스를 주의 깊게 분석해야 한다.

클라우드 공급 업체에서는 BI 솔루션과 다양한 SaaS 제품군 외에도 리포팅 툴과 시각화 툴도 제공하고 있다. 애저 파워 BIPower BI는 가장 인기 있는 제품 중 하나인데, 애저 이외의 다른 클라우드 공급 업체가 제공하는 데이터 플랫폼과 함께 파워 BI를 사용하는 경우를 종종 볼 수 있다. AWS는 퀵사이트QuickSight 솔루션이 있고, 구글은 데이터스튜디오DataStudio와 루커Looker BI 플랫폼을 제공하고 있다.

9.6 데이터 보안

대부분 기업에서 데이터 플랫폼을 구축하는 데 최우선 고려 사항은 클라우드 기반이든, 자체 데이터 센터 기반이든 상관없이 데이터 보안 및 개인 정보 보호다. 이 책에서 설명한 클라우드 데이터 플랫폼 설계 내용에는 데이터 웨어하우스에서 머신러닝 툴, 그리고 애플리케이션에 이르기까지 플랫폼에 연결할 수 있는 다양한 방법을 소개한다. 이처럼 다양한 유형의 데이터 소비자와 여러 계층이 다양한 방식으로 통신해야 하는 모듈화된 플랫폼 설계에는 전체 관점에서 철저한 데이터 보안 접근 방식이 필요하다. 보안은 매우 광범위하고 복잡한 주제 영역이기 때문에 보안을 주제로 한 책들이 다양하게 나와 있다. 이 절에서는 클라우드 데이터 플랫폼을 보호하는 방법 관점에서 주요 사항 몇 가지와 관련 아이디어를 논의하고자 한다.

클라우드 공급 업체는 클라우드 리소스에 대한 액세스를 유연하게 관리할 수 있는 방법을 제공하고 있다. 보안 모델은 모델 자체의 유지 관리 및 적용이 용이해야 한다. 클라우드 리소스 보안과 관련된 공통 문제점 중 하나는 개별 사용자의 애드혹(ad hoc) 액세스를 제공하는 것이다. 이 방식은 누가 언제, 어디에 접근할 수 있는지 명확하게 파악하기 어렵게 만든다.

9.6.1 사용자, 그룹 및 역할

모든 클라우드 공급 업체는 사용자 개념이 존재하며 인간 사용자, 애플리케이션, 기타 클라우드 서비스, 그룹 등이 해당된다. 클라우드 리소스에 대한 액세스 권한을 개별 사용자나 개별 애플리케이션에 제공하는 방법과, 사용자를 논리 그룹으로 묶은 다음 리소스에 대한 액세스 권한을 그룹에 할당하는 방법도 있다. 예를 들어, "데이터 플랫폼 운영자"라는 그룹을 만들고 클라우드에 새 리소스를 프로비저닝하는 권한, 클라우드 리소스를 재구성하거나 삭제할 수 있는 권한을 갖도록 구성할 수 있다. 그런 다음 데이터 엔지니어링 팀이나 데이터 운영 팀의 구성원을 이 그룹에 추가하면 된다. 그리고 데이터 과학자와 데이터 사용자를 위한 별도의 그룹을 구성할 수 있는데, 이때 이 그룹은 기존 데이터를 읽고 클라우드 스토리지의 전용 샌드박스 영역에만 데이터를 쓸 수 있는 권한을 부여할 수 있다. 상황에 따라서 데이터 사이언스 팀이 ML 모델 트레이닝을 위해 새로운 컴퓨팅 리소스를 프로비저닝할 수 있는 권한

이 필요할 경우, 그룹에 해당 권한을 추가하면 된다.

일반적으로 사용자 수보다 적은 수의 그룹이 생성되기 때문에 그룹 수준의 사용 권한을 관리하기가 사용자별 관리보다 용이하다. 해당 팀에서 누군가 나갈 수도 있고 새로운 구성원이 합류할 수도 있는데, 이때 해당 그룹에서 삭제하거나 추가하면 그룹과 관련된 권한 정책이 동시에 반영되기에 권한 관리가 상당히 간소화된다.

본인의 업무 수행을 위해 어떤 권한이 필요한지 파악하기 위해 시간을 보내는 것도 좋은 방법이다. 클라우드 리소스를 관리할 수 있는 매우 광범위한 권한을 할당하는 대신 업무 수행에 필요한 최소 권한을 부여해야 하는 원칙을 따라야 한다. 최소 권한 부여 원칙은 특정 사용자 그룹에게 그들이 작업을 효율적으로 수행하는 데 필요한 최소 사용 권한만 할당해야 된다는 것이다. 모든 사용자에게 클라우드 리소스 관리자 권한을 부여하는 것은 간단한 작업일 수 있지만, 보안 문제와 클라우드 리소스 관리 이슈가 언제든지 발생할 수 있는 상황을 만들게 될 수 있다.

9.6.2 자격 증명 및 설정 관리

가장 보편적인 보안 문제 중 하나는 패스워드 또는 비밀 키와 같은 클라우드 리소스 자격 증명Credential 유출이다. 클라우드별 키 관리 솔루션을 사용해 패스워드나 기타 비밀 키들을 보관해야 하며 설정 파일이나 애플리케이션 코드에 패스워드를 하드코딩하지 않아야 한다. 오늘날 패스워드나 비밀 키가 필요 없는 상호 인증 방법을 제공하는 클라우드 서비스들도 많아졌다. 애저 액티브 디렉토리Azure Active Directory 인증이 좋은 사례다. 가능하면 클라우드 네이티브cloud native 인증 방식을 사용해서 패스워드와 기타 공유 키들의 사용을 최소화하면 유출 위험을 줄일 수 있다.

클라우드의 데이터 보안과 관련해서 자주 발생하는 사례 중 하나는 공용 인터넷 망에 클라우드 데이터 스토리지의 액세스를 실수로 개방하는 것이다. 예를 들어 클라우드 공급 업체에서 제공하는 스토리지 서비스의 경우, 인증이 필요없이 공용 인터넷 망에서 사용할 수 있게 하는 옵션이 있는데, 정적 웹 사이트를 호스팅하려는 사용자들이 주로 사용하고 있다. 만약 데이터 레이크 스토리지에도 이 옵션을 실수로 적용할 경우 인터넷에서 누구나 데이터 레이크의 데이터를 액세스할 수 있기 때문에 심각한 결과를 초래할 수 있다. IaCInfrastructure-as-code5 접근 방식을 사용해 클라우드 리소스별로 적용해야 하는 설정을 정확하게 파악하고 주기적으로 감사도 진행해야 한다. 클라우드 공급 업체에서는 사용자 조직별로 사용할 수 있는 리소스와 각 리소스의 구성 방식을 정의할 수 있도록 정책 개념을 사용하고 있다. 예를 들면, 데이터관리 팀의 클라우드 스토리지는 공용 인터넷 망에서 접속할 수 없다는 정책을 만들 수 있다.

9.6.3 데이터 암호화

클라우드 스토리지, 클라우드 데이터 웨어하우스에 데이터가 저장될 때, 즉, 실제로 클라우드 공급 업체 데이터 센터의 디스크나 SSD에 저장될 때 암호화된다. 클라우드 제공 업체의 물리적 인프라가 해킹당하는 상황일 때만 이 암호화 방법이 중요한데, 실제로 발생 가능성은 매우 낮다. 클라우드 제공업체에서 제공하는 암호화 외에도 개인 식별 정보와 같은 특정 중요 데이터는 데이터 플랫폼에서 암호화해서 저장하려고 할 수도 있다. 데이터 노출을 방지할 수 있는 방법으로, 데이터셋의 특정 컬럼을 암호화한 다음 특정 사용자 그룹만 복호화 키에 액세스할 수 있도록 하면 된다.

9.6.4 네트워크 바운더리

클라우드 서비스, 특히 PaaS 솔루션들은 기본적으로 인터넷상의 모든 컴퓨터에서 액세스할 수 있다. 여기에서 액세스할 수 있다는 말은 공용 IP 주소를 갖고 있음을 의미하며, 패스워드가 없거나 인증 없이 액세스할 수 있다는 것을 의미하지는 않는다. 데이터를 소비하는 팀이 데이터 플랫폼을 액세스하기 위한 방법, 어디에 이들이 위치하고 있고, 어떤 네트워크를 통해서 데이터 플랫폼으로 접근하면 되는지 정의하려면 네트워크 팀 / 보안 팀과 충분히 논의해야 한다. 네트워크 수준에서 클라우드 리소스에 대한 액세스를 제한하게 되면, 이 절에서 설명한 여러 모범 사례 외에도 데이터 플랫폼에서 보안 문제가 발생할 가능성을 크게 줄일 수 있다.

---

5   IaC(Infrastructure as Code)는 인프라 자원 관리 방식 중 하나로, 개발 팀에서 애플리케이션 버전을 관리하듯 인프라 자원 관리를 서술적인 모델 방식을 활용해 형상 관리에서 배포 관리까지 인프라의 라이프사이클을 관리하는 방식을 말한다. IaC 관리 툴로는 테라폼(Terraform), AWS 클라우드포메이션(CloudFormation) 등이 있다. – 옮긴이

요약

- 데이터 플랫폼을 구축해야 하는 주된 이유는 데이터 소비자가 필요에 따라 비용 효율적이고 안전하게 데이터를 활용할 수 있도록 하기 위함이다.

- 데이터 소비자는 데이터 웨어하우스를 활용해서 리포트나 SQL 쿼리를 실행하는 사람일 수 있고, 또 모델 개발을 위해 원천 데이터 파일에 액세스하는 사람일 수 있고, 혹은 애플리케이션이 될 수도 있다.

- 퍼블릭 클라우드 공급 업체는 서비스형 데이터 웨어하우스를 제공하고 있다. 애저 Azure는 시냅스Synapse, 구글 클라우드는 빅쿼리, AWS는 레드시프트가 있다. 기능 관점에서는 대동소이하지만, 고려해야 할 몇 가지 차이점이 있다.

- 데이터 웨어하우스는 아직까지 BI 툴이나 SQL을 통해 직접 데이터를 액세스하는 주요 솔루션이다. 반면 애플리케이션에서 활용하기 위해 필요한 응답 시간은 최신 클라우드 기반 데이터 웨어하우스에서 제공하는 것보다 훨씬 빠른 값을 필요로 한다.

- 애플리케이션 전용 데이터 저장소를 사용하는 방식은 데이터 조회 시간을 단축시킬 수 있고, 동시 처리하는 데 효과적일 수 있다. 반면 데이터 웨어하우스를 애플리케이션에서 직접 액세스하도록 할 경우 관련된 보안 위험이 있음을 인식하고 있어야 한다.

- 다양한 유형의 데이터 소비자와 모듈 방식의 플랫폼 설계가 확산됨에 따라 여러 계층이 다양한 방식으로 통신해야 하는 모듈화된 플랫폼 설계에는 전체 관점에서 철저한 데이터 보안 접근 방식이 필요하다. 최소한 사용자, 그룹, 역할의 사용, 자격 증명 및 구성 관리 사용, 데이터 암호화 및 네트워크 바운더리boundary 방식을 적용해 클라우드 리소스에 대한 액세스를 관리해야 한다.

- 애플리케이션용 데이터 저장소 옵션으로는 관계형 데이터베이스, 키/밸류 데이터 저장소, 전문 검색full-text search 시스템, 인메모리 캐시가 있다. 각 클라우드 공급 업체는 이러한 관리형 서비스를 제공하고 있다.

- 데이터 과학자들이 데이터를 액세스하는 목적과 방법은 BI 사용자나 애플리케이션의 진행 방식과는 차이가 있다. 대규모 데이터를 액세스해야 할 수도 있고, 모델을 실행하기 위한 상당한 규모의 컴퓨팅 리소스가 필요할 수 있으며, 데이터를 트레이닝용

데이터셋이나 검증용 데이터셋으로 빠르게 분할해야 할 수도 있다. 잘 설계된 데이터 플랫폼은 원천 데이터, 사전 처리된 데이터를 포함해서 기업에서 필요한 모든 데이터를 보관하고 있고, 또한 SQL, 아파치 스파크, 직접적인 파일 액세스 등 데이터 사이언스 팀이 툴을 사용하는 데 이슈가 없도록 데이터에 액세스할 수 있는 다양한 방법을 제공한다.

- 3대 클라우드 공급 업체 모두 데이터 과학자 간의 협업을 효과적으로 할 수 있는 툴을 제공하고 있다. 애저는 ML을, AWS는 세이지메이커^{SageMaker}를, 구글 클라우드는 AI 플랫폼을 제공 중이다. 또한 3사 모두 데이터 웨어하우스의 데이터를 시각화하거나 리포팅을 쉽게 생성할 수 있는 BI 솔루션을 제공하고 있다. 애저는 파워^{Power} BI, AWS는 퀵사이트^{Quicksight}, 구글 클라우드는 데이터 스튜디오$^{Data\ Studio}$와 루커^{Looker} BI 플랫폼이 있다.

9.7 연습문제 정답

연습문제 9.1:

2 – 사용자 유형별로 데이터 액세스 요구사항이 다르기 때문에

연습문제 9.2:

3 – 구글 빅쿼리

연습문제 9.3:

4 – 위 세 가지 전부 다 해당한다.

연습문제 9.4:

4 – 확장 가능한 환경에서 느리게나마 모델 실행 작업을 완료할 수 있다.

10

비즈니스 가치 제고를 위한
데이터 플랫폼 활용

10장에서 다루는 내용

- 비즈니스 가치 제고를 위한 데이터 플랫폼의 역할 이해하기
- 비즈니스를 위한 데이터 전략 개발
- 데이터 분석 역량 성숙도 평가
- 데이터 플랫폼을 추진할 때 예상 이슈와 해결 방안

지금까지 클라우드 데이터 플랫폼의 설계와 구축에 관한 전반적인 내용을 세심하게 논의해왔다. 이 책을 마무리하면서, 이제 이렇게 설계된 데이터 플랫폼을 기업에서 어떻게 활용해야 할지 알아본 후, 필자들의 경험을 토대로 몇 가지 권장 사항을 설명하고자 한다. 또한 데이터 플랫폼은 기존 환경과 조직 속에서 구축되기에 분석 플랫폼 구축 프로젝트에서 다뤄야하는 기술 이외의 요소들에 대해서도 설명하고자 한다. 진정한 데이터 기반, 데이터 중심의기업을 만들어 나가고자 할 때 데이터 플랫폼은 하나의 요소일 뿐이다. 플랫폼이 장단기적으로 비즈니스 가치를 어떻게 제공하는지를 이해하면 이를 플랫폼 설계에 반영시킬 수 있다.또한 기술 이외의 요소가 데이터 플랫폼 활용에 영향을 미칠 수 있다는 점을 이해하면 데이터 플랫폼을 기업의 자산에서 필수적이고 가치 있는 부분으로 만들어 나갈 수 있다.

| 참고 | 10장에서 활용한 다이어그램과 프레임워크의 사용 허가를 제공한 파이시언(Pythian)(www.pythian.com)사께 감사를 드린다.

10.1 데이터 전략이 필요한 이유

먼저 클라우드 데이터 플랫폼의 필요성을 유발하는 요인들이 무엇인지 살펴보자. 데이터 플랫폼의 필요성을 유발하는 비즈니스 동인을 크게 보면, 다음과 같이 정리해볼 수 있다. (1) 운영 효율성 확보, (2) 수익 증대, (3) 고객 경험 개선, (4) 혁신 주도 (5) 컴플라이언스 개선이다. 혹은 이 5가지의 조합으로 나타나기도 한다. 기업이 비즈니스를 영위해 나가는데 먼저 무엇을 추구하는지 이해해야 한다. 그래야만 비즈니스 성과에 초점을 맞춘 데이터 전략을 개발할 수 있기 때문이다. 나아가서 한 기업에서 구축한 데이터 플랫폼을 평가하는 기준은 결국 데이터 플랫폼이 기업의 비즈니스 성과에 얼마나 기여하고 있고, 또 기여했는지를 묻는 질문이 될 것이다.

원하는 비즈니스 성과를 만들어내기 위한 클라우드 데이터 플랫폼을 만들기 위해서는 먼저 어떻게 다가가야 할지 가이드할 수 있는 데이터 전략 수립이 필요하다. 업계의 많은 용어와 마찬가지로, 데이터 전략이라는 용어의 정의도 사람마다 혹은 상황마다 다른 의미를 가질 수 있다. 따라서 모두가 받아들일 수 있는 "데이터 전략"의 정의는 없지만 다음 몇 가지를 "데이터 전략" 정의의 후보로 고려해볼 만하다.

- 데이터 및 분석 활동을 조직의 주요 우선 순위, 목표 및 목적에 맞게 조정하고 우선순위를 지정하는 접근 방식 – (미셀린 캐세이Micheline Casey, CDO LLC)
- 기업의 정보 자산을 구성, 통제, 분석, 배치하기 위한 일관된 전략으로 다양한 산업 도메인과 기업의 데이터 성숙도 수준에 맞춰 활용할 수 있음 – (데일 뮬 그리고 데이븐포트Dale Mule and Davenport, HBR Harvard Business Review)
- 데이터 활용 및 통합, 정보/지식의 생성 및 전파, 비즈니스 미션을 달성해 나가기 위한 액션 플랜과 우선 순위 – (브레이든 J. 호쉬, 스토니브룩 대학교Braden J. Hosch, Stony Brook University)

그림 10.1에서 보여주듯, 데이터 전략의 목적은 기업의 데이터들과 각 비즈니스 목표들을 연결시키는 것이며, 데이터 기반의 분석을 통해서 기업의 비즈니스 목표를 우선순위에 따라 달성해 나갈 수 있도록 한다.

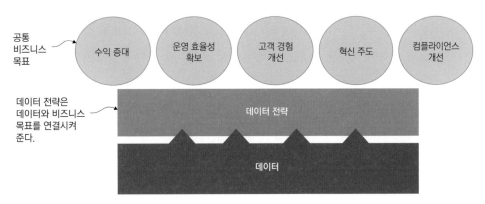

▲ **그림 10.1** 데이터 전략에는 기업의 비즈니스 목표를 달성하기 위한 데이터 활용 방안이 요약돼 있다.

다음은 개괄적 수준의 몇 가지 데이터 전략 예시다. 물론 완전한 데이터 전략에는 비전을 실현하기 위해 필요한 데이터와 기술의 활용 방법, 프로세스 변경, 조직 구성원 배치 방안 등 포괄적인 내용들을 포함하고 있지만 10장에서는 이 중에서 극히 일부 영역을 개괄적으로 설명하고자 한다.

- 조직 전반에 걸쳐 혁신을 강화하고자 하는 경우 이를 위한 한 가지 전략은 데이터 분석이 필요한 조직과 구성원이 직접 셀프 서비스 형태로도 데이터 분석이 가능한 환경을 조성하는 것이다. 이 전략을 실행으로 옮기면서 다양한 유형의 사용자들로부터 데이터 플랫폼의 필요성을 도출해내고, 이를 기반으로 잘 큐레이션된 데이터, 액세스 편의성을 제공하는 데이터 플랫폼을 구축해 나갈 수 있을 것이다.
- 경쟁업체보다 나은 요금제 제안을 신속하게 제공해 더 많은 비즈니스를 유치하는 것이 목표인 경우 요금제 추천을 위한 머신러닝 기반의 데이터 처리에 최적화된 데이터 플랫폼 구축이 중요하다.
- 금융 서비스 기업이나 리테일 기업의 경우 고객 경험을 개선이 매출 증대에 직접적인 영향을 끼치므로 목표가 될 수 있다. 고객 구매 기호도를 예측하는 데 최적화 데이터

플랫폼이 있다면 이를 기반으로 고객 세그먼트 데이터를 구성해서 마케팅 자동화 시스템으로 전달하면 상당한 효과가 있을 것이다.

- 6장에서 다루었던 게임 사례와 같이, 게임 사용자들이 최대한 오랫동안 게임을 하게 만들어서 게임 아이템 구매나 광고 시청을 극대화하는 것이 비즈니스의 목표인 경우, 이를 지원할 수 있는 데이터 전략은 각 개인의 플레이 상황에 맞게 실시간으로 데이터를 사용하여 게임의 흐름을 조정하는 데 최적화된 데이터 플랫폼 구축이 될 수 있다.

- 채굴 산업의 경우 운영 비용 절감이 중요하다. 데이터 플랫폼이 트럭 센서들로부터 데이터를 수집한 후 다른 필요 데이터와 조합해서, 언제 트럭을 유지보수해야 하는지 예측해낼 수 있으면, 트럭이 길에서 고장 날 수 있는 상황을 미연에 방지할 수 있기 때문에, 운영 비용 절감 목표 달성에 상당한 도움이 될 것이다.

10.2 분석 역량 성숙을 위한 여정

운영 효율성, 수익 증가, 고객 경험 개선, 혁신을 하룻밤 사이에 실현할 수 있는 마법의 지팡이는 없다. 진정한 데이터 주도 환경을 만드는 일은 다양한 기업과 조직, 다양한 곳에서 시작해서 다년간의 여정을 필요로 한다. 분석 역량이 성숙해져가는 일반적인 과정을 그림 10.2에서 보여주고 있다. SEE는 데이터 분석을 통해서 현재와 과거에 대한 인사이트를 얻는 단계, PREDICT는 다음에 할 일을 예측하는 단계, DO는 다른 애플리케이션을 실행하는 단계, 마지막으로 CREATE는 애플리케이션 개발 시 데이터 분석 결과를 사용하는 단계로 전개된다. 도식상에는 표현되어 있지 않지만 이 과정은 거의 대부분 반복적으로 수행되고 각 단계 내에서도 많은 루프가 있다. 그러면 각 단계별 내용을 조금 더 상세히 살펴보자.

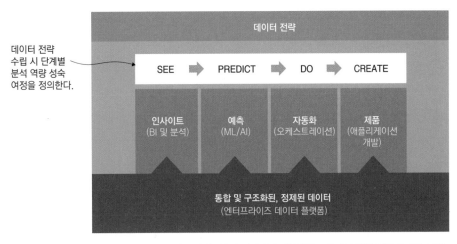

데이터 전략 수립 시 단계별 분석 역량 성숙 여정을 정의한다.

▲ **그림 10.2** 데이터로부터 인사이트를 얻는 단계로부터 시작해서 제품화하는 단계로 분석 역량의 성숙 과정

10.2.1 SEE: 데이터로부터 인사이트를 얻는 단계

그림 10.3에서 볼 수 있듯이, 대부분의 기업은 현재 비즈니스의 로케이션이 어디인지를 보고자 하는 노력, 즉 "SEE"를 위한 열망에서부터 시작한다. SEE는 주로 리포트와 대시보드를 사용하여 과거와 현재를 비교하여 현재 일어나고 있는 상황에 대한 통찰력을 얻는 과정이다.

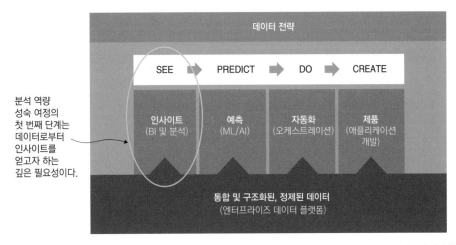

분석 역량 성숙 여정의 첫 번째 단계는 데이터로부터 인사이트를 얻고자 하는 깊은 필요성이다.

▲ **그림 10.3** 현재의 비즈니스 전체 상황을 이해하기 위해 비즈니스와 관련된 데이터를 한곳에 모으는 것부터 시작한다.

전통적인 데이터 웨어하우스 환경에서는 비즈니스 부서에서 필요한 분석이나 리포트가 있으면 리포트를 전문적으로 담당하는 부서에 요청한다. 리포트 부서에서는 받은 요청에 따른 리포트를 비즈니스 부서에게 전달하는데, 이 과정에서 시간이 오래 걸리는 경우가 많다. 비즈니스 사용자가 요청한 리포트를 받기까지 몇 주가 걸릴 수도 있다. 리포트를 작성해본 독자라면 누구든 잘 알겠지만, 비즈니스 사용자는 받은 리포트에 대해서 변경을 즉시 요청해야 할 수도 있다. 또 다른 문제점은 데이터 내용 관점으로 볼 때 기존 데이터 웨어하우스에 저장된 데이터에는 한계가 있다는 점이다. 재무 데이터는 거의 항상 포함되지만, 점차 증가하고 있는 SaaS 시스템으로부터 발생하는 데이터는 제외되는 경우가 많다. 즉, 비즈니스 사용자가 데이터 웨어하우스에 있는 데이터로만 필요한 분석을 하기에는 한계가 있다는 의미다. 그렇다 보니 여기저기 뿔뿔이 흩어져 있는 데이터를 퍼와서 스프레드시트로 통합하고 분석해야 할 수도 있다. 여러 군데 걸쳐 있는 데이터를 기존 방법을 사용하여 비즈니스 상태를 분석하기란 매우 어려운 작업이며, 많은 비즈니스 사용자에게는 거의 불가능한 작업이다.

현대 데이터 환경에서는 이 같은 분석을 필요로 하는 부서에서 직접 셀프 서비스 방식으로 수행한다. 이때 비즈니스 부서 사용자들이 원하는 툴을 사용해서 필요한 데이터를 액세스할 수 있도록 해야 하는데 이를 BYOA^{Bring Your Own Analytics}[1]라 부른다. BYOA에 찬성하는 입장에서 보면, 사용자마다 데이터 분석에 필요한 지식 수준과 툴의 친숙성이 다 다르다는 것이다. 예를 들어 어떤 사용자는 미리 정의된 대시보드와 몇 가지 파라미터를 선택해서 대시보드에 포함된 상세 데이터로 드릴 다운하는 기능만 있으면 된다. 만약 루커와 같은 제품에 익숙한 파워 유저의 경우라면 자체적으로 데이터 세트에 직접 액세스해서 조회와 분석을 원할 수 있다. 9장에서 설명한 바와 같이 이러한 분석 작업의 대부분은 시장에 나와 있는 SQL 기반의 툴을 활용하여 데이터 웨어하우스의 데이터에 액세스하는 방식이다. 이에 반해서 BYOA를 추진하게 되는 배경으로는 최근 들어 다양한 툴들이 시장에 나와 있고, 팀이나 개인적으로 익숙하거나 선호하는 툴들이 다를 수 있다는 점, 그래서 팀이나 회사에 새로운 구성원들이 유입되면 저마다 익숙한 툴이 다를 수 있다는 것이다. 익숙한 툴이 있는 사람에게는 기존의 친숙한 툴을 사용하는 편이 새로운 툴을 배우는 경우보다 훨씬 더 신속하고 생

---

1 BYOA(Bring Your Own Analytics)란, 자신이 사용할 분석툴을 직접 갖고 오라는 의미다. 대부분의 분석 시스템의 경우 분석 시스템에서 제공하는 분석 툴만 사용해야 하는 경우가 많다. 이에 반해 현대 데이터 환경에서는 데이터 분석을 수행할 때 각자가 사용하던 다양한 분석 툴을 활용할 수 있음을 강조하는 용어다. – 옮긴이

산적으로 데이터를 분석할 수 있을 것이다. 데이터 플랫폼 최적화 관점에서 보면 각자 필요한 다양한 툴을 사용할 수 있도록 지원해야 하며, 그와 더불어 회사와 정부 정책을 준수하고, 동시에 분석 결과 활용이 조직 전체에 걸쳐 극대화돼야 한다.

필요한 데이터 소스에서 무제한의 데이터를 수집, 통합, 서비스할 수 있는 데이터 플랫폼을 구축한다는 말은, 데이터 사일로silos와 수작업으로 필요한 통합 분석 작업을 하던 환경에서 이제는 사용자가 데이터 플랫폼만 바라보고도 풍부하고 광범위한 데이터를 기반으로 분석할 수 있는 좋은 환경으로 전환함을 의미한다.

10.2.2 PREDICT: 데이터를 활용해서 예측하는 단계

그림 10.4에서 볼 수 있듯이 비즈니스의 과거와 현재에 대한 가시성을 확보하고 나면 PREDICT 단계를 진행하게 되는데, 머신러닝과 같은 보다 고도화된 데이터 분석 방법을 통해 비즈니스 목표를 달성하기 위해 앞으로 무엇을 해야 할지와 같은 분석을 수행한다.

머신러닝 모델을 개발하기 위해서는 데이터 웨어하우스와 데이터 레이크의 데이터 전체에 액세스해야 한다. 효과적인 머신러닝 모델을 구축하기 위한 핵심은 데이터이고, 정말 많은 데이터를 필요로 한다. 클라우드 공급 업체에서는 클라우드 데이터 웨어하우스에서 통합 머신러닝 기능을 포함해서 서비스하고 있다. 잘 설계된 데이터 플랫폼의 경우, 원시 데이터 자체를 데이터 웨어하우스에 저장하지 않게 구성한다. 원시 데이터는 데이터 웨어하우스 외부에 저장하도록 하고, 데이터 웨어하우스에는 비즈니스 사용자의 요구에 맞게 처리, 정제, 변환, 통합된 데이터를 관리하게 해야 한다.

데이터 사이언스팀은 데이터 플랫폼의 데이터 레이크 영역이나 스토리지 영역을 직접 액세스하고자 할 것이다. 플랫폼 설계의 핵심 원리 중의 하나는 사용자마다 데이터 요구사항이 모두 다름을 인식하는 것이다. 과거와 현재 데이터로부터 인사이트를 도출해내며 머신러닝을 통한 예측 모두를 지원할 수 있는 플랫폼을 설계할 수 있도록 이 책 전반에 걸쳐 이 부분을 강조했다.

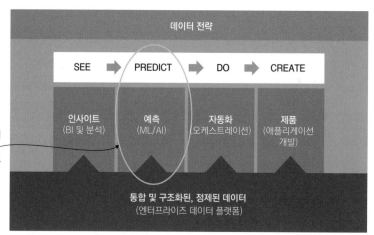

머신러닝과 같은
고도화된 데이터
분석 방법을 활용해서
비즈니스 목표를
달성하기 위해 앞으로
무엇을 해야 할지를
예측한다.

▲ **그림 10.4** 고도화된 분석 기술을 활용하면 비즈니스 목표를 달성하기 위해 앞으로 무엇을 해야 할지 예측하는 단계로 진행해 나갈 수 있다.

　　운영 비용 절감이 일차적인 목표인 채굴 산업을 보자. 운영 비용 절감을 위해 머신러닝을 사용하여 트럭 이전에 유지보수가 필요한 시기를 예측하게끔 할 수 있으면 트럭이 길에서 고장 나는 상황을 줄일 수 있다. 리테일 산업의 경우 고객 경험 개선이 매출 증대에 중요한 요소이므로 주된 비즈니스 목표일 수 있다. 머신러닝 기술을 활용하여 어떤 고객 세그먼트가 특정한 제품이나 특정 서비스 오퍼링에 응답 가능성들을 예측해서, 제품별 응답 가능성이 높고 기호도가 좋은 고객들을 그룹화할 수 있다. 이를 통해 특정 제품에 관심 있는 고객들에게만 세일즈 마케팅을 진행할 수 있기에 고객 경험을 개선할 수 있다. 머신러닝은 이러한 유스 케이스에 적용할 수 있는 고급 분석 방법 중 하나이면서, 오늘날 가장 많이 거론되고 있는 방법이다.

10.2.3 DO: 분석 결과를 기반으로 액션을 진행하는 단계

　　그림 10.5에서 설명하는 바와 같이 세 번째 DO 단계를 진행하게 되는데, SEE 단계, PREDICT 단계에서 분석한 결과를 외부 시스템으로 자동으로 전달해 액션do를 진행할 수 있도록 한다.

　　예를 들어 특정 마케팅 메시지에 가장 잘 반응할 것으로 예측되는 고객 세그먼트 데이터를 마케팅 자동 시스템이나, 머신러닝 모델 기반의 추천 엔진을 포함하고 있는 이커머스 플랫폼으로 전달해 다음 액션을 취할 수 있도록 구성하는 것이다. 데이터 플랫폼에서 다른 시스템으로 선택적 데이터를 전달하는 과정을 오케스트레이션 과정이라고도 하는데, 지휘자가 오케스트라의 다양한 연주자들이 조화를 이루도록 만드는 상황과 유사하기 때문이다.

데이터 플랫폼이 미션 크리티컬 시스템으로 변화되는 과정을 DO 단계, 즉 실행할 수 있는 상태의 데이터를 만들고, 이 데이터를 기반으로 자동화를 진행하면서 볼 수 있게 된다. 리포트와 분석 인사이트를 제공하는 시스템의 경우 느리게 반응하거나 일정 기간 동안 사용할 수 없는 경우가 있다. 그러나 이커머스 플랫폼에서 추천 기능을 활용하고자 하거나, 또는 거의 실시간에 가까운 맞춤형 마케팅 제안을 하려고 하는 경우, 혹은 광고 지출을 최적화하기 위해서 언제 어떤 고객 세그먼트에게 어떤 광고를 내보낼지 결정할 때 등에 사용하는 시스템은 성능과 가용성이 보장돼야 한다.

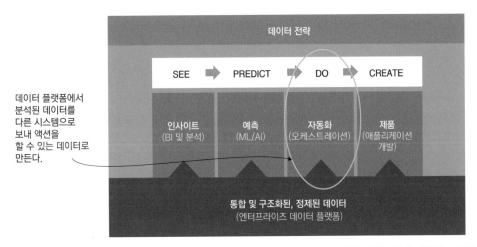

▲ **그림 10.5** 데이터 플랫폼에서 다른 시스템들로 데이터를 자동으로 흘려 보내게 되면, 기업 전반에 걸쳐 추가 액션을 할 수 있는 환경이 조성된다.

10.2.4 CREATE: 분석을 넘어서 제품에 반영하는 단계

수집된 데이터는 분석뿐만 아니라 다른 용도로도 사용되는데, 이는 흔히 간과하고 있는 사실이다.

CREATE 단계(그림 10.6)에서는 분석을 염두에 두고 수집한 데이터를 개발 부서에서 새로운 제품을 만드는 데 활용하기도 한다. 9장에서 설명한 것처럼 동일한 분석 데이터를 애플리케이션의 데이터 소스로 활용할 수도 있다.

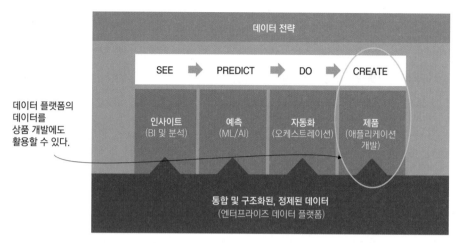

데이터 플랫폼의
데이터를
상품 개발에도
활용할 수 있다.

▲ **그림 10.6** 엔터프라이즈 데이터 플랫폼은 애플리케이션 개발을 위한 데이터 소스로 활용할 수 있다.

다음은 기업에서 신제품을 만들기 위해서 분석 데이터를 활용한 변화 사례다.

은행 사례로, 이탈이 예상되는 고객들에 대해 은행의 지점 직원들이 선대응을 통한 고객 경험 개선을 지원하기 위해 시작했는데, 이 과정에서 나온 분석 결과를 모바일 앱의 개선에도 사용할 수 있었다.

한 보안 소프트웨어 회사의 서비스는 침입 감시를 하며 침입으로 인한 피해가 발생하기 전에 적절한 대응을 한다. 침입을 막는 것이 그들의 가치이므로 특별한 문제가 없는 한 있으면 클라이언트는 무슨 일이 있었는지 알 수가 없었다. 침입 예방 차원에서 과업이 진행되었기 때문에 고객은 침입을 경험하지 않았고, 또한 왜 침입이 없었는지도 알 수 없었다. 이 소프트웨어 회사는 대시보드를 만들어 침입 예방과 차단 로그 데이터를 모두 노출시켰다. 이를 통해 고객은 보안 소프트웨어 회사의 서비스 가치를 이해하게 되었다.

우체국에서는 배송 데이터(상품의 종류, 배송 빈도 정보 등)를 취합해 다른 상품 공급 업체를 위한 부가가치 서비스를 만들어낼 수 있다. 이 서비스는 지역별 쇼핑 트렌드를 이해하는 데 필요한 데이터를 제공하는데, 지역별 특성을 이해할 수 있게 되면서 제품별 수익성이 좋은 지역에 마케팅 노력을 집중할 수 있게 됐다.

10.3 데이터 플랫폼: 분석 역량 성숙을 강화하는 엔진

대부분의 고객 참여 프로젝트는 사용하고자 하는 데이터가 사일로silo 형태이므로 데이터 활용에 큰 장벽으로 작용하기도 한다. 기존 데이터 웨어하우스에 새로운 데이터 소스, 특히 비정형 데이터를 추가하는 것은 간단한 일이 아니다. 또한 기존 데이터 웨어하우스 분석 응답 시간을 느려지게 할 수도 있다. 어떤 프로젝트는 사일로별로 각각 분석하는 방식으로 진행되면서, 전체를 통합적으로 보기보다는 부분으로 나눠진 분석 결과만 나오는 경우도 있다. 또 다른 사례로, 다양한 소스 시스템으로부터 수작업 방식으로 데이터 세트를 추출한 후 다시 수작업으로 통합해서 분석을 하는 경우인데, 소스 시스템의 데이터가 변경될 때마다 반복해야 하기 때문에 복잡하고 비용이 많이 들어가는 프로세스가 된다. 머신러닝 모델을 개발하는 기업에서도 확장성이 거의 제공되지 않는 환경에서 소규모 데이터 세트만으로 진행하는 경우가 대부분이어서, 프로덕션 환경의 다른 모델들과 상호 호환 및 통합이 되지 않는 경우가 많다.

오늘날 현대화된 분석 프로그램의 기반은 클라우드 데이터 플랫폼이다. 그림 10.7에서 볼 수 있듯 클라우드 데이터 플랫폼은 확장성, 관리 편의성, 비용 효율성을 제공하므로 거의 모든 유형의 데이터를 빠른 속도로 수집하고 처리해 사용자에게 제공할 수 있다.

데이터 전략을 개발하고 비즈니스에서 데이터를 활용하는 방법을 진정으로 이해하는 데 시간을 투자하면 지원할 수 있는 데이터 플랫폼을 구축하는 데 도움이 된다. 비즈니스에 필요하며, 향후 (1) 필요한 다양한 데이터를 제공하면서 (2) 여러 범주의 사용자 기대 사항을 충족하는 데이터 플랫폼을 구축하기 위해서는 비즈니스에서 데이터를 활용하는 방법에 대한 이해를 높여가면서 데이터 전략을 수립하는 데 시간을 투자해야 한다. 한편으로는 이 책에서 설명하는 가이드들을 잘 활용해도 조직의 분석 역량이 성숙해짐에 따라 요구되는 데이터 플랫폼의 확장성과 유연성도 충분히 충족해 나갈 수 있으리라 생각한다.

이러한 여정이 항상 일직선으로 진행되는 것은 아니다. 예를 들어, 예측 기능 전용으로만 데이터 플랫폼을 개발하는 기업도 있다. 그럼에도 이보다 더 흔히 보게 되는 것은 기업 내 팀마다 다른 단계에 있다는 점이다. 따라서 다양하고 복잡한 데이터 소비자들의 니즈를 동시에 충족해 나가기 위해서는 강력한 플랫폼 설계가 중요하다는 사실을 알 수 있다. 확실한 것은 강력한 데이터 기반이 준비돼 있지 않다면 이 중 어떤 것도 가능하지 않다는 점이다.

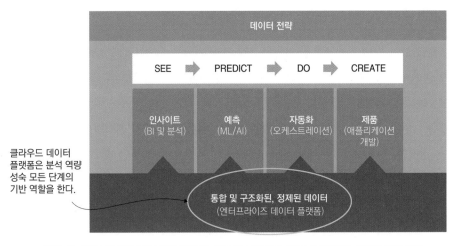

▲ **그림 10.7** 분석 역량을 성숙시켜 나가려면 통합 및 구조화된, 정제된 데이터가 기반이 돼야 한다.

10.4 플랫폼 프로젝트 장애물들

어떤 데이터 플랫폼 프로젝트는 이 책에서 설명했던 것보다 훨씬 성공적으로 수행되기도 한다. 세계에서 가장 유연하고 확장성이 뛰어나며 안전성이 우수한 플랫폼을 설계한다 하더라도, 기업에서 그 가치를 인정하지 않으면 의미가 없는 것이기에 기술 이외의 프로젝트 성공 요소는 다음과 같다.

1. 가치를 빠르고 반복적으로 제공할 수 있는 역량
2. 데이터 플랫폼 도입으로 인한 변화 관리를 통해 실제적으로 사용자가 플랫폼을 잘 사용할 수 있게 하는 것
3. 사용자가 액세스 중인 데이터를 신뢰할 수 있도록 양질의 데이터를 제공하는 것
4. 플랫폼 자체의 변화를 넘어서 사용자가 직접 활용하는 영역으로 확대된다는 사실을 인식하고 적절한 액션을 하는 것
5. 사용자의 요구사항과 높아지는 기대치를 충족하면서, 클라우드 비용 관점에서 플랫폼을 지속적으로 개선해 나가는 것

10.4.1 시간에 대한 인식 차

과거에는 규모가 큰 프로젝트의 경우 프로젝트 수행 후 효과를 보는 데 수 년이 걸렸었다. CFO 주축의 투자 심의 위원회에서 이러한 골자로 된 프로젝트 수행 계획서에 승인을 하면 모두가 만족했다. 이러한 시대는 지나가고 있다. 점점 더 많은 기업에서 투자에 대한 가치를 더 빨리 얻고자 하는 노력이 가속화되고 있다. 몇 년이 아니라 몇 달 안에 수행 효과를 얻고자 함이다. 엔터프라이즈 데이터 플랫폼 설계 및 구현은 단순한 작업이 아니다. 더군다나 이를 잘 수행한다는 것은 새로운 데이터 활용 방법과 문화가 기업 전체에 확산해서 변화함을 의미하므로 다양한 시각으로 접근해야 하는 복잡한 과제다. 이러한 분석 역량이 성숙해지기 위한 여정은 수 개월이 아닌 수 년에 걸쳐 진화 및 발전해야 하는 과제다. CFO나 CEO는 빠른 수행 효과를 얻고자 하는 기대와 엔터프라이즈 데이터 플랫폼 확보를 추진할 때의 복잡성과 중요성을 고려한 수행 기간을 조율하기란 쉽지 않다. 이 조율이 잘 되지 않아 시작도 하기 전에 프로젝트가 취소되는 경우도 있었다.

필자들의 경험으로 볼 때, 이 이슈를 해결하기 위한 가장 좋은 방법은 최종 목표를 정의하고 플랫폼 개발 프로젝트를 시작하는 것이다. 장기적 관점에서의 설계를 진행함과 동시에 단기 구축 과제도 함께 수립해서 진행하면 된다. 즉, 비즈니스 부서와 협력해 비즈니스 관점에서 명확한 효과를 얻을 수 있는 유스케이스, 즉 데이터 활용을 통해 비즈니스를 혁신하거나 개선할 수는 있지만 구현하는 데 복잡하지 않은 유스케이스를 찾아 바로 구축을 진행한다. 첫 번째 유스케이스로부터 시작해서, 지속적으로 비즈니스 조직과 밀접하게 협력해 비즈니스의 진정한 필요성을 식별하고, 데이터 기반에서 그 필요성에 대한 답변을 찾아서 제공하거나, 비즈니스 조직에서 필요한 데이터 분석을 직접 해 나갈 수 있도록 돕는 역할도 가능하다. 이 경우 고객이 필요로 하는 데이터들만 수집, 변환, 모델링하면 되는데, 경험상 2~3개 정도의 데이터 소스 시스템을 활용하는 경우가 많다.

첫 번째 유스케이스를 통해 비즈니스 측면의 효과를 봤으면 그다음 유스케이스, 또 다음 유스케이스로 넘어가면 되며, 이를 통해 엔지니어링 프로세스를 더 많이 경험하게 되면서 여러 유스케이스를 동시에 추진할 수 있게 된다. 이를 통해 얻게 되는 결과는 비즈니스 가치를 좀 더 빨리 가시화하며, 플랫폼에 대한 지속적인 투자와 지원으로 이어지게 된다.

또 다른 접근 방법은 데이터 소스에서 시작하는 것이다. 데이터가 필요한 시기와 목적을

현 시점상 모르는 상태라 하더라도, 일단 수집이 가능한 모든 데이터 소스로부터 데이터를 플랫폼으로 수집해 놓는 방법이다. 이를 데이터 스웜프^{data swamp}라 부르기도 한다.[2] 이 경우 데이터 스웜프에 있는 데이터가 어디에 사용되는지 알려면 오랜 시간 분석해야 하고, 데이터 활용을 위해 정비하려면 많은 노력이 필요할 것이다.

10.4.2 사용자 확산

대부분의 기업과 기관의 경우, 기존의 요청에 맞는 리포트를 작성한 후 제공해주는 방식에서 사용자가 셀프 서비스 형태로 업무를 수행하는 방식으로 전환한다는 것 자체가 큰 변화다. 사실 변화한다는 것은 항상 어려운 일이다. 대부분의 사용자는 변화를 좋아하지 않는다. 데이터를 모으고 기존에 분석하던 대로 진행해서 리포트를 만드는 데만 해도 시간이 빠듯하기 때문에 새로 배워서 진행할 시간적 여유가 없다고 한다.

데이터 플랫폼을 성공적으로 구축하기 위해 시도해볼 수 있는 방법 중 하나는 신규 비즈니스 모델의 풀뿌리 확산이다.[3] 아무도 플랫폼을 사용하지 않는 상황이면 어찌됐든 성공한 프로젝트라 부르기는 어려울 것이다.

사용자 확산을 위해서 시도해볼 수 있는 방법을 소개한다. 앞 절에서 초기 유스케이스를 찾는 방법을 알아봤다. 어떤 조직이나 사회에서 새로운 것이 나왔을 때의 그 반응에 따라 몇 가지 그룹으로 나누어 볼 수 있다.

- 얼리 어댑터^{early adopter} – 더 많은 데이터를 요구하는 사람
- 블로커^{blocker} – 효과가 있을지 회의감을 표현하고, 다른 사람들의 마음에도 의구심을 불러일으키는 사람
- 치킨^{chicken} – 새로운 것을 시도하기를 겁내는 사람
- 회피자^{avoider} – 새로운 것을 시도하기 원하지 않는 사람

이런 다양한 유형의 사람들이 있는데, 이들이 모두 데이터 플랫폼의 열렬한 팬이나 지지

---

2 데이터 스웜프(data swamp)는 비정형적이고 통제 개념이 거의 없는 상태의 데이터 레이크(data lake)로 간주할 수 있다. 프로세스, 표준, 거버넌스의 부족으로 인해 데이터를 찾기도 어렵고 사용하기 쉽지 않은 상태를 의미할 때 사용한다. – 옮긴이

3 풀뿌리 확산(Grassroots adoption)이란 구성원의 니즈를 직접적으로 반영하고 지지를 받으면서 확산되는 방식이다. – 옮긴이

자가 되기란 쉽지 않을 수 있다. 확산을 위해서 시도해볼 만한 방법들 중 효과적인 테크닉 일부를 표현하면 다음과 같다.

- 초기 유스케이스를 진행하는 사람들은 얼리 어댑터이면서 영향력 있는 구성원이어야한다. 얼리 어댑터는 결과를 빨리 얻기 위해 협업할 가능성이 가장 높다. 또 진행할 유스케이스를 경영진들이 알고 있는 유스케이스를 활용하거나 경영진이 미리 그 효과를 알도록 한다면, 유스케이스 결과가 C-suite 프레젠테이션에 포함될 가능성이 높아진다. 이를 통해 데이터 플랫폼의 비즈니스 가치를 입증하는 데 도움이 될 것이다.

- 얼리 어댑터 그룹 프로젝트가 성공적으로 끝난 후 자신감이 생겼다면, 블로커[blocker]가 가진 문제를 해결하자고 제안해본다. "그 문제를 왜 그냥 두시는 거죠?"처럼 물어본다. 블로커가 팬이 됨으로써 데이터 사용을 통해서 해결한 문제를 이야기하도록 할 수 있다면, 비판과 회의감이 어느새 사그라져 있음을 발견할 수 있을 것이다. 이 자체가 훌륭한 내부 마케팅이 된다.

- 치킨[chicken] 그룹은 다양한 관심을 필요로 한다. 이 그룹이 다른 방식으로 데이터를활용하는 데 익숙해지려면 훈련과 코칭이 정말 많이 필요할 것이다. 필요한 교육을 수강하도록 장려하고 지원해야 하며 COE[Center Of Excellence] 설립도 고려해봐야 한다.

- 회피자[avoider]도 결국은 참여하게 된다. 시간이 좀 더 걸려도 괜찮다. 그때까지 그들을 도와줄 수 있는 전문가들이 회사 내에 많이 생기게 될 것이다. 전사적으로 데이터 전문성 확보와 사용을 장려하는 것이 매우 중요하다. C-레벨에서 데이터 활용을 통한 조직 혁신의 필요성을 혁파하고 리딩하는 사람이 있다면 훨씬 원활한 진행이 가능하다. 예를 들면 CDO[Chief Data Officer]를 둘 수 있으며, 혹은 CIO, CMO, CEO가 추진할 수도 있다. C-레벨의 지원이 없다면 확산 속도는 느려질 수밖에 없다. 경영진 스폰서를 효과적으로 활용하면 경영진과 회사 전체에서 데이터 사용에 대한 가시성을 확보할 수 있다. 디즈니의 경우, 전사 차원의 공모전을 열어서 데이터 사용자들이 회사 전체에 자신의 산출물을 발표하게 했고, 노력과 가치에 대한 보상을 받을 수 있도록 했다. 이를 통해 전사 차원에서 데이터의 중요성을 인지할 수 있도록 했고, 전문가 그룹도 만들어 그들에게 보상과 필요한 정보를 더 제공했다. 이 전문가들 중에서 데

이터 코치가 배출됐으며, 조직 전체가 데이터와 분석 성숙도를 가속화하는 데 참여하게 됐다.

10.4.3 사용자로부터의 신뢰성 확보와 데이터 거버넌스

데이터 플랫폼을 사용하지 않는 상황보다 더 문제가 되는 경우는 사용자가 데이터 플랫폼의 데이터를 신뢰하지 않는 경우다.

여러 사람들에게 특정 자료를 보냈는데, 보낸 자료의 내용이 맞지 않다고 누군가 지적했다면 자료에 대한 신뢰를 잃게 되는 순간이 된다. 부정확한 데이터를 보게 되는 순간부터 나머지 자료에 대한 불신이 시작된다. 이러한 상황이 발생했다면 총괄 데이터 팀의 가장 최우선 미션은 사용자의 신뢰 회복이다.

이 시점에서 종종 IT 플랫폼 팀 내에서는 데이터가 데이터 웨어하우스로 전송된 것을 확인했고, 비즈니스팀에서 데이터 웨어하우스를 사용하기 시작한 시점에 문제가 발생했기 때문에, 플랫폼에서 원인 제공을 하지 않았다고 항변할 가능성이 높다. 그 말이 맞을 수도 있지만 데이터 플랫폼을 사용자들이 지속적으로 사용하도록 하려면 데이터 플랫폼의 범위를 데이터의 최종 목적지까지 확장해서 봐야 한다. 최종 목적지 영역은 통제 범위에 들어와 있지 않을 수도 있다. 이러한 상황에 필요한 것이 바로 데이터 거버넌스다.

데이터 거버넌스가 데이터 품질을 넘어서는 광범위한 주제이기는 하나, 대부분의 거버넌스 프로그램에서는 데이터 품질 개선을 필수적인 요소로 다루고 있으며, 가장 널리 사용하고 있는 데이터 거버넌스 지표도 데이터 품질 수준과 관련이 있다.

데이터 품질 수준 지표의 예로는 데이터 정확성, 완전성, 일관성, 무결성, 유일성 기준 측면에서 데이터 세트의 항목 값이 제대로 있는지, 필수 데이터 필드가 채워졌는지, 시스템 간 데이터 값들이 일치하는지 등이 있다. 5장에서 데이터 품질 지표 정의 규칙을 적용하는 방법에 대해서만 짧게 설명했지만 이 규칙들이 어떻게 만들어졌는지는 설명하지 않았다. 데이터 거버넌스는 일반적으로 조직 전반에 걸쳐 조직화된 후 수행되는 영역으로, 특히 데이터 스튜어드십을 가진 조직에서 수행한다.[4] 데이터 플랫폼 설계자는 데이터 거버넌스 프로세스에 참

---

4 데이터 스튜어드(data stewards)란 데이터 거버넌스 역할을 수행하는 사람/팀이며, 사업에서 필요한 용어를 정의하고 메타데이터 관리를 포함해 회사의 데이터 자산을 목적에 맞게 품질과 적합성을 보장할 책임이 있다. – 옮긴이

여해야 한다. 플랫폼에 필요한 변경 사항을 적용하기 위해서는 비즈니스에 필요한 사항을 데이터 품질 관점에서 이해하는 것이 중요하기 때문이다.

단순히 파이프라인상에서 비즈니스 규칙에 맞는지 데이터 품질 검사를 하는 것만으로는 로 데이터 품질을 보장하지 못한다. 데이터가 품질 검사를 통과하지 못할 경우, 어떤 조치를 취해야 할지 조치 방법을 포함해야만 한다. 조치 방법에는 다음 내용을 포함해야 한다.

1. 데이터 문제가 발생했을 때 문제가 해결될 때까지 관련 데이터 "제품product"이 신뢰하지 못하는 상태임을 해당 데이터의 소비자에게 알리는 것

2. 문제를 해결할 수 있는 사람들에게 가장 빠른 방법으로 신속하게 조치 필요성을 알리는 것

물론 데이터 플랫폼의 범위를 넘어서는 조치들도 포함될 수 있다.

10.4.4 플랫폼 사일로

사일로silo는 어떤 조직이나 생활 전반에 만연해 있다. 조직 내에 데이터를 통합 관점에서 활용하려 시도해본 사람들은 데이터 사일로 때문에 통합하기가 복잡하고, 또 데이터 사일로를 부수기도 쉽지 않다는 것을 알고 있을 것이다. 사일로는 인지하지 못한 가운데 생겨나고, 때로는 IT 조직에서도 사일로를 볼 수 있다.

데이터 플랫폼의 범위를 생각해보자. 먼저 외부 데이터로까지 확장되는 경우로, 예를 들어 SaaS 데이터 소스에 액세스해서 수집한 후 그 내용을 대시보드로 보낼 수 있는데, 초기 설계 시에는 고려하지 않았던 내용일 것이다. 데이터 플랫폼의 범위는 다른 시스템 영역으로도 확장될 수 있다. 예를 들어 머신러닝 알고리즘의 결과물이 포함된 웹 사이트가 데이터 플랫폼의 확장 영역이 될 수 있고, 데이터 플랫폼에서 추출한 사용자 세그먼트 정보를 활용해서 이메일 마케팅 캠페인을 하고 있는 마케팅 자동화 시스템도 범위에 해당할 수 있다. 데이터 플랫폼의 범위를 정확히 어디에서 시작해서 어디에서 끝나는지 어떻게 잡아야 할까?

IT 부서는 아주 쉽게, "플랫폼"의 시작은 데이터가 플랫폼으로 들어오는 시점이고, 데이터가 데이터 세트로 전달될 때가 끝나는 시점이라고 말할 가능성이 높다. 그러나 이는 근시안적인 접근법으로 이렇게 접근할 경우 10장에서 논의한 다른 문제점들이 나타날 수 있다.

데이터 플랫폼의 범위는 훨씬 넓어질 수 있는데, 다른 여러 시스템으로, 또 조직 내 여러 부분에 영향을 미치는 촉수를 가진 시스템으로 봐야 한다.

경험상 엔드 투 엔드 시스템으로까지 책임을 받아들이는 것은 IT의 역할일 수 있으나 사용자의 지원이 필수적이다. 비즈니스 팀에서는 데이터 오너십을 가져갈 수 있고 이를 통해 데이터 품질 규칙을 지속적으로 발전시켜 나갈 수 있으며, 나아가서 데이터 파이프라인에 필요한 SLA^{Service Level Agreement}를 비즈니스와 IT가 상호 정의해볼 수 있다. IT가 구축과 지원에 대한 오너십을 가질 수 있지만, 플랫폼의 서비스 품질 척도와 운영 방식은 책임 공유 영역 shared responsibility이어야 한다.

관련 전체 시스템을 관리할 수 있는 멀티 기능 팀들을 구성하고, 팀 구성원들이 주도적이고 적극적으로 참여할 수 있도록 함으로써 플랫폼 개발 운영에 필요한 워크로드를 서로 공유하고 지속적으로 발전시켜 나가야 한다.

10.4.5 달러 댄스

플랫폼 프로젝트를 멈추게 하는 두 번째 요인은 비용이다. 프로젝트를 성공적으로 완수하기 위해서는 달러 댄스dollar dance를 이해하는 것이 중요한데, 사실 주변에서 달러 댄스와 관련된 에피소드를 자주 듣는다. 기업에서 클라우드 기반 솔루션을 도입하는 배경에는 클라우드가 가지는 잠재성 때문이다. 즉 민첩성, 가용성, 운영 비용의 절감에 대한 기대감, 특히 하드웨어를 구매하기 위한 대규모 자본 투자 없이 시스템 사용량만큼만 비용을 지불하면 되기 때문이다. 실제 시나리오를 기반으로 비용 관련 이슈에 대해서 함께 고민해봤으면 한다. 예를 들어 데이터 플랫폼 구축 프로젝트가 승인됨으로써 관련 요구 사항을 모두 충족하도록 잘 설계하고 완벽하게 구현했다고 하자. 또한 데이터 거버넌스 체계도 견고하게 수립해 데이터 품질도 높은 상태를 유지하고 있으며, 무엇보다도 사용자가 데이터를 잘 활용해서 비즈니스 실적도 아주 좋아진 상태라고 가정해보자. 이 시나리오에 어떤 잠재된 문제가 있을 수 있을까?

일반적으로 솔루션을 사용한 지 몇 달쯤 지나면 재무부서에서는 클라우드 비용을 면밀히 검토하기 시작한다. 왜냐하면 데이터가 더 많이 수집, 저장되고 있고, 또 사용량도 계속 증가하고 있기 때문이다. 이때쯤 되면 CFO가 IT 팀에게 비용 증가 속도를 늦출 수 있는 방안을 요청하는 상황이 되는데, IT 부서에서는 이 요청에 대한 준비를 먼저 해야 한다. 운영 측면의 예로 들어보면 핀옵스FinOps(클라우드 비용의 지속적인 분석과 최적화)에 미리 투자하는 것이다. 이를 기반으로 추이를 분석해 비용 최적화를 위한 액션을 미리 취할 수 있으므로 과도한 비용 발생 가능성을 예방할 수 있을 것이다. CFO 측면에서 보면 환영할 일이고, 불필요한 비용 지출을 방지함으로써 보다 생산적인 영역에 자금을 더 투입할 수 있기 때문에 고용 안정 효과를 창출하는 데 기여할 수 있기도 하다.

달러 댄스는 두 가지 측면을 가진다. 윗면은 플랫폼이 비즈니스에 제공하는 가치며, 가치는 정량적으로 표현되는 것이 좋다. 비즈니스 부서에게 이 점에 대해서 요청해 볼 수 있다. 예를 들어, 타깃 마케팅을 얼마나 더 할 수 있었고, 이로 인해 실제 매출과 수익이 늘었는지? 또는 플랫폼의 데이터를 활용한 알고리즘을 실행해서 장비의 사전 장애를 예측 가능함에 따른 장비 유지 보수 비용 절감 금액은 어느 정도였는지와 같은 질문이다. 두 번째로 달러 댄스의 아래 면은 비용으로, 불필요한 비용 지출을 예방하는 방법이다. 핀옵스가 데이터 플랫폼 설계자의 역할이 아닌 경우가 많다. 그럼에도 플랫폼 설계 변경을 통해 비용 절감 효과를 크게 이뤄낸 경우들도 종종 있다.

또 다른 예로, 플랫폼 설계가 최적화돼 있고, 사용자도 데이터를 효율적으로 활용하고 있으며, 클라우드 비용 대비 비즈니스 가치, 실적 증가가 훨씬 높아진 사실이 리포팅 중인 상황이라면 크게 별로 할 일이 없어 보이는 경우도 있다. 다른 경우 실제로 비용 절감을 위해 가능한 일도 있겠지만, 클라우드 비용 구조의 명확한 이해와 플랫폼 설계의 트레이드오프trade-off에 따른 비용 예측을 할 수 있어야 가능하다.

이 부분을 실제 사례를 통해 논의해보자. 한 대형 통신사가 다양한 장비들로부터 IoT 데이터를 수집하기 위해 구글에 데이터 플랫폼을 구축한 적이 있다. 수년 동안 발생한 엄청난 양의 데이터였다. 이러한 케이스에 관한 아키텍처 모범 사례로 데이터 웨어하우스 외부에서 이 데이터를 처리할 때 스파크Spark를 사용하는 것으로 나타났다. 2장에서 이러한 아키텍처 설계 결정을 할 때 고려해야 할 품질 요소로 유연성, 개발자 생산성, 데이터 거버넌스, 플랫폼 이식성, 시스템 성능, 속도 등이 있다고 설명한 바 있다. 여기서 아키텍처 설계팀에서 모르고 있던 사실이 하나 있었는데, 월정액으로 빅쿼리를 무제한 이용할 수 있다는 구글과의 계약서 내용이다. 이 같은 계약 내용이 없다면 데이터 웨어하우스 외부에서 처리하는 것이 최선의 설계 선택이겠지만, 빅쿼리 프로세스를 이전한다고 할 때 연간 60만 달러 이상을 절감할 수 있다는 분석이 나와서 설계 변경이 논의됐다. 빅쿼리 내부에서 처리하는 것으로 설계 변경이 결정됐고, 비록 설계가 완벽하다고 할 수는 없지만 비용 절감 효과 때문에 올바른 결정으로 받아들여진 사례가 됐다.

지금까지 플랫폼 프로젝트에 영향을 비치는 사례들을 다뤄봤는데 여기서 가장 중요한 사실은 데이터 플랫폼이 진공 상태에 존재하는 것이 아닌, 훨씬 큰 주변 생태계 안에서 핵심적인 부분을 차지하고 있다는 점이다. 플랫폼 설계자가 비즈니스와 더 많이 관여할수록 플랫폼 프로젝트가 기술 측면뿐 아니라 비즈니스 측면에서도 성공할 가능성이 더 높아지므로 플랫폼 설계자가 비즈니스와 협력해야 할 필요성을 절대로 과소평가해서는 안 된다.

요약

- 데이터 플랫폼을 통해 얻을 수 있는 비즈니스 성과에는 (1) 운영 효율성 확보, (2) 수익 증대, (3) 고객 경험 개선, (4) 혁신 주도, (5) 컴플라이언스 개선 등이며 다섯 가지 모두가 포함될 수 있다.
- 데이터 전략의 목적은 기업의 데이터들과 각 비즈니스 목표들을 연결시키는 것이며, 데이터 기반의 분석을 통해서 기업의 비즈니스 목표를 우선순위에 따라 달성해 나갈 수 있도록 한다.
- 분석 역량 성숙 과정은 크게 SEE, DO, PREDICT, CREATE 4단계로 진화 발전되는데, SEE는 데이터 분석을 통해서 현재와 과거에 대한 인사이트를 얻는 단계, PREDICT는 다음에 할 일을 예측하는 단계, DO는 다른 애플리케이션을 실행하는 단계, 마지막으로 CREATE는 애플리케이션을 개발하는 데 데이터 분석 결과를 사용하는 단계를 말하고, 데이터 전략에 각 단계들을 정의해야 한다. 클라우드 데이터 플랫폼은 분석 역량 성숙 과정의 모든 단계를 위한 기반이 된다.
- 분석 역량 성숙 여정의 첫 걸음은 데이터로부터 인사이트를 얻고자 하는 필요성에서부터 시작한다. 이러한 인사이트는 주로 비즈니스 부서에서 셀프 서비스 방식으로 분석을 진행하면서 얻게 된다. 이때 구성원 각자가 기존에 사용한 익숙한 분석용 툴을 사용해서 필요한 데이터를 자유롭게 액세스하도록 해야 하며, 이를 BYOA^{Bring Your Own Analytics}라 한다.

- 비즈니스 사용자가 현재와 과거에 대한 인사이트와 가시성을 확보하게 되면, 그다음으로 비즈니스 목표에 도달하기 위해 해야 할 일들을 예측하기 위해 데이터를 좀 더 다른 각도로 볼 수 있는 머신러닝과 같은 고도화된 분석 방식을 활용하는 다른 시스템에서 업무 수행에 근간이 되는 정보로 데이터 플랫폼에서 생산하는 데이터를 활용하는 단계로 접어 들면, 이제 데이터 플랫폼은 미션 크리티컬 시스템, 즉 필수 시스템으로 간주된다. 데이터 플랫폼의 데이터를 활용해서 신규 제품과 서비스를 설계하는데 사용하기도 한다.

- 데이터 플랫폼 프로젝트를 성공하려면 설계를 잘 하고 구축하는 작업 외에도 비즈니스 부서에서 결과물을 잘 활용할 수 있게 해야 한다. 기술 영역을 제외한 프로젝트 성공 열쇠는 다음과 같다.

  - 비즈니스 가치를 빠르고 반복적으로 제공할 수 있는 역량
  - 데이터 플랫폼을 도입하기 위해 필요한 변화 사항을 잘 관리해서 구성원들이 플랫폼을 실제로 잘 사용할 수 있도록 추진하는 것
  - 양질의 데이터를 제공해서 사용자들이 데이터를 신뢰할 수 있도록 하는 것
  - 플랫폼을 통해 얻을 수 있는 성과는 플랫폼 자체에서 제공하는 것을 넘어서서 비즈니스 사용자의 손에 달려 있음을 인지하고 추진하는 것
  - 클라우드 비용 관점에서 플랫폼을 지속적으로 개선해 나가는 것

찾아보기

데이터 플랫폼 설계와 구축

클라우드 데이터 플랫폼 구축 시 고려사항

발 행 | 2022년 4월 15일

지은이 | 다닐 즈부리브스키 · 린다 파트너
옮긴이 | 박 종 하 · 최 철 원 · 구 본 아

펴낸이 | 권 성 준
편집장 | 황 영 주
편 집 | 조 유 나
　　　　김 다 예
디자인 | 송 서 연

에이콘출판주식회사
서울특별시 양천구 국회대로 287 (목동)
전화 02-2653-7600, 팩스 02-2653-0433
www.acornpub.co.kr / editor@acornpub.co.kr

한국어판 ⓒ 에이콘출판주식회사, 2022, Printed in Korea.
ISBN 979-11-6175-637-0
http://www.acornpub.co.kr/book/cloud-data-platforms

책값은 뒤표지에 있습니다.

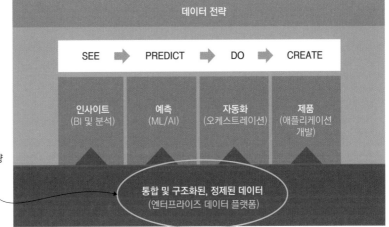

클라우드 데이터
플랫폼은 분석 역량
성숙 모든 단계의
기반 역할을 한다.